Ripley's
Einfach unglaublich!

Das verrückteste Lexikon
der Welt!

INHALT

AUS DER LUFT GEGRIFFEN!

Reaktionsspezialist Anthony Kelly aus Australien fängt fünf Pfeile mit der Hand, die aus einem normalen Bogen auf ihn abgefeuert wurden.

Anthony ermahnt eindringlich alle Kinder, dies ja nicht selbst auszuprobieren!

UNSERE REKORD-HALTER DREHEN RICHTIG AUF!

AUF DIE NUSS GEHAUEN!

Muhamed Kahrimanovic in Bestform – 98 Kokosnüsse zertrümmert er in nur einer Minute!

Spontane Showeinlage zweier Showgiganten:
Hammerhand Muhamed Kahrimanovic zertrümmert als Zugabe noch eine Kokosnuss auf dem Bauch von Strongman Franz Müllner

Auch Salzburgs Landeshauptfrau Gabi Burgstaller ist beeindruckt!

Stars, Sport, Spannung –
unsere unglaublichen Persönlichkeiten treffen sich beim Tag der unglaublichen Rekorde in Salzburg!

Beim Tag der unglaublichen Rekorde im Salzburger Europark traten viele bekannte Ripley's-Stars aus dem In- und Ausland auf und überboten sich gegenseitig mit spektakulären Shows. Sie verblüfften die Zuschauer und ihre prominenten Wettpaten gleichermaßen – und sammelten nebenbei noch Geld für die Organisation a smile–mit Liebe helfen (www.a-smile.cc)

Kein Rekord ohne begeistertes Publikum!

Ob das wirklich so einfach ist? Wer will, darf das auch mal probieren!

Franz Müllner, Strongman aus Österreich, ist bekannt aus unseren letzten Ripley's-Ausgaben. Diesmal rollt er ein Auto dreimal um die eigene Achse!

Fleissige Helfer unterstützen den stärksten Mann der Welt:

Unsere Mädels Theresa Feth, Christina Majorowski, Ripley's-Projektleiterin Nina Arrowsmith, der Rennrollstuhl-Weltrekordler Thomas Geierspichler, mit Co-Veranstalter Patrick Reiter und natürlich Franz Müllner.

Marco Hort aus der Schweiz präsentiert 280 Strohhalme in seinem Mund – eine faszinierende Bestleistung!

Ripley's gratuliert!

Marco Hort lässt sich von den Moderatoren Kathi Wörndl und David Beier kräftig feiern! Nina Arrowsmith überreicht die Ripley's-Urkunde für diese tolle Leistung.

Stolz präsentieren Landeshauptfrau Gabi Burgstaller, Franz Müllner und Fredy Scheucher von MyPhone Austria den Scheck: 3.000 Euro sind für a smile - mit Liebe helfen zusammengekommen! Danke, Europark Salzburg!

Mahlzeit!

TV-Koch Bernie Rieder hat angerichtet – und zwar 130 kg Kaiserschmarrn. Neuer Rekord!

Ob Geschicklichkeit, Kraftakt oder Ausdauer – unsere unglaublichen Künstler haben für jeden etwas zu bieten!

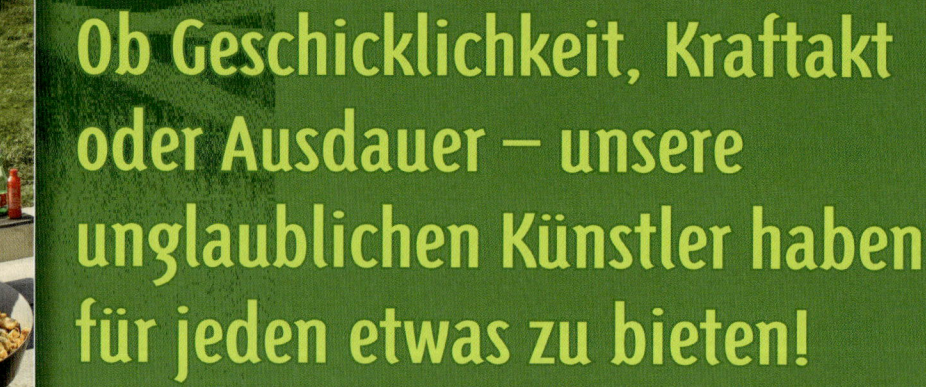

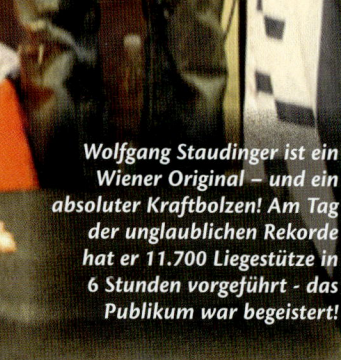

Wolfgang Staudinger ist ein Wiener Original – und ein absoluter Kraftbolzen! Am Tag der unglaublichen Rekorde hat er 11.700 Liegestütze in 6 Stunden vorgeführt - das Publikum war begeistert!

Ripley's
Einfach unglaublich!

Mmmh, lecker! So macht ein Projekttag richtig Spaß!

Und ein Ripley's-Buch als Dankeschön fürs Mitmachen gab's natürlich auch!

DIE UNGLAUBLICHE BIORIEGELKETTE – SALZBURGER SCHULKINDER ZEIGEN GESCHLOSSENHEIT!

Kinder aus insgesamt sechs Salzburger Schulen haben den Tag der unglaublichen Rekorde zu ihrem Projekttag gemacht! Sie lernten wichtige Fakten über Sport und Selbstverteidigung, bewunderten „ihre" Sportler bei deren Rekorden und stellten dann selbst einen auf: Sie bildeten die unglaublichste Bioriegelkette der Welt! Hier ging es um Spaß und Geschick zugleich, denn jedes Kind musste den Bioriegel seines Nachbarn essen.

Mit den Unterschriften der Lieblingskünstler wird das Buch zu einer ganz besonderen Erinnerung an einen unglaublich tollen Tag!

RIPLEY'S BEDANKT SICH

GANZ HERZLICH FÜR DIESEN TOLLEN EINSATZ BEI DEN FOLGENDEN SALZBURGER SCHULEN:

> Bundesgymnasium Seekirchen
> Hauptschule Altenmarkt im Pongau
> Hauptschule Salzburg Lehen
> Hauptschule Salzburg Taxham
> Hauptschule Salzburg Haydnstrasse
> Hauptschule Salzburg Bischofshofen

IHR WART SUPER!

Unglaublicher Talentwettbewerb – unglaubliches Gewinnspiel!

Du möchtest auch mal in unser unglaubliches Buch?

Dann bewirb dich bei uns als unglaubliches Talent 2011! Wir freuen uns auf deine Bewerbung unter talente@ripleys.de.

Ripley's

AUCH IN DIESEM JAHR SUCHT RIPLEY'S WIEDER AB SOFORT BEEINDRUCKENDE TALENTE FÜR DAS KOMMENDE JAHR. JEDER KANN ANTRETEN, DER ETWAS BESONDERES KANN – IM TEAM, UND AUCH ALLEINE.

Ob es sich bei den Bewerbern um Gruppen oder Einzelpersonen, um Skater, Tänzer, Sprayer, Tiertrainer, Schach- oder Fußballgenies oder ganz andere Talente handelt, ist vollkommen egal. Es kann, muss aber keine extravagante Aktivität sein, die du alleine oder im Team ausübst. Auch soziales Engagement oder Humor kann dich bzw. euch als „Talent des Jahres 2011" qualifizieren. Schick uns einfach ein Foto von dir mit einer Kurzbeschreibung von dem, was du tust. Als Gewinne winken 3.000 Euro Preisgeld und Ausstattung je nach Bedarf sowie ein Eintrag in der nächsten Ausgabe von *Ripley's Einfach unglaublich!* Alle weiteren Informationen zum Talentwettbewerb findest du unter **www.ripleys.de.**

GEWINNSPIEL AUF WWW.RIPLEYS.DE –

HAUPTPREIS IST WIEDER EINE FÜNFTÄGIGE REISE FÜR ZWEI PERSONEN ZU DEN NIAGARAFÄLLEN NACH KANADA!

HAUPTGEWINNER

Die Millers, Hauptgewinner des letzten Ripley's-Gewinnspiels, genießen die Zeit in der Great Wolf Lodge im Ripley's Water Park Resort bei den Niagarafällen.

Gewinnspiel auf www.ripleys.de

Die „Gala der Kampfsportarten"

organisiert von der Deutschen Taekwondo Union präsentierte eine tolle Show, in der nicht nur das Spektrum des Taekwondo zu bestaunen war, sondern auch Elemente aus den Bereichen Ju-Jutsu, Judo und Ringen, hier präsentiert von Peter Aschmann.

Weltrekord im Circus Krone – „Hammerhand" legt noch ein paar Kokosnüsse nach!

Hammerhand Muhamed Kahrimanovic sorgte bei der Taekwondo-Gala im Münchener Circus Krone für eine Sensation: Mit unglaublichen 111 zertrümmerten Kokosnüssen stellte er einen neuen Weltrekord auf! Vor den Augen von mehr als 1.000 begeisterten Zuschauern konnte der sympathische Hamburger seinen gerade in Salzburg aufgestellten Rekord von 98 zertrümmerten Kokosnüssen in einer Minute noch einmal überbieten. Unglaubliche 111 Kokosnüsse krönten eine rundum gelungene Veranstaltung!

Die „Hammerhand" bei der Arbeit – es gilt, den eigenen Rekord von 98 Kokosnüssen aus Salzburg zu übertreffen. Ripley's gratuliert zum neuen Weltrekord!

Heinz Gruber, Präsident der Deutschen Taekwondo Union, hat soeben vom anwesenden Notar die Bestätigung für den neuen Weltrekord erhalten – spontan reißt er Muhameds Arm nach oben und brüllt die Sensation ins Mikrofon.

ÜBERFÄLLIG

BÜCHEREI-BUCH 288 JAHRE FÄLLIG

Ein Buch über den Erzbischof von Bremen, das 1667 von einer Universitätsbibliothek in Cambridge, England, entliehen worden war, wurde 1955 endlich zurückgegeben.

BRIEF MIT 286 JAHREN VERSPÄTUNG

Ein Brief, der 1718 von einer Kirche im deutschen Eisenach ins nahe gelegene Ostheim geschickt wurde, erreichte 2004 endlich sein Ziel.

UHR NACH 90 JAHREN ZURÜCK-GEGEBEN

Eine gravierte Uhr, die der US-Soldat William B. Gill während des Ersten Weltkriegs in Frankreich verloren hatte, wurde 2007 seinen Enkeln in Sioux City, Iowa, zurückgegeben.

KOFFER NACH 44 JAHREN ZURÜCK-GEGEBEN

Beverly Sherman aus Lakewood, Washington, bekam 2004 ihren Koffer zurück, den sie bei einem Verkehrsunfall im Jahr 1960 verloren hatte.

VERLORENE BÖRSE NACH 39 JAHREN AUFGETAUCHT

James Lubeck verlor 1966 seinen Geldbeutel im Marblehead Harbor, Massachusetts. 2005 wurde er 40 km vom Hafen entfernt von einem Fischer aus dem Wasser geangelt – alle Kreditkarten waren noch funktionsfähig!

ECHTE EXZENTRIKER

KÖNIG AUS GLAS

Charles VI. von Frankreich (1368-1422) war davon überzeugt, dass er aus Glas bestand. Deswegen hatte er Angst vor Reisen in der Kutsche, da er befürchtete, durch das Geruckel in tausend Stücke zu zerbrechen.

SOLDAT GLAUBT MIT ELEFANT SCHWANGER ZU SEIN

Der preußische Feldmarschall Prinz Gebhard Leberecht von Blücher (1742-1819) bildete sich ein, schwanger mit einem Elefantenbaby zu sein. Der Vater sollte angeblich ein französischer Soldat sein.

SCHAU-SPIELERIN SCHLÄFT IM SARG

Die berühmte französische Schauspielerin Sarah Bernhardt (1844-1923) übte ihren Text in einem Sarg, in dem sie auch schlief. Er war mit rosafarbenem Satin ausgeschlagen und begleitete sie auf allen Reisen.

BESESSEN VON DER 13

Das Leben von Sarah Winchester (1839-1922), Erbin des kalifornischen Waffenunternehmens, wurde von der Zahl 13 beherrscht. Ihr Haus bei San Francisco hatte 13 Badezimmer, 13 Haken an jedem Regal und 13 Kerzen in jedem Leuchter. Im Nähzimmer gab es je 13 Türen und Fenster. Ihr Testament bestand aus 13 Teilen, und sie unterzeichnete es 13-mal.

PRINZESSIN GLAUBTE, EINEN FLÜGEL VERSCHLUCKT ZU HABEN

Prinzessin Alexandra von Bayern (1826 -1875) war überzeugt, als Kind einen originalgroßen Flügel aus Glas verschluckt zu haben.

GENERAL HIELT SICH FÜR VOGEL

Der US-Konföderierten-General Richard Stoddert Ewell (1817-1872) hielt sich phasenweise für einen Vogel. Während seiner Anfälle legte er den Kopf schief, pickte sein Essen auf und gab Zwitscherlaute von sich.

EARL DINIERTE MIT HUNDEN

Der Naturforscher Francis Henry Egerton, Earl of Bridgewater, (1756-1829) liebte seine Hunde so sehr, dass er sie regelmäßig zum Dinner in seinem stattlichen Heim im englischen Hertfordshire einlud. Die Hunde saßen bei ihm am Tisch, trugen Servietten um den Hals und wurden von Dienern versorgt.

Der japanische Jazzpianist Yosuke Yamashita trug einen feuerfesten Anzug, während er zehn Minuten lang auf einem brennenden Flügel improvisierte – bis schließlich die Saiten rissen!

WIRKLICH »
WAHR

Die Kletterer Jon Ratcliffe und Steve Franklin spielten Scrabble, während sie 61 m über der Erde auf einem wackligen Felssims in Anglesey, North Wales, saßen.

SCRABBLE
FAKTEN

> Würde man alle Scrabble-Steine, die jemals hergestellt wurden, in eine Reihe legen, wäre diese 80.465 km lang, würde also zweimal um die Erde reichen.

> Ein riesiges Scrabblespiel bedeckte 1998 fast das gesamte Fußballfeld im Londoner Wembley-Stadion. Die Spielsteine hatten die Größe von Esstischen.

> Bei einem Wettbewerb im Jahr 1982 in Manchester, England, erreichte Dr. Karl Khoshnaw 392 Punkte mit dem Wort „caziques", einer Bezeichnung für eine bestimmte Art von Indianerhäuptlingen.

Ripleys
Einfach unglaublich!

Selbst ein Alligator als Zuschauer kann die Konzentration dieser beiden Aufseher im Gatorland Theme Park, Florida, nicht stören. „Wir kennen hier so gut wie keine Grenzen", erklärt der Parkbesitzer Tim Williams. „Wir würden das Brett auch auf dem Rücken eines Alligators aufbauen."

Um den 60. Geburtstag des Spieles Scrabble im November 2008 zu feiern, spielten einige Scrabbleverrückte an den ungewöhnlichsten Orten – beispielsweise beim Fallschirmspringen in 4.000 m Höhe, tief im Ozean umringt von Haien und direkt neben dem beängstigenden Maul eines riesigen Alligators!

Das 1948 vom New Yorker Architekten Alfred Butts erfundene Gesellschaftsspiel gibt es in über 29 Sprachen und hat sich über 150 Millionen Mal verkauft. Mindestens 30.000 Partien werden stündlich auf der ganzen Welt angefangen – aber nur selten unter so haarsträubenden Bedingungen wie diesen!

Im Lion Park im südafrikanischen Lanseria spielen die beiden Wildhüter Kevin Richard und Helga van der Merwe eine Runde Scrabble, während ihnen die Löwinnen Meg und Amy zusehen.

Mithilfe eines spezialverstärkten Holzbrettes und Klebstoff für die Spielsteine genießen die beiden Fallschirmfans Nicole Angelides und Ramsey Kent eine Partie Scrabble in knapp 4.000 m Höhe über Florida.

SCRABBLE

EXTREME

VERDREHTER GOLDFISCH

Schon seit vier Jahren beobachten die Gäste in einem Pub in Devon, England, wie der Goldfisch Aussie Tag für Tag verkehrt herum schwimmt. Der Fisch ist zu einer richtigen Touristenattraktion geworden! Während manche Gäste ihn einfach für betrunken halten, gehen Experten davon aus, dass Aussie an einer Fehlbildung der Schwimmblase leidet, die die Schwimmkraft reguliert, und dass er ansonsten ebenso gesund ist wie sein Goldfischglasgenosse Eddie, der richtig herum schwimmt.

Ripley's erklärt

WARUM SCHWIMMEN MANCHE FISCHE VERKEHRT HERUM?

Nur aufgrund ihrer Schwimmblase, einem mit Gas gefüllten Beutel in ihrem Rücken, können Fische im Wasser schwimmen. Bei manchen Fischen beeinflusst die Schwimmblase auch das Gehör und das Tiefengefühl. Hin und wieder treten Störungen der Schwimmblase auf. Die Fische schwimmen dann immer in eine Richtung oder, so wie Aussie, verkehrt herum. Im Laufe der Evolution hat sich die Schwimmblase vermutlich aus denselben Luftbeuteln entwickelt, die bei Säugetieren später die Lunge ausbildeten.

SELTSAMER FUNDORT ■ Als Aaron Giles aus Fairmont, Minnesota, als kleiner Junge sein Erkennungsarmband verlor, hegte er keinerlei Hoffnungen, es jemals wiederzusehen. Doch über 25 Jahre später tauchte es wieder auf – und zwar im Magen eines Huhns! Der glänzende Gegenstand wurde von einem Fleischer entdeckt. Die Gravur war noch immer lesbar.

MUMIFIZIERTE LEICHE ■ Eine Kroatin saß 42 Jahre lang tot in ihrem Lehnstuhl, ehe ihre mumifizierten Überreste 2008 endlich entdeckt wurden. Hedviga Golik wurde in ihrer Wohnung in Zagreb vor einem alten Schwarzweißfernseher sitzend gefunden. Ihre Nachbarn hatten sie 1966 zuletzt gesehen.

SCHAURIGER TRABANT ■ George Porter, ein britischer Kanonier, wurde während der britischen Polarexpedition zwischen 1875 und 1876 unter einer Eisscholle beerdigt, und sein Leichnam kreist nun vermutlich seit über 130 Jahren um den Nordpol.

GELDREGEN ■ Der indonesische Geschäftsmann Tung Desem Waringin ließ 2008 Geldscheine im Wert von € 7.365 aus einem Flugzeug flattern, um Werbung für sein neues Motivationsbuch zu machen und den armen Menschen in Indonesien zu helfen. Sein Flugzeug kreiste achtmal über einem Sportfeld in Serang und ließ Geld auf die Menschen regnen, die sich unten versammelt hatten.

UNBEKANNTES FLUGOBJEKT ■ Ein 40 cm langes, hakenförmiges Metallstück fiel im Oktober 2007 vom Himmel und brach durch das Dach eines geparkten Autos in Stanton, Delaware. Nach seinem Absturz war der Gegenstand zu heiß zum Anfassen und hinterließ Asche auf dem Fahrersitz. Die Luftfahrtbehörde versicherte, dass es sich nicht um ein Flugzeugteil handelte.

BANKIRRTUM ■ Im Jahr 2007 gab eine New Yorker Bank aus Versehen € 1,38 Millionen eines Kunden an einen anderen Kunden mit demselben Namen weiter. Benjamin Lovell versuchte, dem Bankangestellten zu erklären, dass sein Kontostand keineswegs € 3,44 Millionen betrage, doch man glaubte ihm nicht, und so hob er das Geld ab. Später stand er wegen Großdiebstahls vor Gericht.

Zahnfleisch-sauger

Obwohl sich die westliche Medizin in Indien zunehmend verbreitet, sind Blutegel noch immer ein beliebtes Heilmittel. Auf das Zahnfleisch oder andere Körperteile gesetzt, heilen sie angeblich verschiedenste Krankheiten, zum Beispiel Blut- und Immunitätserkrankungen.

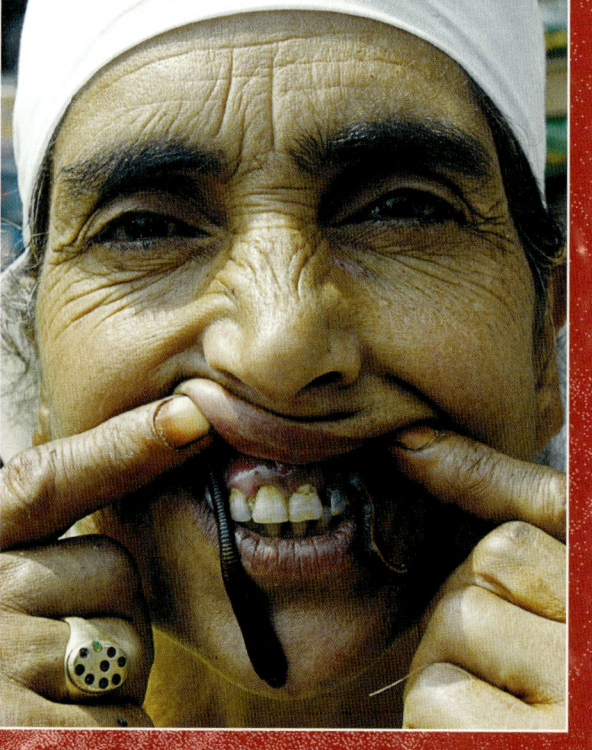

KLOGESCHENKE ■ Im Sommer 2007 hinterließ ein Unbekannter über 400 Briefumschläge in den Toilettenräumen öffentlicher Gebäude in ganz Japan, die jeweils einen Brief und umgerechnet € 58,50 enthielten.

BEINDIEBE ■ Diebe in Tirupati, Indien, sägten das Bein eines 80-jährigen Mönches ab und stahlen es, weil sie glaubten, dass es göttliche Heilkräfte habe. Sie drängten ihrem Opfer Alkohol auf und entfernten sein Bein, nachdem der Mönch betrunken das Bewusstsein verloren hatte. Trotz des starken Blutverlustes überlebte der Mann.

FISCHFUND ■ Am 24.1.2008 fand der Schiffskapitän Kiyoshi Kimino einen 15 Jahre alten handgeschriebenen Brief von einem Schulkind, in dem stand: „Ich gehe in die erste Klasse. Unsere Schule ist 120 Jahre alt. Heute feiern wir das. Falls Sie diesen Brief finden, schreiben Sie mir bitte zurück." Der Brief klebte am Rücken einer Flunder vor der japanischen Küste.

HAARSCHNITT ■ Mit Scheren bewaffnete Räuber griffen in einem Bus in Rio de Janeiro, Brasilien, nach dem Haar einer 22-Jährigen, drehten es zu einem Zopf und schnitten es ab. Die Polizei glaubt, dass die Diebe das lange schwarze Haar, das sich die Frau vier Jahre lang hatte wachsen lassen, an Perückenmacher oder Haartransplantationskliniken verkaufen wollten.

VERGESSLICHER DIEB ■ Ein Ladendieb, der sich schnell aus einem niederländischen Supermarkt davonmachen wollte, da er eine Packung Fleisch gestohlen hatte, hinterließ ein eindeutiges Beweismittel: seinen zwölfjährigen Sohn! Der Dieb war so sehr in Eile, dass er den Jungen, der der Polizei alles über seinen Vater erzählte, einfach vergaß!

GEHEIMTUNNEL ■ Ein chinesischer Mann, der 17 Jahre wegen Mordes an einem Nachbarn gesucht worden war, lebte all die Zeit über in einem Tunnel, den er unter seinem Haus in Suinan gegraben hatte. Hui Guangwen wurde 2007 entdeckt, nachdem die Polizei einem Hinweis nachgegangen war. Er gestand, dass es ihm ziemlich langweilig gewesen sei.

GEBISS VERLOREN ■ Als Qin Yuan aus Chongqing, China, eines Morgens aufwachte, war sein Gebiss verschwunden. Da er Schmerzen hatte, ging er zum Arzt, wo sich herausstellte, dass das Gebiss in einem seiner Lungenflügel feststeckte. Nach der Operation riet man ihm, das Gebiss vor dem Schlafengehen stets herauszunehmen.

FISCHIGER ZUFALL ■ Drei Tage, nachdem Kirsty Brittain beim Kneeboarding mit einem Rennboot vor der tasmanischen Küste ihren Nasenstecker verloren hatte, staunte sie nicht schlecht, als ihr Verlobter einen selbstgefangenen Fisch zerlegte – und in den Innereien das Schmuckstück fand!

SCHLANGENMANN ■ Ein 19-jähriger Gefängnisinsasse aus dem Kosovo, der weniger als 55 kg wog, entkam 2008 dem Gefängnis in Linz, Österreich, indem er sich durch die kleine Essensklappe in der Zellentür zwängte.

FREMDWOHNER ■ Über Weihnachten 2008 wohnte ein Fremder mehrere Tage lang unentdeckt unter dem Dach eines Familienhauses in Wilkes-Barre, Pennsylvania. Die Familie Ferrance entdeckte den blinden Passagier erst, als er in ihren Kleidern vom Dachboden flüchten wollte. Er hatte bei Nachbarn gewohnt, die ihn schließlich gebeten hatten, zu gehen, woraufhin er sich durch eine Falltür auf den durchgehenden Dachboden gestohlen hatte.

NAMENSÄNDERUNG ■ Der Schulbusfahrer Steve Kreuscher aus Chicago reichte einen Antrag ein, in dem er darum bat, seinen Namen in „In God We Trust" (deutsch: „Wir vertrauen auf Gott") umzuändern, weil er Angst hatte, dass der Satz von der US-Währung verschwinden könnte.

WEGGEWEHT ■ Als ein Chinese gerade das Dach seines Hauses in Peking reparierte, wurde er von einer plötzlichen Windbö in einen benachbarten Baum gewirbelt. Der Mann hing 20 Minuten lang in knapp 14 m Höhe fest, ehe die Feuerwehr ihn herunterholte.

SARGHEIM ■ Obwohl der Brasilianer Freud de Melo panische Angst davor hat, lebendig begraben zu werden, hat er sich in einem riesigen Sarg niedergelassen. Er ist mit einem Fernseher, einer Waschschüssel, einer Entlüftung und zwei Plastikschläuchen ausgestattet, die Freud an Megaphonen befestigt hat, sodass er Kontakt mit der Außenwelt aufnehmen kann.

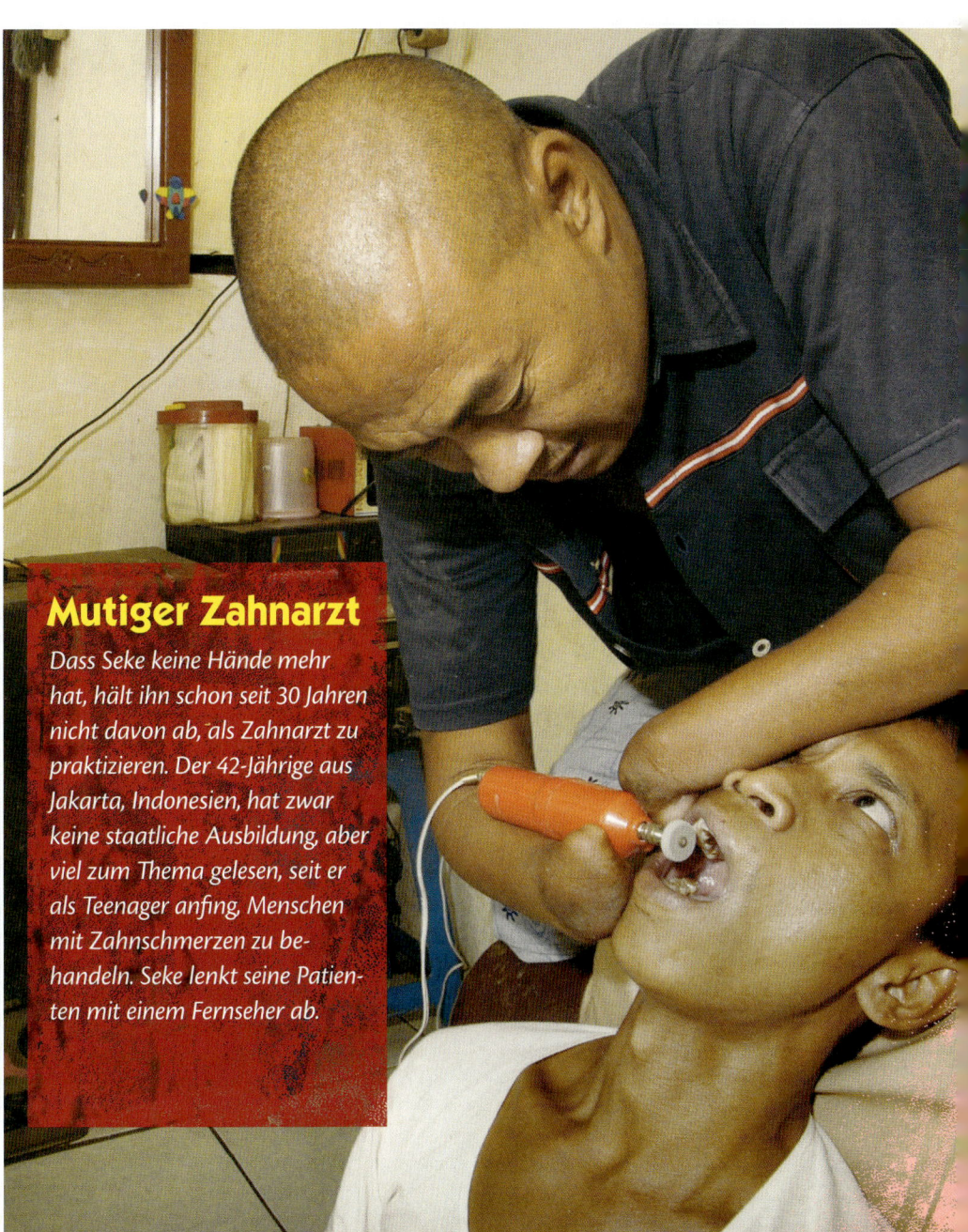

Mutiger Zahnarzt

Dass Seke keine Hände mehr hat, hält ihn schon seit 30 Jahren nicht davon ab, als Zahnarzt zu praktizieren. Der 42-Jährige aus Jakarta, Indonesien, hat zwar keine staatliche Ausbildung, aber viel zum Thema gelesen, seit er als Teenager anfing, Menschen mit Zahnschmerzen zu behandeln. Seke lenkt seine Patienten mit einem Fernseher ab.

ENGES TRANS- PORT- MITTEL

Als ein polnischer Bauer in Warschau 2009 bei einer Auktion ein Fohlen kaufte, konnte er es nur zu seinem 241 km entfernten Hof transportieren, indem er es in den Fond seines Kleinwagens quetschte und die Rückbank auf das Autodach schnallte. Allerdings bemerkte die Polizei das Auto, als es auf der Autobahn liegen blieb, und nahm sich des 117 kg schweren Pferdes an, bis sich ein besser geeignetes Transportmittel auftreiben ließ.

FATALER FEHLER ■ Ein Mann, der eine Folge der Serie *CSI: Den Tätern auf der Spur* nachahmen wollte, indem er Selbstmord beging, der wie Mord aussehen sollte, flog auf, weil er nicht genug Heliumballons an der Pistole befestigt hatte, mit der er sich erschoss. Thomas Hickman fuhr von Dallas, Texas, nach New Mexico, knebelte sich selbst mit Klebeband und schoss sich dann in den Kopf. Sein Plan, dem zufolge die Pistole wegfliegen sollte, ging aber nicht auf, denn die Selbstmordwaffe mit den Heliumballons wurde in einem Busch ganz in der Nähe gefunden.

BLUMIGE ENTSCHULDIGUNG ■ Ein Gefangener, der im Juni 2008 aus dem Gefängnis in Crawford County, Arkansas, entkam, hinterließ eine Origamiblume aus Toilettenpapier, mit der er sich für den Ausbruch entschuldigen wollte.

GRUPPENTRANCE ■ 50 Arbeiterinnen einer Kleiderfabrik im indonesischen Tangerang fielen 2007 unfreiwillig gemeinsam in eine Trance, während der sie unkontrolliert weinten und am ganzen Körper zuckten.

RADIOAKTIVES CAFÉ ■ Die ukrainische Polizei vereitelte den Plan, einen hoch radioaktiven Hubschrauber aus dem Tschernobyl-Katastrophengebiet zu schmuggeln und ein Café darin zu eröffnen. Bei dem Versuch, den ausgemusterten Hubschrauber zu transportieren, wurden im Mai 2008 mehrere Personen festgenommen. Der Hubschrauber, in den 28 Personen passen, sondert das 30-fache der erlaubten Strahlungsmenge ab. Jahrelang stand er in dem Sperrgebiet um das Kernkraftwerk Tschernobyl, das 1986 explodiert war.

Hundemädchen

Oxana Malaya benimmt sich wie ein Hund, läuft auf allen vieren, hechelt mit der Zunge und jault und bellt. Ihr außergewöhnliches Verhalten geht auf ihre Kindheit in der Wildnis zurück, denn ab dem Alter von drei Jahren lebte sie fünf Jahre lang mit einem Rudel Wildhunde in der Nähe des Dorfes Novaya Blagoveschenka in der Ukraine, da ihre Eltern sie offenbar ausgesetzt hatten. Als sie 1991 entdeckt wurde, konnte sie kaum mehr sprechen.

UNGLÜCKSWAGEN ■ Der Hollywoodstar James Dean starb 1955 im Alter von 24 Jahren, als er einen Unfall mit einem Porsche Spyder hatte. Der Wagen wurde in eine Werkstatt gebracht, wo einem Mechaniker der Motor auf die Beine fiel, die beide brachen. Schließlich kaufte ein Arzt den Motor und baute ihn in seinen Sportwagen ein, mit dem er bei einem Rennen tödlich verunglückte. Die Antriebswelle von Deans Spyder befand sich in einem weiteren Wagen, dessen Fahrer bei dem Rennen ebenfalls ums Leben kam. Als die Karosserie von Deans Wagen schließlich repariert und ausgestellt wurde, brannte der Ausstellungsraum nieder. Als sie in Sacramento erneut ausgestellt wurde, fiel sie von ihrem Podest auf einen Besucher, der sich die Hüfte brach. 1959 zerfiel das Auto, das auf Stahlträgern stand, schließlich grundlos in elf Teile.

NAMENSWUNDER ■ Drei Engländer, die in den 1920er Jahren getrennt durch Peru reisten, fanden sich eines Tages gemeinsam in einem ansonsten leeren Bahnwaggon wieder. Als sie sich einander vorstellten, fanden sie heraus, dass einer von ihnen mit Nachnamen Bingham, einer Powell und der dritte Bingham-Powell hieß. Sie waren nicht miteinander verwandt.

ZUM KOTZEN! ■ Ein australischer Dieb, der eine Postfiliale in Adelaide ausraubte, wurde wegen seines Erbrochenen gefasst. Ahmed Habib war so nervös, dass er sich noch am Tatort übergeben musste, woraufhin ihn die Polizei anhand seiner DNA identifizieren konnte.

VERKLAGT ■ Im Dezember 2007 verklagte der Gefangene Michael Polk die Gefängnis-beamten von Utah, weil sie ihn an der Ausübung seiner Religion, der Anbetung altnordischer Götter, hinderten. Sie hatten sich geweigert, ihm einen Thorhammer, ein Gebetstuch, ein Trinkhorn mit Met, eine Eberhauttrommel und ein Schwert zur Verfügung zu stellen.

FALSCHE FRAU ■ Als ein Inder 2008 vor Gericht zog, um eine Scheidung durchzusetzen, brachte er anstelle seiner Frau eine Imitatorin mit. Die angeblich einvernehmliche Scheidung wurde sofort gewährt, aber wieder annulliert, als seine echte Frau auftauchte und Widerspruch einlegte.

TOTWAHL ■ Neculai Ivascu wurde im Juni 2008 erneut zum Bürgermeister des rumänischen Dorfes Voinesti gewählt – obwohl er tot war! Kurz nach Beginn der Wahl war er an einem Leberleiden gestorben, übertraf seinen lebenden Gegner Gheorghe Dobrescu aber trotzdem um 23 Stimmen.

GRAUSIGE LIEFERUNG ■ Zwei Schwestern, die 2,41 km voneinander entfernt in Greenville, South Carolina, wohnten, fanden eines Morgens im April 2008 vor ihren Häusern Tüten, in denen sich menschliche Körperteile befanden, und zwar je eine Hand und ein Fuß.

BALLBAUM ■ Als im Eaton Golf Club im englischen Norwich im Februar 2009 ein Nadelbaum gefällt wurde, fand der Gärtner einen vollständig erhaltenen Golfball, der in den Stamm eingewachsen war. Der Baum war offenbar um den Ball, der vermutlich Jahre zuvor nach einem misslungenen Schlag am ersten Loch in eine Astgabel geflogen war, herumgewachsen.

TOTER PASSAGIER ■ Zwei Männer rollten im Januar 2008 ihren toten Freund in einem Bürostuhl durch die Straßen von New York City, um seinen Sozialversicherungsscheck in Höhe von € 244 einzukassieren. Die Anklage wurde aber fallengelassen, da sie versicherten, sie hätten nicht bemerkt, dass er tot war.

EKLIGER FUND ■ Die Leiche des Russen Wladimir Ledenew aus Tula wurde im Januar 2007 am Küchentisch in der Wohnung des Mannes gefunden, wo sie sechs Jahre lang gesessen hatte. Vor ihr standen eine leere Wodkaflasche und ein Glas.

SPÄTE ANTWORT ■ Die Schülerin Emily Hwaung aus Seattle, Washington, steckte einen Brief in eine Limonadenflasche, die sie ins Meer warf, und erhielt 21 Jahre später eine Antwort aus 2.792 km Entfernung. Die Flasche war in Nelson Lagoon, Alaska, angespült und von Merle Brandell gefunden worden, die Emily über ihre alte Schule ausfindig machte.

SPÄTER FUND ■ Eine Großmutter aus dem englischen Leicestershire fand ihren Ring wieder – 67 Jahre, nachdem sie ihn bei einem Streit im Jahr 1941 in ein Feld geworfen hatte! Violet Booth und ihr Verlobter hatten den Ring vergeblich gesucht und kauften schließlich einen neuen, da sie einige Monate später heirateten. 2008 fand ihr Enkel, der Metalldetektorenfan Leighton Boyes, den Ring schließlich wieder.

VERLIEBTER DIEB ■ Ein italienischer Dieb, der sich in die Kassiererin einer Postfiliale in Genua, die er ausraubte, verliebt hatte, wurde geschnappt, als er zum Tatort zurückkehrte, um die Dame um ein Date zu bitten. Am Tag nach dem bewaffneten Überfall kehrte er mit Blumen und einer Entschuldigung an den Ort des Verbrechens zurück. Doch anstatt sich mit ihm zu verabreden, plauderte die Kassiererin kurz mit ihm und aktivierte währenddessen den stummen Alarm, woraufhin die Polizei den Täter festnahm.

SELTSAMES DENKMAL

Die kanadische Künstlerin Amy Nugent sucht Straßenränder nach Wildschäden ab. Die Tierkadaver verwandelt sie dann in unglaubliche Kunstwerke. Für diese Kugel, die sie Roadquill getauft hat, sammelte sie über 30.000 Stachelschweinstacheln. Ihre Arbeit soll ein Denkmal für die getöteten Tiere darstellen.

Stachelschwänze

Die thailändische „Skorpionenkönigin" Kanchana Kaetkaew hat bereits vor einiger Zeit mit lebenden Skorpionen auf dem Brautkleid geheiratet und war 32 Tage mit über 3.000 Skorpionen auf engstem Raum eingesperrt. Zwischen Dezember 2008 und Januar 2009 hat sie erneut die Welt in Staunen versetzt, als sie 33 Tage lang mit 5.000 Riesenskorpionen in einem Zimmer wohnte. Kanchana, die die angsteinflößenden Krabbeltiere über alles liebt, wurde in ihrem Raum im *Ripley's Believe It or Not!*-Museum in Pattaya, Thailand, dreimal gestochen, ist über die Jahre hinweg aber immun gegen das Gift geworden und zog sich deswegen keinerlei Verletzungen zu.

Ripley's erklärt

Skorpione sind eigentlich sehr scheu, verteidigen sich aber mit ihren äußerst schmerzhaften Stacheln im Schwanz. Einige Arten sind so giftig, dass sie einen Menschen töten können. Allein in den USA werden jährlich über 1.000 Skorpionstiche registriert. Der letzte bekannte Todesfall geht hier auf das Jahr 1968 zurück. In Mexiko hingegen sterben jährlich noch heute über 1.000 Personen an Skorpionstichen.

Zum Heulen

Als Yi Zhao aus Chongqing, China, zu Hause im Bad ausrutschte, rammte er sich einen Wasserhahn ins Auge. Nachdem die Feuerwehr das Rohr durchgeschnitten hatte, wurde Yi samt Wasserhahn ins Krankenhaus gebracht. Da er nicht in den Tomografen passte, musste ein Klempner mehr als 30 cm von dem Rohr abschneiden, das Yi aus dem Auge ragte. Als auch das nicht half, entfernte Yi den Wasserhahn eigenhändig.

SIEBTER SINN ■ Die Eltern der dreijährigen Emilia Rose Taylor aus Middlesbrough, England, sind überzeugt, dass ihre Tochter übersinnliche Fähigkeiten hat. Schon als Baby fiel sie regelmäßig in Trance, und sobald sie sprechen konnte, erzählte sie von Menschen, die außer ihr niemand sehen konnte, zum Beispiel einen müffelnden alten Mann (der angeblich früher in dem Haus gelebt hatte) und den Zwillingsbruder ihres Vaters, der im Alter von vier Jahren gestorben war.

FALSCHER TAG ■ Lena Thouless aus Norfolk, England, entdeckte 2008, dass sie über ein Jahrhundert lang ihren Geburtstag am falschen Tag gefeiert hatte! Die 106-Jährige war davon ausgegangen, am 23.11. geboren worden zu sein, dabei hatte sie am 22.11. Geburtstag!

SUPERSPIELE ■ Im Dezember 2008 bowlten die Brüder Ed und Tom Shircel aus Sheboygan, Wisconsin, für dasselbe Team in derselben Runde beide perfekte 300er-Spiele.

GEISTERGESCHICHTE ■ Ein Dieb, der 2008 in ein Haus in Malaysia einbrach, erklärte der Polizei, dass ein Geist ihn an der Flucht gehindert habe. Angeblich hatte das Gespenst ihn drei Tage lang ohne Essen und Trinken gefangen gehalten.

RING ZURÜCK ■ Nachdem Carys Williams 1973 ein Goldring durch einen Riss in den Dielen einer Kapelle in Gwyddelwern, Wales, gefallen war, erhielt sie das Schmuckstück 35 Jahre später zurück, als das Gebäude abgerissen wurde.

RÄTSELHAFTES GRAB ■ Als Archäologen ein antikes chinesisches Grab öffneten, das angeblich vor 400 Jahren versiegelt worden war, staunten sie nicht schlecht, als sie darin eine 100 Jahre alte Uhr aus der Schweiz fanden. Sie waren sicher, die Ersten zu sein, die das Grab aus der Mingdynastie in Shangsi öffneten, und konnten sich ihren seltsamen Fund nicht erklären.

GEHEIME SCHWESTERN ■ Zwei Frauen, die über 30 Jahre lang befreundet gewesen waren, fanden 2008 heraus, dass sie Schwestern sind! Deborah Day war im Alter von zwei Monaten adoptiert und dabei von ihrer Schwester Marilyn Morris getrennt worden. Als Teenager lernten sie sich dann in Weston-super-Mare, England, kennen und wurden enge Freundinnen.

SCHÄDELMYSTERIUM ■ Wissenschaftler haben auf der neuseeländischen Nordinsel den 270 Jahre alten Schädel einer weißen Europäerin gefunden – obwohl laut wissenschaftlichen Erkenntnissen erst 100 Jahre später weiße Siedler in der Region ankamen.

VATERFIGUR ■ Ein einbeiniger Mann, der bereits 78 Kinder hat, hofft, sich bis 2015 hundertfach fortgepflanzt zu haben. Der 1947 geborene Daad Mohammed Murad Abdul Rahman aus den Vereinigten Arabischen Emiraten war im Alter von 60 bereits 15-mal verheiratet und mehrfach geschieden, da man laut islamischem Recht nur vier Frauen auf einmal haben darf.

LEBEND BEGRABEN ■ Die Borderterrier-hündin Ruby war im Jahr 2008 ganze 16 Tage lang lebendig unter einem Komposthaufen in West Sussex, England, begraben gewesen – und überlebte! Sie hatte sich unter einem Stein eingeklemmt, der eigentlich Hasen vom Grundstück fernhalten sollte.

HAARIGE MENSCHHEIT ■ Auf dem menschlichen Körper befinden sich pro Quadratzentimeter ebenso viele Haare wie auf dem eines Schimpansen – nur sind sie so fein, dass man sie nicht sehen kann.

UNTERGRUNDFEUER ■ Seit 1962 brennt in den Kohleminen unter Centralia, Pennsylvania, ein unterirdisches Feuer.

MARINEMYSTERIUM ■ Obwohl Bolivien ein Binnenland ist, verfügt es über eine Marine aus 150 Schiffen und Tausenden von Matrosen.

FEUERFEST ■ Skip und Linda Miller aus Cuyamaca, Kalifornien, verloren in vier Jahren zwei Häuser an Waldbrände. Ihr drittes Haus besteht nun aus Beton und hitze- und feuerbeständigen Materialien und ist teilweise in die Erde eingelassen.

Verrückt nach Zahnpasta

Der Zahnarzt Dr. Val Kolpakov aus Saginaw, Michigan, sammelt Zahnpasta. Seit 2002 hat er schon fast 1.500 verschiedene Sorten aus aller Welt zusammengetragen. Zu seinen geliebten Schätzen zählen eine besondere Hopalong-Cassidy-Zahncreme sowie eine Sorte, die nach Scotch schmeckt.

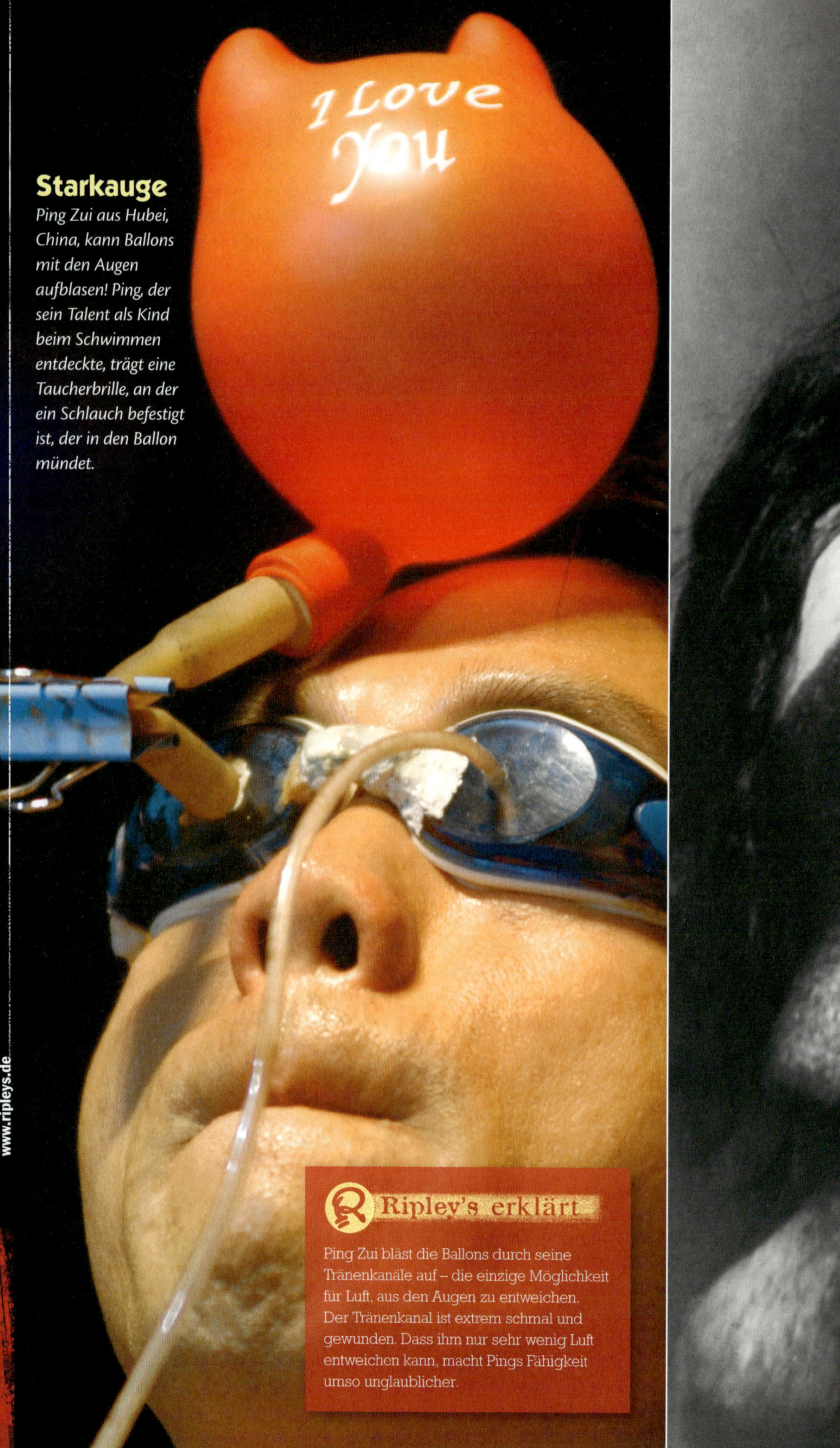

Starkauge

Ping Zui aus Hubei, China, kann Ballons mit den Augen aufblasen! Ping, der sein Talent als Kind beim Schwimmen entdeckte, trägt eine Taucherbrille, an der ein Schlauch befestigt ist, der in den Ballon mündet.

I Love You

Ripley's erklärt

Ping Zui bläst die Ballons durch seine Tränenkanäle auf – die einzige Möglichkeit für Luft, aus den Augen zu entweichen. Der Tränenkanal ist extrem schmal und gewunden. Dass ihm nur sehr wenig Luft entweichen kann, macht Pings Fähigkeit umso unglaublicher.

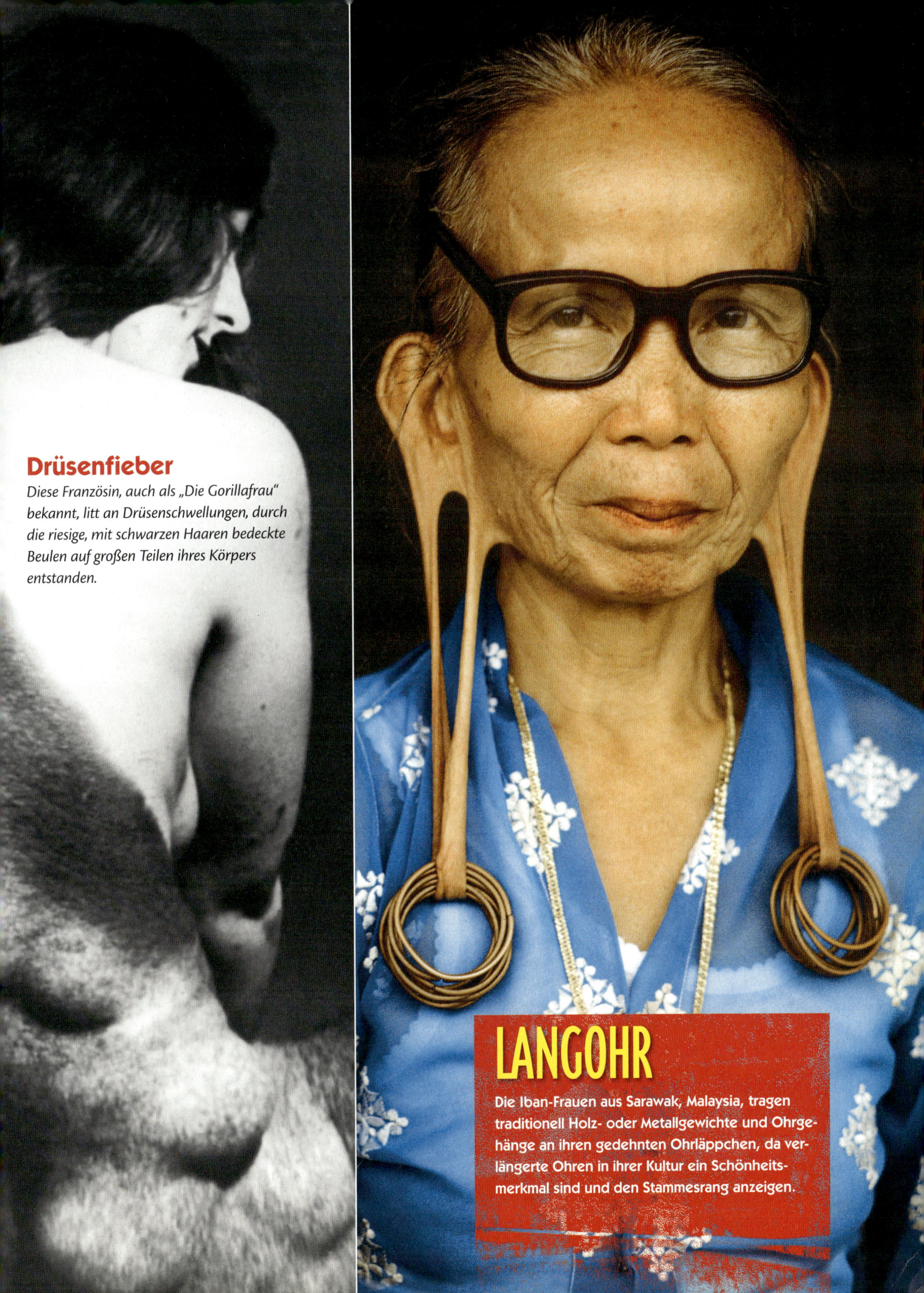

Drüsenfieber

*Diese Französin, auch als „Die Gorillafrau"
bekannt, litt an Drüsenschwellungen, durch
die riesige, mit schwarzen Haaren bedeckte
Beulen auf großen Teilen ihres Körpers
entstanden.*

LANGOHR

Die Iban-Frauen aus Sarawak, Malaysia, tragen
traditionell Holz- oder Metallgewichte und Ohrge-
hänge an ihren gedehnten Ohrläppchen, da ver-
längerte Ohren in ihrer Kultur ein Schönheits-
merkmal sind und den Stammesrang anzeigen.

Star-Wars-Hochzeit

Als die Star-Wars-Fans Rebecca D'Madeiros und Bill Duda im Juni 2008 in ihrem Garten in Portland, Oregon, heirateten, baten sie alle 70 Gäste, sich als Figuren aus dem 70er-Jahre-Science-Fiction-Film zu verkleiden. Bräutigam und Braut selbst kamen als Mon Mothma und Admiral Ackbar. Abgehalten wurde die Trauung von Yoda, der sich die Erlaubnis, Paare zu trauen, im Internet beschafft hatte, und die Trauzeugin war Prinzessin Leia. Das glückliche Paar wurde von einer Garde von Imperial Stormtroopers vom Haus zum Altar geführt.

VERSPÄTETE LIEFERUNG ■ Michael Cioffi aus Boston, Massachusetts, erhielt im Februar 2008 eine Postkarte von den Yellowstone Nationalpark Tower Falls, die 79 Jahre zuvor abgeschickt worden war.

BEERDIGUNGSFAN ■ Mijo Tkalcec aus Peteranec, Kroatien, war schon auf über 2.000 Beerdigungen. Bereits seit seiner Kindheit üben sie eine unwiderstehliche Faszination auf ihn aus, und er reist Hunderte von Kilometern für eine einzige Trauerfeier.

TOILETTENLEICHE ■ In Necedah, Wisconsin, lebte eine Familie 2008 zwei Monate lang mit der Leiche einer 90-Jährigen auf der Toilette ihres einzigen Badezimmers. Angeblich folgten sie dem Rat ihres religiösen Führers, der behauptet hatte, dass die Verstorbene wiederauferstehen würde.

FOTOGRAFISCHES GEDÄCHTNIS ■ Karen und Mark Cline aus Mansfield, Ohio, konnten sich zu ihrer Hochzeit im Jahr 1980, als sie noch Teenager waren, die € 100 für ihre Fotoabzüge nicht leisten. Doch als der Fotograf Jim Wagner beim Aufräumen Jahre später über die Fotos stolperte, erinnerte er sich an die beiden Pleitegeier und schickte ihnen die Bilder zu ihrem 27. Hochzeitstag.

SHOPPINGFIEBER ■ Ein neunjähriger Indonesier verfiel 2008 in einen fünftägigen Shoppingrausch, der seine Eltern € 6.900 kostete! Ahmad Legal Civiandi gab die Ersparnisse seiner Eltern für Spielzeug aus.

DOPPELTOD ■ Nach 70 Jahren Ehe starb ein syrisches Paar im Januar 2008 am selben Tag eines natürlichen Todes. Der 95-jährige Ehemann segnete wenige Stunden nach seiner 90-jährigen Gattin das Zeitliche.

JEDIANGRIFF ■ Barney Jones, *Star-Wars-Fan* und Mitbegründer der Church of Jedi in Wales, wurde 2008 von einem als Darth Vader verkleideten Mann angegriffen. Barney, auch als Master Jonba Hehol bekannt, wurde von dem Darth-Vader-Darsteller Arwel Hughes mit einem Metallrohr auf den Kopf geschlagen.

GEHEIMER GAST ■ Eine Obdachlose hat ein Jahr unentdeckt im Kleiderschrank eines Mannes im japanischen Kasuya gelebt. Sie schlich sich in sein Haus, als er es einmal offen ließ, und richtete sich mit einer Matratze im obersten Fach seines Schrankes ein. Wenn er außer Haus war, duschte sie, hinterließ aber niemals Spuren. Erst als er bemerkte, dass auf unerklärliche Weise Nahrungsmittel aus seiner Küche verschwanden, kam ihm ein Verdacht, und er rief die Polizei, die die 58-Jährige im Schrank fand.

MUTTERFUND ■ Steve Flaig aus Plainfield Township, Michigan, suchte jahrelang nach seiner leiblichen Mutter und fand sie 2007 endlich – sie hatten fast ein Jahr lang für dieselbe Firma gearbeitet. Er lieferte die Waren für einen örtlichen Baumarkt aus, während seine Mutter, die er nur als „Chris" kannte, Hauptkassiererin war.

ANONYMER SPENDER ■ Seit 33 Jahren hinterlässt ein Unbekannter jeden Monat zusammen mit der Anweisung, den Bedürftigen zu helfen, einen geldgefüllten Umschlag in einer Polizeistation in Tochigi, Japan.

TODESFREIE WOCHE ■ Mildred West, Verfasserin für Todesanzeigen beim New Yorker *Alton Evening Telegraph*, nahm 1946 eine Woche Urlaub. Während ihrer Abwesenheit gab es in Alton, das 32.000 Einwohner hat, zum ersten Mal in der Geschichte der Zeitung nicht einen einzigen Todesfall. Normalerweise sterben dort durchschnittlich zehn Personen pro Woche.

KLEBRIGE AUSREDE ■ Der zehnjährige Diego Palacios aus Monterrey, Mexiko, klebte seine Hand mit Industriekleber an den Rahmen seines Metallbettes – um nicht in die Schule gehen zu müssen.

MASCHINENTEILUNG ■ Ein serbischer Bauer, der wütend war, weil ein Gericht entschieden hatte, dass er nach seiner Scheidung sein gesamtes Hab und Gut mit seiner Exfrau teilen müsse, nahm den Richter beim Wort und sägte all seine landwirtschaftlichen Geräte in der Mitte durch.

KIMONO DES BÖSEN ■ Drei Mädchen, die nacheinander denselben Kimono besessen hatten, starben alle, bevor sie ihn tragen konnten. Das unglückselige Kleidungsstück wurde 1657 von einem Priester verbrannt. Während es kokelte, fuhr der Wind in die Flammen und verursachte ein Feuer, das Tokio zu drei Vierteln zerstörte, 9.000 Geschäfte, 500 Paläste, 300 Tempel und 61 Brücken vernichtete sowie 100.000 Menschen tötete.

SPÄTE KARTE ■ Eine Postkarte aus Nebraska, die am 23.12.1914 abgeschickt worden war, kam 2007 mit 93 Jahren Verspätung in Oberlin, Kansas, an.

DOPPELRETTUNG ■ Der Chinese Wang Weiqing rettete 2008 in Beicheng einen Siebenjährigen aus einem Teich – 20 Jahre, nachdem er dessen Vater an genau derselben Stelle aus dem Wasser gezogen hatte!

BESTECKFLUCHT ■ Im Mai 2008 entkamen 36 Insassen aus einem Gefängnis in N'Zerekore, Guinea, indem sie sich mit Löffeln durch die Wand gruben.

AUSGETRICKST ■ Ein Mann, der des Einbruchs verdächtigt wurde, beschämte im April 2008 die Polizei von Brisbane, Australien, indem er in ihrem Streifenwagen einfach davonfuhr – und das, obwohl er Handschellen trug! Während die Polizisten nach weiteren Beweismitteln suchten, kletterte der Verdächtige auf den Fahrersitz und fuhr einfach davon.

GESCHWISTERRIVALEN ■ Die Bürgermeisterin eines Dorfes in Ohio trat bei einer Wahl im November 2007 gegen ihren jüngeren Bruder an! Daniel Huffman hoffte, die Wahl gegen seine Schwester Charlotte Garman zu gewinnen, doch die Wähler von Montezuma hielten wie auch in den acht Jahren zuvor zu ihr – mit 43 Stimmen zu 24.

SELTSAMER FUNDORT ■ Tom Eichenberg aus Elk Grove, Kalifornien, erhielt 2008 seinen Geldbeutel zurück – 33 Jahre, nachdem er ihn verloren hatte. Als er 1975 an der Santa-Clara-Universität studierte, kam ihm seine Börse abhanden und wurde später von Bauarbeitern, die das Studentenzentrum renovierten, in einer Wand wiedergefunden.

Als ihre Tochter ein Geschwisterchen wollte, bastelte Deborah King ihr kurzerhand eines – und zwar aus Vinyl. Deborah, die aus dem schottischen Edinburgh stammt, stellt lebensecht wirkende Babypuppen her. Sie werden mehrfach bemalt, sodass ihre Haut besonders echt aussieht, und werden so gefüllt, dass sie sich auch wie ein wirkliches Baby anfühlen. Die Kunden, darunter auch trauernde Eltern und nostalgische Großeltern, können auf Wunsch sogar ein Gerät einbauen lassen, das einen Herzschlag simuliert.

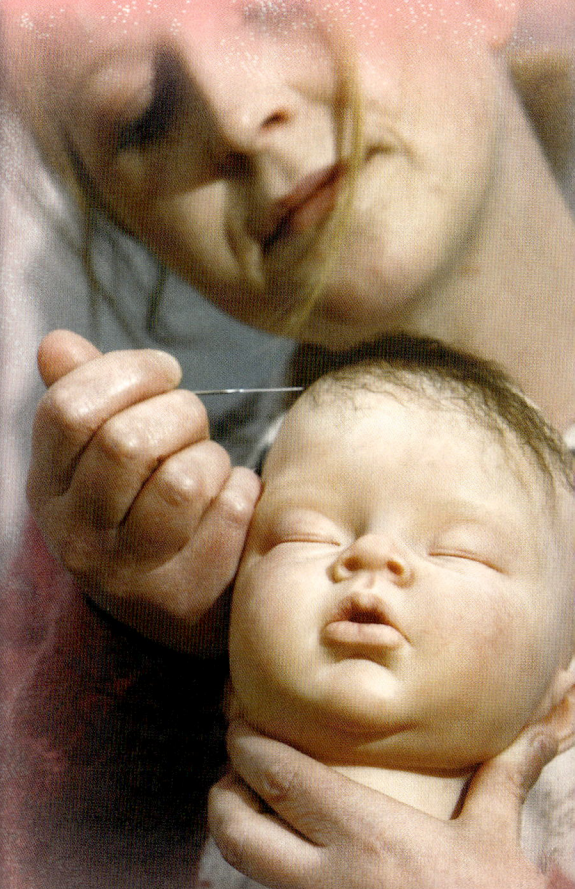

MESSIE-MANN ■ Edwin Julius Krueger, der über 50 Jahre lang ein Warenhaus in Wykoff, Minnesota, leitete, hat niemals etwas weggeworfen. Nach seinem Tod im Jahr 1989 wurde der Laden zu einem Museum, in dem Kruegers gesammelte Schätze ausgestellt werden, darunter Jahrzehnte alte Werbesendungen, 35 Jahrgänge von Fernsehzeitschriften, seine Sammlung von *Smokey-The-Bear*-Postern sowie sein toter Kater Sammy, der 1986 starb und auf einem Regal in einer kleinen Pappschachtel ruht.

FLUCHTVERSUCH ■ Ein gewagter Fluchtversuch durch das Belüftungssystem des Stadtgefängnisses von Alton in Texas endete 2008 recht plötzlich, als einer der beiden Insassen durch die Decke mitten in das Büro des Polizeichefs Baldemar Flores krachte.

ENGE VERWANDTE ■ Lewis Manilow, 81, und Jack Shore, 82, aus Chicago, Illinois, wohnten nur sechs Häuserblöcke voneinander entfernt und liefen sich 2008 zufällig über den Weg, nur um zu entdecken, dass sie Brüder sind.

VERSTECK GESUCHT ■ Nachdem Petru Susanu vier Jahre lang vor der Polizei weggelaufen war, weil er wegen Raubverdachts gesucht wurde, fand man ihn 2009 schließlich unter dem Bett seiner Mutter im rumänischen Vladeni. Aus Holzdielen und Teppichen hatte er sich ein provisorisches Versteck gebastelt.

VERFLUCHT ■ Ein Taschendieb aus Venedig, Italien, starb 2008 an einem Herzinfarkt, und zwar nur wenige Minuten, nachdem sein 66-jähriges Opfer ihm nachgerufen hatte: „Ich hoffe, du fällst tot um!"

Nummernschild-Omen

Dominic Calgi aus New Rochelle, New York, besaß ein Auto mit dem Nummernschild 5V 17 32, was nach amerikanischer Schreibweise auch sein Todesdatum war: der 17.5.1932.

FALSCHE HÜFTE ■ Der Prager Anwalt Premsyl Donat versuchte im August 2008, das angebliche Hüftgelenk des tschechischen Präsidenten auf eBay zu verkaufen. Als die Polizei ihn schnappte, hatten die Gebote bereits knapp € 28.000 erreicht, doch es wurde festgestellt, dass das Gelenk nicht Präsident Vaclav Klaus gehörte, der sich drei Monate zuvor ein künstliches Hüftgelenk hatte einsetzen lassen.

ESSBARE ORGANE

Was aussieht wie eine Requisite aus einem alten Horrorfilm ist eigentlich ein leckerer Kuchen, der einer blutigen Brusthöhle nachempfunden ist. Der „Thorax-Kuchen" wurde von der horrorfilmverrückten Barbara Jo aus San José, Kalifornien, gebacken. Ihre Kuchen sind mit Himbeer-, Erdbeer-, Kiwi-, Mango- oder Blaubeersauce gefüllt, die herausquillt, sobald man die Kuchen anschneidet. Dieses gruselige Exemplar lag in einem Brustkorb aus weißer Schokolade, bis es auf Barbaras jährlicher Kürbis-Schnitz-Party verspeist wurde.

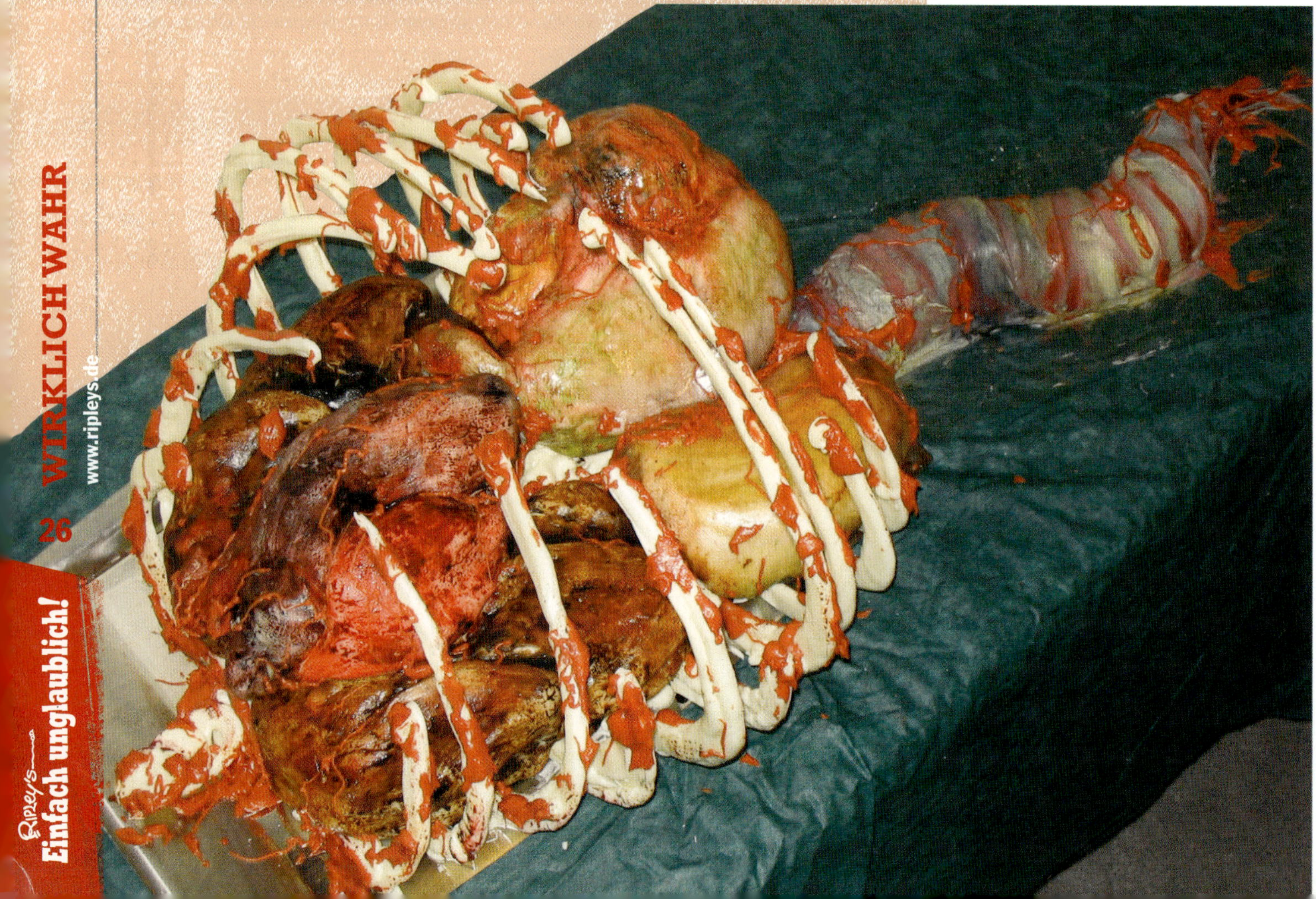

MÜLLHALDE ■ Über zwei Tonnen Müll wurden von der Polizei aus dem Haus von Hiroshi Sekine in Gyoda, Japan, abtransportiert, nachdem man ihn festgenommen hatte, weil sein Hausmüll den Bürgersteig blockierte.

BLINDER PASSAGIER ■ Der Schüler Mason Calderhead aus Mooresville, Indiana, staunte nicht schlecht, als er ein vertrautes Miauen hörte, nachdem er im Februar 2009 mit dem Auto seiner Mutter vom Haus seiner Familie aus zum Karateunterricht gefahren war. Seine Katze Gurdy hatte sich an der Unterseite des Wagens festgeklammert und war acht Kilometer weit mit ihm durch die Gegend gefahren. Gurdy war unverletzt, aber ziemlich durcheinander.

KLINGONEN-TASTATUR ■ In Großbritannien wurde eine Tastatur mit den Zeichen des Klingonen-alphabets aus *Star Trek* auf den Markt gebracht. Sie wurde für Science-Fiction-Fans entwickelt, die die klingonische Sprache erlernt haben, die am weitesten verbreitete fiktionale Sprache der Welt. Sogar die Bibel und die Werke Shakespeares wurden bereits ins Klingonische übertragen.

BARBIERGESETZ ■ In Houma, Louisiana, ist es nicht erlaubt, an Sonn- und Montagen Herren-salons zu öffnen. Der Barbier Clyde Scott wurde am 19.5.2008 an einem Montag beim Arbeiten erwischt – und musste tatsächlich ein Bußgeld zahlen!

EMU-UNFALL ■ Eine Frau aus dem südaustralischen Largs Bay kam im Januar 2008 ums Leben, weil sie mit dem Auto in einen Emu gefahren war, der bei helllichtem Tag über die Autobahn gerannt war.

SPÄTES URTEIL ■ Obwohl ihr Sohn bereits seit zwei Jahren tot war, trug Julie Strange aus Cumbria, England, seine Asche in einer Urne in den Gerichtssaal, damit er sich gegenüber der Anklage „verteidigen" konnte, die der Richter nicht hatte fallenlassen wollen.

BILLIGE PRÜGEL ■ Oofty Goofty, ein Schausteller aus dem 19. Jahrhundert, der in San Francisco, Kalifornien, lebte, hatte immer einen Baseballschläger dabei und ließ sich von seinen Zuschauern für 50 US-Cent damit schlagen.

VERRÄTERISCHES TATTOO ■ Ein 25-jähriger Autofahrer, der im Dezember 2008 in St. Paul, Minnesota, festgenommen worden war, versuchte einen falschen Namen anzugeben, vergaß dabei aber, dass sein richtiger Name in großen Buchstaben auf seinen Nacken tätowiert war.

BURGERKAMPF ■ Nachdem ein 22-Jähriger aus Vero Beach, Florida, mit seiner Freundin gestritten hatte, wurde er wegen Körperverletzung angeklagt – er hatte ihr einen Cheeseburger ins Gesicht gedrückt.

Taubenbild

Tauben können bis zu 80 km/h schnell fliegen, und als diese Taube im Oktober 2008 bei voller Geschwindigkeit in ein Fenster im zweiten Stock eines Hauses in Washington, D.C., flog, hinterließ sie auf dem Glas einen fast vollständigen Abdruck inklusive Flügeln, Schnabel und Schwanz.

Angeschwemmte Füße

Als zwischen August 2007 und Juni 2008 insgesamt fünf Füße an verschiedenen Orten in Kanada an Land gespült wurden, stand die Polizei vor einem Rätsel. Die Füße, von denen vier Stück Paare bildeten, steckten in Schuhen – allerdings in unterschiedlichen. Es konnte nie ermittelt werden, zu wem sie gehört hatten. Wenn sich ein Fuß vom Körper eines Ertrunkenen löst, kann er bei starker Strömung bis zu 1.600 km weit getrieben werden, ehe er an Land gespült wird.

JACK UND JACKIE ■ Jack und Jackie Reppard aus Nokomis, Florida, wurden zur selben Zeit im selben Raum geboren und vom selben Arzt entbunden. Später besuchten sie dieselbe Schule, machten zusammen ihren Abschluss, heirateten und feierten kürzlich ihren 40. Hochzeitstag!

IGELWURF ■ 2008 wurde ein Neuseeländer angeklagt, in Whakatane einen Teenager angegriffen zu haben – und zwar mit einem Igel! Aus 4,50 m Entfernung warf er das Tier auf den Jungen, der eine große rote Quaddel und mehrere Stiche davontrug.

PALMENDIEB ■ In DeLand, Florida, versuchte im Juni 2008 ein Mann, nur mit einem Palmenwedel bewaffnet, einen Laden auszurauben. Er drohte, den Kassierer mit dem Wedel niederzustechen, wenn er ihm kein Geld gäbe, doch ein Kunde jagte ihn mit einem Barhocker aus dem Geschäft.

LEBEN ZU VERKAUFEN ■ Ian Usher aus Perth, Australien, verkaufte sein Leben für € 263.700 auf eBay, nachdem seine Ehe gescheitert war. Der Preis beinhaltete sein Haus, sein Auto, sein Motorrad, zwei Wochen Probearbeit bei seinem Arbeitgeber sowie seinen Freundeskreis.

BECKEN WEG ■ Diebe klauten ein Schwimmbecken, das 3.785 l Wasser enthielt, aus dem Garten eines Hauses in Paterson, New Jersey, ohne auch nur eine Tropfen zu vergießen! Eines Morgens musste die Familie Valdivia feststellen, dass ihr hüfthoher aufblasbarer Swimmingpool, der einen Durchmesser von drei Metern hatte, einfach verschwunden war – samt Wasser!

BRIEF ZURÜCK ■ Xan Wedel aus Lawrence, Kansas, erhielt im Juli 2008 einen Brief zurück, den ein ehemaliger Bewohner seines Hauses 60 Jahre zuvor abgeschickt hatte! Der Brief, der auf den 11.11.1948 datiert war, beschrieb die Enttäuschung in der Stadt über die Präsidentschaft von Harry S. Truman.

ZWERGENDIEB ■ In Brittany, Frankreich, wurde 2008 ein Mann festgenommen, den man verdächtigte, 170 Gartenzwerge aus den Vorgärten der Gegend entwendet zu haben.

Endlich am Ziel

Ein Konzertpianist, zu dessen letztem Willen zählte, an einer Aufführung von Shakespeares *Hamlet* teilzunehmen, kam im Tod endlich am Ziel seiner Träume an. Als André Tschaikowski 1982 starb, überließ er seinen Leichnam der medizinischen Forschung, doch seinen Schädel hatte er der Royal Shakespeare Company zugedacht: „für die Verwendung bei Theateraufführungen". Viele Schauspieler und Regisseure fühlten sich unwohl, einen echten Schädel einzusetzen, doch 2008 hielt der britische Schauspieler David Tennant bei einer Aufführung von *Hamlet* in Stratford-upon-Avon, England, Andrés Schädel in die Höhe.

KAMPFBEREITE OMA ■ Italienische Soldaten müssen in Nahkampfübungen gegen eine 77-jährige Dame antreten, die ihnen täglich den Hintern versohlt. Die Japanerin Keiko Wakabayshi ist zwar nur 1,50 m groß, aber eine Meisterin in verschiedenen Kampfsportarten, darunter Judo und Karate.

VIEL ZU SPÄT ■ Kenneth Smith ging im Juni 2008 auf den Abschlussball seiner Highschool in Chester, Pennsylvania – und zwar mit 60 Jahren Verspätung! Der 84-Jährige war 1943 vom Militär eingezogen worden, ehe er die Schule beenden konnte, und hatte, obwohl er nach dem Zweiten Weltkrieg nach Hause zurückkehrte, niemals seinen Abschluss gemacht.

HYPNOSERAUB ■ Ein italienischer Krimineller hypnotisierte das Kassenpersonal in einem Supermarkt, damit es ihm das Bargeld aushändigte, ohne dass es sich hinterher an den Überfall erinnern konnte. Sie wussten nur noch, dass sich ein Mann über sie beugte und sie bat, ihm tief in die Augen zu sehen.

TJ-HEER ■ Alle elf Mitglieder der Familie Lawrence aus Derby, England, haben dieselben Initialen: T. J. 2007 tauften Tim James und Teresa Jean ihr neuntes Kind Tillie Jasmine. Davor hatten sie bereits Timothy John, Tara Jessica, Thomas Joseph, die Zwillinge Taylia Jade und Travis James, Taylor Jake, Thad Jack und Trey Jacob in die Welt gesetzt.

GUTER RIECHER ■ Elsa Oliver aus dem englischen Gateshead stornierte kurz vor dem Abflug eine Reise nach New York, weil sie ahnte, dass ihr etwas Großartiges widerfahren würde. Noch am selben Tag erfuhr sie, dass sie als Kandidatin für die britische Version von „Wer wird Millionär?" ausgewählt worden war. In der Show gewann sie schließlich € 71.300.

Hundewunder

Marco Menozzi glaubte seinen Augen kaum, als er feststellte, dass ein Hund unter der vorderen Stoßstange seines Autos klemmte, während er durch Cozze in Süditalien fuhr. Bei einer Geschwindigkeit von 113 km/h hatte er das Tier mit solcher Wucht getroffen, dass es im Gitter festklemmte. Der Hund hatte nur ein gebrochenes Bein und war bald wieder bei bester Gesundheit.

Kugelhusten

1863 wurde W.V. Meadows aus West Point, Georgia, in der Schlacht von Vicksburg während des Amerikanischen Bürgerkrieges ins Auge geschossen. Er überlebte und staunte nicht schlecht, als er die Kugel 58 Jahre später aushustete!

DRECKWÄSCHE ■ Die Schmutzwäsche eines Mannes aus dem deutschen Kaiserslautern roch so schlecht, dass seine Nachbarn die Polizei riefen, da sie dachten, in der Wohnung würde ein Leichnam liegen.

MANN GEANGELT ■ Als im Juli 2008 ein Mann im Kennebec River, Maine, versank, wurde er gerettet, indem man ihn mit einer Angel an Land holte. Bob Greene aus Hallowell erwischte den Ertrinkenden mit dem Angelhaken am T-Shirt und holte ihn ein wie einen Fisch.

TODESAHNUNG ■ Der amerikanische Schauspieler David Janssen, bekannt aus der Fernsehserie *Auf der Flucht,* hatte einen Alptraum, in dem er sah, wie er selbst nach einem Herzinfarkt in einem Sarg davongetragen wurde. Der Traum beschäftigte ihn derart, dass er ein Medium aufsuchte, das ihm riet, zum Arzt zu gehen. Zwei Tage später starb Janssen an einem Herzinfarkt.

GLÜCKSFUND ■ In einem Sommercamp in Connecticut fand Brandon Lavallee innerhalb eines Tages 21 vierblättrige und zwei fünfblättrige Kleeblätter.

TRUTHAHN-BOWLING ■ Jedes Jahr zu Thanksgiving wird in Cincinnati, Ohio, das Turkey Bowl abgehalten, ein Bowling-Festival, bei dem die Teilnehmer nicht mit Kugeln, sondern mit gefrorenen Truthähnen spielen!

Starker Name

Da George Garratt aus dem englischen Somerset seinen Namen zu langweilig fand, ließ er ihn amtlich in „Captain Fantastic Faster than Superman Spiderman Batman Wolverine The Hulk and the Flash Combined" ändern.

WAHNSINNS-WETTER

PLÖTZLICHER TEMPERATUR-ANSTIEG
Am 22.1.1943 stieg die Temperatur in Spearfish, South Dakota, innerhalb von nur zwei Minuten um 27°C von -20°C auf 7°C.

DRAMATISCHER TEMPERATUR-ABFALL
Am 10.1.1911 fiel die Temperatur in Rapid City, South Dakota, in 15 Minuten um 26°C von 13°C auf -13°C!

SECHS-STAATEN-STURM
Am 12.3.2006 legte ein Wirbelsturm 1.271 km zurück und durchquerte dabei sechs US-Staaten. Er begann in Oklahoma und endete in Michigan.

DREIFACH-TORNADO
Die Stadt Codell in Kansas wurde von 1916 bis 1918 drei Jahre in Folge jeweils am 20.5. von einem Tornado verwüstet.

EIN-MINUTEN-GUSS
In einem Dorf in Guadeloupe fielen am 26.11.1970 innerhalb von nur einer Minute 38 mm Regen!

525-METER-WELLE
Am 9.7.1958 verursachte ein Erdbeben eine 524 m hohe Tsunamiwelle, die in Lituya Bay, Alaska, Millionen von Bäumen ausriss.

RIESEN-SCHNEE-FLOCKE
In Fort Keough, Montana, wurde am 28.1.1887 eine Schneeflocke mit einem Durchmesser von 38 cm gesehen.

RASANTER WIND
Während eines Tornados in Oklahoma City, Oklahoma, erreichte eine drei Sekunden andauernde Windbö am 3.5.1999 eine Geschwindigkeit von über 480 km/h.

TIEFSCHNEE
Während der Wintersaison 1998/99 fielen im Mount-Baker-Skigebiet in Washington State unglaubliche 29 m Schnee!

HEFTIGER HAGEL
Am 22.6.2003 ging in Aurora, Nebraska, ein Hagelkorn mit einem Durchmesser von 18 cm und einem Umfang von 47,60 cm auf die Erde nieder - das ist fast dreimal so groß wie ein Tennisball!

DIE ERDE IM JAHR 2100: MÖGLICHE AUSWIRKUNGEN DES KLIMAWANDELS

EINE MILLION ARTEN STERBEN AUS
Bis zu 35% aller existierenden Tier- und Pflanzenarten könnten ausgestorben sein. Zu den meistbedrohten Arten zählen Eisbären, da das Eis der Arktis pro Jahrzehnt um neun Prozent schmilzt. Die arktischen Sommer könnten bereits im Jahr 2050 eisfrei sein.

MILLIONEN LEIDEN AN WASSER-MANGEL
Bis zu fünf Milliarden Menschen - also mehr als die Hälfte der Weltbevölkerung - könnten an Wassermangel leiden. Die am schlimmsten betroffenen Gegenden wären voraussichtlich Mittel- und Südostasien, wo die Flüsse austrocknen werden, sobald die Gletscher im Himalaja geschmolzen sind.

ES IST ZU HEISS ZUM LEBEN
Die Arktis könnte ein mildes Klima haben, während die bisher gemäßigten Klimazonen so heiß und trocken wären, dass man dort nicht mehr leben könnte. Starke Trockenperioden könnten neue Wüstenbecken im Südwesten der USA, in Nordmexiko, Teilen von Europa und Afrika entstehen lassen. Alleine in Nigeria verwandeln sich schon heute 3.500 km² pro Jahr in Wüste!

200 MILLIONEN MENSCHEN VERLIEREN IHR ZUHAUSE
Die Menschen, die in Küstennähe oder an Flussufern leben, könnten durch das erhöhte Flutungsrisiko und den steigenden Meeresspiegel gezwungen sein umzuziehen. Einige Pazifikinseln wie beispielsweise Tuvalu mit seinen 12.000 Einwohnern müssten evakuiert werden, da es zu teuer ist, Hochwasserschutzdämme zu errichten.

HITZETODE HÄUFEN SICH
Da die Gesamttemperatur der Erde um bis zu 6°C steigen könnte, würden allein in Australien jährlich bis zu 5.000 Menschen mehr als heute an Überhitzung sterben. In New York City könnte die Zahl der Opfer um 1.000 steigen! In feuchtwarmen Regionen könnte durch mehr Regen und Überflutungen die Zahl der Todesfälle durch Infektionskrankheiten dramatisch ansteigen.

NEW YORK CITY WIRD ÜBERFLUTET
Der Meeresspiegel um New York City könnte um bis zu 90 cm steigen, wodurch tiefliegende Regionen wie Coney Island, Lower Manhattan und Teile von Brooklyn und Queens überflutet würden. Das U-Bahn-System der Stadt könnte möglicherweise nur durch Pumpen trocken gehalten werden.

Der Sandstein in Coyote Butte an der Grenze zwischen Arizona und Utah formt atemberaubende Wellen und Streifen. Die Muster entstehen, indem sich leichter und schwerer Sand schichtförmig anhäufen und über Millionen von Jahren zu solidem Stein zusammengepresst werden. Durch Erosion bilden sich dann die faszinierenden Wellen, die hier zu sehen sind.

WAHNSINNS-WELT

SCHAUMBAD

Im August 2007 fanden sich die Badegäste an der Meeresküste im australischen Yamba in einem riesigen Schaumbad wieder, als plötzlich dicker Meeresschaum an den Strand gespült wurde. Das äußerst seltene Phänomen kann nicht vollständig erklärt werden. Man geht aber davon aus, dass es durch eine Mischung aus Mikroorganismen, toten Fischen und Algen im Meerwasser verursacht wird, die von den hohen Wellen in Küstennähe zu dickem Schaum geschlagen werden. Der Schaum bei Yamba ragte schätzungsweise an die 50 m weit ins Meer hinein!

Ripley's
Einfach unglaublich!
WAHNSINNSWELT
www.ripleys.de

Rentier-Wolke

Diese Wolke in Form eines Rentiers zierte den Himmel über Wellington, Neuseeland. Die Zirruswolke formte sich 9.100 m über dem Boden.

WAHNSINNS-WOLKE ■ Eine einzige Gewitterwolke kann bis zu 10 x 18 km groß sein - das ist fast die doppelte Höhe des Mount Everest! Außerdem kann sie genug Wasser halten, um 500.000 Badewannen zu füllen, und an die 700.000 Tonnen wiegen - das entspricht mehr als 110.000 ausgewachsenen Elefanten!

ELEKTRISCHER STURM ■ Im Jahr 1859 schaltete ein wilder Sturm die Batterien des Telegrafensystems zwischen Portland, Oregon, und Boston, Massachusetts, ab. Der Sturm selbst verursachte aber so starke natürliche elektrische Spannung, dass die Telegrafen dennoch funktionierten!

SCHNELLER SCHLAMM ■ Schlammlawinen erreichen Geschwindigkeiten von bis zu 160 km/h. Am 13.11.1985 legte eine Vulkanschlammlawine bei Nevado del Ruiz, Kolumbien, 100 km zurück und tötete dabei über 23.000 Menschen.

FLIESSGESCHWINDIGKEIT ■ Nur 15 cm schnell fließenden Flutwassers reichen aus, um einen Menschen umzuwerfen.

EXPLOSIVE WOLKE ■ Im Zentrum unserer Galaxie befindet sich eine Wolke aus Antimaterie, die einen Durchmesser von 10.000 Lichtjahren hat und sich in Form einer Explosion in reine Energie verwandeln würde, wenn sie mit normaler Materie in Berührung käme.

ERHEBENDE ERFAHRUNG ■ Bei einem Erdbeben im April 2007, das eine Stärke von 8,10 auf der Richterskala hatte, wurde die südpazifische Insel Ranongga drei Meter weit aus dem Ozean gehoben.

WASSERDRUCK ■ Der Wasserdruck auf dem Meeresboden könnte einen Plastikbecher auf die Größe eines Fingerhuts zusammenpressen.

HEFTIGER AUSBRUCH ■ Die Vulkane auf Io, einem der Jupitermonde, haben bis zu 305 km hohe Ausbrüche.

METEORITENKRATER ■ Bis heute haben Wissenschaftler auf der Erdoberfläche etwa 200 große Krater gefunden, die durch Meteoriteneinschläge verursacht wurden. Ihre Durchmesser liegen zwischen einigen Metern und Hunderten von Kilometern.

LANGE SCHLUCHT ■ Das Valles-Marineris-Grabenbruchsystem auf dem Mars ist stellenweise fünf Kilometer tief und 320 km breit. Außerdem ist es 4.830 km lang - das ist in etwa die Strecke von Hamburg nach Kairo!

METEORITEN-KRANK ■ Ein Meteorit, der im September 2007 in Peru einschlug, hinterließ nicht nur ein 4,50 m tiefes Loch mit einem Durchmesser von 20 m, sondern verursachte bei Dutzenden von Einheimischen auch Kopfschmerzen, Übelkeit und Erbrechen.

POSITIVE ZERSTÖRER ■ Manche Blitze schlagen bis zu 32 km vom Gewitter entfernt in den Boden ein - es sieht fast so aus, als würden sie aus dem Nichts kommen! Das auch als „positive Blitze" bezeichnete Phänomen hat häufig die mehrfache Zerstörungskraft eines normalen Blitzes.

UMZÄUNT

Im September 2008 fand man Dutzende toter Fische in einem Maschendrahtzaun im texanischen West Orange. Sie waren bei der Sturmflut, die durch den Hurrikan Ike verursacht worden war, an Land gespült worden und in den Maschen hängen geblieben.

Ripley's Einfach unglaublich!

Tornado-Terror

Ein riesiger Tornadoschlauch tauchte im Juni 2008 in Orchard, Iowa auf. Ein Zeuge behauptet, dass er sich bis fast auf den Boden schraubte, ehe er wieder in der Wolkendecke verschwand.

FISCHFOSSILI ■ Ein Stein, der 15 Jahre lang als Zierde in einem Garten im englischen Kent gelegen hatte, wurde 2008 als der versteinerte Kopf eines 80 Millionen Jahre alten Schellfischs identifiziert. Der Hauseigentümer Peter Parvin hatte den Stein während eines Familienurlaubs am Strand gefunden.

WÜSTE SCHNEISEN ■ Die Schneise der Verwüstung, die ein Tornado verursacht, kann bis zu 1,60 km breit und 96 km lang sein. In Broken Bow, Oklahoma, wurde einst ein Motelschild von einem Tornado erfasst und erst 48 km weiter in Arkansas wieder abgeworfen.

ENERGIEREICH ■ Orkane besitzen so viel Energie wie 10.000 Atombomben. Die Energie eines einzigen Orkans könnte uns 360 Milliarden Kilowattstunden am Tag liefern - das ist genug, um die gesamten USA sechs Monate lang mit Energie zu versorgen!

GEFÄHRLICHER HERD ■ Dave Fern aus Pueblo, Colorado, briet sich 2001 zu Hause gerade eine Tortilla, als ein Blitz in einen Baum auf seinem Grundstück einschlug, durch die Stromleitung in seinen Herd fuhr und ein Loch in seine Pfanne brannte.

ZARTE BLITZE ■ Obwohl Blitze oft bis zu acht Kilometer lang sind, liegt ihr Durchmesser meist nur zwischen 1,20 cm und 2,50 cm.

HALTBAR IM ALL ■ Würde ein Mensch dem Vakuum im All ausgesetzt werden, würde er innerhalb von 15 Sekunden in Ohnmacht fallen, könnte aber ein bis zwei Minuten lang überleben, ohne größere Schäden davonzutragen.

KOLLISIONSKURS ■ Der Marsmond Phobos umkreist den Mars mit einem Abstand von weniger als 9.660 km. Innerhalb der nächsten 50 Millionen Jahre wird er entweder mit dem Planeten zusammenstoßen oder zerfallen.

LEICHTGEWICHT ■ Der Saturn hat die geringste Dichte aller Planeten in unserem Sonnensystem und könnte sogar auf Wasser schwimmen - wenn es einen Ozean gäbe, der groß genug ist!

RASENDE LAWINE ■ Schneelawinen können innerhalb von fünf Sekunden auf bis zu 130 km/h beschleunigen, sobald sie sich gelöst haben.

KAUM ZU SPÜREN ■ Jährlich treten an die 500.000 messbare Erdbeben auf, von denen 100.000 gespürt werden und nur 100 Schäden verursachen.

HIRTENRETTUNG ■ Im russischen Kamtschatka wurden 2005 zwei Rentierhirten gerettet, die sechs Tage lang unter den Schneebergen einer Lawine begraben gewesen waren!

SCHNELLE HILFE ■ Nachdem das Haus von Chris Graber in Marshfield, Missouri, 2006 von einem Tornado zerstört worden war, halfen ihm seine Nachbarn, innerhalb von knapp 15 Stunden ein neues zu bauen.

Ripley's erklärt

Als die Gegend überflutet wurde und der Wasserspiegel alarmierend in die Höhe schoss, wurden die Fische auf das Festland geschwemmt, wo die größeren von ihnen in einem Maschendrahtzaun hängen blieben, da sie nicht durch die Löcher passten. Viele der Fische steckten auch zwei Tage später noch in dem 1,20 m hohen Zaun.

LEGUANREGEN ■ Als es in Key Biscayne, Florida, eines Nachts im Januar 2008 zu einem starken Temperaturabfall kam, fielen Dutzende von Leguanen bewusstlos aus den Bäumen.

VERSCHLAFEN! ■ Ein dreijähriger Junge verschlief im Mai 2008 einen Blitzeinschlag, der laut wie eine Explosion war und ein Loch in seine Schlafzimmerwand riss. Der Blitz zerstörte alle Glühbirnen und Elektrogeräte in dem Haus in Flint, North Wales, aber der kleine Elis Roberts schlief, bedeckt von Staub und Mauerwerk, einfach seelenruhig weiter!

LAWINENRITT ■ Ein ehemaliger Bergretter aus Neuseeland wurde 2007 von einer Lawine erfasst, überlebte aber, indem 365 m weit auf ihr ritt. Er wurde zwar schließlich unter den Schneemassen begraben und weitere 150 m weit mitgerissen, konnte aber von seinen zwei Begleitern gerettet werden.

KLO-EXPLOSION ■ In einem österreichischen Wohnblock schossen im Juli 2008 plötzlich Abertausende von Hagelkörnern aus den Toiletten, woraufhin die Bewohner das Gebäude fluchtartig verließen. Ein Mann, der gerade auf dem Klo saß, wurde von der Eisexplosion sogar durch sein ganzes Badezimmer katapultiert! Der seltsame Zwischenfall in Eisenstadt wurde durch einen Hagelschauer verursacht, der ein Abflussrohr verstopft hatte.

WERTVOLLE METEORITEN ■ Viele Jahre lang lag der Durchschnittspreis für ein Kilo Meteoritenmaterial bei € 0,67 pro Pfund, heute aber ist es so teuer wie Gold. Zufällige Finder haben herabgefallene Meteoriten schon für die Herstellung von Ambossen, Hundenäpfen und zum Aufbocken von Autos genutzt.

STERBEGLOCKEN ■ Jean Rugibet aus dem französischen Trouille eilte bei einem Gewitter im Jahr 1807 zum örtlichen Glockenturm, um zu beweisen, dass seine geliebten Glocken schlechtes Wetter vertreiben können. Tatsächlich ebbte das Gewitter ab, doch die Glocken schlugen weiter. Jeans Freunde fanden später den Leichnam des Mannes, der durch einen Blitzeinschlag mit den Glockenseilen verschmolzen war.

STRANDMÜLL ■ Im Juli 2007 wurden durch eine Veränderung der Meeresströmung täglich bis zu 300 Tonnen Müll an den Juhu-Strand bei Mumbai, Indien, gespült.

KOHLENREGEN ■ Im Jahr 1983 fielen in Poole Harbour im englischen Dorset plötzlich Kohlen- und Koksklumpen vom Himmel auf die Segler hinab.

Weit verzweigt

Diese unglaublichen Bäume wurden von Peter und Becky Cook aus dem australischen Queensland so gestutzt, dass sie in den unglaublichsten Formen wachsen. Anfangs fragte sich Peter, ob er sich wohl einen Stuhl „wachsen" lassen könne, und setzte seine Idee über die Jahre in die Realität um. Die Cooks planen jedes ihrer Kunstwerke sorgfältig. Zu ihren Skulpturen zählen Menschen, denen grüne Blätter als Haare wachsen, und der faszinierende Holzstuhl, auf dem ein ausgewachsener Mann sitzen kann.

Sisyphosarbeit

Um die größte Hecke Englands zu stutzen, braucht Gärtner Peter Pidgley eine ganze Woche pro Seite! Die Eibenhecke wächst in Dorset und wurde während der Regentschaft König Edwards VI. im 16. Jahrhundert gepflanzt. Die gewaltigen Berge von Ästen, die abgeschnitten werden, landen aber nicht etwa auf dem Komposthaufen, sondern werden nach Frankreich geschickt, wo man sie zur Entwicklung von Krebsheilmitteln verwendet.

FOSSILIENWALD ■ Beim Graben nach Braunkohle fanden Minenarbeiter im Nordosten Ungarns einen acht Millionen Jahre alten Sumpfzypressenwald. Die insgesamt 16 fossilen Bäume mit einer Höhe von bis zu sechs Metern waren nicht wie gewöhnlich versteinert, sondern noch immer aus Holz.

WUNDERBEERE ■ Die Frucht der *Synsepalum dulcificum*, auch „Wunderbeere" genannt, löst eine chemische Reaktion aus, durch die Menschen Süßes besser schmecken können: Zitronen schmecken wie Bonbons, Bier nach Schokolade und scharfe Soßen wie Zuckerguss. Die Wirkung hält nach Verzehr der Wunderbeere etwa eine Stunde an. Die Beere stammt aus Westafrika, wird heute aber auch in Südflorida angepflanzt. Eine einzige Beere kostet bis zu zwei Euro.

WELLENMACHT ■ Tsunamiwellen rasen mit bis zu 800 km/h über den Ozean! Wenn sie auf die Küste treffen, können sie bis zu 20 Tonnen schwere Felsen Hunderte von Metern ins Landesinnere schleudern!

Radbaum

In diesen Chinesischen Parasolbaum ist eine Fahrradfelge eingewachsen! Laut den Einheimischen aus Mengcheng in der Provinz Anhui hatte ein Fahrradmechaniker in der Nähe sein Geschäft und nagelte die Felge als Werbung an den Baum. Mit den Jahren hat der Stamm das Metall vollständig umschlossen.

ALTER SAMEN ■ Botaniker haben in Israel einen 2.000 Jahre alten Samen zum Keimen gebracht! Die 1,50 m hohe judäische Dattelpalme wurde aus dem Samen einer Dattel gezüchtet, die von jüdischen Rebellen während der römischen Besatzung Masadas gegessen wurde. Der Samen wurde bei Ausgrabungen in den 1960er Jahren in Masada in einem Gefäß gefunden.

ALTE FICHTE ■ Im schwedischen Dalarna befindet sich eine Fichte, deren Wurzelsystem bereits seit fast 10.000 Jahren neue Bäume hervorbringt. Wissenschaftler nehmen an, dass der ursprüngliche Baum bereits seit 7542 v. Chr. existiert!

STERNENGUCKER ■ Am 28.9.2006 wurde in ganz Island die Straßenbeleuchtung ausgeschaltet, damit die Bürger die Sterne besser sehen konnten. Währenddessen erläuterte ein Astronom die Sternbilder über das Radio.

25-STUNDEN-TAG ■ Da sich die Erde immer langsamer dreht, werden die Tage in ferner Zukunft womöglich 25 Stunden haben. Ein britischer Astronom hat bewiesen, dass die Drehgeschwindigkeit der Erde seit 700 v. Chr. abgenommen hat.

Leuchten? Aber natürlich!

Bei einem Nachtspaziergang könntest du einigen dieser unglaublichen Organismen über den Weg laufen, die bei Tag aussehen wie ganz gewöhnliche Tiere, im Dunkeln aber in den aufregendsten Farben zu leuchten beginnen!

Totenlicht

Mottenlarven beginnen nur zu leuchten, wenn sie sterben, denn das Licht entspringt nicht den Tieren selbst, sondern Bakterien, die ein Spulwurm absondert, der sich in die sterbenden Larven frisst. Die Bakterien verbreiten sich und fressen die Motten von innen auf, wobei sie sie zum Leuchten bringen. Schließlich schluckt der Wurm das gesamte Innere und legt seine Eier in der toten Hülle ab.

Leuchtende Krabbler

Männliche und weibliche Glühwürmchen haben stark leuchtende Körper, die man im Dunkeln sehr deutlich erkennen kann. Da bei den Weibchen nur ein kleines Stück des Rumpfes leuchtet, haben die Männchen größere Augen. Außerdem verfügen sie über einen größeren Leuchtbereich, der in regelmäßigem Rhythmus aufblinkt, um die Weibchen anzulocken.

Ripley's erklärt

Biolumineszenz, also die Fähigkeit von Lebewesen, selbst zu leuchten, entsteht durch chemische Reaktionen, die Energie in Licht umwandeln. Die verschiedenen Tiere haben ihr Talent aus unterschiedlichen Gründen entwickelt, zum Beispiel zur Kommunikation oder um Raubtiere abzuschrecken, um Beute anzulocken oder um Exemplare des anderen Geschlechts auf sich aufmerksam zu machen. Manchmal dient das Leuchten sogar der Tarnung, denn manche Tiefseebewohner verstecken sich vor ihren natürlichen Feinden, indem sie die Farbe des helleren Wassers in Oberflächennähe annehmen und so mit dem Hintergrund "verschmelzen".

Glühpilze

So wie viele Pilze leuchtet diese australische Art nachts unter günstigen Bedingungen hell auf. Probieren sollte man sie aber nicht - die meisten Leuchtpilze sind hochgiftig!

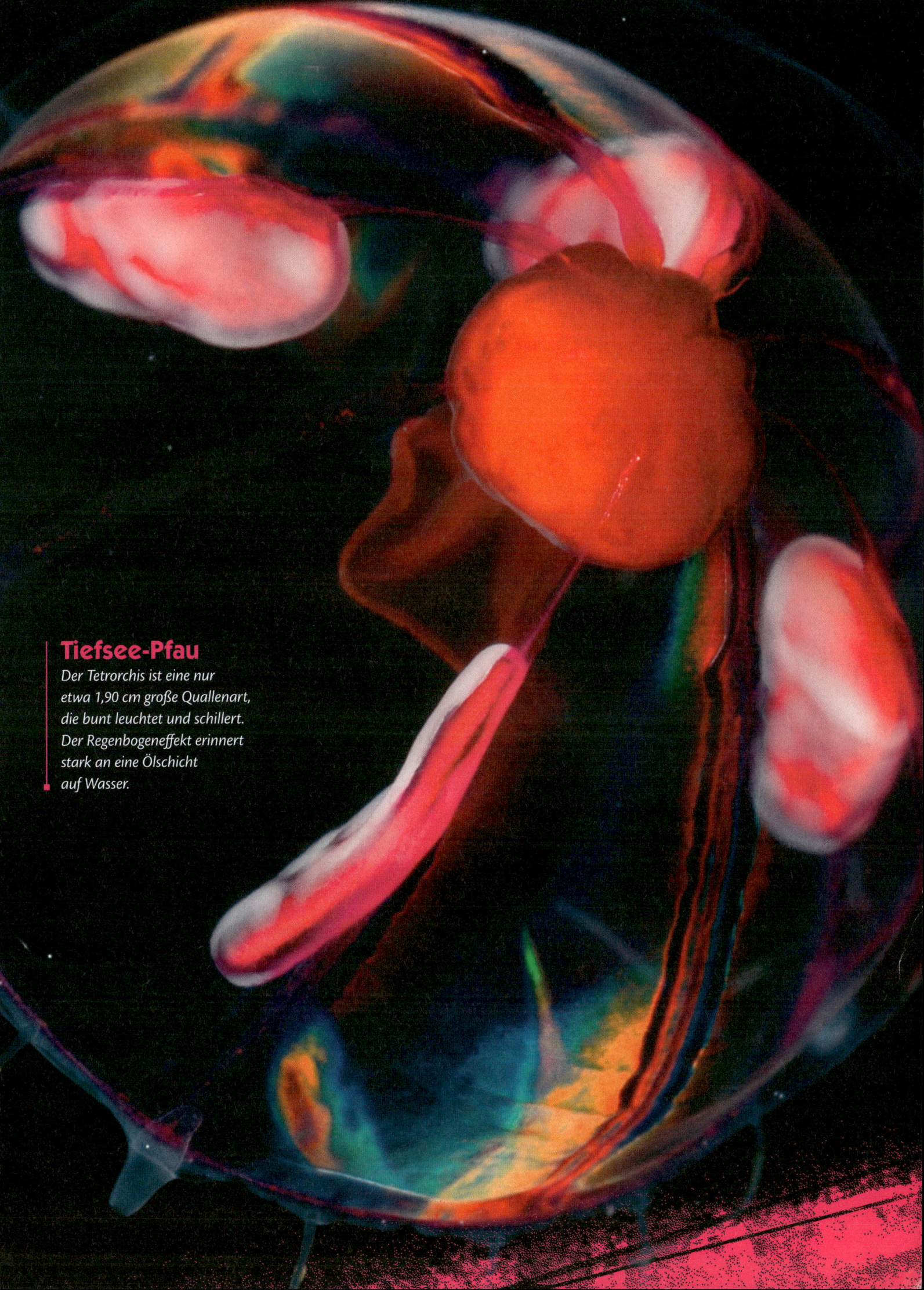

Tiefsee-Pfau

Der Tetrorchis ist eine nur etwa 1,90 cm große Quallenart, die bunt leuchtet und schillert. Der Regenbogeneffekt erinnert stark an eine Ölschicht auf Wasser.

Im Februar 2007 gab der Boden unter den Häusern in Guatemala City, Guatemala, nach. Als die gebrochenen Wasserleitungen das Erdreich fortspülten, bildete sich ein Senkloch. Durch den entstehenden Hohlraum stürzten mindestens zwölf Häuser ein, wobei drei Menschen ums Leben kamen. Am Ende war das Loch 61 m tief und hatte einen Durchmesser von 20 m.

Diese gigantische Diamantenmine befindet sich südlich des Polarkreises im Nordwesten Kanadas. Sie liegt auf einer Insel und ist so abgelegen, dass sogar ein eigener Flughafen gebaut wurde! Wenn das Wasser um die Insel im Winter gefriert, wird eine Zufahrtsstraße eingerichtet, die aber nur zwei Monate im Jahr genutzt werden kann und 600 km weit über den gefrorenen See führt!

Total durchlöchert!

Eines der größten von Menschenhand gemachten Löcher der Welt, die Mir-Diamantenmine in Russland, befindet sich neben der Stadt Mirny, die direkt an dem 525 m tiefen Abgrund liegt. Die Mine hat einen Durchmesser von unglaublichen 1.200 m - das sind zwölf Fußballfelder nebeneinander! Sie war lange die größte Diamantenquelle Russlands, und die Minenfahrzeuge brauchten über zwei Stunden, um an ihren Grund zu gelangen.

Mit einem Durchmesser von 463 m und einer Fläche von 17 ha trägt das Big Hole (deutsch: „Großes Loch") in Südafrika seinen Namen nur zu Recht! Früher war es ein großer Hügel, doch zwischen 1866 und 1914 bearbeiteten Diamantensucher das Gestein mit ihren Spitzhacken und gruben sich 800 m weit in den Boden. Das Loch wurde 35 m hoch mit Geröll zugeschüttet und füllte sich später bis 40 m unter die Kante mit Wasser.

GEBLITZT! ■ Kent Lilyerd aus Mora, Minnesota, wurde im Juni 2008 von einem Blitz getroffen - direkt in den Kopf! Dennoch überlebte er. Eine Stunde lang lag er bewusstlos auf dem Rasen vor seinem Haus, doch als er wieder erwachte, hatte er nur eine kleine Kopfverletzung. Gerettet wurde er durch drei Schichten feuchter Kleidung, die den Blitz aufnahmen, sodass er seine lebenswichtigen Organe verfehlte und durch die Stahlkappe seiner Stiefel austreten konnte. Der Blitz ließ auch eine Patrone in Kents Tasche explodieren.

RAUF UND RUNTER ■ Die Anziehungskraft des Mondes verursacht nicht nur die Gezeiten, sondern hebt die Erdkruste auch bis zu 30 cm an!

GRÜNES GRÖNLAND ■ DNA, die unter einer 800 m dicken Eisschicht in Grönland entnommen wurde, hat bewiesen, dass die Insel vor 500.000 Jahren grün und fruchtbar war und von üppigen Wäldern aus Fichten, Kiefern und Eiben, in denen Schmetterlinge, Motten und die Vorfahren von Käfern, Fliegen und Spinnen lebten, bedeckt war.

GLÜHENDER HIMMEL ■ Im Jahr 1958 wurden im englischen Sussex fast 2.000 Blitze in nur einer Stunde gezählt!

SCHWARZES LOCH ■ Sagittarius A, das Schwarze Loch in der Mitte der Milchstraße, hat vier Millionen Mal mehr Masse als unsere Sonne!

DÜNNE DECKE ■ Obwohl die Erdoberfläche aus festem Gestein besteht, sollte man sie besser nicht in ihre Grundelemente zerlegen - denn 46,60% davon sind nichts weiter als Sauerstoff!

VERSTEINERTER GREIS ■ Eine natürliche Felsformation in Corner Brook im kanadischen Neufundland erinnert an das faltige Gesicht eines alten Mannes und trägt deswegen den Spitznamen „Old Man in the Mountain" (deutsch: „Alter Mann im Berg").

KALTE WÜSTE ■ In den McMurdo-Trockentälern in der Antarktis fallen weniger als zehn Zentimeter Schnee im Jahr. Sie zählen zu den am wenigsten vereisten Orten auf dem Kontinent. Die einzigartigen Bedingungen dieser Extremwüste werden durch Katabatische Winde verursacht, die entstehen, wenn kalte, schwere Luft durch die Schwerkraft bergab gezogen wird. Die Winde können eine Geschwindigkeit von bis zu 320 km/h erreichen, wobei alle Feuchtigkeit, also Wasser, Eis und Schnee, verdunstet.

LEICHTE SCHWERKRAFT ■ Die Schwerkraft der Erde ist auf der Internationalen Raumstation, die uns in 320 km Höhe umkreist, nur etwa zehn Prozent niedriger als auf dem Boden.

STEINALT ■ Der Nuvvuagittuq-Steingürtel an der Ostküste der Hudson Bay, Kanada, ist 4,28 Milliarden Jahre alt - also fast so alt wie die Erde selbst! Der Großteil der ursprünglichen Erdoberfläche ist durch die Bewegungen riesiger tektonischer Platten verändert und zerstört worden, doch der Nuvvuagittuq-Gürtel ist erhalten geblieben.

SCHWIMMENDE STEINE ■ Es gibt tatsächlich Steine, die schwimmen können! Durch Vulkanausbrüche wird Gas von Lava getrennt, wodurch der so genannte Bimsstein entsteht, der mit Gasblasen gefüllt ist und auf dem Wasser schwimmen kann.

GEGEN DEN DURST ■ Selbst wenn ein Mensch einen Liter Wasser pro Stunde trinken würde, bräuchte er 143.737.166.324 Millionen Jahre, um die 1.260 Millionen Billionen Liter Wasser auf der Erde zu trinken.

BLITZSCHNELL ■ Bei Gewittern sieht man Blitze, ehe man den Donnerschlag hört, da Licht schneller reist als Schall. Der Geschwindigkeitsunterschied ist sogar so groß, dass Licht einmal um die Welt reisen könnte, ehe der Schall auch nur einen 100-m-Sprint zurückgelegt hat.

GLÜCKSKIND ■ Die 16-jährige BreAnna Helsel wurde im Juni 2008 in ihrem Zuhause in Blanchard, Michigan, von einem Blitz getroffen und überlebte - und gewann am nächsten Tag € 13,60 in der staatlichen Lotterie!

FEINE FLOCKEN

Kenneth Libbrecht aus dem kalifornischen Pasadena ist Experte für Eis und Schnee und macht unglaublich detaillierte Aufnahmen von echten Schneeflocken, für die er ein extra angefertigtes Fotomikroskop verwendet, das die Flocken mit bunten Lichtern beleuchtet. Der Physikprofessor begibt sich in arktische Temperaturen, um Schneekristalle aus der Luft zu fangen und sie schnell zu fotografieren, ehe sie schmelzen!

GIGANT AUS EIS ■ Der Eisberg B15, der im Jahr 2000 vom antarktischen Ross-Schelfeis abbrach, war gewaltige 295 km lang und 37 km breit und wog etwa drei Milliarden Tonnen. Mit einer Fläche von 28.500 km² war er fast so groß wie Baden-Württemberg.

ENTFERNTE URSACHE ■ Im Jahr 2002 brach der Eisberg B15 auseinander. Das größte Bruchstück, B15-A, teilte sich 2005 erneut, da sechs Tage zuvor im 12.875 km entfernten Alaska ein Sturm heftigen Seegang ausgelöst hatte.

WASSERVERSORGUNG ■ Ein Eisberg, der 1987 in der Antarktis losbrach, wog an die 1,40 Billionen Tonnen und hätte 330 Jahre lang jeden Menschen auf der Erde täglich mit zwei Litern Wasser versorgen können.

TOURISTENMAGNET ■ 2006 schwamm ein Eisberg an der Südinsel Neuseelands vorbei und wurde zum wahren Touristenmagnet: Für € 222 ließen sich Besucher über den Eisriesen fliegen, der schon seit 1931 von der neuseeländischen Küste aus sichtbar war.

LANGE REISE ■ Ein Eisberg schwamm erstaunliche 4.000 km weit von der Antarktis bis zu den Bermudainseln, ohne zu schmelzen!

EISTURM ■ Obwohl nur ein Achtel von Eisbergen sichtbar über der Wasseroberfläche liegt, konnte im Nordatlantik ein unglaubliche 168 m hohes Exemplar bewundert werden - das ist mehr als halb so hoch wie der Eiffelturm! Der Eisberg, der 1912 die *Titanic* zum Sinken brachte, war dagegen nur schlappe 23 m hoch.

RETTER IN DER NOT ■ Als im Jahr 1875 der Schoner *Caledonia* 14,50 km vor der Küste von Neufundland, Kanada, schiffbrüchig wurde, rettete sich die 82 Mitglieder starke Crew, indem sie auf einen Eisberg kletterte.

SINGENDE EISBERGE ■ Ein Team von deutschen Wissenschaftlern hat festgestellt, dass einige Eisberge singen können! Die Geräusche, die an ein Violinenkonzert erinnern, sind zu tief, um vom menschlichen Gehör wahrgenommen zu werden, konnten aber seismisch aufgezeichnet werden. Sie treten bei Eisberg-Erschütterungen auf, bei denen Wasser durch die Spalten im Eis gepresst wird, woraufhin der gesamte Eisberg erzittert.

SCHNELLSCHMELZE ■ Ein 24 m hoher, 91 m langer Eisberg schmilzt bei 21°C in nur vier Tagen!

KALTE RASER ■ Die Durchschnittsgeschwindigkeit der Eisberge vor Neufundland, Kanada, beträgt 0,70 km/h, kann unter günstigen Bedingungen aber auch bis zu 3,60 km/h betragen - fast so schnell, wie ein Mensch läuft!

SCHRÄGER VORSCHLAG ■ Der britische Wissenschaftler Geoffrey Pyke schlug während des Zweiten Weltkrieges vor, Eisberge als Flugzeugträger zu verwenden, da er dachte, dass sie nicht sinken können. 1943 wurde ein Modell auf dem kanadischen Patricia-See gebaut, doch das Geheimprojekt mit dem Namen „Habbakuk" scheiterte, da das Eis zu leicht brach.

Wie diese spektakulären Fotos aus der Antarktis beweisen, sind Eisberge mehr als nur kleine weiße Inseln mit ebenmäßiger Oberfläche!

Manche sind so groß wie ein Kleinwagen, andere haben die Ausmaße eines zehnstöckigen Gebäudes. Ihre Form reicht von spitzen Eisbergen mit einem oder mehreren Gipfeln und Haubeneisbergen mit einer runden Kappe bis hin zu keilförmigen Exemplaren, die auf einer Seite steil abfallen, und Blockeisbergen mit steilen Seitenwänden und einer flachen Oberfläche.

Besonders spektakuläre Exemplare sind gestreift wie riesige Zuckerstangen! Die Streifen bilden sich meist, wenn Schneeschichten schmelzen und wieder gefrieren, auch der Jahrtausende während Druck der Eismassen trägt dazu bei. Blaue Streifen entstehen, wenn sich eine Spalte im Eis mit Wasser füllt, das so schnell gefriert, dass sich keine Blasen bilden können. Andere Farben kommen zustande, wenn der Eisberg bei der Ablösung vom Festland Staub und Erde aufnimmt. Die entstehenden Streifen können schwarz, braun oder gelb sein. Enthielt der jeweilige Boden einen starken Algenanteil, gibt es eine grüne Färbung. Da der Eisberg durch den ständigen Kontakt mit Wasser seine Form verändert, verschieben sich die Streifen mit der Zeit, und unglaubliche Muster entstehen!

FASZINIERENDE EISBERGE

SO VIELE!

231.635	Kanadier liefen am 3.10.2007 an 1.000 verschiedenen Orten einen Kilometer weit.
40.000	Kinder aus ganz Großbritannien nahmen am 14.6.2008 an einer Massen-Pyjamaparty teil.
32.681	Menschen nahmen 2008 an einer Teeparty in Indore, Indien, teil.
26.924	Studenten tanzten 2008 eine Quadrille im kroatischen Zagreb.
18.000	Leute stellten 2006 in Lissabon gemeinsam ein Abbild der portugiesischen Flagge.
15.756	Spieler nahmen 1983 an einer Bingo-Partie bei der Kanadischen Nationalausstellung teil.
13.446	Personen spielten 2006 gleichzeitig auf dem Zocalo Square in Mexiko Stadt Schach.
12.965	Leute verkleideten sich 2007 in Derry, Nordirland, als Weihnachtsmänner.
12.000	Studenten aus Ottawa, Kanada, nahmen 2008 an einer Gruppenumarmung teil.
7.451	Paare küssten sich 2007 im ungarischen Budapest gleichzeitig.
5.441	Vogelscheuchen standen 2008 in Hoschton, Georgia.
4.572	Traktoren pflügten 2007 im irischen Cooley gleichzeitig ein Feld.
4.083	Luftgitarrenspieler gaben 2005 im englischen Guildford „Sweet Child of Mine" von Guns N' Roses zum Besten.
3.745	Leute trugen 2006 in Houghton, Michigan, eine Schneeballschlacht aus.
3.500	Priester nahmen 2007 an einer einzigen religiösen Zeremonie in Jaipur, Indien, teil.
3.249	Bewohner von Taipeh, Taiwan, führten 2007 gleichzeitig eine Mund-zu-Mund-Beatmung durch.
3.000	Personen halfen 2006 in Boston, Massachusetts, eine Teekanne auf einem riesigen Etch A Sketch® zu malen.
1.706	Mundharmonikaspieler trugen 2005 in Seattle, Washington, das Lied „Twinkle, Twinkle, Litte Star" vor.
1.488	Menschen mit dem Nachnamen Gallagher versammelten sich 2007 im irischen Letterkenny.
1.124	Leute verkleideten sich 2007 in Pittsburgh, Pennsylvania, als Zombies.
1.072	Personen machten 2005 in Indianapolis, Indiana, einen Handstand.

SO LANGE!

113 TAGE	Martin Smit aus Südafrika lebte 2008 ganze 113 Tage lang mit Giftschlangen zusammen.
20 TAGE	Cathie Llewellyn aus Wintersville, Ohio, lebte 2005 für 20 Tage in einem Auto.
11 TAGE	Tony Wright aus Penzance, England, blieb 2007 elf Tage am Stück wach.
180 STUNDEN	Ein Team des Edmonds Community College in Washington State ließ 1982 ganze 180 Stunden lang einen Drachen steigen.
120 STUNDEN	Jayasimha Ravirala hielt 2007 eine 120-stündige Vorlesung im indischen Hyderabad.
120 STUNDEN	Norman Perez tippte 2007 in Manhattan, New York, 120 Stunden lang Texte.
103 STUNDEN	1997 surfte Daniel Messier aus Kanada 103 Stunden lang ununterbrochen im Internet.
80 STUNDEN	2007 spielten 24 Personen im rumänischen Sibiu 80 Stunden lang Basketball.
76 STUNDEN	Suresh Joachim stand in Sri Lanka 1997 für 76 Stunden auf einem Bein.
52 STUNDEN	Chris Dean und Mike Dudek aus Grand Rapids, Michigan, sahen 2004 ganze 52 Stunden fern.
48 STUNDEN	Mike Nabuurs spielte 2005 in Hamilton, Ontario, 48 Stunden lang Airhockey.
48 STUNDEN	Brian Jahrsdoerfer, Michel Lavoie, Peter Okpokpo und Warner Tse spielten 2006 in Houston, Texas, 48 Stunden lang ein Tennis-Doppel.
28 STUNDEN	Joe Defries aus Abbotsford, British Columbia, spielte 2005 ganze 28 Stunden lang Handglocken.
26 STUNDEN	2006 dribbelte Joseph Odhiambo aus Phoenix, Arizona, 26 Stunden lang einen Basketball durch die Straßen von Houston, Texas.
8 STUNDEN 27 MINUTEN	Andrea Holt spielte 2007 im englischen Manchester acht Stunden und 27 Minuten lang eine Partie Tischtennis mit Alex Perry und Mark Roscaleer.
7 STUNDEN 43 MINUTEN	Joseph Cervantez aus Gurnee, Illinois, küsste 2005 sieben Stunden und 43 Minuten lang ein Auto.
7 STUNDEN 1 MINUTE	Ashrita Furman aus New York ließ 2006 sieben Stunden und eine Minute lang einen Kreisel laufen.

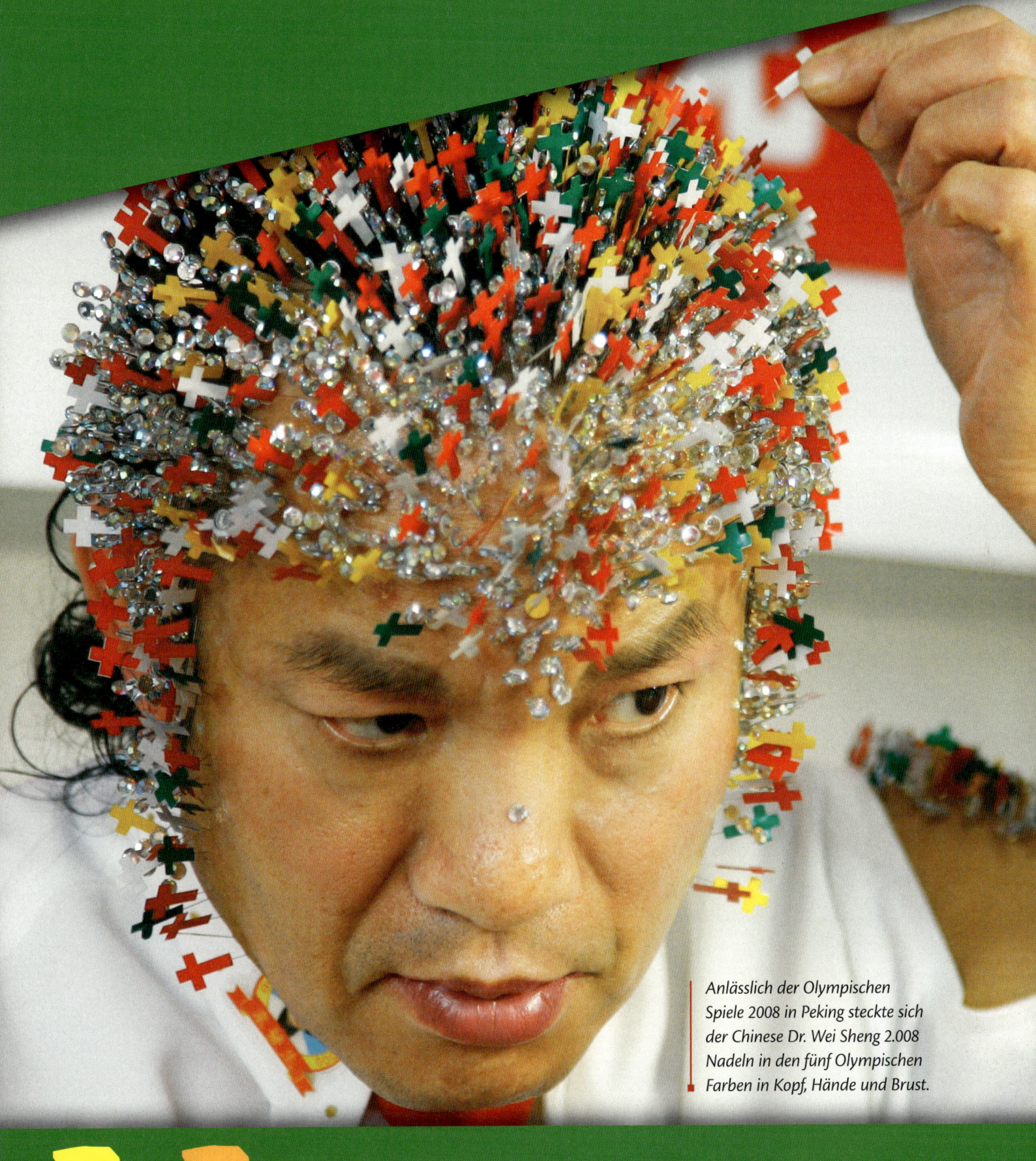

Anlässlich der Olympischen Spiele 2008 in Peking steckte sich der Chinese Dr. Wei Sheng 2.008 Nadeln in den fünf Olympischen Farben in Kopf, Hände und Brust.

>> HELDEN-HAFT

Die neunjährige Tiana Walton aus Cheshire, England, setzte sich 25 Gartenschnecken auf einmal auf ihr Gesicht. Die schleimigen Weichtiere bedeckten ihre Augen, die Nase und den Mund. „Ich fand es entspannend", erklärte Tiana später, „aber sie fühlten sich recht kalt an. Außerdem rochen sie nicht sonderlich gut, und ich konnte die ganze Zeit ihre großen, langen Stielaugen sehen."

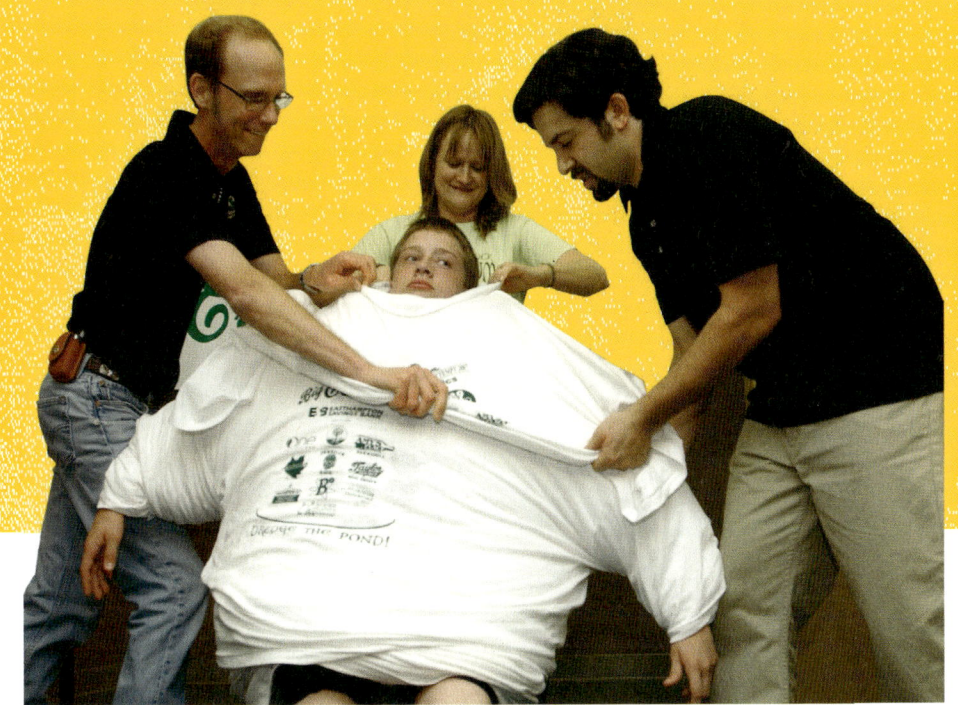

Zwiebelschichten

Der 12-jährige Austin D. Crow aus Easthampton, Massachusetts, trug 168 T-Shirts übereinander und passte nicht einmal mehr durch die Haustür. Über drei Stunden verbrachte er damit, die insgesamt 36 kg schweren T-Shirts, von denen das weiteste Größe XXXXXXXL hatte, anzuziehen. Austin selbst wog nur 50 kg.

KRAFT SEINES GLAUBENS ■ Pastor Les Davis aus Headland, Alabama, hat so kräftige Kiefer, dass er Stahlstangen mit seinen Zähnen verbiegen kann.

GROSSES PICKNICK ■ In einer Wollspinnerei in Pembrokeshire, Wales, wurde 2008 innerhalb von drei Wochen eine Picknickdecke angefertigt, die eine Tonne wog und so groß wie vier Tennisplätze war.

FLUGBEZIEHUNG ■ Eine amerikanische Pilotin legt ihrer Fernbeziehung zuliebe zweimal im Monat die Strecke von 13.386 km zurück, um ihren Ehemann in Schottland zu sehen. Donna Clark reiste schon mit Flugzeugen, Zügen, Bussen, Autos und Fähren zu ihrem Liebsten, der 6.693 km weit von ihrem Zuhause in Cleveland, Ohio, entfernt auf der abgelegenen Isle of Skye lebt, wo er ein Hotel leitet.

ELVISTOUR ■ Der Elvis-Presley-Fan Matt Hale aus dem englischen Hertfordshire reiste ein Jahr lang in einem Elvis-Kostüm um die Welt. In weißem Overall, schwarzer Tollenperücke und Sonnenbrille nahm er am Karneval in Rio teil, posierte neben den Statuen auf den Osterinseln und reiste zu der antiken Inkastadt Machu Picchu in Peru.

BASEBALL-ODYSSEE ■ Josh Robbins aus Redondo Beach, Kalifornien, besuchte 2008 alle 30 Baseballstadien der Major League in nur 26 Tagen. Seine Reise begann am 16.6. in Seattle, Washington, und endete am 11.7. in Milwaukee, Wisconsin. Zu diesem Zeitpunkt war er 22.870 km weit gefahren und hatte über € 1.400 für Benzin ausgegeben.

VISITENKARTEN ■ Ryan John DeVries aus Sarnia, Kanada, sammelt seit über 20 Jahren Visitenkarten und hat schon über 224.000 Stück zusammengetragen.

MÜLLIGER RENNWAGEN ■ Zwei chinesische Brüder bauten 20 Jahre lang an einem Formel-1-Rennwagen, den sie aus Kochtöpfen, Fahrrädern und Stahltüren zusammengebastelt hatten. Zhao Xiushun und Zhao Baoguo bauten das Auto, das bis zu 160 km/h schnell fährt, nur aus Gegenständen, die sie in der Gegend um ihren Bauernhof in Tangshan gefunden hatten.

MENSCHLICHES HINDERNIS ■ Tom Owen aus Birmingham, Alabama, wird nicht grundlos auch „Die menschliche Bodenwelle" genannt: Auf dem Arizona-Volksfest 2008 ließ er acht je mindestens 13.607 kg schwere LKWs über seinen Bauch fahren. Als der achte LKW über ihn hinwegdonnerte, gaben die Rampen nach, doch obwohl Toms Unterleib und Beine unter den Rädern zerquetscht wurden, zeigten die Röntgenaufnahmen, dass er sich nicht einen Knochen gebrochen hatte. Owen hat sich bereits über 1.000-mal überfahren lassen.

SPARSAMER VERBRAUCH ■ Die Australier John und Helen Taylor fuhren 2008 in ihrem VW 15.158 km weit durch 48 amerikanische Bundesstaaten und verbrauchten auf ihrer 20-tägigen Reise nur Diesel im Wert von € 462 – das sind etwa 25 km pro Liter!

KLEINER MOZART ■ Der talentierte Pianist Curtis Bushell aus London, England, gewann einen Plattenvertrag für seine Mozart-Interpretation – und das im Alter von vier Jahren! Er bekam bereits mit drei Jahren Klavierstunden und bestand nach neun Monaten Unterricht im Juli 2008 seine erste Prüfung.

BAUMPFLANZEN ■ Im Juli 2008 pflanzten rund 300 Bewohner aus dem indischen Assam in 24 Stunden 284.000 Schösslinge.

VIELSEITIG TALENTIERT ■ Ling Chunjiang aus Kaifeng, China, kann mit seinen Augen Kerzen auspusten! Wenn er sich die Nase zuhält, kann er Luft durch seine Tränendrüsen in einen Schlauch pressen und auf diese Weise zwölf Kerzen in einer Minute ausblasen. Der Kampfkunstfan kann auch mit einem Handkantenschlag den Boden einer Bierflasche abtrennen, ohne den Rest der Flasche zu beschädigen.

FUSSBALLFIEBER ■ Graeme Lightbody aus dem schottischen Johnstone jonglierte 2008 sechseinhalb Stunden lang mit einem Fußball, ohne dass dieser ein einziges Mal den Boden berührte. Dabei legte er 61.100 so genannte „Keepie-Uppies" hin. Wenn er etwas trinken wollte, balancierte er den Ball einfach auf dem Kopf. Als Konzentrationshilfe diente ihm seine Lieblingsmusik, darunter Tina Turner und Phil Collins.

SCHLANGENBOOT ■ Im Mai 2008 präsentierten Bootsbauer aus dem indischen Kerala ein Stahlruderboot, das 141 Menschen befördern kann. Das Schlangenboot, das so heißt, weil das Heck an den gehobenen Kopf einer Kobra erinnert, war 43,50 m lang, 1,80 m breit und wog fast neun Tonnen.

BASEBALL-SCHREIN ■ Paul Jones aus Las Vegas, Nevada, begann 1997 Baseballkarten zu sammeln, und besitzt heute über 520.500 Stück. Er sammelt auch Fotos von Spielern und Bälle mit Autogrammen.

FILMFAN ■ Der pensionierte Maler und Dekorateur Gwilym Hughes aus Dolgellau, Wales, hat schon über 28.000 Filme gesehen. Sein erster Film war *König Salomons Diamanten* mit Deborah Kerr und Stewart Granger. Außerdem besitzt er über 1.000 Bücher zum Thema Kino.

DOSENKUNST ■ Fünf Architekturstudenten von der Universität von Montana schufen eine riesige Skulptur aus über 45.725 Thunfisch-Konservendosen. Das 5 x 10 x 3 m große Kunstwerk zeigt eine Hand, die eine Dose hält, und wurde innerhalb von 41 Stunden angefertigt.

STAMMBAUM ■ Roy Blackmore aus Somerset, England, folgte fast 30 Jahre lang den Spuren seiner Vorfahren und erstellte einen Stammbaum, der 1.500 Jahre weit zurückgeht und 9.390 Verwandte nennt. Seine Nachforschungen umfassten etwa 45 Generationen und enthüllten, dass er in 37. Generation der Urenkel von König Wilhelm dem Eroberer ist, der 1066 von Frankreich aus in England einfiel.

JOJO-MEISTER ■ Jojo-Experte Arron Sparks aus London gelangen im Juli 2008 im englischen Suffolk in nur einer Minute 144 Hop-the-Fence-Tricks – das sind über zwei pro Sekunde!

KISSENSCHLACHT ■ 3.872 Fans nahmen nach einem Baseballspiel der Kane County Cougars im Juli 2008 in Geneva, Illinois, an einer riesigen Kissenschlacht teil.

HÜTTENKOLLER ■ Als im August 2008 der Versuch durchgeführt wurde, wie viele Cheerleader in einen Aufzug passen, brach Panik aus, als die Fahrstuhltüren im ersten Stock plötzlich klemmten. In dem eigentlich für maximal 15 Personen gedachten Lift in der Universität von Texas in Austin drängten sich 26 Teenagerinnen, die erst nach 25 Minuten von einem Handwerker befreit werden konnten.

TOTE MÜCKEN ■ Der Chinese Nin Nan aus Shanghai eröffnete 2008 einen Online-Shop, in dem er Mücken verkaufte, die er eigenhändig getötet hatte. Er bot sie für ca. € 0,70 pro Stück an, beispielsweise für wissenschaftliche Zwecke, Sammler oder als Dekoration. Innerhalb von zwei Tagen erhielt er 10.000 Bestellungen.

GUMMIKUGEL

Joel Waul aus Lauderhill, Florida, bastelte über fünf Jahre lang an seinem riesigen Ball aus über 700.000 Gummibändern. Die vielfarbige Kugel, die er liebevoll „Nugget" nennt, wiegt an die 4.080 kg und ist über 1,80 m hoch. Einmal hat sie Joel sogar angegriffen: Als sie etwa 181 kg schwer war, rollte sie über seine Hand, wobei er sich das Handgelenk verstauchte.

Spielzeugsoldaten

Eine Armee von 35.310 LEGO®-Star-Wars-Figuren hielt im Juni 2008 in der LEGO®-Zentrale im englischen Slough Wache. Einen ganzen Tag lang hatten Angestellte des Unternehmens die Mini-Armee aufgestellt. Die Plastik-Clone-Troopers standen im Zentrum einer Wohltätigkeitsveranstaltung, in deren Rahmen der 50. Geburtstag von LEGO® gefeiert wurde.

VON DEN SOCKEN! ■ Im Juli 2008 bastelten die Schüler der King Edward's School in Birmingham, England, eine fast 1,60 km lange Wäscheleine, an der über 28.000 Socken hingen.

DAUMEN HOCH! ■ Nur mit seinen Daumen kann Elliot Nicholls aus Dunedin, Neuseeland, in 45 Sekunden mit verbundenen Augen eine 160 Zeichen lange SMS tippen!

MODELLAUTOS ■ Suhail Mohammad Al Zarooni aus Dubai in den Vereinigten Arabischen Emiraten hat über 7.000 Spielzeugautos zusammengetragen, darunter ein Modell der Limousine, in der John F. Kennedy erschossen wurde, eine Nachbildung von Hitlers Mercedes und die Wagen, die James Bond und Mr. Bean gefahren sind.

PENNY-AUKTION ■ Im Februar 2008 verkaufte Walter Husak aus Van Nuys, Kalifornien, bei einer Auktion in Long Beach 301 antike Penny-Münzen für € 7,57 Millionen. Den höchsten Wert hatten zwei Münzen, die auf das 18. Jahrhundert zurückgingen: Sie brachten je € 447.468.

BANANEN-BECKY ■ Becky Martz aus Houston, Texas, ist fasziniert von Bananenetiketten. Seit 1991 sammelt sie die kleinen Sticker, von denen sie heute über 7.000 besitzt. Mittlerweile sammelt sie auch Spargel- und Brokkolibänder.

SCHNELLE RUNDE ■ Im Juli 2008 spielten 40 Golfer für eine lokale Radiostation eine Runde Golf in Boyne Falls, Michigan – in weniger als acht Minuten! Die Golfer wurden strategisch so auf dem Platz verteilt, dass sie sofort loslaufen konnten, sobald der Ball auf dem Green liegen geblieben war. Drei Löcher wurden sechsmal in Folge gespielt, sodass eine Gesamtlauflänge von 5.574 m zusammenkam.

MONSTER-PUZZLE ■ Der Rentner Eric Smith aus Staffordshire, England, arbeitete sechs Monate lang an einem 24.000-teiligen Puzzle. Für das Zusammensetzen des 3,60 x 1,80 m großen Bildes von Delfinen und Schiffen brauchte er 537 Stunden. Das Puzzle war so groß, dass er extra einen Tisch in seiner Garage aufbauen musste.

SEILZIEHEN ■ Über 100.000 Kämpfer nahmen im März 2007 an einem riesigen Wettbewerb im Seilziehen in Lintan, China, teil. Damit alle Platz hatten, wurde ein 1.800 m langes Stahlkabel verwendet.

STRICKLIESL ■ Ray Ettinger aus Independence, Missouri, strickte fast fünf Jahre lang an einem 1.074 m langen Schal, der 34 kg wiegt. Seine Großmutter brachte ihm das Stricken bei, als er zehn war.

FLASCHENSAMMLER ■ Seit Mitte der 1970er Jahre hat Tom Bates eine Sammlung von über 36.000 Bier- und Limodosen und 9.000 verschiedenen Flaschen zusammengetragen. Eine Zeit lang waren sie im Museum für Getränkebehälter und –werbung in Millersville, Tennessee, zu sehen.

FREAK-FRIED ■ Chester Fried aus South River, New Jersey, hat jede Rollschuhbahn in den USA besucht – über 300 Stück! Im Alter von sieben Jahren trug er zum ersten Mal Rollerskates – heute besitzt er mehr als 300 Paare.

BALANCEAKT ■ Der neunjährige Joe Allison aus Devon, England, balancierte im April 2008 ganze 16 Löffel gleichzeitig auf seinem Gesicht. Fünf lagen auf seiner Stirn, je einer auf den Ohren, zwei auf seinen Lippen, vier auf den Wangen, zwei auf dem Kinn und einer auf der Nase. Joe entdeckte sein Talent, als ein Cousin wettete, dass er nicht einmal einen einzigen Löffel auf der Nase balancieren könne.

HÖHENLUFT ■ Nik Wallenda, Mitglied der siebten Generation des berühmten Flying-Wallenda-Zirkus', tanzte in 41 m Höhe auf einem Drahtseil über die Straßen von Newark, New Jersey. Den Rückweg absolvierte er auf einem Fahrrad, und das alles ohne Netz und doppelten Boden! Auf halber Strecke telefonierte er sogar ein Weilchen.

Entfesselungs–

Harry Houdini sorgte immer dafür, dass sein Publikum vor Schreck und Spannung den Atem anhielt – ganz gleich, ob er sich in eine 90 cm hohe Milchkanne sperren ließ oder sich an den Füßen in eine wassergefüllte Folterkammer ohne Luftzufuhr tauchen ließ.

Der 1874 in Ungarn geborene Houdini zog schon in jungen Jahren in die USA. Durch seine Leidenschaft für die Entfesselungskunst war sein Name bald in aller Munde. Der erste aller Entfesselungskünstler inspirierte viele Nachahmer, doch er blieb ihnen immer eine Nasenlänge voraus, indem er seine Tricks patentieren und sich stets etwas Neues einfallen ließ. Beispielsweise ließ er sich auf der Bühne lebendig begraben oder verschluckte Nadeln und Fäden. Dem Sarg entkam Houdini in weniger als zwei Minuten, und die Nadeln würgte er nacheinander wieder hoch – alle säuberlich eingefädelt.

Houdinis größte Kunst lag darin, sich aus Handschellen zu befreien und Schlösser zu knacken. Er bot sogar jedem eine Belohnung an, der ihm Handschellen oder Schlösser präsentierte, die er nicht öffnen konnte. 1904 ließ eine Londoner Zeitung ein Paar einzigartige Handschellen anfertigen, an denen fünf Jahre lang herumgefeilt worden war – und dennoch befreite sich Houdini! In über 30 Jahren Bühnenleben musste er niemals einen Herausforderer auszahlen.

Der tollkühne Magier besiegte bei Hunderten von Vorstellungen den Tod – und es waren nicht seine Entfesselungstricks, die ihn schließlich das Leben kosteten. 1926 bat ein übereifriger Zuschauer, ihn in den Magen boxen zu dürfen, da Houdini für seine unglaubliche Schmerzunempfindlichkeit bekannt war. Houdini war darauf nicht vorbereitet, willigte aber ein und suchte danach nicht gleich einen Arzt auf, da er mit seinen Vorstellungen fortfahren wollte. Tragischerweise hatte er bereits vor dem Schlag an einer Blinddarmentzündung gelitten und starb nur wenige Tage später.

Wasserwahnsinn

Seine wohl spektakulärste Befreiung gelang Houdini 1912: An den Füßen gefesselt, wurde er kopfüber in eine wasserdichte Kammer gelassen, der er innerhalb weniger Minuten wieder entkam. Allerdings musste er dafür so viel Kraft aufwenden, dass er sich einen Fußknöchel brach. Obwohl Houdini sich gewünscht hatte, dass die Kammer nach seinem Tod verbrannt würde, sorgte sein Bruder dafür, dass sie erhalten blieb. Ironischerweise ging sie 1995 bei einem Museumsbrand schließlich doch in Flammen auf.

künstler Deluxe

Seilfrei

Nicht ein einziges Mal misslang Houdini die Befreiung, wenn man ihn mit einem Seil an einen Stuhl fesselte. Er enthüllte, dass er beim Festbinden seinen Körper anspannte und sich leicht vorlehnte, sodass das Seil etwas Spiel hatte. Er erklärte, dass entgegen jeglicher Intuition ein langes Seil keine größere Anstrengung erforderte: Tatsächlich sorgte es für mehr Spielraum. Houdini war ungewöhnlich kräftig und gelenkig und brauchte nicht viel Platz, um seine Hände zu befreien.

HOUDINIS TRICKS

> Eingeschlossen in einer wassergefüllten Folterkammer

> Befreiung aus einer verschlossenen Milchkanne voll Wasser

> Kopfüber in einer Zwangsjacke von einem Haus hängend

> Mit Handschellen in einer zugenagelten Packkiste, mit der er in einen Fluss geworfen wurde

> Flucht aus einer Gefängniszelle

> Verschlucken von Nadeln und Faden

> Auf der Bühne lebendig beerdigt

> Befreiung aus jeder Art von Handschellen

Der Milchkannentrick

Einer von Houdinis berühmtesten Tricks war die Befreiung aus einer verschlossenen Milchkanne, die mit Wasser gefüllt war. Seine Flucht erfolgte hinter geschlossenem Vorhang. Nachher war Houdini stets klitschnass.

BOLLYFAN ■ Ashish Sharma aus Uttar Pradesh, Indien, sah sich im Juni 2008 innerhalb von 120 Stunden 48 Bollywoodfilme hintereinander an.

SITZMARATHON ■ Jim Purol aus Anaheim, Kalifornien, setzte sich im Juli 2008 innerhalb von fünf Tagen auf alle 92.542 Sitzplätze in der Pasadena Rose Bowl. Zum Schutz band er sich ein Kissen auf den Hintern und trug eine Schirmmütze, um sich vor der Sonne zu schützen. Zwölf Stunden am Tag klapperte er Sitzplätze ab. Auch die Blasen an seinen Füßen konnten sein Glück darüber, dass er seinen Lebenstraum erfüllt hatte, nicht mindern. Vorher hatte er bereits alle 107.501 Plätze im Footballstadion der Universität von Michigan „besetzt".

MASSENERNEUERUNG ■ Im Februar 2008 erneuerten in Pittsburgh, Pennsylvania, 624 Ehepaare gleichzeitig ihr Ehegelöbnis.

MASSENUMARMUNG ■ Alan Baltis aus Lakewood, Ohio, umarmte bei der jährlichen Mensa-Konferenz 2008 in Denver, Colorado, 833 Personen in einer Stunde – also fast 14 Menschen pro Minute. Für viele Umarmungen musste sich der 1,80 m große Mann bücken.

MEDIZINISCHE SAMMLUNG ■ Dr. Douglas Arbittier aus New York sammelt alte medizinische Geräte. Zu seinen Schätzen zählen Amputationssägen, die teilweise aus den 1730er Jahren stammen, Aderlasswerkzeuge, alte Stethoskope, Hörgeräte und Zahnarztausrüstungen.

ROTE VERSAMMLUNG ■ Im September 2008 versammelten sich um die 2.000 Rothaarige aus 20 Ländern in Breda, Holland, um den Tag der Rotschöpfe zu feiern.

Kakerlaken- mahl

Als Travis Fessler eines Tages Appetit auf einen Snack hatte, steckte er sich einfach elf lebende Madagaskarfauchschaben in den Mund. Der Insektenfan aus Kentucky wollte damit eine wohltätige Organisation unterstützen und erklärte: „Madagaskarfauchschaben beißen oder stechen zwar nicht, aber sie haben winzige Haken an den Beinen, die ihnen beim Klettern helfen. Im Mund fühlt sich das an, als würde man auf Klettverschlüssen herumkauen." Travis aß die Krabbeltiere allerdings nicht auf, sondern ließ sie wieder frei. Heute leben sie in einem Terrarium in seinem Haus.

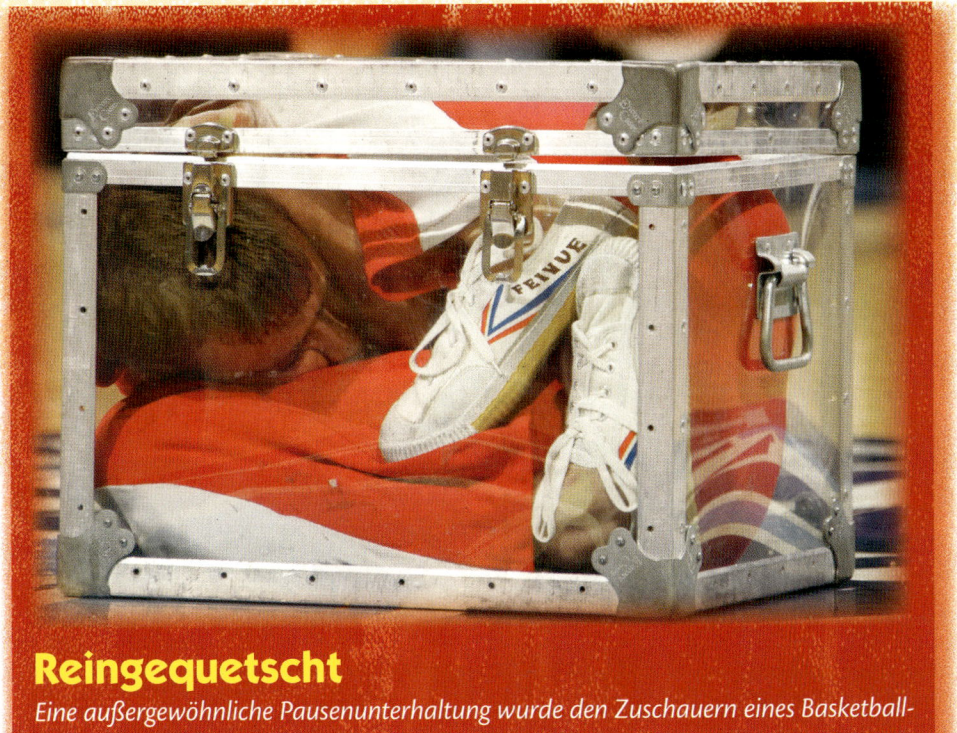

Reingequetscht

Eine außergewöhnliche Pausenunterhaltung wurde den Zuschauern eines Basketball-spiels zwischen Dallas und Utah im März 2006 geboten, denn zur Halbzeit durften sie beobachten, wie sich ein Schlangenmensch in diese winzige Glaskiste quetschte.

LOTTERIELIEBE ■ Der Telekom-Techniker Victor Paul Taylor aus Manchester, England, sammelt schon seit 1995 Rubbellose. Er hat sich auf die Nationallotterie Großbritanniens spezialisiert und sitzt möglicherweise auf einem Vermögen, da er noch keines der Lose freigerubbelt hat.

FÜNF PINSEL ■ Ye Genyou nutzte in Chang-sha, China, im September 2008 fünf Pinsel gleichzeitig, um eine Kalligrafie auf Papier anzufertigen. Dabei hielt er je zwei Pinsel in jeder Hand und einen im Mund. Er hat auch schon in 17 Stunden und 13 Minuten 7.659 Zeichen auf ein 100 m langes, 80 cm breites Stück Papier gemalt, ohne den Pinsel ein einziges Mal anzuheben.

RIESENPUZZLE ■ An die 15.000 Puzzlefans setzten im deutschen Ravensburg ein Riesenpuzzle zusammen, das fast so groß war wie der örtliche Hauptplatz. Das 600 m² große Spiel bestand aus 1.141.800 Teilen und wurde in nur fünf Stunden gelöst.

24-STUNDEN-STAFFEL ■ Fast 3.850 Personen nahmen im Oktober 2008 an einem 24-stündigen Staffellauf in Riga, Lettland, teil. Der jüngste Teilnehmer war ein Einjähriger, der die 100 m lange Strecke in Begleitung seiner Mutter absolvierte.

BILLARDMARATHON ■ In Spring Lake, North Carolina, spielten Brian Lilley und Daniel Maloney im Oktober 2008 über 600 Partien Billard in 52 Stunden – ohne eine einzige Pause!

SARGBASTLER ■ Grady Hunter, 75, gewann bei einem Bastelwettbewerb auf dem Volksfest von North Carolina im Jahr 2008 eine Auszeichnung, weil er seinen eigenen Sarg gebaut hatte! Hunter, dem es wichtig war, einen möglichst bequemen Sarg zu haben, hinterließ auf dem Holz sogar seine Unterschrift.

AUGENSCHREIBER ■ Der Chinese Ru Anting aus Luoyang in der Provinz Henan kann Kalligrafien anfertigen, indem er Wasser aus seinen Augen spritzen lässt! Er saugt das Wasser durch die Nase auf und sprüht es dann durch die Tränendrüsen auf ein mit dunklem Papier bedecktes Brett. Sein ungewöhnliches Talent entdeckte er als Kind beim Schwimmen. Nach drei Jahren Training kann er heute aus bis zu drei Metern Abstand punktgenau zielen.

TOMATENMATSCH ■ Erik van de Wiel aus den Niederlanden sammelt Tomatenmarkdosen. Er besitzt schon Hunderte von ihnen, die ihm teilweise von reisenden Freunden aus Europa und Noramerika zugeschickt wurden. Die meisten sind heute leer, da sie bei zu langer Lagerung explodieren könnten.

MENSCHLICHE FACKEL ■ Dana Kunze aus Minneapolis, Minnesota, springt aus 24 m Höhe in ein Schwimmbecken – während er in Flammen steht! In mehrere Schichten Baumwoll-T-Shirts, Hosen und Mützen gehüllt, nimmt er eine Benzindusche, lässt sich anzünden und wartet 30 Sekunden ab, bis er springt.

KALTER KOMFORT ■ Vier UPS-Fahrer aus Calgary, Kanada, wetteten 1996 um € 283, wer es am längsten aushalten würde, bei der Arbeit stets Shorts zu tragen. Im Januar 2008, als es bis zu -45°C kalt war, gab es endlich einen Gewinner: Shaun Finnis, der seit elf Jahren jeden Tag in Shorts zum Dienst erschienen war, trotzte selbst dem kältesten Winter.

KOPFKONTROLLE ■ Der kubanischen Fußballspielerin Yeniseidis Soto gelang es 2008 in Havanna, einen Ball zwei Stunden, zwölf Minuten und 32 Sekunden mit dem Kopf in der Luft zu halten – ohne dass er einziges Mal herunterfiel oder andere Teile ihres Körper berührte!

Menschliche Flagge

Daniel Ulizio aus Midland, Pennsylvania, bewies Stärke und Nerven wie Drahtseile, als er sich 1937 wie eine menschliche Flagge an einen 30 m hohen Schlot hängte.

Schwerelos

Die New Yorker trauten ihren Augen kaum, als der niederländische Magier Wouter Bijdendijk, auch bekannt als Ramana, im Oktober 2007 auf dem Times Square etwa einen Meter über dem Boden schwebte. Seine einzige Stütze war der dünne Stock, den er in der Linken hielt.

LANGES GEBET ■ Die Gläubigen im Shri-Bala-Hanuman-Tempel in Jamnagar, Indien, singen seit 44 Jahren ununterbrochen den Namen des Gottes Hanuman. Sie begannen ihr Lied am 1.8.1964 und sangen im August 2008 bereits seit 16.070 Tagen, ohne eine einzige Pause gemacht zu haben.

TAGESPREDIGT ■ Der Pfarrer Eric Delve, Vikar der St.-Lukes-Kirche in Maidstone, England, hielt im August 2008 eine 24-stündige Predigt. Sein Redemarathon, der unter freiem Himmel stattfand, bestand aus Lesungen aus der Bibel.

SANDBURG ■ Über 1.000 Personen halfen Ed Jarrett im September 2007 dabei, in Casco, Maine, eine 9,60 m hohe Sandburg zu bauen. 40 LKW-Ladungen Sand, die insgesamt ca. 500 Tonnen schwer waren, mussten dafür herangeschafft werden.

TÜTENMEISTERIN ■ Erika Jensen, Angestellte einer Macey's-Supermarktfiliale in Utah, gewann 2008 den ersten Platz bei einem internationalen Wettbewerb in Las Vegas, Nevada, bei dem nach den Kategorien Geschwindigkeit, Gewichtverteilung und Auftreten der beste Tüteneinpacker gesucht wurde. Vor drei Jahren hatte Erikas ältere Schwester Emily den Preis mit nach Hause genommen. Auch der Champion 2007, Brian Bay, kam aus derselben Filiale.

ZWEIHÄNDIG ■ Liam Doherty aus Galway, Irland, kann gleichzeitig mit beiden Händen schreiben, und zwar vorwärts, rückwärts, verkehrt herum und in Spiegelschrift.

WÜSTENRENNEN ■ Sandy McCallum aus Edmonton, Kanada, lief in nur zwölf Monaten sechs Ultramarathons durch verschiedene Wüsten. Dabei legte sie 1.408 km in sengender Hitze zurück. Ihr letztes Rennen endete im März 2007 in Marokko.

VIELE MOHAMMADS ■ Über 20.000 Männer mit dem Namen Mohammad versammelten sich im Juli 2008 in der libyschen Stadt Zawia. Zu den Teilnehmern zählte auch ein Mann, der sechsmal das Wort „Mohammad" in seinem Namen hatte: Er heißt Mohammad Mohammad Mohammad Mohammad Mohammad Mohammad Al Wish.

STARKER TYP ■ Der 17-jährige Kye Thomas aus Bristol, England, kann bis zu 216 kg schwere Gewichte heben – das ist mehr als doppelt so viel wie sein eigenes Körpergewicht! Der 95 kg schwere Junge gewann 2008 den Titel „Englands stärkster Schüler", weil er einen 76 kg schweren Baumstamm siebenmal anhob, 317 kg schwere LKW-Reifen umdrehte und 95 kg schwere Fässer über ein Feld schleppte. Er trainiert, indem er Autos anhebt, die bis zu 15-mal so viel wiegen wie er selbst.

RÜCKENGLÜCK ■ Gideon Weiss besitzt eine Sammlung von über 230 Rückenkratzern. Über zehn Jahre hinweg hat er seine Schätze zusammengetragen, einige davon stammen sogar aus Norwegen, Spanien und Thailand.

RUSSENRECHNER ■ Sergej Frolow aus St. Petersburg, Russland, hat über 150 in der Sowjetunion hergestellte Taschenrechner gesammelt. Außerdem besitzt er diverse alte Computer, Uhren und Rechenschieber.

BIS ZUM HALS ■ Mark McGowan verbrachte im Mai 2008 am Strand von Margate, England, 30 Stunden bis zum Hals im Sand eingegraben.

OREGON-ORIGAMI ■ Joseph Wiseman aus Eugene, Oregon, kann sieben Millimeter große Papierflieger basteln – das ist etwa die Größe eines Reiskorns!

AUSGEBÜGELT ■ Ben Walton, der Besitzer einer Reinigung in Hampshire, England, bügelte im Juli 2008 ohne Pause 60 Stunden lang 923 Gegenstände. Danach hatte er allerdings Rückenschmerzen.

GEFLÜGELT ■ Der Motorradstuntman Doug Danger sprang über einen Jumbojet! Der in Palmer, Massachusetts, geborene Doug raste mit 113 km/h über eine schmale Rampe und sprang dann über das 49 m breite, stehende Flugzeug.

TROTZDEM GEWONNEN ■ Im Februar 2007 gewann das Jungen-Basketballteam der Highschool von Annandale, Minnesota, nur mit Drei-Punkte-Würfen und Freiwürfen ein Spiel mit 51:48.

BLASEBÄLGER ■ Um den Wissenschaftstag 2008 zu begehen, der von den Schulleitern aus Missouri, Illinois, und Tennessee ins Leben gerufen wurde, um das Interesse an Wissenschaft zu steigern, pusteten Kinder und Erwachsene in der West Park Mall in Cape Girardeau, Missouri, gemeinsam 852 Luftballons in nur einer Stunde auf.

ELEFANTENMANN ■ Ed Gotwalt bekam seinen ersten Zierelefanten 1967 als Glücksbringer von seiner Schwägerin und besitzt heute 6.000 elefantenförmige Gegenstände aus aller Welt und allen nur denkbaren Materialien. Sie sind im Mr. Ed's Elephant Museum in Orrtanna, Pennsylvania, zu sehen. Zu seinen Schätzen zählen ein Elefanten-Nachttopf, ein Elefantenföhn, Elefantenlampen und sogar ein Elefant, der einen 24-karatigen goldenen Zirkuswagen zieht.

GEBURTSTAGSGRÜSSE ■ James Bridges aus Cadiz, Kentucky, singt insgesamt 2.600 Menschen an ihren Geburtstagen „Happy Birthday" am Telefon vor.

SCHNELLE FÜSSE ■ Im November 2008 stellte Martina Servaty in Mesenich, Deutschland, 5,40 l Traubensaft her, indem sie eine Minute lang wie wild auf den Trauben herumstampfte.

SERVIETTENFAN ■ Helena Vnouckova aus dem tschechischen Prag besitzt über 16.000 Servietten.

MÜNZENTRICK ■ Tyler Johnson aus Salisbury, Massachusetts, kann 39 Münzen von seinem rechten Ellenbogen rutschen lassen und fängt alle mit der rechten Hand wieder auf!

SCHNELLE REISE ■ 2008 reisten Corey Pederson aus Montana und der Kalifornier Mike Kim in nur 24 Stunden 2.901 km weit mit verschiedenen japanischen Hochgeschwindigkeitszügen.

GITARRENTAGE ■ Akash Gupta, 14, spielte im Juni 2008 im indischen Agra 53 Stunden lang ohne Pause Gitarre.

Fahr-Gefahr

Liu Suozhu aus der Provinz Henan in China fuhr im April 2008 in einem PKW über zwei schwankende Drahtseile, die in 46 m Höhe über dem Fluss Minluo in Pingjiang, Zentralchina, hingen. Suozhu brauchte 30 Minuten für die 230 m lange Strecke.

HANDSCHELLENFAN ■ Joseph W. Lauher aus New York sammelt alte Handschellen. Außerdem besitzt er Fußeisen, Zangen und Daumenschrauben, darunter Exemplare aus den USA, Europa und dem Fernen Osten.

FLAGGE BEKENNEN ■ Kletterer aus aller Welt, von denen jeder seine Nationalflagge bei sich trug, erklommen im Rahmen einer Aktion der Organisation BridgeClimb im September 2008 die Harbour Bridge in Sydney und ließen 137 Fahnen von der Spitze der australischen Sehenswürdigkeit flattern. Mitglieder der Organisation können auch auf der Spitze der Brücke heiraten.

FILMFANATISCH ■ Suresh Joachim und Claudia Wavra sahen sich im Oktober 2008 auf dem Times Square in New York 123 Stunden ohne Unterbrechung Filme an – das waren 57 komplette Filme in mehr als fünf Tagen!

Hoopla!

Eine Künstlerin zeigt ihre unglaublichen Hula-Hoop-Fähigkeiten bei einem Kulturfest in Peking anlässlich des chinesischen Neujahrsfestes im Februar 2008.

Lava Surfer

Schon um auf großen Wellen zu reiten, benötigen Surfer eine gehörige Portion Mut, doch C.J. Kanuha war das nicht genug: Vor der hawaiianischen Küste paddelte er im April 2008 bis auf sechs Meter Abstand auf flüssige Lava zu. Der Vulkan Kilauea auf Big Island erhitzt das Meer stellenweise auf bis zu 200°C – es ließ das Wachs auf Kanuhas Surfbrett schmelzen und verbrühte seine Füße, bevor er flüchten konnte.

Im Kopfstand

Der aus Sri Lanka stammende Surfer Dulip Kokuhannadige versucht vor der englischen Südküste bis zu 15 Sekunden lang im Kopfstand wellenzureiten. Sein Talent entdeckte er, als er jungen Leuten nach dem Tsunami 2004, bei dem er all sein Hab und Gut verloren hatte, das Surfen beibrachte. Ein Jahr später zog er in die englische Küstenstadt Bournemouth, wo er seinen Extremsport einführte.

HELDENHAFT

www.ripleys.de

Ripleys
Einfach unglaublich!

WAL-WAHN-SINN

Der Kitesurfer David Sheridan befand sich 100 m vor der Küste von New South Wales, Australien, als er in den Meerestiefen direkt unter sich einen dunklen Schatten bemerkte. Ein Südlicher Glattwal schlug ihm mit der Schwanzflosse auf den Hinterkopf und warf ihn damit fast von seinem Surfbrett, doch zum Glück wollte der Wal Sheridan, der aus Nambucca stammt, vermutlich nur warnen, denn das Tier zog sich daraufhin wieder zurück.

WOCHENEND-LEKTION ■ Um Geld für einen wohltätigen Zweck zu sammeln, nahmen der Lehrer Giovanni Cogollo und 120 Schüler einer Schule in Turbaco, Nordkolumbien, 2008 an einer 74-stündigen Lektion in Sachen Wissenschaft teil. Sie begann am Freitag, den 8.8., und endete am Montag, den 11.8.

BLASEN-SAM ■ Der britische Seifenblasenkünstler Sam Heath schaffte es im November 2007, ganze 50 Schüler, die alle über 1,50 m groß waren, in eine riesige Seifenblase einzuschließen! Die Blase, die einen Durchmesser von 3,40 m hatte, stellte er mit einem Metallreifen her, der einen Umfang von zwölf Metern hatte.

EISLAUF-KETTE ■ Unglaubliche 1.483 Personen reihten sich im Februar 2008 auf dem Fluss Assiniboine in Winnipeg, Kanada, aneinander, um eine gewaltige Eisläuferkette zu bilden.

GITARRENCHOR ■ Im Juli 2008 spielten 2.052 Personen auf akustischen und E-Gitarren unter Anleitung des Folksängers Country Joe McDonald in Concord, Kalifornien, Woody Guthries Song „This Land Is Your Land".

SCHNEEGIGANTEN ■ Im Winter 2008 bauten Hunderte von Freiwilligen in Bethel, Maine, gemeinsam eine 37,20 m große Schneefrau. Sie bestand aus sechs Millionen Kilo Schnee und trug den Namen Olympia. Ihre Augen bestanden aus 1,50 m großen Kränzen, die Wimpern aus 16 Skiern, die Lippen aus fünf roten Autoreifen und die Nase aus Musselinstoff, Maschendraht und Holz. Außerdem trug sie einen 14,60 m großen Fleecehut, einen 40 m langen Schal, 610 m Haar aus Seilen, drei Baggerreifen, die als Knöpfe dienten, und neun Meter lange Fichtenstämme, die die Arme darstellten. Die Anwohner von Bethel haben Erfahrung mit Schneemonstern: 1999 bauten sie den 34 m großen Schneemann Angus.

MAGISCHER TEPPICH ■ Insgesamt 1.200 Weber aus Khorasan, Iran, arbeiteten 18 Monate an einem 5.625 m² großen Teppich, der € 4,10 Millionen wert war und für eine Moschee in den Vereinigten Arabischen Emiraten angefertigt wurde.

TENNIS-MARATHON ■ Im August 2008 spielten die Zwillingsbrüder Ettore und Angelo Rossetti in North Haven, Connecticut, 15 Stunden hintereinander Tennis und schlugen dabei 25.944-mal den Ball. Bei 12.000 Schlägen hätte ihr Monster-Match fast abgebrochen werden müssen, als Angelo den Ball verschlug, weil er einen Powerriegel aß, aber Ettore raste ans Netz und rettete den Ball.

LKW-PARADE ■ Insgesamt 292 Abschleppwagen paradierten im September 2008 durch die Straßen von New York. Sie fuhren am Shea-Stadion los und beendeten ihre Rundfahrt auf einem stillgelegten Flughafen, wo sie so parkten, dass sie das Wort „New York" bildeten.

HÄSSLICHE PULLIS ■ Im Dezember 2007 forderte ein Fotostudio in Minneapolis, Minnesota, die Anwohner auf, in ihren hässlichsten Pullovern zu einem Fototermin zu kommen. Das hässlichste Exemplar hatte mehrere Brauntöne, ein Blumenmuster, zwei Masken und einen großen USA-Schriftzug auf dem Ärmel.

HEISSES SPIEL ■ Bei Temperaturen über 30°C spielten drei Dutzend Fußballer aus Edmonton, Kanada, im August 2008 ein 33-stündiges Fußballspiel. Die Teilnehmer spielten in Drei-Stunden-Schichten – das entspricht je zwei ganzen Spielen – und tranken dabei zusammen an die 1.000 l Wasser.

NASENBLASEN ■ Andrew Dahl, 13, aus Blaine, Washington, blies im April 2008 in nur einer Stunde 213 Ballons auf – und zwar mit der Nase! Er pustete immer nur durch ein Nasenloch auf einmal und blies die Ballons je mindestens 20 cm weit auf. Andrew, der im Alter von sieben seinen ersten Ballon mit der Nase aufpustete, führt seine Leistung nicht nur auf Ausdauer und große Nasennebenhöhlen zurück, sondern auch auf seine Tätigkeit als Trompetenspieler in der Schulband.

TOLLER TEPPICH ■ Han Yan präsentierte 2008 im chinesischen Guangzhou einen Papier-Wandteppich, der 213 m lang war. Er trug den Titel *Hunderte von Familiennamen* und bestand aus 288 symmetrischen Papierschnittmustern, von denen jedes einen chinesischen Familiennamen repräsentierte.

RÄDERSCHLAGEN ■ Don Claps aus Broomfield, Colorado, kann über 1.200-mal in Folge ein Rad schlagen und dabei sogar Wasser aus einem Pappbecher trinken. Er erklärt: „Ich stecke mir den Becher in den Mund, setzte die Hände auf, behalte das Wasser im Mund und schlucke dann beim nächsten Rad."

LAUTES FLÜSTERN ■ 1.330 Kinder nahmen 2008 im Emirates-Stadion des Fußballclubs Arsenal im englischen London an einer Partie Flüsterpost teil. Die Anfangsbotschaft lautete: „Zusammen können wir die Welt verändern." Die Botschaft, die nach zwei Stunden und vier Minuten dabei herauskam, lautete schlicht und einfach: „Haaaa!"

ASPHALTFANS ■ Scott Gordon und Marie Vans gründeten 1991 in Sacramento, Kalifornien, das Asphaltmuseum und haben Straßenproben von so berühmten Orten wie der Route 66, dem Highway 1 und der antiken Via Appia gesammelt.

FLITTERMÜLL ■ Ein englisches Paar sammelte das Geld für seine Flitterwochen, indem es 2008 drei Monate lang Müll sammelte und recycelte. John und Ann Till aus Petersfield brachten Tausende von Dosen und Flaschen zu einem Recyclinghof und bekamen dafür 36.000 Flugmeilen, die sie für ihren Rückflug aus den USA nutzten.

KALTER SPRUNG ■ Holly Budge aus Bristol, England, sprang 2008 mit dem Fallschirm über dem höchsten Berg der Welt ab, dem Mount Everest. Die 29-Jährige sprang in 8.990 m Höhe aus einem Flugzeug und raste auf den Himalaja zu. Während des freien Falls erreichte sie eine Geschwindigkeit von bis zu 225 km/h und musste Temperaturen von -40°C ertragen.

VERKEHRSSCHILDER ■ Steve Salcedo aus Indiana besitzt über 350 Verkehrschilder und –ampeln, die er alle legal gekauft hat. Seine Leidenschaft begann, als ihm sein Bruder ein Schild schenkte, das er im Straßengraben gefunden hatte und das voller Einschusslöcher war.

MARKENTREU ■ Joseph Macko aus Flint, Michigan, hat seit 1955 jedes Jahr einen neuen Cadillac geleast oder gekauft. Der 84-jährige pensionierte General-Motors-Angestellte spart das ganze Jahr über, um sich sein neues Auto leisten zu können.

RASENMÄHERMANN ■ Seit er im Alter von einem Jahr sein erstes Plastikexemplar von seiner Mutter geschenkt bekam, ist Samuel Buswell besessen von Rasenmähern! Der Junge aus dem englischen Cornwall, der heute vier ist, liest Rasenmäher-Bedienungsanleitungen statt Comics und kann Leistungsverzeichnis, Modellnummer und Marke von Hunderten verschiedener Modelle herunterleiern. Jeden Samstag geht er mit seiner Mutter in die örtliche Gärtnerei, wo er die neuesten Modelle bewundert und auch seinen ersten richtigen Rasenmäher bekam, mit dem er nun jeden Tag den Rasen vor dem Haus seiner Eltern mäht.

AUF DEM KOPF ■ Der Friseur Rustam Daniltschuk aus Kiew, Ukraine, schneidet an den Füßen hängend Haare.

MENSCHLICHER DRACHEN

Nur wenige Zentimeter voneinander entfernt bildeten einhundert Fallschirmspringer über Florida im November 2007 eine gewaltige, an einen Flugdrachen erinnernde Raute, um den Rekord im Formations-Fallschirmspringen zu brechen. Sie sprangen aus fünf verschiedenen Flugzeugen in verschiedenen Höhen ab, schnappten sich die Leinen der unter ihnen schwebenden Fallschirme und wickelten sie sich um die Füße. Mit ihrer Leistung brachen sie den bisherigen Rekord um 15 Teilnehmer. Von ihrem Absprung bis zur Landung

hatten sie nur elf Minuten Zeit. Jahrelang war der große Tag vorbereitet worden – schließlich mussten auch 100 Fallschirmspringer aus 14 Ländern gefunden werden, die geübt genug waren, um der Aufgabe gewachsen zu sein. Beim vierten Versuch gelang es den Sportlern, ihre Formation, die 88 m hoch und 53 m breit war, für zwölf Sekunden zu halten.

Am gefährlichsten ist der Augenblick, wenn sich die Springer wieder voneinander lösen, da man darauf

achten muss, dass sich die Leinen nicht miteinander verheddern. Während der Übungen mussten aus diesem Grund mehrere Teilnehmer ihre Hauptschirme abschneiden und mit ihren Reserveschirmen landen. Auf die Frage nach den Risiken erklärte Organisator Brian Pangburn: „Nur etwa fünf Prozent aller Fallschirmspringer trauen sich an Formationen wie unsere heran – die übrigen halten uns schlichtweg für verrückt – und das, obwohl sie selber verrückt genug sind, um aus Flugzeugen zu springen."

Immer im Kreis

Der Entfesselungskünstler Rick Meisel stellte sein einzig-artiges Talent unter Beweis, als er sich im September 2008 in einer mit Seifenwasser gefüllten Waschma-schine ordentlich durchschleudern ließ. Er hielt lange genug durch, um sich aus sechs Paar Handschellen und zwei Paar eisernen Fußfesseln zu befreien, ehe er sich aus der winzigen Trommel zog. Sie war so eng, dass er sich chirurgisch behandeln ließ, um überhaupt hineinzupassen.

IGEL-LOOK ■ Der achtjährige Mark Billing-ton aus Braidwood, Australien, befestigte 64 Wäscheklammern an seinem Kopf!

SUPERZIGARRE ■ José Castelar Cairo rollte im Mai 2008 im kubanischen Havanna von Hand eine Zigarre, die fast 45 m lang war – das ist länger als vier Passagierbusse hintereinander!

ZUM HAARESTRÄUBEN ■ Nur an seinem Haar, das zu einem Pferdeschwanz gebunden war, zog Shailendra Roy aus Indien im Mai 2008 eine Lok und drei Waggons, die zusammen über 40 Tonnen wogen, hinter sich her. Roy, der auf diese Weise auch schon Autos, LKWs, Holzklötze und Busse durch die Gegend gezerrt hatte, kräftigt sein Haar, indem er es mit Senföl einreibt.

NASENPFEIFER ■ Brandon Baugh aus Tampa, Florida, kann die amerikanische National-hymne durch die Nase pfeifen! Sein seltsames Talent entdeckte er, als er eines Tages in der Schule tief durchatmete und ein pfeifendes Geräusch erklang. Mit etwas Übung gelang es ihm, das Geräusch zu kontrollieren und sich ein großes Repertoire zuzulegen.

TREPPENLAUFEN ■ Im April 2008 liefen die Freundinnen und Fitness-Freaks Heather Derby-shire und Karen Fingerhut 54 Treppenabsätze in unter 15 Minuten hoch – obwohl sie sich zwei Beine aneinandergebunden hatten! Für die 1.188 Stufen der Feuerleiter des größten Gebäudes im Großbritannien, dem Londoner Canary Wharf Tower, brauchten sie genau 14 Minuten und 34,69 Sekunden.

PENNY-KETTE ■ Im Juli 2008 arbeiteten Hunderte von Freiwilligen in Fort Scott, Kansas, drei Tage lang an einer Kette aus Pennymünzen, die 64 km lang war und auf einem Schulparkplatz ausgelegt wurde. Sie bestand aus 3.406.234 Münzen.

SCHUHSAMMLER ■ Nicht weniger als 10.512 Schuhe wurden im Juli 2008 von der National Geographic Society in Washington, D.C., ausgestellt. Die aneinandergereihten Schuhe erstreckten sich über 2,65 km. Zu den Spendern gehörte auch der achtjährige Peter Wajda aus Mount Laurel, New Jersey, der eine Schuhaktion ins Leben rief und so 509 Schuhe erhielt.

COUCH POTATO ■ Der Bibliothekar Stan Friedman aus Manhattan beschloss 2008, für 29 Stunden ohne Pause Sportsendungen anzusehen, und gewann einen Neujahrs-Couch-Potato-Wett-bewerb, der von einem Restaurant auf dem New Yorker Times Square ausgerichtet wurde. Vier Teilnehmer saßen in Lehnstühlen und schauten Sport. Getränke und Essen hatten sie frei, dafür durften sie nicht schlafen und nur einmal alle acht Stunden auf die Toilette gehen. Friedman nahm Preise im Gegenwert von € 3.500 mit nach Hause, darunter ein Fernseher, ein Lehnstuhl und eine mit einer Kartoffel geschmückte Trophäe.

MEIN TURM, DER HAT DREI ECKEN ■ Schüler und Mathelehrer der Ironton High School in Ohio bauten im Mai 2008 einen drei Meter hohen Papierturm, der aus 16.384 Tetraedern bestand. Monatelang hatten sie die Dreiecke ausgeschnitten, verziert und zusammengeklebt.

ENGELSAUSSTELLUNG ■ Joyce Berg aus Beloit, Wisconsin, hat seit 1976 an die 13.000 Engelsfiguren zusammengetragen. Ihre Sammlung ist in einem örtlichen Museum zu sehen und bein-haltet Engel aus Maisschoten und Nudeln, Engels-glocken und –spieluhren sowie Bilder von Engeln als Sportler, Comics und biblische Gestalten. Manchmal zieht Joyce sogar Flügel an und setzt sich einen Heiligenschein auf, um ihre Besucher zu empfangen.

TEEN-TEXTER ■ Drew Acklin, 17, aus Cleveland, Ohio, sendete und erhielt 2008 in nur 30 Tagen 19.678 SMS. Im Durchschnitt macht das zu jeder wachen Stunde eine SMS alle zwei Minuten.

AUCH AUF ABSÄTZEN ■ Die 38-jährige Jill Stamison aus Grand Haven, Michigan, sprintete im Juli 2008 im New Yorker Central Park 150 m weit auf 7,60 cm hohen Absätzen – in nur 21,95 Sekunden!

GUMMIBÄNDER ■ Nach zwei Jahren eifrigen Sammelns besaß Étienne Anglehart aus Montreal, Kanada, so viele Gummibänder, dass sie aneinandergelegt 19 km lang waren. Damit er sie leichter transportieren kann, bewahrt er sie in Form von 19 Kugeln auf, von denen jede so groß ist wie ein Basketball.

SCHLUMPFVERSAMMLUNG ■ Über 1.200 Personen aus Castleblayney, Irland, verkleideten sich am 18.7.2008 als Schlümpfe. Alle Teilnehmer trugen blauweiße Kleidung und hatten sich die Haut mit Theaterschminke blau gefärbt.

FLOHZIRKUS ■ Acht Jungen im Alter von acht bis elf sprangen in Schichten zu je zwei Personen im August 2008 in Flat Rock, Michigan, 24 Stunden lang ohne Pause auf einer Hüpfburg herum.

MÜLLVERRÜCKT ■ Um herauszufinden, wie viel Müll er innerhalb eines Jahres produziert, sammelte Ari Derfel aus Berkeley, Kalifornien, 2007 allen nicht-organischen Abfall, der in seinem Haushalt anfiel. Obwohl er seine Freunde gebeten hatte, ihm keine eingepackten Geschenke zu machen, trug er 2,70 m³ Müll zusammen.

MARKENMASSEN ■ Im Briefmarkenmuseum in Bellevue, Ohio, sind über eine Million verschiedene Briefmarken aus aller Welt zu sehen.

RUM-ETIKETTEN ■ Petr Hlousek aus dem tschechischen Prag hat über 6.600 Rumflaschenetiketten aus 98 verschiedenen Ländern zusammengetragen.

SCHOKO-FAN ■ Martin Mihál aus Deutschland sammelt seit 1996 Schokoladenpapierchen aus der ganzen Welt. Heute besitzt er fast 40.000 Exemplare aus fast 100 Ländern – von Andorra bis Simbabwe.

FEUERWAND ■ Bei einer Flugshow in Terre Haute, Indiana, ließen 35 Menschen 2007 mit über 7.570 l Benzin eine Feuerwand entstehen, die 2.023 m lang war.

SCHIESS-WÜTIG

Der Bruder des Scharfschützen John Richmond vertraut ihm blind sein Leben an. John, der aus Granger, Indiana, stammt, hat angeblich schon über 100-mal auf seinen Bruder Ken geschossen – und ihn jedes Mal verfehlt. Hier sieht man, wie er aus 7,60 m Entfernung auf eine Wassermelone auf dem Kopf seines „Opfers" zielt. Er hat auch schon auf Gegenstände geschossen, die sein Bruder vor Brust und Gesicht hielt.

Diese Fotografie zeigt Die Menschliche Freiheitsglocke, die mithilfe von 25.000 Soldaten gebildet wurde.

Dieses Maschinengewehrabzeichen wurde 1918 in Camp Hancock, Georgia, von 22.500 teils liegenden, teils sitzenden und teils stehenden Soldaten geformt.

Moles Menschliche Freiheitsstatue war fast achtmal so groß wie das Original in New York.

Kunst aus der Vogelperspektive

Arthur Mole war ein Fotograf der besonderen Art, denn er nahm Bilder von zehntausenden akribisch positionierter Soldaten von einem 24 m hohen Turm aus auf.

Aus dieser Höhe konnte man erkennen, was für atemberaubende patriotische und militärische Symbole die Soldaten bildeten. Mole arbeitete Anfang des 20. Jahrhunderts als Werbefotograf und versuchte mit seinen Bildern, neue Rekruten für die US-Truppen zu begeistern, die in den Ersten Weltkrieg zogen.

Die Organisation für ein einziges Foto dauerte mindestens eine Woche. Unterstützt wurde Mole dabei von seinem Kollegen John Thomas. Mole dirigierte die Truppen mithilfe eines Megafons entsprechend einer

Zeichnung, die er auf der Kameralinse befestigt hatte. Seine Assistenten legten die Umrisse der Motive mit langen Bändern aus, sodass Mole genau bestimmen konnte, wie viele Soldaten er pro Bild brauchte.

Arthur Moles berühmteste Bilder wurden 1918 aufgenommen. 25.000 Soldaten aus Camp Dix, New Jersey, halfen ihm, *Die Menschliche Freiheitsglocke* zu erschaffen, und weitere 18.000 dienten als „Füllmaterial" für seine 365 m große Nachbildung der Freiheitsstatue. Ein besonderer Hingucker war sein *Lebendes Porträt von Woodrow Wilson*, dem damaligen US-Präsidenten, das er mithilfe von 21.000 Soldaten in Camp Sherman, Ohio, aufnahm.

Moles größtes Werk bestand aus 30.000 Männern, die in Camp Custer, Michigan, dieses Menschliche US-Schild formten.

Moles unglaubliches Porträt des Präsidenten Woodrow Wilson.

Sincerely Yours,

Woodrow Wilson

00 OFFICERS AND MEN
P SHERMAN, CHILLICOTHE OHIO
G. GEN. MATHEW C. SMITH, COMMANDING.

BIKINI-RIFF ■ Heute gedeiht ein Korallenriff im pazifischen Bikiniatoll, genau dort, wo die Castle Bravo, eine amerikanische thermonukleare Testbombe, 1954 detonierte. Sie machte drei Inseln dem Erdboden gleich, erhöhte die Wassertemperatur bis auf 55.000°C, ließ Inseln 200 km weit abtreiben und verursachte einen über 1,60 km großen Krater im Meeresboden.

TRANSATLANTISCHER STAUB ■ Ein Teil des Staubes, der über Florida weht, kommt aus Afrika! Er wird von nordafrikanischen Winden hochgewirbelt und dann in 6.100 m Höhe von Passatwinden über den Atlantik befördert. Auch Staub aus China geht über Nordamerika nieder.

TORNADO-TERROR ■ Dan und Jennifer Wells aus Northmoor, Missouri, heirateten 2003 in Kansas City, drei Tage nachdem ein Tornado ihr Haus vollständig zerstört hatte. Verschont geblieben war nur Jennifers Brautkleid, das in einem Schuppen nahe dem Haus gehangen hatte.

WEISSER REGEN ■ Am 7.1.2008 ging über den Countys Grant und Catron in New Mexico weißer Regen nieder! Der seltsame Regen, der einen extrem hohen Kalziumgehalt aufwies und milchige Pfützen hinterließ, entstand vermutlich durch den Staub aus einem ausgetrockneten See in Arizona, der die Wolken durchdrang und dann abregnete.

FERNER SCHOCK ■ 1985 schwappte Wasser aus einem Swimmingpool an der Universität von Arizona in Tucson, weil in 1.995 km Entfernung in Mexiko ein Erdbeben stattgefunden hatte.

TORNADO-DIENSTAG ■ Am „Superdienstag" vom 5. auf den 6.2.2008 verwüsteten 87 Tornados Gebiete in fünf amerikanischen Bundesstaaten: Arkansas, Tennessee, Kentucky, Mississippi und Alabama. Zwei der Tornados rasten mit bis zu 320 km/h durch die Landschaft, und softballgroße Hagelkörner mit einem Durchmesser von an die 11,40 cm prasselten auf die Erde.

BAUM DER REISENDEN ■ Durstige Reisende auf Madagaskar müssen nur ein Loch in das dicke Ende eines Blattstängels der tropischen Pflanze *Ravenala madagascariensis* bohren, und schon fließt das Wasser in Strömen. Aufgrund der ungewöhnlich geformten Blätter, deren Stängel am unteren Ende wie Kelche geformt sind, kann ein einziges Exemplar des „Baums der Reisenden" bis zu 1,20 l Wasser halten.

NUTZNIESSER ■ Eine neuentdeckte mexikanische Pflanzenart enthält kein Chlorophyll und saugt Wasser und Nährstoffe aus den Bäumen, von denen sie sich ernährt.

U-BAHN-ÜBERFLUTUNG ■ Selbst bei trockener Witterung werden pro Tag 44 Millionen Liter Wasser aus den New Yorker U-Bahnschächten gepumpt. Laut Experten liegt das am steigenden Meeresspiegel, und es ist denkbar, dass die Tunnel am Ende dieses Jahrhunderts vollständig überflutet sind.

UMSICHTIGE METEORITEN ■ Etwa 500 Meteoriten zwischen Murmel- und Basketballgröße treffen jedes Jahr die Erdoberfläche – aber nur ein einziger Todesfall ist bekannt: 1911 wurde in Ägypten ein Hund getroffen.

FLIEGENDES BABY ■ Im Februar 2008 riss ein Tornado in Castalian Springs, Tennessee, den elf Monate alten Kyson Stowell aus den Armen seiner Mutter und schleuderte ihn 120 m weit in ein schlammiges Feld. Doch er konnte lebend und unverletzt geborgen werden! Er wurde in einem Haufen von Plastikpuppen gefunden, die der Sturm mit sich gerissen hatte, als er ein nahegelegenes Haus zerstörte.

BLITZMAGNET ■ Das Empire State Building in New York wird an die 500-mal im Jahr von Blitzen getroffen. Einmal wurde es sogar zwölf Mal innerhalb von 20 Minuten getroffen.

BLITZE PUPSEN ■ Im Oktober 2006 wurde Natasha Timarovic aus Zadar, Kroatien, beim Zähneputzen vom Blitz in den Mund getroffen und überlebte, da sie Badeschuhe mit Gummisohlen trug. Dadurch entwich der Blitz nicht durch ihre Füße, sondern durch ihren Hintern! Natasha erlitt nur leichte Verbrennungen.

STADT IM ANMARSCH ■ Die kalifornische Stadt Los Angeles nähert sich San Francisco, ebenfalls in Kalifornien gelegen, wegen der San-Andreas-Verwerfung, die von Nord nach Süd verläuft, um ca. fünf Zentimeter pro Jahr. Wissenschaftlern zufolge wird Los Angeles in ca. 15 Millionen Jahren eine Vorstadt von San Francisco sein.

RIESENVULKAN ■ Der Vulkan Olympus Mons auf dem Mars ist 26 km hoch und an seinem Fuß fast so groß wie Deutschland.

GEISTERHAFT ■ Die Geisterorchidee hat weder Blätter noch Stängel. Wenn sie nicht blüht, besteht sie nur aus einem Wurzelsystem.

SCHWARZES LOCH ■ Das 3,50 Milliarden Lichtjahre von der Erde entfernte Schwarze Loch OJ287 ist das größte, das jemals entdeckt wurde, und hat eine Masse, die der von 18 Milliarden Sonnen entspricht.

BAUM-UMZUG ■ Um einen 750 Jahre alten Baob-Baum zu retten, der einer Straßenerweiterung zum Opfer fallen sollte, ließen Aborigines, die Ureinwohner Australiens, den Baum im Jahr 2008 von Westaustralien 3.060 km weit per LKW und Polizeieskorte in einen Park der Stadt Perth bringen. Der flaschenförmige Baum, der für die Ureinwohner religiöse Bedeutung hat, ist 14 m hoch, hat einen Durchmesser von 2,40 m und wiegt an die 36 Tonnen. Boabs können bis zu 2.000 Jahre alt werden.

MONDSEE ■ Ein neuentdeckter See am Südpol des größten Saturnmonds Titan ist größer als das Bundesland Rheinland-Pfalz! Mit einer Fläche von über 20.200 km² ist er in erster Linie mit Ethan und Methan gefüllt, Elementen, die auf der Erde gasförmig sind, sich auf Titan wegen der eisigen Temperaturen aber verflüssigen.

SCHNELLE FRONTEN ■ Eine Kaltwetterfront kann sich mit bis zu 48 km/h bewegen – schneller als ein Olympia-Sprinter!

METEORITENJÄGER ■ Steve Arnold aus Kingston, Arkansas, hat in 15 Jahren mehr als 1.000 Meteoriten ausgegraben. 2005 fand er ein Exemplar in Kiowa County, Kansas, das fast eine Dreivierteltonne schwer war.

GLÜCK GEHABT ■ Peter McCamphill aus Warwickshire, England, wurde 2007 vom Blitz getroffen. Sein Haar war verbrannt und seine Kleidung schwarz gefärbt, und einer seiner Schuhe hing ihm in Fetzen vom Fuß – doch Peter überlebte.

SICHERE STAATEN ■ Zwischen 1975 und 1995 gab es nur in vier amerikanischen Bundesstaaten kein Erdbeben: in Florida, Iowa, North Dakota und Wisconsin.

LAMPENSCHAUFEL ■ Nachdem Danny Jaramillo bei Ouray, Colorado, von einer Lawine erfasst und unter sechs Metern Schnee begraben wurde, grub er sich innerhalb von 18 Stunden einen Weg in die Freiheit – mit einer Taschenlampe als Schaufel.

Ripley's
Einfach unglaublich!

Der Swimmingpool des Teufels

Das wohl gefährlichste Schwimmbecken der Welt ist der so genannte „Devil's Pool", ein Steinbecken direkt an der Kante der Victoria-Wasserfälle im Fluss Zambezi in Afrika. Örtliche Fremdenführer bringen Touristen zu dem Becken, in dem man nur wenige Zentimeter von den atemberaubenden, 100 m tiefen Wasserfällen entfernt ein Bad nehmen kann, und das, obwohl die Strömung im Zambezi ungewöhnlich stark ist und er sehr viel Wasser führt.

SKORPIONENKÖNIGIN ■ Die thai-ländische Skorpionenkönigin Kanchana Kaetkaew hielt im Dezember 2008 zwei Minuten und drei Sekunden lang einen Giftskorpion im Mund. Ihr Ehemann hatte ihr das Tier auf die Zunge legen dürfen.

HEFTPFLASTERSCHACHTELN ■ Kevin Savetz aus Blue Lake, Kalifornien, sammelt Heftpflasterschachteln der Marke Band-Aid®. Seine Leidenschaft begann, als er 1994 in der Garage des Hauses, das er gerade gekauft hatte, zwei Dutzend Dosen aus den 1950ern fand.

MASKENMANN ■ Der deutsche Gerold Weschenmoser hat seit 1957 über 5.000 Masken zusammengetragen.

FUSSFERTIG ■ Anssi Vanhala aus Finnland kann einen Rubikwürfel in unter 40 Sekunden lösen – und zwar mit den Füßen!

STREICHHOLZ-SHUTTLE

Ken Applegate aus St. Petersburg, Florida, brauchte zwölf Jahre, um das Spaceshuttle *Challenger* aus über einer halben Million Streichhölzer im Maßstab 1:10 nachzubauen. Es ist über 3,60 m lang und wiegt an die 365 kg. Das 2008 fertiggestellte Raumschiff verfügt sogar über Ladeklappen und einfahrbare Räder.

ACHT-STUNDEN-REDE ■ Um die Entscheidung bezüglich einer Änderung des Abfindungsrechtes zu verzögern, hielt ein australischer Politiker eine achtstündige Rede. Mark Parnell, der Mitglied der südaustralischen Grünen ist, begann am 8.5.2008 um elf Uhr vormittags mit seiner Rede und beendete sie erst zwölf Stunden später. Nur zum Mittag- und Abendessen legte er kurze Pausen ein.

26-STUNDEN-SPIEL ■ 24 Mitglieder des Havering-Field-Hockeyclubs aus Essex, England, spielten im Dezember 2008 eine 26-stündige Partie Hallenhockey – ohne Pause!

AUF HÄNDEN ■ Im Alter von 96 hielt sich Fred Birchmore aus Athens, Georgia, fit, indem er jeden Tag 4,80 km weit joggte, schwimmen ging und auf den Händen lief. In seiner Jugend war er sogar einmal um die Welt geradelt.

SCHLANGENESSER ■ Wen Xide aus Zhumadian, China, nascht zu einer Flasche Bier gern mal eine lebende Schlange. Seine seltsamen Snacks nimmt er seit über zehn Jahren zu sich. Damals aß er wegen einer Wette seine erste Schlange, und obwohl sie seiner Aussage nach „etwas müffelte", konnte er einfach nicht mehr damit aufhören. Sein Sohn tritt derzeit in seine Fußstapfen: 2008 aß er acht lebende Schlangen.

TRAKTORSTUNT ■ Im Juli 2008 fuhr Mike Hagan aus Whitehall, Montana, in seinem 1994er Ford-Traktor 8,50 km weit – auf den Hinterrädern! Sein Stunt dauerte 35 Minuten.

LEGO®-LIEBHABER ■ Darren Smith aus Exeter, England, sammelt schon seit seinem fünften Lebensjahr LEGO®-Steine. Heute, 28 Jahre später, besitzt er über zwei Millionen dieser Steine. Seine Sammlung hat sich schon in die Garage und einen zu diesem Zweck ausgebauten Dachboden ausgebreitet. Seine Frau Dana erklärt: „Wenn es nach Darren ginge, würden wir einen Anbau aus LEGO®-Steinen haben."

LEI-LEINE ■ Im Mai 2008 bastelten Freiwillige in Waikiki, Hawaii, eine 1,60 km lange Blumengirlande, auch „Lei" genannt.

UNBEIRRT ■ Nur einige Wochen nach der Operation seines dreifachen Leistenbruchs setzte sich Terry Twining aus Hampshire, England, in nur 48 Stunden nacheinander auf die 40.040 Sitze im belgischen Fußballnationalstadion – das entspricht einem Sitz alle vier Sekunden!

RÜCKWÄRTSLÄUFER ■ Xu Zhenjun aus China lief in drei Stunden, 43 Minuten und 39 Sekunden einen Marathon rückwärts.

EPISCHES SOFTBALLSPIEL ■ Rick Thistle organisierte 2008 ein 96 Stunden und vier Minuten langes Softballspiel, an dem 40 Männer und Frauen teilnahmen. Das Marathonspiel fand in Charlottetown, Kanada, statt, und bestand aus 467 Innings und 1.941 Läufen.

UNTERWASSERRADLER ■ Der 62-jährige Italiener Vittorio Innocente fuhr nahe Genua, Italien, im Juli 2008 Fahrrad – und zwar 65 m unter der Meeresoberfläche!

KRANKER SAMMLER ■ Während der zehnjährige Brandon Rayner aus Phoenix, Arizona, wegen Leukämie in Behandlung war, sammelte er über 900.000 Visitenkarten.

RÜCKWÄRTSFAHRER ■ Im August 2008 fuhr Rafael Mittenzwei in 24 Stunden 209 km weit auf seinen Rollerskates – und zwar rückwärts! Auf der Rollschuhbahn im deutschen Groß-Gerau legte er 685 Runden zurück.

KNEIPENFANS ■ Seit 1984 haben vier Männer aus West Bromwich, England, über 14.000 Pubs in ganz Großbritannien und Irland besucht. Peter Hill, John Drew, Karl Bradley und Joe Hill haben in dieser Zeit jeder an die 10.000 l Bier getrunken.

HOCHSPRUNG ■ Anlässlich des Neujahrsfestes in Las Vegas, Nevada, sprang der australische Motorradstuntman Robbie Maddison von einer Rampe aus 37 m weit durch die Luft und landete auf einer 30 m hohen Nachbildung des Arc de Triomphe.

Perlen für die Ewigkeit

Die britische Künstlerin und Schmuckherstellerin Alayna Slater hat 10.000 bunte Perlen zu einem 80 m langen Armband aufgefädelt. Um dieses außergewöhnliche Schmuckstück anzufertigen, benötigte sie 2008 während einer Modenschau in Birmingham, England, ganze 40 Stunden.

Stell dir vor, du tauchst 214 m tief in den Ozean, und das ohne Sauerstoffflaschen oder Begleitung! Unvorstellbar? Nicht für den Freitaucher Herbert Nitsch aus Österreich. Der Freitauch-Champion begab sich im Juni 2008 bei Spetses, Griechenland, ohne Atemgeräte in die Tiefen des Meeres.

Herbert verwendete einen mit Gewichten belasteten Schlitten, der ihn in die Tiefe brachte. In geringer Tiefe nutzte er eine Limonadenflasche, um den Druck in seinen Ohren auszugleichen, doch mit zunehmender Tiefe bewahrten ihn nur spezielle Atemtechniken davor, in Ohnmacht zu fallen.

Mit zunehmendem Wasserdruck schrumpfen Herberts Lungen auf Faustgröße zusammen, und die Blutgefäße füllen sich mit mehr Blut, damit seine Brusthöhle nicht kollabiert – denn in 200 m Tiefe beträgt der Druck fast 136 kg pro 6,45 cm². Sein Tauchgang dauerte insgesamt vier Minuten und 24 Sekunden. Herbert stieg mit einer Geschwindigkeit von 3,20 m pro Sekunde ab und brauchte eine Minute und 45 Sekunden, um die gewünschte Tiefe zu erreichen. Dort harrte er drei Sekunden aus, ehe er sich mit einer Geschwindigkeit von vier Metern pro Sekunde an einem Seil wieder an die Wasseroberfläche zog.

Sicherheitsvorkehrungen sind bei der gefährlichen Extremsportart Freitauchen unerlässlich. Wenn Herbert tief genug getaucht ist, entfernt er seine Nasenklammer, damit seine Stirnhöhlen mit Wasser geflutet werden.

Ein schwerer Schlitten hilft Herbert beim Abtauchen.

Ein birnenförmiger Helm verbessert Herberts Hydrodynamik.

Seltsamerweise sind es nicht die atemberaubenden Tiefen, die für Freitaucher am gefährlichsten sind, sondern die Augenblicke kurz vor dem Wiederauftauchen. Selbst gesunde, fitte Sportler fallen dann manchmal plötzlich in Ohnmacht, weil das Gehirn nicht mehr genug Sauerstoff bekommt.

Aufgrund des Druckes unter Wasser verlieren Menschen in einer Tiefe von zehn Metern ihre Schwimmkraft, und die Lungen schrumpfen auf halbe Größe zusammen. In 30 m Tiefe verkleinern sich die Lungen auf das Ausmaß einer Orange. Ab 100 m Tiefe versuchen viele Freitaucher, dem schmerzhaften Druck entgegenzuwirken, indem sie ihre Stirnhöhlen fluten. An diesem Punkt kann sich der Puls auf bis zu 20 Herzschläge pro Minute senken – normal sind etwa 70 Schläge pro Minute. Bei extrem tiefen Tauchgängen wurde beobachtet, dass der Körper Blut in die Organe pumpt, damit diese nicht zerquetscht werden – das gilt auch für die geschrumpften Lungen. Immer wieder wird davor gewarnt, dass Freitaucher ertrinken könnten – und zwar an ihrem eigenen Blut, wenn die Blutgefäße unter dem Druck zerplatzen.

Während der Vorbereitungen für seine Tauchgänge prüft Herbert akribisch seine Ausrüstung.

GESTATTEN: BESTATTUNG!

ANTIKE FESTIVALS
(UND WIE VIELE JAHRE LANG ES SIE SCHON GIBT)

BEAM ME UP, SCOTTY!
Der Schauspieler James Doohan, der den Scotty in Star Trek spielte, ließ seine Asche 2007 ins All streuen, nachdem sie mit einer Rakete von New Mexico aus in den Weltraum transportiert worden war.

LEICHEN-SCHAU
Wenn ein Stammesmitglied der Mambai aus Indonesien starb, versammelten sich die Familienangehörigen in seinem Haus um den Leichnam und beobachteten seine Verwesung so lange, wie sie den Gestank ertrugen.

LEICHEN-WAGEN MAL ANDERS
Ein Mann aus dem deutschen Schopfheim sparte sich einen Teil der Beerdigungskosten für seine verstorbene Mutter, indem er ihren Sarg auf das Dach seines Autos band und über die Autobahn selbst zum Friedhof fuhr.

EINGELEGTE LEICHE
Nach der Schlacht von Trafalgar wurde der Körper von Admiral Horatio Nelson (1758-1805) in einem Fass in Rum eingelegt nach England zurückgebracht, damit er auf der Heimreise nicht verweste.

HYÄNEN-FRASS
Die Stammesangehörigen der afrikanischen Massai werfen ihre verstorbenen Verwandten den Hyänen zum Fraß vor.

KOPFLOS
Der österreichische Komponist Joseph Haydn (1732-1809) wurde ohne Kopf begraben, nachdem zwei seiner Freunde den Totengräber bestochen hatten, damit sie ihn behalten konnten. Noch 60 Jahre nach Haydns Tod lag sein Kopf in einem Regal in Wien.

KÖRPER IM KRUG
Im Stamm der Berawan in Borneo ist es Tradition, die Körper der Verstorbenen ein Jahr lang in großen Tonkrügen im Haus der Verwandten aufzubewahren, bevor die „offizielle" Beerdigung stattfindet.

5.000	DAS NEVRUZ-FEST, TÜRKEI	Jedes Jahr werden am 21.3. die Häuser geputzt und neue Kleider gekauft, denn an diesem Tag verschwinden laut Überlieferung alle Krankheiten und Probleme, da der Frühling beginnt.
3.000	TAG DER TOTEN, MEXIKO	Mit Blumen und Leckereien, darunter auch Schokoladensärge und Zuckerskelette, veranstalten die Familien ein Picknick an den Gräbern ihrer verstorbenen Verwandten.
2.300	ESALA PERAHERA, SRI LANKA	Tänzer, Akrobaten, Trommler, Flammenwerfer und mehr als 100 elegant geschmückte Elefanten laufen in einer Parade durch die Straßen der heiligen Hügelstadt Kandy, um die Zahnreliquie Buddhas zu ehren.
2.000	DAS LATERNENFEST, CHINA	Tausende von Laternen in der Form von Vögeln, Fischen, Früchten und Blumen oder Raketen schmücken Häuser, Restaurants und Tempel, um die Rückkehr von Frühling und Licht zu feiern.
1.500	DIE BAUMHOCHZEIT, ACCETTURA, ITALIEN	Bei dem uralten Fruchtbarkeitsritual, das den Frühling feiert, werden zwei besonders prächtige Bäume, der König und die Königin des Waldes, abgesägt und durch die Stadt getragen, wo die Königin schließlich auf den Stamm des Königs gesetzt wird.
900	DUNMOW FLITCH, GREAT DUNMOW, ENGLAND	Jedes Paar, das eine Jury von sechs Junggesellen und sechs Jungfern überzeugen kann, dass es seit einem Jahr und einem Tag glücklich verheiratet ist, erhält eine Speckseite.
850	KERZENFEST, GUBBIO, ITALIEN	Die Statuen von drei Heiligen werden im Rahmen eines Wettrennens auf neun Meter hohen Pfählen durch Gubbio und auf einen nahegelegenen Hügel zur Kirche von St. Ubaldo getragen - jedes Jahr mit demselben Ergebnis, denn die Regeln besagen, dass erst St. Ubaldo, dann St. Georg und als letzter St. Anton das Ziel erreichen müssen.
600	DUCASSE, ATH, BELGIEN	Acht 3,60 m hohe Reetstatuen werden im Rahmen einer zeremoniellen „Vermählung der Riesen" durch die Straßen getragen.

Der Südafrikaner Paseka Hlatshwayo fand, dass die Toten auch mal einen anderen Blickwinkel einnehmen sollten. Also entwarf er einen Sitzsarg, der von einer antiken afrikanischen Beerdigungsmethode inspiriert wurde, die traditionell hochrangigen Stammesmitgliedern vorbehalten war.

SELTSAME SITTEN

Schaumspaß

Im Rahmen eines jährlichen Festivals im Gracia-Viertel in der spanischen Stadt Barcelona übertreffen sich jeden August die Einheimischen dabei, ihre Straßen zu schmücken. Die Idee, die Straßen mit tonnenweise Schaum zu füllen, erwies sich gerade bei den jüngeren Anwohnern als äußerst beliebt!

NAMENSVETTERN ■ Bei der Hochzeit von Ronald Legendre und seiner Freundin Hope in Kissimmee, Florida, hießen der Trauzeuge und der Standesbeamte ebenfalls Ronald Legendre - aber beide waren nicht mit dem Bräutigam verwandt!

KEIN ABERGLAUBE ■ Ein Bräutigam, der an einem Freitag, den 13., geboren war, machte das angebliche Unglücksdatum zum Thema seiner Hochzeit: Aiden Edwards heiratete seine Braut Zoe Adams in St. Austell, England, um 13 Uhr am Freitag, den 13.4.2007. Sein Bibelspruch war Korinther, 13.

MAKABERE TRAUUNG ■ John Leonard und Margaret Gross aus Fremont, Ohio, ließen sich in Särgen zu ihrer Trauung tragen, die in einem Spukhaus stattfand.

NAMENLOS ■ In Australien ist es gesetzlich verboten, Tieren, die man essen will, einen Namen zu geben.

STRESS-THERAPIE ■ Um seinen Gemeindemitgliedern dabei zu helfen, den Alltagsstress abzubauen, empfiehlt ihnen Pfarrer Thorsten Nolting aus dem deutschen Düsseldorf, sich sieben Minuten lang in ein zwei Meter langes offenes Grab zu legen.

Klopapier-Kleid

Katrina Chalifoux aus Rockford, Illinois, gewann einen Preis in Höhe von € 683 für den Entwurf eines Brautkleides der etwas anderen Art – denn es bestand aus Klopapier! Katrinas Modell wurde mit sechs weiteren Brautkleidern im Rahmen eines „Cheap and Chic"-Klopapier-Brautkleid-Wettbewerbs im Juni 2008 im Ripley's Believe It or Not!-Museum am New Yorker Times Square ausgestellt. Zwei Wochen lang hatte sie an dem Etuikleid mit Blumenmuster gearbeitet, das hier von ihrer Nichte Francea Maravich präsentiert wird und aus sieben Rollen Klopapier besteht.

VERKEHRTER JAHRESTAG ■ In den ländlichen Regionen von Saskatchewan, Kanada, werden an Hochzeitstagen Spaßhochzeiten veranstaltet, bei denen Mann und Frau die Rolle des jeweils anderen einnehmen - das betrifft auch die Kleidung! Dann wird die Hochzeitszeremonie wiederholt.

ZURÜCK VON DEN TOTEN ■ Der 81-jährige Feliberto Carrasco aus dem chilenischen Angol wachte im Januar 2008 in einem Sarg auf, und zwar auf seiner eigenen Trauerfeier im Kreise seiner Familie! Nachdem man ihm aus dem Sarg geholfen hatte, bat er erstmal um ein Glas Wasser.

LANGER FLOHMARKT ■ Der längste Flohmarkt der Welt erstreckt sich über 725 km durch vier amerikanische Bundesstaaten! Jeden August bauen Tausende von Teilnehmern ihre Stände entlang der Verbindungsstraße zwischen dem Highway 127 und der Lookout-Mountain-Bundesstraße auf, die von Covington, Kentucky, bis nach Gadsden, Alabama, reicht!

RÖNTGENHOCHZEIT ■ Als die Labradorhündin Liza aus Boston, Massachusetts, am Tag vor der Hochzeit ihres Frauchens Hillary Feinberg mit Mark Feinberg den Ehering verschluckte, schenkte Mark seiner Angetrauten anstelle des Rings eine Röntgenaufnahme des Schmuckstücks.

KÖRPERFARBE ■ Im Rahmen des Fantasy-Festes in Key West, Florida, bemalen sich 60.000 Teilnehmer jeden Oktober mit Körperfarbe – und nicht alle tragen dabei noch Kleidung!

KLAMOTTENTAUSCH ■ Im Rahmen des Ose-Festivals im japanischen Shizuoka im April ziehen alle männlichen Teilnehmer Frauenkleidung an.

GRUSELIGER FUND ■ Im japanischen Omuta fanden Polizisten in einem Haus fünf Leichen, die von den Verwandten der Verstorbenen aufbewahrt wurden, da sie auf ihre Wiederauferstehung hofften.

NACKTE TATSACHEN ■ Einige Tage vor dem großen Bullenrennen im spanischen Pamplona findet ein Nacktenrennen statt, bei dem unbekleidete Menschen durch die Straßen toben!

BESTATTUNGSMUSEUM ■ Das Museum für Bestattungsbräuche in Springfield, Illinois, stellt Särge aus, darunter eine originalgroße Reproduktion des Sarges von Abraham Lincoln sowie Einbalsamierungswerkzeug und Obduktionsfotos.

NAMENSBESCHRÄNKUNG ■ Bis 1984 mussten Belgier die Namen ihrer Kinder aus einer Liste von 1.500 Namen auswählen, die aus der Zeit Napoleon Bonapartes zu Anfang des 19. Jahrhunderts stammte.

BITTE LÄCHELN! ■ Im italienischen Mailand existiert bis heute ein Gesetz, gemäß dem die Einheimischen in der Öffentlichkeit stets lächeln müssen, wenn sie kein hohes Bußgeld riskieren wollen. Ausnahmen bilden Krankenbesuche und Beerdigungen.

VERBOTENE WIEDERGEBURT ■ Das chinesische Religionsministeriums verbietet Wiedergeburten ohne vorherige staatliche Erlaubnis!

SOCKENZWANG ■ In Großbritannien ist es verboten, sich ohne Socken dem amtierenden Regenten näher als 91 m zu nähern.

PARTY-POLITIK ■ Ein Streit über eine Geburtstagsparty gelangte 2008 bis vor das schwedische Parlament. Eine Grundschullehrerin aus dem schwedischen Lund nahm ihrem achtjährigen Schüler die Einladungen zu seinem Geburtstag ab, weil er zwei seiner Klassenkameraden nicht eingeladen hatte. Die beiden erhielten offenbar deswegen keine Einladung, weil sich das Geburtstagskind mit dem einen gestritten hatte und der andere ihn zu seinem eigenen Fest auch nicht eingeladen hatte. Die Schule behauptete aber, er habe die Rechte der beiden verletzt, und legte Beschwerde vor dem Parlament ein.

Schneemann-Armee

Über 200 Schneemänner sind die Attraktion des jährlichen Schneefestivals im japanischen Sapporo. Jeden Februar kommen bis zu zwei Millionen Besucher in die Stadt, um Statuen und Skulpturen aus etwa 30.000 Tonnen extra angeliefertem Schnee zu bewundern.

Säcke voll Farbpulver werden für das Fest im indischen Neu-Delhi vorbereitet.

Regenbogen-feier

Tausende von Indern baden während des Farbenfestes „Holi", einem hinduistischen Frühlingsfest, in einem wahren Farbenmeer. Am zweiten Tag des Festes verstreuen die Teilnehmer leuchtend buntes Farbpulver auf den Straßen und ihren Körpern. Häufig wird dann Wasser von den Dächern gespritzt, wodurch bunte Bäche und Pfützen auf den Straßen entstehen. Traditionell wurde das Pulver aus Heilkräutern gewonnen, durch die Frühlingskrankheiten vorgebeugt werden sollte, die durch wechselhaftes Wetter begünstigt wurden.

Vom Dach des Krishna-Tempels in Nandgaon, Zentralindien, wird während des hinduistischen Farbenfestes „Holi" Wasser gespritzt.

HEIRAT AM TELEFON ◼ Safikul Islam heiratete im Jahr 2008 Irin Biswas - und zwar am Handy! In Irins Haus im indischen Murshidabad hatten sich alle Verwandten und ein Standesbeamter um das Telefon versammelt, als sie das Ehegelöbnis mit Safikul austauschte, der in 4.025 km Entfernung in Kuwait arbeitete.

SCHNELLER ERSATZ ◼ Als ein Bräutigam im indischen Arwal betrunken auf seiner eigenen Hochzeit auftauchte, wurde er kurzerhand aus dem Dorf gejagt und durch seinen nüchternen jüngeren Bruder ersetzt!

FETTFEUER ◼ Als in einem Krematorium in Salt Lake City, Utah, ein 272 kg schwerer Mann verbrannt wurde, tropfte Körperfett aus dem Ofen und verursachte einen Brand.

SÄCKESCHLEPPEN ◼ Im englischen Tetbury müssen im Rahmen einer 400 Jahre alten Zeremonie jeden Mai Männer und Frauen einen steilen Hügel mit 25° Steigung hinauf- und hinunterlaufen und dabei schwere Wollsäcke tragen. Die der Männer wiegen 27 kg, die der Frauen 16 kg.

VIDEOANTRAG ◼ Der Softwareprogrammierer Bernie Peng aus New Jersey machte seiner Freundin einen Heiratsantrag, indem er sich in ihr Lieblings-Videospiel hackte. Dann programmierte er *Bejeweled* so um, dass auf dem Bildschirm ein Ring und sein Antrag erschienen, als seine Freundin Tammy Li einen bestimmten Punktwert erreichte.

WILLKÜR-WILLE ◼ Nach seinem Tod im Jahr 2007 hinterließ Luis da Camara aus dem portugiesischen Lissabon seinen Besitz 70 Personen, die er willkürlich aus dem Telefonbuch herausgesucht hatte. Da er keine Familie hatte, erhielt jeder der Fremden um die € 8.200.

BULLEN AUF ROLLEN ◼ In Anlehnung an das Bullenrennen von Pamplona werden in New Orleans, Louisiana, Hunderte von Männern, Frauen und Kindern in weißer Kleidung, roten Schals um die Taille und roten Halstüchern von Rollschuhfahrerinnen mit gehörnten Helmen auf dem Kopf durch die Straßen gejagt.

STUTENKOPF ◼ Im Südosten von Wales wird im Rahmen eines alten Neujahrsbrauchs namens Mari Lwyd eine Parade mit Sängern und Tänzern veranstaltet, bei der ein mit weißen Laken drapierter Stutenschädel auf einem Pfahl durch die Straßen der Dörfer getragen wird. Meist stecken grüne Kronkorken in den Augenhöhlen, und der Unterkiefer ist mit einer Sprungfeder versehen, damit er nach Passanten schnappen kann.

SCHEINTOT ◼ Der Totenverband ist eine politische Partei im indischen Uttar Pradesh, die Menschen unterstützt, die von gierigen Verwandten fälschlicherweise für tot erklärt wurden.

PFEIFVERBOT ◼ Die Organisatoren eines traditionellen schottischen Bootsfestes verboten 2008 in der Stadt Portsoy für einen Monat das Pfeifen, um für gutes Wetter zu sorgen. Laut einem alten Seefahrerglauben provoziert Pfeifen auf dem Wasser den Teufel und sorgt für schlechte Winde.

SCHIENBEINTRETEN ◼ Auf einem Hügel im englischen Gloustershire wird noch immer das Schienbeintreten praktiziert, ein Sport aus dem 17. Jahrhundert. Die Teilnehmer tragen weiße Schäferkittel, packen einander bei den Schultern und versuchen, die Schienbeine ihrer Gegner zu treffen. Früher war es Brauch, seine Schienbeine vorher mit Hammerschlägen abzuhärten und Schuhe mit Stahlkappen zu tragen, während die Teilnehmer heute weiche Schuhe anhaben müssen und sich die Hosen mit Stroh ausstopfen.

SEELENVERWANDTE GESUCHT ◼ Der unverheiratete Chinese Mr. Li aus Nanjing suchte im Internet nach einer Frau, mit der er sein Grab teilen konnte, damit er im Tod nicht allein wäre. In seiner Nachricht hieß es ausdrücklich, dass er keine Beziehung, sondern nur eine Grabgefährtin suche.

MASSENGÄHNEN ◼ Beim Ruhefest in Ocean City, New Jersey, singen die Feiernden nicht miteinander, sondern gähnen gemeinsam. Das Fest beginnt damit, dass die Teilnehmer zu dem Lied „Beautiful Dreamer" gähnen und dann Pantomimen, Stummfilme und andere schweigsame Unterhaltungsformen genießen.

GEFÄHRLICHER ANTRAG ◼ Eine Frau aus dem chinesischen Fuqing wurde im Juni 2008 bewusstlos, nachdem sie den Verlobungsring verschluckt hatte, den ihr Freund als Überraschung in einem Kuchen versteckt hatte. Im Krankenhaus konnte der Ring mit einem Katheter aus ihrem Magen entfernt werden.

MISS ZIEGE ◼ In Riad, Saudi-Arabien, wird ein Schönheitswettbewerb für Ziegen ausgerichtet. Nur Najdi-Ziegen, eine besondere Rasse, dürfen angemeldet werden. Vor dem Umzug werden die Tiere gewaschen und herausgeputzt. Entscheidungskriterien sind das allgemeine Erscheinungsbild und wie klar das Weiß ihrer Augen ist.

OBDACHLOSENFUSSBALL ◼ Im Jahr 2006 nahmen obdachlose Männer und Frauen aus 48 Ländern an der vierten jährlichen Obdachlosen-Fußball-Weltmeisterschaft teil, die in Kapstadt, Südafrika, stattfand.

Grüner Typ

Bei der „Jack in the Green"-Prozession im englischen Hastings wird immer am 1.5. ein Mann in einem riesigen Anzug aus grünen Blättern durch die Straßen geschickt. Der Brauch entstand im 18. Jahrhundert, als sich die Arbeiter immer ausgefallenere Dekorationen für den Festtag einfallen ließen. Eine Schornsteinfegergilde präsentierte schließlich eine riesige Blättergirlande, die ein Mann trug, dem man den Spitznamen „Jack in the Green" verpasste. Heute folgen Hunderte kostümierter Einheimischer dem Grünen Jack in einer langen Prozession.

Hoch hinaus

Hunderte von Akrobaten bildeten beim Tarragona-Castells-Festival in Spanien einen atemberaubend hohen menschlichen Turm. Die Tradition geht auf das 18. Jahrhundert zurück. Das Festival wird alle zwei Jahre veranstaltet, und es gibt je einen Preis für den höchsten Turm und den mit der kompliziertesten Struktur. Häufig brechen die Türme aber auch einfach zusammen.

LÜGENKÖNIG ■ Seit 1929 wird in Burlington, Wisconsin, jedes Jahr ein Wettbewerb abgehalten, bei dem der beste Lügner der Stadt gesucht wird.

VORGESORGT ■ Russell Parsons aus Hurricane, West Virginia, ließ sich eine Anleitung für die Verbrennung seiner Leiche und seine Beerdigung auf den Arm tätowieren. Dort steht jetzt unter anderem: „Bei 1.700-1.800°F zwei bis drei Stunden lang kochen".

ROTE SOCKEN ■ Beim Red-Hose-Rennen im schottischen Carnwath, das vor über 500 Jahren ins Leben gerufen wurde, um den schnellsten Läufer zu ermitteln, der Edinburgh vor Invasionen aus dem Süden warnen sollte, erhält der Gewinner ein paar rote Kniestrümpfe.

SCHMUTZIGE ANGELEGENHEIT ■ Die Teilnehmer eines Festes in Laza, Spanien, bewerfen einander mit Asche, Mehl und Dreck, der mit Ameisen durchsetzt ist! Dabei werden sie von einer als braune Kuh verkleideten Person mit einer Holzmaske herumgestoßen.

ROMANTISCHE GESTE ■ Der Ukrainer Gennadi Zaleski bezahlte € 14.000, um ein ganzes Theaterensemble zu mieten, weil er in einem Stück mitspielen und dabei seiner Freundin einen Antrag machen wollte. Maskiert betrat er die Bühne in Zaporozhye, spielte aber nicht seinen Part, sondern wandte sich stattdessen an seine Angebetete, die im Publikum saß.

TRAUBENSCHLACHT ■ Auf einem Bauernhof in Wangcheng, China, wurde 2007 ein großes Planschbecken mit zweieinhalb Tonnen Weintrauben gefüllt, in dem dann eine gewaltige Obstschlacht stattfand. Der Kampf war Teil des örtlichen Traubenfestes, zu dem auch ein Traubenwettessen gehört, das Wang Peng gewann, der 1,50 kg Trauben in 90 Sekunden aß.

SCHLANGENFEST ■ Jeden Mai wird im italienischen Cocullo eine Steinstatue der Heiligen Domenica durch die Straßen getragen und die Anwohner legen sich lebende Schlangen um den Hals, da die Einheimischen glauben, dass sie so ein Jahr lang vor Schlangenbissen gefeit sind. Die Tiere werden nach dem Fest wieder freigelassen.

ABGESEILTER BRÄUTIGAM ■ Die Outdoor-Sportfans Mark und Lena Brailsford entschieden sich für eine ganz besondere Hochzeit: Mark seilte sich vom Kirchturm im englischen Cromford ab, während Lena in ihrem Brautkleid im Kanu den Derwent-Fluss entlangpaddelte.

SELTSAMER PREIS ■ Bei einem Baseballspiel in Grand Prairie, Texas, gewann Elaine Fulps, 60, eine Beerdigung im Wert von € 6.830.

GALGENHUMOR ■ In Okemah, Oklahoma, befindet sich auf dem Grab von Barbara Sue Manire, die 2005 an ihrem 64. Geburtstag starb, eine Parkuhr mit der Anzeige: „64-Jahre-Limit" und „Zeit abgelaufen".

WASSER-OLYMPIADE ■ 2008 wurde in einem Aquarium in Qingdao, China, eine Unterwasserolympiade ausgerichtet, bei der Wasserversionen der Disziplinen Fechten, Radfahren, Turnen und Schießen ausgetragen wurden.

Schnapp das Schwein

Beim 38. jährlichen Viehtrieb in Stephensville, Wisconsin, im Sommer 2008 versuchten die Teilnehmer quiekende, zappelnde Schweine in den Schlamm zu drücken.

schneebedeckt. Den Teilnehmern wird deswegen dazu geraten, Steigeisen einzupacken. Außerdem werden sie vor Erfrierungen gewarnt.

FISCH-OP ■ Ein Engelhai wurde im Oktober 2008 einer € 682 teuren Operation unterzogen, um einen lebensbedrohlichen Bruch zu heilen. Der 25 cm lange Fisch namens Carla wurde im London Aquarium, England, betäubt, damit die Tierärztin Sue Thornton das Loch in der Seite des Fisches operieren konnte.

RUBIKWÜRFEL ■ Die World Cube Association richtet jedes Jahr einen Wettbewerb im Rubikwürfel-lösen aus - allerdings sind die Augen der Teilnehmer verbunden! 2008 löste der Gewinner den Würfel in nur 48 Sekunden! Es gibt sogar Personen, die einen Rubikwürfel in weniger als einer Minute mit den Füßen zurechtdrehen können!

SCHMUDDELKRAM ■ Beim Dirt-Bag-Tag im März tragen die Besucher des exklusiven Skiresorts Bozeman, Montana, freiwillig schmuddelige, verrückte Kostüme. Das Fest endet mit einem Schmuddelball und der Krönung von Schmuddelkönig und -königin.

BERGGOLF ■ Auf dem Pillar-Mountain-Golfplatz gibt es zwar nur ein einziges Loch, doch das hat Par 70. Denn der Golfplatz in Kodiak, Alaska, besteht aus einem 427 m hohen Berg, und beim jährlichen Turnier, das immer am ersten Aprilwochenende stattfindet, ist er noch

HODENBEISSER

Die Teilnehmer des Shepherds-Shemozzle-Rennens beim jährlichen Huntaway-Festival in Hunterville, Neuseeland, brauchen einen Bärenhunger – oder einen robusten Magen. Ein Teil des Ausdauerlaufs besteht nämlich darin, dass die Schäfer in rohe Stierhoden beißen und diese 50 m weit tragen müssen. Außerdem stehen auf dem „Speiseplan" trockenes Müsli und rohe Eier.

Verkleidete Kost

Beim jährlichen Meerschweinchen-Festival in Huacho, Peru, lassen Züchter aus dem ganzen Land ihre preisgekrönten Meerschweinchen bei Wettrennen und Modewettbewerben antreten. Die Tiere spielen um ihr Leben, denn die Verlierer landen in der Bratpfanne, da am Ende des Festivals gezeigt wird, wie man Meerschweinchen zubereitet. Die Tiere stammen aus Peru und gehören schon seit den Zeiten der Inkas zu den Hauptnahrungsmitteln der ländlichen Regionen. Die Peruaner verzehren schätzungsweise 65 Millionen Meerschweinchen im Jahr.

Eine stolze Besitzerin zeigt ihr Meerschweinchen vor und hofft, dass es dem Kochtopf entgeht.

FISCHKÖDER ■ Als der begeisterte Fischer Peter Hodge aus dem englischen Somerset erfuhr, dass er bald sterben würde, bat er darum, seine Überreste als Fischfutter zu verwenden. Nach seinem Tod 2008 wurde er in einem Weiden-Fischkorb verbrannt und seine Asche mit 13,60 kg Fischfutter vermengt – so kann Peter bis in alle Ewigkeit bei seinen geliebten Fischen sein!

BIS IN DEN TOD ■ Auf einem Friedhof im argentinischen Iraola sind 3.000 Grabstätten für Fans und Spieler des Boca-Junioren-Fußballteams reserviert.

VERHEIRATETE AFFEN ■ Etwa 3.000 Einheimische wohnten einer aufwendigen Hindu-Hochzeit im indischen Staat Orissa bei, bei der 2008 zwei Affen vermählt wurden. Die Braut Jhumuri trug einen fünf Meter langen, blumengeschmückten Sari. Der Bräutigam Manu wurde im Rahmen einer Prozession zum Tempel gebracht, wo er mit lauter Musik, Tanz und Feuerwerk begrüßt wurde. Das frischgebackene Ehepaar wurde reich beschenkt, die Braut bekam sogar eine goldene Halskette.

IDENTITÄTSKRISE ■ Nachdem sich die eineiigen Zwillinge Francine und Maria Munafo an Weihnachten 2006 mit ihren Freunden verlobten, heirateten sie im Juni 2008 in einer Doppelzeremonie in New York. Beide Bräute trugen weiße, trägerlose Kleider, aber damit die Bräutigame die Frauen auseinanderhalten konnten, war Marias Kleid violett meliert, und Francines hatte einen Grünstich.

ROLLSCHUHTOUR ■ Der Pari-Roller-Club richtet eine wöchentliche Rollschuhtour durch Paris aus, an der regelmäßig Tausende von Menschen teilnehmen.

DER MOTZCLUB ■ In einem Pub in Hampshire, England, wird jede Woche ein Treffen des Motzclubs abgehalten, bei dem die Teilnehmer, größtenteils Männer im mittleren Alter, über Gott und die Welt herumstänkern dürfen.

KOPFLOSE ZIEGE ■ Buzkashi ist eine afghanische Teamsportart, bei der die auf Pferden sitzenden Spieler den Kadaver einer geköpften Ziege als Ball verwenden.

BEIN BEGRABEN ■ Hallie Broadribb aus dem kanadischen Valleyview ließ sich ihr Bein amputieren, da sie Krebs hatte. Ein Jahr lang hob sie es in ihrer Gefriertruhe auf, dann wurde es in einem eigenen Sarg beerdigt.

BABYREGEN ■ Die Anwohner des Dorfes Musti, Indien, werfen im Rahmen einer 500 Jahre alten Tradition Kleinkinder vom Turm eines Tempels in ein Auffangtuch, dass die untenstehende Menge festhält.

SÜNDENKARPFEN ■ Bei der jährlichen Shinto-Zeremonie in Toyama, Japan, werden Karpfen gefangen, mit Sake gefüttert und wieder freigelassen. Die Einheimischen glauben, dass der Fisch all ihre Sorgen und Nöte mit sich nimmt.

TEURER GEIZ ■ Im Jahr 2008 verurteilte ein iranisches Gericht einen Mann dazu, seiner Frau 124.000 Rosen im Wert von € 170.700 zu kaufen, da er während ihrer zehnjährigen Ehe geizig gewesen war. Laut iranischem Gesetz, dem mahr, kann die Aussteuer, die der Mann seiner Frau versprochen hat, jederzeit eingefordert werden.

Erhabene Braut

Bei einer traditionellen Hochzeit in China wird die Braut von Männern auf Stelzen über die Menge der Gratulanten hinweggetragen. Die Zeremonie fand im Januar 2009 in Qinyang statt.

WORTKÜNSTLER ■ Schon seit 1977 treffen sich Witzemacher in Austin, Texas, bei den O.-Henry-Pun-Off-Weltmeisterschaften, die immer im Mai stattfinden. Gesucht wird hier das beste Wortspiel.

DAS GROSSE KRABBELN ■ In einer Bar in Marion, Indiana, finden Einsiedlerkrebsrennen statt. Die Panzer der Tiere werden angemalt, damit man sie auseinanderhalten kann. Dann krabbeln die Krebse um einen Tisch herum, während die Zuschauer wetten, wer das Rennen macht.

HUNDSTAGE ■ In der kanadischen Stadt Whistler findet jeden April das zweitägige Hundefest statt. Zu den Veranstaltungen zählt nicht nur eine Hundemodenschau, sondern auch ein Wetttanzen.

DIE ERWÄHLTEN ■ Sowohl buddhistische als auch hinduistische Gemeinden aus Nepal verehren die Kumari, Mädchen, die in Tempeln ausgewählt werden, um für eine Weile als lebende Göttinnen zu fungieren.

KATZENLIEBE ■ Larry Johnson aus Kalifornien hinterließ sein gesamtes Hab und Gut dem Juniata College, darunter auch sein Auto, eine Wohnung im Wert von € 893.000, seine Pistole und eine Sammlung von 1.500 CDs. Im Austausch muss sich das College um seine Katze kümmern.

UNTERWASSER-ZEREMONIE ■ Im Juli 2008 heirateten Brian Wilson und Christina Gunn sechs Meter weit unter der Oberfläche des Flusses Illinois in Oregon. Die Braut trug einen weißen Schleier, ein rotes Strumpfband und einen schwarzen Neoprenanzug, während der Bräutigam zu seiner Tauchausrüstung eine rote Fliege angelegt hatte. Ihre Eheschwüre schrieben sie auf eine weiße Schiefertafel, und dem Pastor Jim Bard, ebenfalls Taucher, zeigten sie Karten, auf denen „Ja, ich will" stand. Nachdem er die beiden zu Mann und Frau erklärt hatte, nahm das Brautpaar die Atemgeräte ab und tauschte einen Unterwasserkuss aus. Für den Ort hatten sie sich entschieden, weil sie hier zum ersten Mal gemeinsam auf Tauchgang gegangen waren.

STRAFFER ZEITPLAN ■ Als die chinesische Braut Luo Yingchao herausfand, dass an ihrem Hochzeitstag im Mai 2008 eine wichtige Lehrerprüfung stattfinden sollte, absolvierte sie den Test kurzerhand in ihrem Brautkleid. Da sie die seit Monaten geplante Hochzeit nicht absagen wollte, verlegte sie das Fest in ihre Schule in Zhengzhou, damit sie sich direkt nach der Prüfung trauen lassen konnte.

TRAUERARBEIT ■ Pfarrer Andrew Hoover aus Columbus, Ohio, arbeitet als Vollzeit-Trauerredner und spricht bei über 250 Beerdigungen im Jahr!

TISCHTRÄGER ■ Jedes Jahr tragen die Mitgliedes des Low Table Clubs vom Jane Franklin Hall College in Hobart, Tasmanien, einen hölzernen Esstisch auf einen Berggipfel und wieder hinab, um Geld für die Krebshilfe zu sammeln.

UNTERWASSERRUGBY ■ Dutzende von Teams aus der Schweiz haben sich einem neuen Sport verschrieben: dem Unterwasserrugby. Die Mannschaften bestehen aus je sechs Männern und Frauen, die Flossen, Schnorchel und Taucherbrillen tragen. Der mit Salzwasser gefüllte Ball wiegt sechs Kilo und muss in den Korb der gegnerischen Mannschaft gelegt werden, der auf dem Boden des Schwimmbeckens steht. Die Spieler müssen regelmäßig an die Oberfläche kommen, um Luft zu holen.

LAGERFEUERRITUAL ■ Beim Las Hogueras Festival, das jedes Jahr im Juni im spanischen Alicante stattfindet, beugen die Einheimischen Krankheiten vor, indem sie siebenmal über Lagerfeuer laufen und springen und dann ins Meer rennen. Früher nahm man für die Lagerfeuer Abfall, heute Holz und Pappmaché.

BÖSES BROT ■ In Italien glaubt man, dass ein auf der Oberseite liegender Brotlaib Pech bringt, besonders auf Fischerbooten, für die das Omen einen schlechten Fang bedeutet.

GUMMIENTEN ■ Beim jährlichen Great-Topeka-Entenrennen in Kansas werden an die 10.000 Gummienten von einem Kahn in den Shawnee-See geworfen, wo sie von der Strömung auf die Ziellinie zugetrieben werden.

FISCHWURF ■ Der Höhepunkt des jährlichen Tunarama-Festes in Port Lincoln, Australien, ist das Thunfischwerfen, bei dem die Teilnehmer bis zu zehn Kilogramm schwere Fische werfen. 1998 schleuderte der ehemalige Olympia-Hammerwerfer Sean Carlin sein Exemplar 37 m weit!

LIEFERWAGENMASSEN ■ Im Oktober 2007 versammelten sich im Rahmen des jährlichen Ute Muster anlässlich des Play-on-the-Plains-Festivals im australischen Deniliquin insgesamt 6.235 Lieferwagen. Außerdem gibt es einen Wettbewerb, wie viele Personen in blauen Unterhemden auftauchen – 2007 waren es über 1.500!

SO SCHNELL!

435 KM/H	Wanderfalke (Sturzflug)
233 KM/H	Schnappkieferameisen (beim Schließen der Kiefer)
170 KM/H	Stachelschwanzsegler
160 KM/H	Brieftaube
113 KM/H	Gepard
109 KM/H	Fächerfisch
103 KM/H	Delfin
98 KM/H	Gabelantilope
96 KM/H	Mako-Hai
80 KM/H	Löwe, American Quarterhorse, Gnu
77 KM/H	Schwertwal
72 KM/H	Thomson-Gazelle, Feldhase
69 KM/H	Windhund, Strauß
64 KM/H	Zebra
58 KM/H	Australische Libelle
53 KM/H	Schwärmer
48 KM/H	Grizzlybär
34 KM/H	Schwarzleguan
29 KM/H	Tyrannosaurus Rex
19 KM/H	Schwarze Mamba
9 KM/H	Australischer Sandkäfer
0.37 KM/H	Riesenschildkröte
0.16 KM/H	Dreifinger-Faultier
0.05 KM/H	Gartenschnecke
0.016 KM/H	Seepferdchen

TÖDLICH (GEMESSEN AM JAHRESDURCHNITT DER TODESFÄLLE)

1 MOSKITO 2.000.000
Nur weibliche Moskitos saugen Blut. Dabei übertragen sie Krankheiten auf über 700 Millionen Menschen im Jahr.

2 SCHLANGE 100.000
Allein die Brillenschlange sorgt für die Hälfte all dieser Todesfälle, obwohl sie nicht so giftig ist wie der Inland-Taipan aus Australien, der mit seinem Gift 250.000 Mäuse töten könnte.

3 SKORPION 5.000
Ein Bestandteil des Giftes des tödlichsten aller Skorpione, dem Gelben Mittelmeerskorpion, der in Nordafrika und dem Mittleren Osten vorkommt, wird verwendet, um Gehirntumore zu heilen. Ein anderer könnte bei der Behandlung von Diabetes helfen.

4 KROKODIL 2.000
Salzwasserkrokodile werden bis zu sieben Meter lang und können bis zu 29 km/h schnell schwimmen – also mehr als viermal so schnell wie ein menschlicher Profischwimmer. Auch an Land laufen sie fast so schnell wie Menschen.

5 ELEFANT 600
2006 wurde ein Indischer Elefant gejagt, nachdem er zwei Jahre lang Angst und Schrecken verbreitet hatte, indem er Hunderte von Häusern zerstörte und 27 Menschen umbrachte.

6 BIENE 400
Die Afrikanisierte Honigbiene, auch Killerbiene genannt, wurde in den 1950er Jahren aus Versehen in Brasilien freigelassen und schwärmt nun durch Südamerika und den Süden der USA. Killerbienen sind weitaus aggressiver als die Europäische Honigbiene und warten sogar an der Wasseroberfläche, bis man wieder auftaucht.

7 LÖWE 250
1898 verschlangen zwei Löwen in Kenia 28 Bahnarbeiter und mehrere Anwohner.

8 NILPFERD 200
Ein ausgewachsenes Nilpferd kann sein Maul so weit öffnen, dass sich ein 1,20 m großes Kind hineinstellen könnte. Die Kiefer der Tiere sind so kräftig, dass sie ein 3,60 m langes Krokodil in zwei Teile beißen könnten.

9 QUALLEN 100
Selbst nach ihrem Tod können Quallen noch auf der Haut brennen, und das Gift einer Australischen Seewespe kann einen Menschen in nur vier Minuten töten.

10 HAI 80
Haie können einen Teil Blut auf 100 Millionen Teile Wasser riechen, und die größten Exemplare, wie der Weiße Hai, können sogar Stahlkabel durchbeißen.

Im November 2008 wurde im australischen Perth dieses Kätzchen mit zwei Gesichtern geboren. Es hatte vier Augen, zwei Nasen und zwei Mäuler, mit denen es gleichzeitig miauen konnte.

GENIALE >>
GESCHÖPFE

FESTGEBISSEN

Ein riesiger Amethystpython, der angeblich über 4,90 m lang war, verschlang im Februar 2008 ein ausgewachsenes Wallaby samt Nachwuchs. Nachdem Darren Cleland die Monsterschlange am Ufer des Barron-Flusses bei Cairns, Australien, entdeckt hatte, erklärte er: „Das Wallaby hätte ebenso gut unser fünfjähriger Sohn sein können!"

 Ripley's erklärt

WIE SCHAFFEN ES PYTHONS, IHRE BEUTE HERUNTERZU- WÜRGEN?

Im Gegensatz zu den meisten anderen Tieren sind die Kiefer von Pythons nur lose durch dehnbare Bänder mit dem Schädel verbunden, sodass sie ihren Rachen bis zu 180° weit aufreißen können. Der Unterkiefer ist zweigeteilt und nicht mit dem Kinn verbunden, sodass sich die beiden Teile nach außen wegklappen können. Deswegen sind Pythons in der Lage, Beute zu verschlingen, die bis zu zehnmal größer ist als ihr Maul.

Pythons winden ihren Leib um ihre Beute, bis sie erstickt. Da es Stunden dauern kann, bis ein Python ein großes Tier verschlungen hat, können sie ihre Luftröhre hinter dem Maul ausdehnen, sodass sie noch atmen können. Pythons müssen, je nach Größe ihrer Mahlzeiten, nur alle paar Wochen etwas essen und können auch die Knochen verdauen.

Pythons können ihren Rachen so weit aufreißen, dass sie auch erstaunlich große Beutetiere relativ bequem verschlingen können. Diese Schlange hier wird wochenlang nicht mehr fressen müssen.

SCHLANGENSNACK ■ Die Leiche eines 32-jährigen Philippiners von Mindoro Island wurde 1998 im Leib eines sieben Meter langen Pythons gefunden.

LECKER HUND! ■ Ein Mann aus dem kalifornischen Merced bekam einen riesigen Schrecken, als er nach Hause zurückkehrte und feststellen musste, dass sein Hund und seine Schlange verschwunden waren. Als er den 91 kg schweren Tigerpython schließlich fand, zierte seinen Bauch eine Beule in der Größe des 14 kg schweren Pitbullterriers. Das Reptil war aus seinem Käfig entkommen, hatte den Hund gefressen und sich dann unter dem Haus versteckt.

HUNDEFUTTER ■ Eine australische Familie beobachtete im Februar 2008 einen 4,80 m langen Python dabei, wie er ihren Chihuahua verschlang.

ZUM PLATZEN VOLL ■ Ein vier Meter langer Python explodierte, nachdem er versucht hatte, 2005 in den Everglades in Florida einen zwei Meter langen Alligator zu fressen.

HALB GEFRESSEN ■ 2003 verschlang ein drei Meter langer Python in Rangamati, Bangladesch, eine 38-jährige Frau mit dem Kopf voran bis zur Taille, ehe die Dorfbewohner ihn totschlagen konnten.

AM STÜCK ■ Ein sechs Meter langer Nördlicher Felsenpython verschlang 2002 in Durban, Südafrika, einen Zehnjährigen.

EI, EI, EI, EIN BALL ■ Ein 80 cm langer Rautenpython aus Australien hielt vier Golfbälle für Hühnereier und verschlang sie. Die Bälle konnten durch eine Operation wieder entfernt werden.

BAUCHWEH ■ Ein 5,50 m langer Python geriet 2006 in Malaysia in Schwierigkeiten, nachdem er ein trächtiges Schaf gefressen hatte. Er konnte sich nicht mehr bewegen, sodass die Feuerwehr das Tier von der Straße entfernen musste.

MAGENSIGNALE ■ Ein sieben Meter langer Python fraß in Malaysia einen 23 kg schweren Malaienbären. Doch der Bär stand unter Beobachtung und trug ein Funkhalsband, und als er sich vier Stunden lang nicht bewegte, sorgten sich die Forscher schließlich. Das Halsband wurde aus der Schlange herausoperiert, die wieder freigelassen wurde.

WARME MAHLZEIT ■ Ein 3,60 m langer Tigerpython musste operiert werden, nachdem er eine komplette Heizdecke verschlungen hatte – samt Kabel und Bedienungselement! Die Decke hatte im Käfig gelegen, damit das Tier es schön warm hatte.

Der Australier Darren Cleland wurde vom Hund seiner Nachbarn auf diese unfassbare Szene aufmerksam gemacht: Ein 4,90 m langer Python stopft sich ein ausgewachsenes Wallaby samt Nachwuchs in ihr elastisches Maul. Wallabys können ohne Schwanz bis zu 80 cm groß werden und bis zu 20 kg wiegen.

Wilder Ritt!

Es mag so aussehen, als sei er auf der Jagd nach der nächsten Mahlzeit, aber dieser Löwe wurde für eine Show eines Zoos in Xiamen, China, darin geschult, auf dem Rücken eines Pferdes zu reiten - zum großen Erstaunen der Besucher. Auch Tiger reiten als Teil der Darbietung auf dem Pferderücken mit. Das Pferd wird durch eine Decke vor den Krallen der Raubkatzen geschützt.

MINI-EI ■ Andy Jarrel aus Taylorsville, North Carolina, entdeckte im Dezember 2007 ein voll entwickeltes Hühnerei in seinem Hühnerstall, das nicht größer war als eine Weintraube.

TIERISCHER KRANKENBESUCH ■ Um einen kranken Verwandten im Wilcox-Memorial-Krankenhaus, Hawaii, aufzumuntern, versuchte ein Mann im Jahr 2008, das Lieblingspferd des Patienten auf die Krankenstation zu bringen. Pferd und Mann wurden jedoch im dritten Stockwerk vom Sicherheitsdienst aufgehalten.

SPALTBEIN ■ Angel, eine Hündin aus Cleveland, Ohio, wurde mit einem gespalteten Bein geboren. Ihre Unterschenkelknochen sind nebeneinander, nicht hintereinander angeordnet, sodass es so aussieht, als habe sie fünf Beine.

SPITZER KOPFSCHMUCK ■ Lucky Jack, ein Hund aus Hot Springs Village, Arkansas, wurde mit einem Pfeil durch den Kopf geschossen, doch er überlebte erstaunlicherweise ohne bleibende Verletzungen. Fünf Monate lang steckte die stählerne Pfeilspitze in seinem Kiefer, bis sie herausoperiert werden konnte.

RADIOFROSCH ■ Forscher von der Universität in Illinois haben mit dem Odorrana tormonta, einem Baumfrosch aus China, ein Tier entdeckt, das seine Ohren wie ein Radio auf verschiedene Schallfrequenzen einstellen kann. Sein selektives Hören, das durch sich öffnende und schließende Trommelfellkanäle erfolgt, befähigt ihn, hochfrequente Balzrufe vom niederfrequenten Lärm rauschenden Wassers zu unterscheiden.

AFFENGLÜCK ■ Ein Affe in China fand sein Glück in der engen Freundschaft mit einer Taube. Von seiner Mutter verstoßen, war der Babymakake dem Tod nahe, als er 2007 in eine Tierklinik in der Provinz Goangdong gebracht wurde. Doch nachdem er seinen neuen Freund gefunden hatte, genas er schnell wieder, und die beiden wurden unzertrennlich.

LUNGENLOS ■ Eine Froschspezies, die 2007 in einem abgelegenen Teil Indonesiens entdeckt wurde, hat keine Lungen und atmet über die Haut. Wissenschaftler glauben, dass der Wasserfrosch Barbourula kalimantanensis sich an seine Umgebung angepasst hat, indem er seinen Auftrieb verringerte, um in den schnellen Flussläufen seines Lebensraumes nicht weggerissen zu werden.

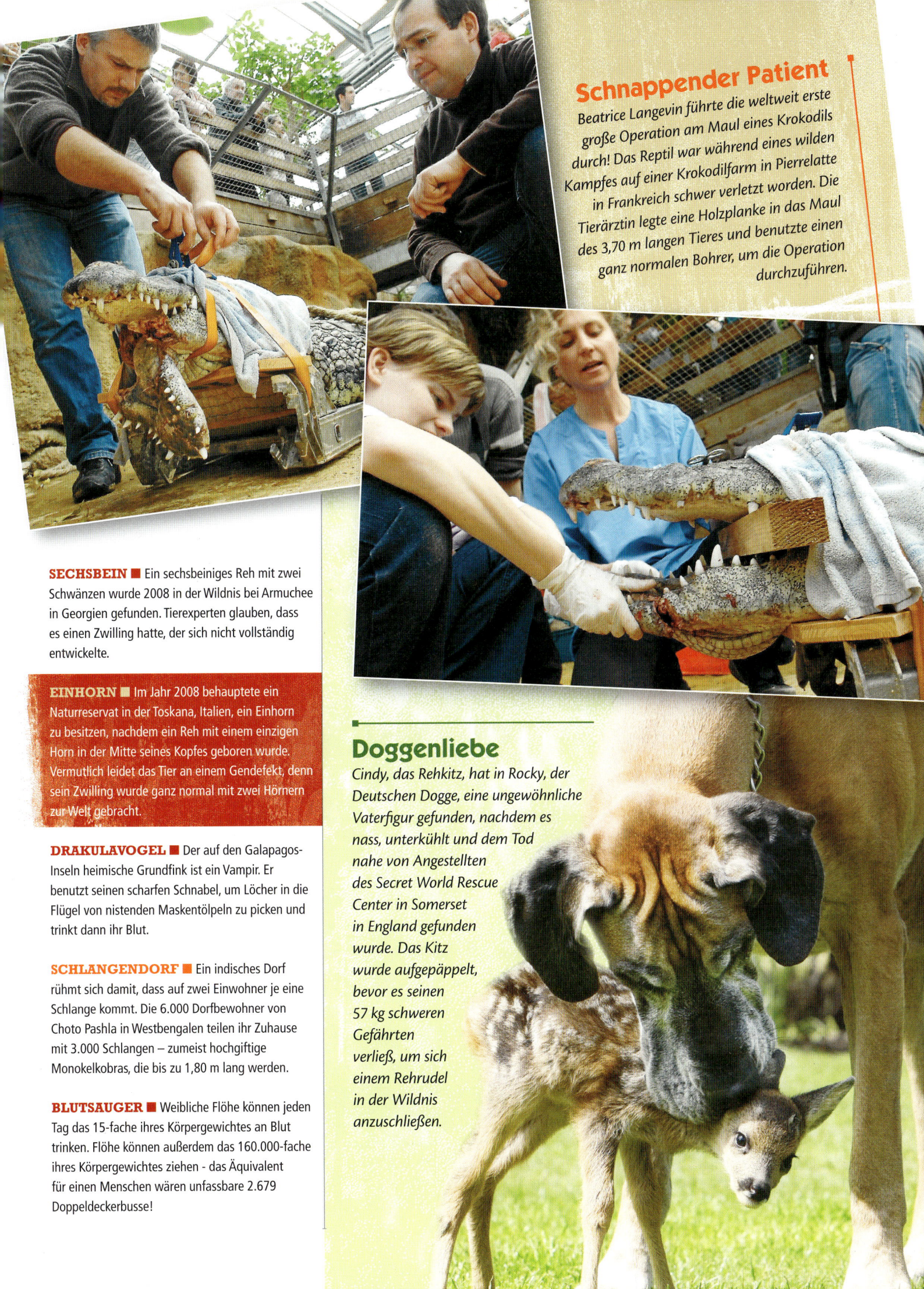

Schnappender Patient

Beatrice Langevin führte die weltweit erste große Operation am Maul eines Krokodils durch! Das Reptil war während eines wilden Kampfes auf einer Krokodilfarm in Pierrelatte in Frankreich schwer verletzt worden. Die Tierärztin legte eine Holzplanke in das Maul des 3,70 m langen Tieres und benutzte einen ganz normalen Bohrer, um die Operation durchzuführen.

SECHSBEIN ■ Ein sechsbeiniges Reh mit zwei Schwänzen wurde 2008 in der Wildnis bei Armuchee in Georgien gefunden. Tierexperten glauben, dass es einen Zwilling hatte, der sich nicht vollständig entwickelte.

EINHORN ■ Im Jahr 2008 behauptete ein Naturreservat in der Toskana, Italien, ein Einhorn zu besitzen, nachdem ein Reh mit einem einzigen Horn in der Mitte seines Kopfes geboren wurde. Vermutlich leidet das Tier an einem Gendefekt, denn sein Zwilling wurde ganz normal mit zwei Hörnern zur Welt gebracht.

DRAKULAVOGEL ■ Der auf den Galapagos-Inseln heimische Grundfink ist ein Vampir. Er benutzt seinen scharfen Schnabel, um Löcher in die Flügel von nistenden Maskentölpeln zu picken und trinkt dann ihr Blut.

SCHLANGENDORF ■ Ein indisches Dorf rühmt sich damit, dass auf zwei Einwohner je eine Schlange kommt. Die 6.000 Dorfbewohner von Choto Pashla in Westbengalen teilen ihr Zuhause mit 3.000 Schlangen – zumeist hochgiftige Monokelkobras, die bis zu 1,80 m lang werden.

BLUTSAUGER ■ Weibliche Flöhe können jeden Tag das 15-fache ihres Körpergewichtes an Blut trinken. Flöhe können außerdem das 160.000-fache ihres Körpergewichtes ziehen - das Äquivalent für einen Menschen wären unfassbare 2.679 Doppeldeckerbusse!

Doggenliebe

Cindy, das Rehkitz, hat in Rocky, der Deutschen Dogge, eine ungewöhnliche Vaterfigur gefunden, nachdem es nass, unterkühlt und dem Tod nahe von Angestellten des Secret World Rescue Center in Somerset in England gefunden wurde. Das Kitz wurde aufgepäppelt, bevor es seinen 57 kg schweren Gefährten verließ, um sich einem Rehrudel in der Wildnis anzuschließen.

Ein NILPFERD im Haus

Stell dir vor, du teilst dein Zuhause mit einem eine Tonne schweren jugendlichen Nilpferd mit riesigem Appetit, das ungefähr 80 kg Nahrung am Tag verschlingt.

Mit dieser Aufgabe sah sich ein südafrikanisches Paar konfrontiert, nachdem es vor fast zehn Jahren ihre Familie um ein recht ungewöhnliches Mitglied erweiterte. Der Parkwächter Tonie Joubert und seine Frau Shirley entdeckten das Nilpferdmädchen Jessica am Ufer eines Flusses in der Provinz Limpopo, als es nur einige Stunden alt war. Jessica wog bloß 16 kg und hatte ihre Nabelschnur noch nicht abgeworfen.

Sie war während der verheerenden Flutkatastrophe, die Mosambik und Südafrika im Jahr 2000 heimsuchte, von ihrer Mutter weggeschwemmt worden. In dem Wissen, dass junge Nilpferde in der Wildnis zumindest vier Jahre bei ihren Müttern bleiben, beschlossen die Jouberts, Jessica mit nach Hause zu nehmen.

Sie gaben dem jungen Nilpferd unter körperlichem Schwersteinsatz Massagen und erlaubten ihm, durchs Haus zu laufen, bis es zu groß wurde und regelmäßig die Betten im Haus zertrümmerte.

Mit der Zeit zog Jessica aus, um sich wild lebenden Nilpferden anzuschließen, die regelmäßig das Haus der Jouberts besuchen, aber sie lebt immer noch dicht bei ihrer Adoptivfamilie. Wenn ihre Pflegeeltern von einer Reise zurückkommen, wartet Jessica häufig schon vor dem Haus auf eine Mahlzeit. Ab und zu darf Jessica immer noch im Haus essen, denn die Küche und das Wohnzimmer zu betreten ist erlaubt. Jeden Tag trinkt sie über zehn Liter Kaffee.

SCHON GEWUSST?

> Während junge Nilpferde schwimmfähig sind, können die schweren, ausgewachsenen Nilpferde überhaupt nicht schwimmen. Allerdings können sie ihren Atem für bis zu sechs Minuten anhalten und bewegen sich durchs Wasser, indem sie sich vom Boden abstoßen. Nachts schlafen sie unter Wasser und tauchen zum Atmen automatisch auf, ohne dabei zu erwachen.

> Trotz ihrer riesigen Körpermasse und der Zeit, die sie im Wasser verbringen, können Nilpferde an Land wesentlich schneller laufen als ein Mensch: Sie erreichen Geschwindigkeiten von bis zu 50 km/h.

> Das älteste in Gefangenschaft lebende Nilpferd ist die 57 Jahre alte Donna, die in einem Zoo in Evansville in Indiana wohnt. Um den bisherigen Altersrekord zu brechen, muss sie aber noch etwas abwarten: In einem deutschen Zoo erreichte ein Nilpferd das stolze Alter von 61 Jahren.

HÜHNERPULLOVER ◼ Jo Eglen aus Norwich, England, hat 1.500 Hühner aus Legebatterien gerettet und für jedes von ihnen einen kleinen Pullover gestrickt, um sie vor der Kälte zu schützen. Viele Legebatteriehühner verlieren ihr Gefieder durch Stress.

KATZENKONTAKTLINSEN ◼ Das Augenlicht des 15-jährigen Katers Ernest von der Isle of Wight, England, konnte durch eigens für ihn hergestellte Kontaktlinsen gerettet werden. Ernests Augenlider hatten sich nach innen gedreht und schabten über seine Augäpfel. Tierärzte empfahlen diese innovative Lösung, weil er zu alt für eine Operation war.

GRÜNES BLUT ◼ Eine neue Froschspezies mit grünem Blut und türkisfarbenen Knochen wurde in Kambodscha entdeckt. Der Chiromantis samkosensis verdankt seine ungewöhnliche Färbung Biliverdin, einem Pigment, das normalerweise in der Leber als Abfallprodukt entsteht und im Falle des Frosches zurück in die Blutbahn gelangt. Das grüne Blut hilft ihm bei seiner Tarnung und macht ihn für seine Jäger ungenießbar.

HUNDEZEUGE ◼ Ein Hund namens Scooby trat 2008 im Gerichtssaal als Zeuge bei einem Gerichtsprozess auf. Das Tier war vermutlich bei seiner Besitzerin, als diese in ihrer Wohnung in Paris, Frankreich, ermordet wurde. Der Hund im Zeugenstand bellte wütend, als ein Verdächtiger in den Raum geführt wurde.

MÄUSEHELD ◼ Eine kleine Maus wurde als Leckerbissen für eine Viper in den Käfig der Giftschlange in Nantou, Taiwan, gesetzt, aber die Maus wendete das Blatt und tötete ihrerseits die Viper. Die Maus attackierte die 35 cm lange Viper 30 Minuten lang wiederholt, bis die Schlange tot war. Die tapfere kleine Maus kam mit einigen Kratzern davon.

NUSSVORRAT ◼ Als Hope Wideup aus Demotte, Indiana, die Motorhaube ihres Autos öffnete, um herauszufinden, warum der Blinker und die Scheibenwischer nicht funktionierten und der Motor so merkwürdig klang, fand sie Tausende von Nüssen, die dort von einem Streifenhörnchen gelagert worden waren.

KELLNERAFFEN ◼ Ein Sakerestaurant in Tokio, Japan, beschäftigt zwei Affen als Kellner. Einer der Makaken nimmt die Getränkebestellungen der Gäste entgegen und bringt diese zu ihrem Tisch, während der andere den Gästen heiße Handtücher reicht. Die Tiere bekommen gekochte Sojabohnen als Trinkgeld.

SCHLANGENMASSAGE ◼ Für € 54 pro Besuch können Gäste eines Spas in Nordisrael eine Schlangenmassage bekommen. Ada Barak nutzt dafür ungiftige Korn- und Königsnattern, deren Bewegungen entspannenden Druck auf Gesicht und Körper ausüben.

PAPIERHÜTER ◼ Da sich der Schäfer Du Hebing aus Xi'an in China nach dem Tod seines Hütehundes keinen neuen leisten konnte, hielt er seine Schafherde mit dem Poster eines Wolfes unter Kontrolle.

FLEDERMAUSKAFFEE ◼ Eine Frau aus Iowa trank eines Morgens eine Tasse Kaffee, ohne zu bemerken, dass sich eine tote Fledermaus im Filter befand. Erst abends, als sie den Filter säuberte, entdeckte sie den Kadaver.

Ungewöhnliche Hotelgäste

Nein, das sind keine ungebetenen Gäste! Schon seit zehn Jahren spaziert eine Elefantenherde regelmäßig durch die Lobby dieses Hotels in Sambia. Es wurde auf der traditionellen Marschroute der Tiere zur ihrer Futterstelle, einem Mangohain im South-Luangwa-Nationalpark, gebaut. Während der vier Wochen, in denen die Mangos reif und essbar sind, laufen die Elefanten zweimal am Tag durch die Hotelhalle. Die Gäste dürfen sie beobachten, müssen aber in sicherer Entfernung bleiben.

NUR EIN KATZENSPRUNG ■ Ein australischer Kater überlebte 2008 den Fall aus dem Fenster eines 34 Stockwerke hohen Wohngebäudes in Queensland. Der sieben Jahre alte Voodoo liebte es, auf einem sehr schmalen Fenstersims an der Außenseite der Hochhauswohnung von Sheree Washington zu sitzen, bis er eines Tages herunterfiel. Zum Glück landete er in ein paar Büschen, die den Aufprall abfederten.

AUF DEM TROCKENEN ■ Nachdem er aus seinem Aquarium gesprungen war, überlebte ein Goldfisch in Gloucester, England, ganze 13 Stunden lang außerhalb des Wassers! Als Barbara Woodford Ginger auf dem Fußboden fand, befürchtete sie das Schlimmste, aber sowbald sie ihn zurück ins Wasser gesetzt hatte, schwamm er wieder fröhlich herum. Ein Goldfischexperte erklärt erstaunt: „Ich habe noch nie gehört, dass ein Goldfisch so lange ohne Wasser überlebt hat!"

Eidechsenmysterium

Peter Beaumont, ein Arzt aus Darwin, Australien, schlug sich zum Abendessen ein Ei auf und fand darin eine tote Eidechse. Er vermutet, dass der winzige Gecko in die Henne gekrochen ist, um einen Embryo zu fressen, und dann in dem Huhn feststeckte, bis sich das Ei um seinen Körper herum bildete.

AFFENSPORT ■ Ein Orang-Utan am Institute of Greatly Endangered and Rare Species in Miami hält sich fit, indem er einen aufblasbaren Jetski fährt. Der vierjährige Surya trägt eine Rettungsweste für Kinder, damit er es warm hat und nicht untertaucht, denn er mag es gar nicht, wenn sein Kopf nass wird.

KEIN SALZ ■ Obwohl sie oft ihr gesamtes Leben in Salzwasser verbringen, können Seeschlangen es nicht trinken.

GEFIEDERTE SCHAUSPIELERIN ■ Eine wilde Amsel, die in Weston-super-Mare, England, lebt, ist eine Imitationsexpertin und kann ein Mobiltelefon, einen Autoalarm, einen anerkennenden Pfiff und sogar die Sirene eines Krankenwagens imitieren.

FRAUCHENRETTER ■ Angelina, eine Labradorhündin, rettete das Leben ihrer Besitzerin Maria Tripodi, indem sie sie aus dem Weg schubste, als das Dach ihres Hauses in Rivoli, Italien, zusammenstürzte. Der Hund hatte wahrscheinlich schwache Erderschütterungen wahrgenommen, die zu gering waren, um vom Menschen bemerkt zu werden.

AFFENBLICK ■ Schimpansen können andere Schimpansen an ihrem Hinterteil erkennen. Die Forschung zeigt, dass sie andere ihnen bekannte Tiere nicht nur anhand ihrer Gesichter, sondern anhand des ganzen Körpers identifizieren – diese Angewohnheit hat keine andere Primatengattung, nicht einmal der Mensch.

ZWECKLOSE ZÄHNE ■ Der Walhai, der größte Fisch der Welt, wird bis zu 18 m lang und hat Tausende von Zähnen, die er niemals benutzt.

NASE WEG ■ Ein Pudel aus Forlì, Italien, hat die Nase seiner Besitzerin abgebissen und rannte dann, von der Polizei verfolgt, damit durch den Garten von Loredana Romanos, bis man ihn schließlich einfangen konnte. Chirurgen nähten der Frau, die später sagte, sie habe ihrem Haustier verziehen, die zerbissene Nase wieder an.

NATURGETREU ■ Die britische Kinderbuchautorin Emily Gravett gestaltete ihren Text *The Little Mouse's Big Book of Fears* authentischer, indem sie die Seiten mit Rattenurin gelb färbte. Gravett ließ ihre beiden Hausratten die Seiten außerdem anknabbern.

ELEFANTENFUNK ■ Elefanten in Kenia senden Textmitteilungen als Warnungen, wenn sie um Bauernhöfe herumstreunen. Die Dickhäuter tragen Halsbänder mit Mobiltelefon-SIM-Karten, die automatisch Textnachrichten an die Wildhüter schicken, wenn die Tiere sich über die Grenzen des 36 Hektar großen Geländes des Naturschutzgebietes Ol Pejeta hinausbewegen.

Sportliche Garnele

Einem energiegeladenen Krustentier wurde von den Wissenschaftlern eines Labors in Charleston, South Carolina, im Rahmen eines Experimentes ein Fitnessprogramm zusammengestellt. Sie entdeckten, dass die Garnele unter Wasser drei Stunden lang ohne Unterbrechung auf einem Laufband „joggen" konnte.

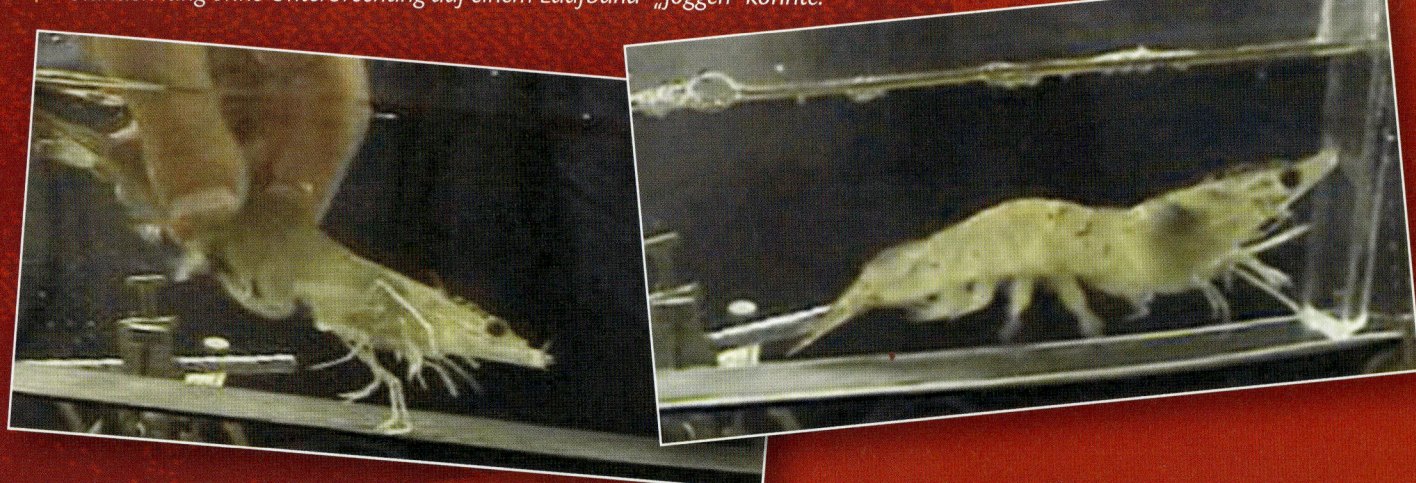

GIERIGER FISCH

Der Schwarze Schlinger, eine Tiefseefischart, macht seinem Namen alle Ehre: Ein Mann, der auf den Cayman-Inseln fischte, entdeckte eine tote 90 cm lange Schlangenmakrele im dehnbaren Magen eines nur 18 cm langen Schwarzen Schlingers. Die Schlangenmakrele hatte den Magen von innen zerrissen. Es ist rätselhaft, wie es dem kleineren Fisch gelang, seinen Feind zu schlucken, ohne selbst dabei gefressen zu werden.

KUHTURM ■ In St.-Georges-de-Windsor, Kanada, steht auf einem Hügel ein Aussichtsturm in Form einer liegenden Kuh, der vom ortsansässigen Künstler Josée Perreault entworfen wurde.

ANGELSCHWEIN ■ Ein Schwein aus Zhenping, China, hat gelernt, wie man Fische in einem Teich fängt. Es läuft in das flache Wasser eines Fischteiches voller tropischer Fische, fängt sie mit dem Maul auf und verschlingt seine Beute an Ort und Stelle.

GESCHLECHTSUMWANDLUNG ■ Der Kushiro Municipal Zoo im japanischen Hokkaido kaufte im Jahr 2005 ein junges Eisbärenmännchen, musste aber drei Jahre später herausfinden, dass das Tier ein Weibchen war!

GEFRÄSSIGE SCHLANGE ■ Ein Python nahm sich etwas zu viel vor, als er im November 2008 auf dem Universitätsgelände von Cairns in Australien versuchte, ein ausgewachsenes Wallaby zu verschlingen. Das Reptil musste seine Mahlzeit widerwillig aufgeben.

ZÄHLENDE BIENEN ■ Im Rahmen überwachter Tests mit Nektar fanden Forscher der Universität von Queensland in Australien heraus, dass Honigbienen bis vier zählen können.

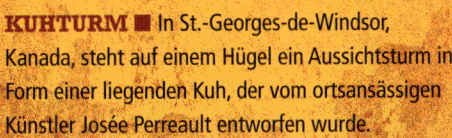

Mit dem Rentier durch die Stadt

Ein Rentier in der Bahn ist nicht gerade ein alltäglicher Anblick, doch der Engländer Gordon Elliott nimmt sein ungewöhnliches Haustier Dobbey regelmäßig auf seine Ausflüge in der Gegend um Enfiel in der Londoner Vorstadt mit. In der Weihnachtszeit fährt er an den Wochenenden sogar regelmäßig mit ihm Zug.

GRÜNE BÄREN ■ Drei Eisbären in einem japanischen Zoo verfärbten sich 2008 vorübergehend grün, nachdem sie in einem mit Algen bewachsenen Becken geschwommen waren. Die Algen setzten sich in den Hohlräumen im normalerweise weißen Fell der Bären fest, nachdem es zwei Monate lang ungewöhnlich warm gewesen war.

WOLFSCHOR ■ Ein chinesischer Zoo hat eine neue Gesangsgruppe, die aus 30 Wölfen besteht. Luo Yong, ein Tierpfleger des Chongqing Wildzoos, war erstaunt, als er die Musikalität der Tiere entdeckte, während er Gitarre spielte: Ein junger Wolf begann, rhythmisch mitzuheulen und die Saiten mit seinen Krallen zu streichen. Als Nächstes möchte Luo Wang ihnen auch das Tanzen beibringen.

FAMILIENSCHAF ■ Ein 130 kg schwerer Widder, der bei einer Familie in Cardiff, Wales, lebt, wohnt in einem eigens für ihn gebauten Bungalow, komplett mit Teppich und Fenstern. Als er noch ein Lamm war, wurde Nick 2005 von David Palmer gerettet. Heute ist er ein so wichtiger Teil der Familie, dass er auf dem Rücksitz von Davids Auto mitfährt und an den meisten Abenden gemeinsam mit der Familie auf dem Sofa vor dem Fernseher sitzt. Außerdem plündert er regelmäßig die Keksdose.

MASSENGEBURT ■ Charlie, ein ganz gewöhnlicher Pudel aus Chilliwack, Kanada, brachte im März 2008 einen unglaublichen Wurf von 16 Welpen zur Welt. Die erschöpfte Hündin schenkte zehn weiblichen und sechs männlichen Welpen das Leben.

SCHLAUER AFFE ■ Panzee, eine hochintelligente Schimpansendame aus dem Georgia's Language Research Center, hat ein Vokabular von mehr als 150 englischen Worten. Sie ist außerdem in der Lage, einen Computer zu benutzen, um Objekte zu identifizieren, und kann mithilfe von Symbolen sogar Nahrungsmittel tauschen.

MUSIKALISCHE KATZE ■ Eine Katze aus Philadelphia, Pennsylvania, spielt seit über drei Jahren Klavier. Die graugetigerte Nora wurde von der Musiklehrerin Betsy Alexander aus dem Tierheim geholt und saß stets unter dem Klavier und lauschte aufmerksam, wenn ihr Frauchen Unterricht gab. Eines Tages kletterte sie selbst auf die Bank und begann, die Tasten mit ihren Pfoten zu drücken. Klavierspielen wurde zu ihrem liebsten Hobby, und wenig später wurden Videos von ihr im Internet gezeigt, die über zehn Millionen Clicks erhielten. Die musikalische Katze hat ihre eigene CD und DVD, außerdem gibt es herunterladbare Nora-Klingeltöne sowie verschiedene E-Cards.

SPÄTE RÜCKKEHR ■ Eine Taube, die zehn Jahre lang verschollen war, kehrte genau am Vatertag zu dem Mann zurück, der sie aufgezogen hatte. Boomerang verdiente sich ihren Namen im Jahr 1998, als sie die 1.930 km zurück zu Dino Reardons Haus in North Yorkshire, England, geflogen war, nachdem man sie in Spanien zu einem Züchter gegeben hatte. Später im selben Jahr gab Reardon sie zu einem Freund in Lancashire, aber erst im Juni 2008 tauchte sie wieder auf. Ihren Orientierungssinn muss sie von ihrem Vater geerbt haben, der einmal 95 km weit nach Hause zurücklief, nachdem seine Flügel von Dieben abgeschnitten worden waren.

RATTENADOPTION ■ 2008 adoptierte eine Hauskatze in Yantai City in China eine Ratte und zog sie gemeinsam mit ihren vier Jungen auf. Die Ratte trank die Milch der Katze und spielte friedlich mit ihren neuen Katzengeschwistern.

FLUGSTUNDEN ■ Gary Zammit aus Cornwall, England, brachte einem Vogel das Fliegen bei, indem er mit Futter in den Taschen neben ihm herlief, mit den Armen schlug, kreischte und so tat, als hebe er ab. Er hatte den verwaisten Babygraureiher nach einem Sturm gefunden, in dem der Rest seiner Familie getötet worden war. Der Reiher, genannt Dude, sprang schließlich auf den ungewöhnlichen Unterricht seines Ziehvaters an, indem er dessen Handlungen nachahmte und sich dann in die Lüfte erhob.

SECHSBEIN ■ Henry, ein Krake in einem Aquarium in Blackpool in England, wurde mit nur sechs statt acht Beinen geboren.

Hühnerhypnose

Der psychologische Berater Xu Yiqiang demonstrierte im Jahr 2007 an der medizinischen Universität von X'ian, China, die Kunst der Hühnerhypnose. Der Vogel lag bewegungslos da, nachdem er durch Gesten und Massagen hypnotisiert worden war, bis er aus seinem Trancezustand befreit wurde..

Schicker Schwimmer

Pierre, ein alternder Brillenpinguin, der an der California Academy of Sciences in San Francisco lebt, fror schrecklich, weil er einen Großteil der wasserabweisenden Federn verloren hatte, die Pinguine normalerweise warm halten. Seine Tierpflegerin Pam Schaller fand eine ungewöhnliche Lösung für das Problem, indem sie ihm einen Neoprenanzug schneidern ließ. Bald konnte Pierre wieder mit dem Rest seiner Kolonie schwimmen gehen, und ein Teil seiner Federn wuchs nach..

DREI BÄREN ■ Ein 160 kg schweres Braunbärweibchen und ihre zwei Jungen sind im Juni 2008 in ein volles Restaurant in Sinaia, Rumänien, gelaufen und haben sich dort an die Tische gesetzt. Als die verängstigten Gäste flüchteten, verleibte sich die Bärenfamilie ihre Essensreste ein, ehe sie die Küche plünderte.

BIENENSTERBEN ■ Die Japanische Riesenhornisse kann dank ihres riesigen Kiefers 40 Honigbienen in nur einer Minute köpfen. Ein halbes Dutzend dieser Hornissen reicht aus, um in nur zwei Stunden die gesamte Population eines Stocks aus 30.000 Bienen zu vernichten.

Extra-ohren

Valerie und Ted Rock aus Chicago, Illinois, besitzen eine Katze mit vier Ohren. Yoda hat zwei kleine Extraklappen hinter seinen normalen Ohren. Sie sitzen nicht direkt am Schädel und haben auch keine Funktion für das Gehör. Wahrscheinlich sind sie auf eine genetische Mutation zurückzuführen.

Verflochtene Schwänze

Dieses faszinierende Exponat eines „Rattenkönigs" ist im Otago-Museum in Dunedin, Neuseeland, zu sehen. Es wurde in der 1930er Jahren in einer Schiffslagerhalle gefunden. Die Schwänze mehrerer Ratten hatten sich verknotet, sodass die Tiere sich nicht mehr selbst befreien konnten. Trotz Nachforschungen von Experten ist bis heute nicht klar, wie dies passieren konnte und ob es überhaupt natürlichen Ursprungs ist.

Ripley's erklärt

RATTENKÖNIGE

„Rattenkönige" sind unerklärliche Phänomene, die erstmals im 16. Jahrhundert dokumentiert wurden. Experten vermuten, dass sich die Rattenschwänze ineinander verheddern, wenn die Tiere auf zu engem Raum eingezwängt werden. Da die Ratten ihre Köpfe aus Selbstschutz nach außen richten, zeigen ihre Schwänze nach innen und verknoten sich schließlich, und die Nager verhungern. Andere Fachleute gehen davon aus, dass es sich um Fälschungen handelt, doch bei genaueren Untersuchungen stellte sich heraus, dass die Ratten gebrochene Schwänze und Schwielen aufweisen, was nahelegt, dass sie noch lebten, als sie zusammengebunden waren. Im Naturkundemuseum Mauritianum im deutschen Altenburg ist der größte bekannte mumifizierte Rattenkönig zu sehen. Er wurde im Jahr 1828 gefunden und besteht aus 32 Ratten.

RÜCKENGEBURT ■ Weibliche Wabenkröten brüten ihre Eier in ihrer Rückenhaut aus, wo die Jungen bleiben, bis sie als voll entwickelte Amphibien schlüpfen.

NAGERKOPFGELD ■ Um das „Jahr der Ratte" 2008 zu begehen, setzten die Behörden in Kuala Lumpur, Malaysia, ein Kopfgeld auf Ratten aus, egal ob tot oder lebendig.

SCHWEINEGLÜCK ■ Ein Schwein überlebte nach einem Erdbeben im Mai 2008 im Südwesten Chinas 36 Tage lang unter Bauschutt! Das Schwein, das während seiner Tortur zwei Drittel seines Gewichtes verlor, lebte von Wasser und Holzkohle, die in den Ruinen der Stadt Pengzhou in der Provinz Sichuan neben ihm verschüttet worden war. Die Kohle hatte zwar keinen Nährwert, sättigte das Tier aber.

ZEH AB ■ Ein Zwergdackel biss im Jahr 2008 den rechten großen Zeh seiner Besitzerin ab, während sie schlief. Linda Floyd aus Alton, Illinois, bemerkte erst, was geschehen war, als sie erwachte. Sie hat kein Gefühl in ihren Zehen, weil ihre Nervenbahnen durch die Folgen von Diabetes geschädigt sind.

SCHMERZHAFTE ARBEIT ■ Der US-Insektenforscher Justin Schmidt, der geholfen hat, den „Schmidt-Stichschmerz-Index" zu entwickeln, wurde im Zuge seiner Forschung von 150 verschiedenen Insektenspezies auf sechs verschiedenen Kontinenten gestochen.

HOCHSPRUNG ■ Der Acris gryllus, ein Frosch aus dem Süden der USA, kann 36-mal so hoch springen wie er lang ist.

BISSIGER JUNGE ■ Ein elfjähriger brasilianischer Junge biss einen Pitbull, der ihn attackierte, und verlor dabei einen seiner Eckzähne. Gabriel Almeidas Zahn fiel aus, als er in den Hals des Hundes biss, nachdem das Tier ihn angefallen hatte, während er im Juli 2008 im Garten seines Onkels in Belo Horizonte spielte. Gabriel sagte später: „Ich verliere lieber einen Zahn als mein Leben."

FASTENZEIT ■ Der Grottenolm, eine europäische Amphibie, die in Höhlen lebt, kann über 58 Jahre alt werden und zehn Jahre lang ohne Nahrung überleben.

RATTENFALLE ■ Kammerjäger entfernten im Frühjahr 2008 ganze 788 Ratten aus einem Haus in Sutherlin, Oregon.

WASSER-RATTEN

Als der 14-jährige Boomer Hodel aus Haleiwa, Hawaii, seine beiden Ratten mit an den Strand nahm, um sie zu waschen, erwartete er nicht, dass seine beiden Haustiere ein neues Hobby finden würden! Doch die Ratten Fin und Tofu lieben es, im flachen Wasser herumzuplanschen, und so brachte Boomer ihnen kurzerhand das Wellenreiten bei. Mittlerweile machen sie mit den speziell für sie gebauten Surfbrettern regelmäßig Ausflüge zum Strand, wo sie bis zu 1,20 m hohe Wellen reiten.

SCHWEINDINSKY ■ Mit dem Pinsel im Maul hat das Hängebauchschwein Smithfield bisher Hunderte von Gemälden kreiert, die sich für elf Euro pro Stück über das Internet verkaufen. Laut seiner stolzen Besitzerin Fran Martin aus Richmond, Virginia, ist Blau Smithfields Lieblingsfarbe.

SELTSAME FAMILIENVERHÄLTNISSE
Die Elefantenspitzmäuse, auch Rüsselmäuse genannt, sind eine Familie von insektenfressenden afrikanischen Säugetieren, die enger mit Elefanten verwandt sind als mit Spitzmäusen.

LEBENSRETTER ■ Ein Hund rettete im Jahr 2008 das Leben seines Herrchens, indem er ihm sein Handy brachte. Bei einem sechs Meter tiefen Sturz aus einem Baum auf der Vogeljagd in Oberösterreich zog sich Albert Hoffmann schwere Rückenverletzungen zu, und seine Lunge war durchbohrt. Unfähig, sich zu bewegen, befahl er seinem Labrador, das Mobiltelefon aus seinem in der Nähe stehenden Rucksack zu holen, damit er den Notruf wählen konnte.

SCHLAUES SCHWEIN ■ Nellie, das Schwein der Schweinetrainer Steve und Priscilla Valentine aus Gig Harbor, Washington State, beherrscht über 70 Tricks. Sie kann Baseball, Golf, Fußball und Klavier spielen. Außerdem fährt Nellie Skateboard, kann Münzen stapeln und Wörter buchstabieren. Sie ist eine solche Berühmtheit, dass sie sogar ihre eigenen Kreditkarten hat. Priscilla begann ihrem Haustier Tricks beizubringen, damit es sich nicht langweilte. Sie erklärt: „Diese Tiere sind sensibel und intelligent. Sie können Logik anwenden und sind kreativ – was oft für Chaos sorgt. Priscilla kann beispielsweise den Kühlschrank aufmachen. Ein Schwein zu besitzen bedeutet, 15 Jahre lang ein zweijähriges Kind erziehen zu müssen."

Punk-Schildkröte

Der Hobbyfotograf Chris van Wyk war sehr überrascht, als er beim Schwimmen im Mary River im australischen Queensland diese „Punk-Schildkröte" entdeckte. Bei der ungewöhnlichen Kreatur handelt es sich um ein Exemplar der vom Aussterben bedrohten Mary-River-Schildkröte. Das grüne „Haar" sind Algen, die auf ihrem Kopf wachsen.

AFFENGESICHT ■ Ein 2008 in Xiping, China, geborenes Ferkel hatte ein Affengesicht! Eines der fünf Ferkel aus dem Wurf der Sau von Feng Changlin hatte zwei dünne Lippen, eine kleine Nase, zwei große Augen und wesentlich längere Hinter- als Vorderbeine, wodurch das Schweinchen eher hüpfte als lief. Während Fengs Familie sich vor dem Tier fürchtete, kamen scharenweise Besucher aus dem Umland, um die Kuriosität zu bestaunen.

GARTENDELFIN ■ Im Juli 2008 wurde im Garten von Gary Harvey aus dem englischen Portland ein toter Delfin gefunden – obwohl sich das Haus in 800 m Entfernung vom Meer befindet! Bis heute kann Gary sich das Auftauchen des einen Meter langen Tiers nicht erklären.

FISCHKATZE ■ Die Tüpfelkatze Felis viverrina aus Indien hat wasserabweisendes Fell, Pfoten mit Schwimmhäuten und taucht mit dem Kopf voran ins Wasser, um Fische zu fangen.

FISCHLICHT ■ Das Aqua Toto Aquarium in Gifu, Japan, benutzte im Dezember 2007 einen Zitteraal, um die Lichterkette am Weihnachtsbaum zum Leuchten zu bringen.

GESTRANDETER WAL ■ Ein 5,50 m langer Zwergwal, der an die zwölf Tonnen schwer war, schwamm im November 2007 fast 1.600 km weit den Amazonas hinauf, bis er es sich auf einer Sandbank gemütlich machte.

DAMENWAHL ■ Die Gattung der Amazonenkärpflinge *Poecilia formosa*, die in Texas und Mexiko vorkommt, besteht fast nur aus Weibchen. Zwar paaren sie sich mit den Männchen anderer Spezies, aber der Nachwuchs sind Klone der Mutter, die keinerlei männliche DNA aufweisen.

FISCHFANG ■ Auf der Insel Kaya in Borneo jagen Orang-Utans Fische mit Speeren, die die örtlichen Fischer zurückgelassen haben.

BAUMFISCH ■ In Zeiten der Dürre kriecht der Rivulus marmoratus, eine Bachling-Art aus Florida und Zentralamerika, auf Bäume, wo er sich in der Feuchtigkeit von faulendem Holz vor der Trockenheit schützt. Dafür verändern die Tiere sogar vorübergehend ihre biologischen Merkmale, um mehrere Monate im Jahr Luft atmen und außerhalb des Wassers überleben zu können.

WELSE UNTERWEGS ■ Ein Schwarm von 30 Welsen trieb sich im Juli 2008 auf einer Straße im Pinellas County in Florida herum. Die Tiere waren aus einem Kanal gekrochen, der von einem starken Regenfall geflutet worden war. Welse können sich mithilfe ihrer Brustflossen auf dem Land bewegen, solange sie feucht bleiben.

MONSTERTINTENFISCH ■ Im Jahr 2008 fingen Fischer in Neuseeland einen riesigen Tintenfisch der Art *Mesonychoteuthis hamiltoni*, der zehn Meter lang und 450 kg schwer war. Tintenfischringe aus seinen Armen wären in etwa so groß wie Traktorreifen!

FALSCHES AUGE ■ Ein Miniaturpferd aus Lawton, Oklahoma, verlor wenige Tage nach seiner Geburt eines seiner Augen und bekam eine Augenprothese im Wert von € 2.019 eingesetzt! Das Kunststoffauge wurde durch einen Abguss der Augenhöhle des Pferdes hergestellt und detailgetreu von Hand bemalt, sodass es aussieht, als wäre es echt.

TROMMELSCHLAG ■ Die niedrigfrequenten Balzrufe des Schwarzen Trommlers, einer Fischart aus dem Osten der USA, sind so laut, dass sie noch in Häusern in Küstennähe gehört werden können.

RETTERDELFIN ■ Im März 2008 gelang es einem Delfin, ein Paar gestrandeter Zwergpottwale am Mahia Beach in Neuseeland zu retten, indem er sie um die Sandbank herum ins offene Meer dirigierte.

RIESENHEILBUTT ■ Der dänische Urlauber Soren Beck, der zum Fischen nach Norwegen gereist war, fing im Jahr 2008 einen gigantischen Heilbutt. Das Ungetüm wog unfassbare 200 kg und war 2,50 m lang – mehr als doppelt so groß wie ein gewöhnliches Exemplar!

Dieses kleine Heer aus bunten Lumpfischen, auch Seehasen genannt, ist in einem Aquarium in Tokio zu sehen.

FINGER WEG! ■ Louis, ein Pazifischer Riesenkrake, der im Blue-Reef-Aquarium in Newquay, England, lebt, wird wütend, wenn man seinem Spielzeug zu nahe kommt – einer Mr.-Potato-Head-Plastikfigur.

KONSTANTE BEWEGUNG ■ Thunfische sind ständig in Bewegung und schwimmen ihr ganzes Leben lang mit einer Geschwindigkeit von 14 km/h. Forscher schätzen, dass ein 15 Jahre alter Thunfisch ungefähr 1,60 Millionen Kilometer weit geschwommen ist.

BALLON SAUGER

Lumpfische haften sich buchstäblich an alles, was ihnen unter die Flossen kommt - auch an diese Ballons, die man ihnen in ihr Becken eines Aquariums in Tokio gegeben hat. Unter den Seitenflossen haben sie eine Art Saugnapf, mit dem sie sich an Steinen und Algen festsaugen.

Todeskäfig

Die Besucher des Crocosaurus Cove im australischen Darwin können im Wasser mit Krokodilen auf Tuchfühlung gehen! Eingeschlossen in einen Behälter aus Acryl mit gerade einmal vier Zentimeter dicken Wänden, werden sie ins Wasser gelassen, wo sie das 5,50 m lange Leistenkrokodil Choppa aus der Nähe betrachten können. Choppa hat seine Vorderbeine im Kampf mit anderen Krokodilen verloren, aber dafür besitzt er noch sein furchterregendes Maul, mit dem er nach allem schnappt, was essbar ist.

SIR PINGUIN ■ Ein Pinguin aus dem Zoo von Edinburgh in Schottland bekam im Jahr 2008 den Ritterschlag von der norwegischen Armee. Nils Olav, ein Königspinguin, ist das Maskottchen der königlichen Garde von Norwegen und inspiziert die Truppen, wenn sie bei der Edinburgher Militärparade antreten.

HUNDEFAHRER ■ Charles McCowan hatte im Februar 2008 seinen LKW auf einem Parkplatz vor einem Supermarkt in Azusa, Kalifornien, mit seinem 36 kg schweren Boxer Max auf dem Vordersitz geparkt. Als er wenige Minuten später wieder aus dem Laden kam und entdecken musste, dass sowohl der Hund als auch der LKW verschwunden waren, rief er umgehend die Polizei. Kurz später fand sie den LKW auf der gegenüberliegenden Straßenseite vor einem Schnellrestaurant. Ein Sicherheitsvideo zeigte, dass Max versehentlich die Gangschaltung auf Leerlauf gestellt hatte und das Fahrzeug langsam rückwärts gerollt war.

TRAMPOLINFLUCHT ■ Ein Hund entkam im Juni 2008 aus dem Garten seines Besitzers in York, England, als er mithilfe eines Kindertrampolins über den Zaun sprang. Harvey, ein drei Jahre alter Staffordshire-Bullterrier, verschwand durch den Garten eines Nachbarn, konnte aber nach vier Tagen wieder eingefangen werden.

KRÖTENWÜRGEN ■ Eine Aga-Kröte konnte unverletzt geborgen werden, nachdem sie von einem Hund gefressen worden war und 40 Minuten im Magen des Tieres verbracht hatte. Der Hund verspeiste die Kröte im Juni 2008 in Darwin, Australien, weil er sie für ein Stück Fleischpastete gehalten hatte. Wenig später würgte er sie wieder aus – was auch ihm das Leben gerettet hat, denn Aga-Kröten sind sehr giftig. Zum Glück hatte der Hund die Kröte im Ganzen verschluckt, anstatt sie zu zerbeissen.

FETTLAGER ■ Krokodile lagern Fett in ihren Schwänzen ab, sodass sie eine Weile ohne Nahrung auskommen können - ausgewachsene Tieren sogar bis zu zwei Jahre lang!

GRUPPENAKTIVITÄT ■ Pelikane gehen gemeinschaftlich auf Futtersuche. Sie kreisen Fische ein und drängen sie ins flache Wasser ab, wo sie sie leichter fressen können.

KÜHLE KÖPFE ■ Einige amerikanische und chinesische Alligatorenarten überwintern, indem sie ihre Köpfe im Eis vergraben, sodass nur ihre Schnauzen herausschauen.

KROKODILBIER ■ Als 2008 ein Krokodil in eine Bar in Noonamah, Australien, spazierte, brachten sich die Stammgäste nicht etwa in Sicherheit, sondern gaben dem Reptil ein Bier aus! Dann banden sie ihm das Maul zusammen und sperrten das 60 cm große Tier in eine Schachtel.

HILFREICHER HUND ■ Ein Dackel aus Zhengzhou, China, kann einen Rollstuhl schieben! Der kleine Guai Guai geht mit dem Vater seines Herrchens spazieren, indem er mit den Vorderbeinen die Fußstützen des Gefährts anschiebt. Er ist so klein und schnell, dass die meisten Passanten annehmen, der Rollstuhl sei motorisiert.

GENIALE GESCHÖPFE

www.ripleys.de

96

Ripley's Einfach unglaublich!

HEIMPEILUNG ■ Australische Forscher haben herausgefunden, dass Krokodile ein eingebautes Satellitennavigationssystem besitzen, das ihnen dabei hilft, den Heimweg zu finden. Drei Krokodile wurden dabei beobachtet, wie sie, nachdem man sie 400 km von ihrem Territorium entfernt ausgesetzt hatte, innerhalb weniger Wochen in ihre Heimat zurückkehrten, indem sie zwischen zehn bis 30 km pro Tag schwammen.

SCHWIMMREKORD ■ Eine Lederschildkröte schwamm innerhalb von 647 Tagen ganze 20.560 km weit von Indonesien bis zur Nordwestküste von Nordamerika - beobachtet von einem Satelliten.

TAUCHKATZE ■ Obwohl Katzen Wasser in der Regel meiden, ist Hawkeye mit seinem Besitzer schon auf über 20 Tauchexpeditionen gegangen! Gene Alba hat einen speziellen Tauchanzug gefertigt, damit Hawkeye ihn in seinen Swimmingpool in Redding, Kalifornien, begleiten kann. Ein Luftschlauch verbindet seinen eigenen Sauerstofftank mit der Glasmaske der Katze, sodass sie bis zu einer Stunde unter Wasser bleiben kann. Die Katze genießt ihr neues Hobby, zumal sie nun endlich Mutley, Albas tauchendem Hund, eins auswischen kann.

WASSERVERSORGUNG ■ Delfine trinken kein Salzwasser – sie ziehen sich das Wasser, das sie brauchen, aus den Körpern der Fische, die sie fressen.

SECHSTER SINN ■ Haie und Rochen haben ein zusätzliches Sinnesorgan, die so genannten Lorenzinischen Ampullen, die es ihnen ermöglichen, elektromagnetische Felder zu entdecken, die von Lebewesen erzeugt werden, sobald sie sich bewegen. Weiße Haie sind so empfindlich, dass sie im Wasser ein halbes Milliardstel Volt erkennen können.

KATZENKUNSTSTÜCK ■ Eine Katze überlebte eine zweieinhalbstündige Fahrt mit dem LKW, indem sie sich am Ersatzreifen festkrallte. Gil Smith fuhr 113 km weit von Gilbert, Arizona, nach Kearny, ohne zu merken, dass seine Katze Bella auf dem Reifen unter seinem LKW geklettert war.

SURFEN OHNE BRETT

Die auf den Falklandinseln beheimateten Eselspinguine überraschten den Tierfotografen Andy Rouse mit beeindruckenden Surfkunststücken! „Ich saß am Strand und konnte nicht mehr aufhören zu lachen …es war einfach fantastisch!" Er nimmt an, dass sie über der Wasseroberfläche bleiben, um ihren Verfolgern, die unter den Wellen lauern, zu entkommen. Da die Wellen vor den Falklandinseln eine Höhe von bis zu sechs Metern erreichen können, sind ihre Bauchplatscher außerdem eine praktische Möglichkeit, sicher an Land zu gehen. Andy hat beobachtet, dass sich die Tiere oft sofort wieder in die Fluten stürzen, nachdem sie das Ufer erreicht haben, und vermutet, dass sie den Adrenalinkick genauso suchen wie Menschen. Eselspinguine sind die einzigen bekannten Vögel, die regelmäßig beim Wellenreiten beobachtet werden konnten. Andy erklärt, dass einige Zügelpinguine versucht haben, die Eselspinguine nachzuahmen, aber schnell wieder aufgaben.

HUNDEGEHEIMNIS ■ Ein Hund, der in New York auf mysteriöse Weise verschwunden war, tauchte fünf Jahre später in Hinesville, Georgia, wieder auf – mehr als 1.370 km entfernt. Rocco, der Beagle, schlüpfte im Frühjahr 2003 unter dem Gartenzaun des Hauses der Familie Villacis in Queens hindurch, und obwohl seine Besitzer überall in der Nachbarschaft Plakate aufhängten, wurde Rocco erst im Juli 2008 wiedergefunden, als ihn ein Tierheim in Georgia dank eines Mikrochips unter seiner Haut identifizieren konnte.

SIAMESISCHE SCHWALBEN ■ Ein Paar siamesische Schwalben wurde im Juli 2008 im White County in Arkansas entdeckt. Die Vögel, die aus einem Nest fielen und kurze Zeit später starben, waren voll ausgebildet und an der Hüfte zusammengewachsen – die Chancen für diese Seltenheit liegen bei eins zu einer Million. Zunächst sah es so aus, als hätten sie nur drei Beine, bis man das vierte Bein schließlich doch noch fand – es war in ihre Haut eingewachsen.

ZWEIGESICHTIGE KATZE ■ Renee Cook aus Amarillo, Texas, fand im Februar 2008 ein zweigesichtiges Kätzchen im Wurf ihrer Hauskatze, dem Persermischling Amber. Die übrigen sieben Kätzchen waren gesund, doch ihr krankes Geschwisterchen, das zwei Mäuler, zwei Schnauzen und vier Augen hatte, starb am Tag nach der Geburt.

MENSCHENAFFE ■ Im Jahr 2008 zog eine Frau vor Gericht, um durchzusetzen, dass ihr Schimpanse rechtlich als Mensch anerkannt wurde. Paula Stibbe aus Wien, Österreich, behauptete, dass Hiasl sich wie ein Menschenkind benimmt: Er liebt Fernsehen und Videofilme, mag Spiele und kann durch Zeichen und Gesten zu verstehen geben, was er möchte.

RETTUNGSHÜNDIN ■ Die fünfjährige dunkelbraune Labradorhündin Molly, die der Polizei dabei half, Mordopfer und Überlebende von Naturkatastrophen zu bergen, musste im Mai 2008 selbst gerettet werden. Die Hündin aus Saginaw, Michigan, bekam von Tierärzten einen Herzschrittmacher eingesetzt, weil bei ihr der Verdacht auf einen Herzinfarkt bestand. Mollys Beliebtheit und ihr Wert für die Gemeinschaft waren so groß, dass das Gerät von einer Firma für Medizintechnik gespendet wurde, während ein anonymer Geschäftsmann aus Kansas den Großteil der Arztrechnung bezahlte.

ZERQUETSCHT ■ Ein Welpe, der 2008 mit einer Ladung Pappe in einem Müllwagen zerquetscht worden war, kam mit einer geprellten Vorderpfote davon! Der Arbeiter einer Wiederverwertungsfirma aus Kentucky fand den Hund, wie er zwischen zerdrückter Pappe hervorschaute, nachdem ihn die Presse, die mit einem Druck von 15.857 kg arbeitet, wieder freigegeben hatte.

GINGERS REISE ■ Im Jahr 2008 überlebte eine Katze eine 10.500 km lange, fünfwöchige Reise in einem Schiffscontainer, indem sie das Kondenswasser aufleckte. Ginger kroch in Taiwan in den Container und ward nicht mehr gesehen, bis die Garnlieferung von den Angestellten einer Textilfirma in Nottinghamshire, England, geöffnet wurde.

VIERBEINIGE ASSISTENZ ■ Cavendish, ein Leonberger Hund, kann die Waschmaschine füllen, Gegenstände vom Boden aufheben und das Telefon herbeiholen. Er ist der zuverlässige Helfer von Dr. Nicola Hendy, einer Forschungsstipendiatin an der Universität von Nottingham, England, die unter zerebraler Kinderlähmung leidet und blind ist.

SPORTLICHER GOLDFISCH ■ Der Goldfisch Comet kann Basketball, Fußball und Rugby spielen, geschickt Slalom um Stäbe schwimmen und einen Reifen apportieren, durch ein enges Rohr schwimmen und sogar Limbo unter einem Miniaturbalken auf dem Boden seines Aquariums tanzen. Der talentierte Goldfisch wurde von Computerfachmann Dr. Dean Pomerleau aus Los Angeles trainiert, der jedes gelungene Kunststück mit Futter belohnt. Er erklärt: „Fische sind intelligenter, als die Leute glauben."

ELEKTROSCHOCK ■ Ein winziger Yorkshireterrier bekam im März 2008 den Schock seines Lebens, nachdem er das Kabel einer Nachttischlampe in seinem Zuhause in Lancaster, England, durchgekaut hatte. Als der Welpe Dylan Thomas nach dem Stromschlag steif und bewegungslos dalag, versuchte sein Besitzer, das Kabel aus dem Maul des Tieres zu ziehen, erhielt aber selber einen Schlag, der ihn quer durch den Raum schleuderte. Per Herzmassage wurde der Hund wiederbelebt und genas vollständig – bis auf seine zerfetzte Zunge, die teilweise amputiert werden musste.

MAINA-MIME ■ Ein Hirtenmainavogel, der in einem Geschäft in Nanjing, China, lebt, hält zwei geschwätzige Papageien in Schach, indem er wie eine Katze miaut! Dem Vogel fiel das Gekrächze der Papageien wohl auf die Nerven, doch dann bemerkte er, dass sie immer dann den Schnabel hielten, wenn eine Katze auftauchte. Sein Besitzer Mr. Jiang erklärt: „Immer wenn es dem Maina zu laut wird, veräppelt er die Papageien, indem er miaut, und schon hat er seine Ruhe."

VERSCHIEDENE OHREN ■ Bei vielen Eulenspezies ist ein Ohr größer als das andere. Auf diese Weise können sie Geräusche genau orten und ihre Beute im Dunkeln zielgenau lokalisieren.

SCHLANGENKETTE ■ Jelly, die Katze von Wendy Wallis aus dem australischen Tasmanien, kam eines Tages mit einer neuen Kette nach Hause: einer hochgiftigen Nordamerikanischen Kupferkopfschlange, die sich um ihren Hals gelegt hatte! Das Reptil wurde von dem Schlangenbeschwörer Matthew Stafford entfernt, und obwohl Jelly gebissen wurde, überlebte sie durch eine Behandlung in der örtlichen Tierklinik.

WUNDERKUH ■ Aus dem Euter einer Kuh im indischen Staat Gujarat quillt Milch, ohne dass sie gemolken wird. Die Kuh Radha gibt jeden Morgen und Abend vier Liter Milch, sobald sie gefüttert wird.

VERSCHIEDENE STICHE ■ Der erste Stich eines Skorpions besteht aus anderen Giften als die darauffolgenden. Während der erste meist giftig genug ist, um Wirbel- oder Raubtiere außer Gefecht zu setzen, sind die späteren schwächer und dienen dazu, kleinere Wirbeltiere zu betäuben.

TITANISCHE ZUNGE ■ Die meisten Elefanten wiegen weniger als die Zunge eines Blauwals, die bis zu drei Tonnen schwer sein kann. Ein vollständig gedehntes Walmaul kann 100 Tonnen Nahrung und Wasser fassen, aber die Kehlen der Tiere sind so schmal, dass sie nichts schlucken können, das größer ist als ein Wasserball.

EXTRABEINE ■ Das Kätzchen Hex wurde im April 2008 in Cooper City, Florida, mit sechs Beinen und doppelten Eingeweiden geboren.

SELTSAME FREUNDSCHAFT ■ Im Zoo von Nanchong, China, haben eine Wildziege und ein Wolf tiefe Freundschaft geschlossen – und das, obwohl Ziegen in der freien Wildbahn eigentlich Beutetiere für Wölfe sind! Sie teilen sich ein Gehege, und sobald die Ziege spazierengeht, heult der Wolf vor Sehnsucht und tobt herum, bis sie zurückkommt.

ICH LIEBE DOTTIE ■ Im März 2008 gebar Dottie (deutsch: „Pünktchen"), eine Katze aus Sacramento, Kalifornien, ein Kätzchen mit schwarzen Flecken an der Seite, die ein „I", ein Herz und einen Punkt formen.

GIFTSCHLEUDER ■ Eine neuentdeckte Spezies von Spuckkobras aus Kenia trägt so viel Gift in sich, dass ein einziges Exemplar 15 Menschen töten könnte.

Hunde auf Rädern

Die zweibeinigen Chihuahuas Venus de Milo, Carmen und Pablo leben in ihren neuen Hundewagen ein glückliches und zufriedenes Leben. Die Stützen wurden ihnen von der North Shore Animal League of America zur Verfügung gestellt und ermöglichen es ihnen, sich frei zu bewegen, anstatt wie früher auf den Hinterbeinen zu laufen.

HEUSCHRECKEN

Ein Schwarm rosafarbener Heuschrecken fällt im November 2004 über einen Strand auf der Kanarischen Insel Fuerteventura, Spanien, her. Die Urlaubsgäste räumten die Gegend sofort, nachdem die Insekten auftauchten. Die Tiere waren nach ihrer Ozeanüberquerung stark mitgenommen, und viele kamen mit gebrochenen Flügeln und Beinen an der Küste an, wo sie sofort starben. Sie gehörten zu einem Schwarm von über 100 Millionen Heuschrecken, die innerhalb eines Wochenendes von Westafrika über das Meer geflogen waren. In Marokko wurde sogar ein 230 km langer und 150 m breiter Schwarm gesichtet! Er zählte geschätzte 69 Milliarden Insekten. Da es in der Sahara in jenem Jahr 100-mal mehr Regen gegeben hatte als sonst, hatten sich die Heuschrecken ungewöhnlich stark vermehrt.

GROSSE HEUSCHRECKEN

1915 Von März bis Oktober fraßen Heuschrecken die gesamten Pflanzen in und um Palästina.

1954–55 In Kenia erstreckte sich ein Heuschrecken- schwarm über 1.000 km². Er wog 88.000 Tonnen und bestand aus 40.000 Millionen Insekten.

1958 Äthiopien verlor 167.000 Tonnen Getreide an eine Heuschreckenplage – davon hätte eine Million Menschen ein Jahr lang satt werden können.

1987–89 Eine Heuschreckenplage, die im Sudan ihren Ursprung hatte, breitete sich bis nach Indien aus, hinterließ verheerenden Schaden in 28 Ländern und kostete die Staaten mehr als € 206 Millionen, da danach eine Fläche von 260.000 km² neu bepflanzt werden musste.

2000 100 Milliarden Heuschrecken schwärmten über Aus- tralien und verwüsteten im Süden des Landes 30.000 km². Der Himmel wurde so schwarz vor Insekten, dass Wetter- stationen im Outback fälschlicherweise starken Regen feststellten.

2004 Wegen Heuschreckenschwärmen mussten 130.000 km² in 20 Ländern für eine Summe von € 275 Millionen neu bepflanzt werden. Der Ernteverlust belief sich auf € 1,72 Milliarden.

2005 Hunderttausende von Heuschrecken machten sich in Südfrankreich breit und fraßen jede Pflanze, die sie finden konnten.

SCHWARM

LANGE REISEN ■ Wüstenheuschrecken reisen häufig bis zu 130 km am Tag und können für lange Zeit in der Luft bleiben. Meist überqueren sie das Rote Meer, eine Strecke von über 300 km. 1988 zog ein Heuschreckenschwarm in nur zehn Tagen von Westafrika bis in die Karibik – eine Strecke von mehr als 4.800 km!

WIMPERNNAGER ■ In Brasilien lebt eine Spezies von Kakerlaken, die Wimpern essen – am liebsten die von schlafenden Kleinkindern!

BÄRENHUNGER ■ Eine Heuschrecke kann bis zu zwei Gramm Pflanzen am Tag fressen – das entspricht ihrem eigenen Körpergewicht! Ein kleiner Teil eines durchschnittlichen Heuschreckenschwarms frisst damit am Tag so viel wie zehn Elefanten oder 2.500 Menschen.

RATTENPLAGE ■ Während einer Rattenplage wurde zwischen 2007 und 2008 die gesamte Reis- ernte des indischen Staates Mizoram vernichtet, obwohl Millionen der Nagetiere getötet wurden, da die Regierung eine Prämie von zwei Rupien pro Rattenschwanz bezahlte.

MÄCHTIGE ZWERGE ■ Während Plagen können Heuschrecken bis zu 60 Länder auf einmal befallen – das ist über ein Fünftel der gesamten Landfläche der Erde! Damit ist ein Heuschrecken- schwarm in der Lage, die Lebensgrundlage von einem Zehntel der Weltbevölkerung zu zerstören.

WEITSPRUNGTALENTE ■ Eine Wüstenheuschrecke kann bis zu zehnmal weiter springen, als sie lang ist – das ist, als würde ein Mensch 18 m weit springen.

KÄLTEEMPFINDLICH ■ Wüstenheu- schrecken können keine hohen Bergketten wie das Atlasgebirge in Nordafrika oder den Himalaja überqueren, da sie nur bis zu 1.830 m hoch fliegen können. In größeren Höhen erfrieren sie.

AUSGEROTTET ■ 1874 überzog ein Schwarm von Heuschrecken aus den Rocky Mountains eine Fläche von etwa 512.800 km² – so groß ist nicht einmal der Bundesstaat Kalifor- nien! Aber schon 30 Jahre später war die Spezies ausgestorben, da die Bauern der Region Tausende von Eiern zerstörten, als sie den Boden pflügten.

BAUERNRACHE ■ In einigen Regionen der Welt rächen sich Menschen an Heuschrecken, die die Ernte zerstört haben, indem sie sie genüsslich verspeisen, beispielsweise frittiert.

Toller Schweif

Crystal Socha aus Augusta, Kansas, kann wirklich stolz sein auf Summer, ihr elfjähriges American Paint Horse, denn der Schweif des Tieres ist unglaubliche 3,81 m lang! Hier ist Summer bei einer Vorführung im Rahmen des Equifest of Kansas 2008 zu sehen.

KLUGER HUND ■ Ein Deutscher Schäferhund rettete 2008 das Leben seines Besitzers, indem er auf dem Telefon die Schnellwahltaste für die Polizei drückte und dann bellte, um auf sich aufmerksam zu machen. Buddy war von seinem Besitzer Joe Stalnaker aus Scottsdale, Arizona, darauf trainiert worden, im Notfall so zu reagieren.

HONIGDIEB ■ Ein mazedonischer Bär, der einem Imker wiederholt Honig aus den Bienenstöcken stahl, wurde im März 2008 wegen Diebstahls und Sachbeschädigung verurteilt.

AFFENARBEIT ■ Ein Schimpanse aus dem polnischen Radkow hat einen Promotionjob in der Tourismusbranche bekommen! Der 17-jährige Bobby erhält € 96,50 im Monat, weil er mit einem Schild auf dem Rücken herumläuft, das für einen Schönheitssalon wirbt, der sich Monkey Rock nennt.

Affenliebe

Zwei seltene weiße Tigerjunge, die in einem Tierinstitut in Myrtle Beach, South Carolina, aufgezogen werden, haben sich eine Ersatzmutter der besonderen Art gesucht: Anjana, eine zweijährige Schimpansendame, half dem Pfleger des Tiger von Anfang an bei der Aufzucht von Mitra und Shiva und fütterte die beiden sogar mit dem Fläschchen. Außerdem kümmert sie sich hin und wieder um Leoparden, Löwen und Orang-Utans.

JUMBO-PETITION ■ Der zwölfjährige Jack Smithies aus Großbritannien brachte 655 Menschen dazu, seine Petition zu unterzeichnen, mit der er durchsetzen wollte, dass Familien Elefanten als Haustiere in ihrem Garten halten dürfen. Dennoch wies die Regierung seinen Antrag mit der Begründung ab, dass Elefanten zu groß und zu gefährlich wären.

FAHRRADEULE ■ Wenn Wildhüterin Jenny Smith auf ihrem Fahrrad durch die Gassen von Staffordshire, England, fährt, hat sie meist einen recht ungewöhnlichen Beifahrer: Das Käuzchen Treacle hüpft auf den Lenker und lässt sich begeistert durch die Stadt kutschieren.

ROSA HÄUFCHEN ■ In Mansfield, England, färbten im Jahr 2008 Freiwillige Hundekot auf einem idyllischen Platz rosa ein, um Hundehalter zu beschämen und sie zum Wegräumen der Häufchen zu bewegen.

BIENENALARM ■ Zwölf Millionen Bienen sorgten im März 2008 dafür, dass eine Autobahn in Kalifornien gesperrt werden musste. Nachdem sich ein LKW, der Kisten voller Bienen transportierte, nahe Sacramento überschlagen hatte, stachen die Insekten Polizisten, Feuerwehrleute und das Abschlepppersonal, die den Unfallort aufräumen wollten.

MUMIFIZIERTE KATZE ■ Im Dezember 2008 wurde im ägyptischen Kairo ein Australier festgenommen, der eine 2.000 Jahre alte mumifizierte Katze in seinem Koffer transportierte.

NICHTSCHWIMMER ■ Die Prachtsepie, die vor der indonesischen Küste vorkommt, läuft auf ihren Tentakeln über den Meeresboden, weil sie nicht schwimmen kann.

HÖR-GEWEIHE ■ Forscher der Universität von Guelph, Kanada, haben herausgefunden, dass Elchgeweihe als Hörhilfen dienen. Sie verstärken das Gehör der Tiere um fast 20 %. Elchohren sind etwa 20-mal so groß wie Menschenohren, und die Tiere sind für ihr außerordentlich gutes Gehör bekannt, das sie Geräusche aus einer Entfernung von bis zu 3,20 km wahrnehmen lässt. Jetzt wurde herausgefunden, dass Elchbullen mit Geweih Elchkühe viel besser orten können als Exemplare ohne Geweih.

TALENTIERTES TRÄLLERN ■ Der Graupapagei Leonard aus Bristol, England, kann "Dock of the Bay" und die Titelmelodie aus *Mission Impossible* krächzen! Außerdem hat er im Repertoire „YMCA" von den Village People.

Das Innere des Hundehauses ist mit seinen ausgewählten Tapeten und Möbeln mindestens so stilvoll wie die Hausfassade.

Hunderesidenz

Eine amerikanische Firma stellt Luxushäuser mit Klimaanlage, handgefertigten Betten und erstklassiger Einrichtung her – und zwar für Hunde! Die Firma La Petite Maison entwirft Hundehütten im Wert von € 34.500 und hat sogar schon ein Bergchalet für einen Bernhardiner gebaut! 2008 bestellte das Supermodel Rachel Hunter eine Miniaturausgabe ihres eigenen Hauses in Kalifornien als Luxus-Hundehaus, komplett mit Terrakottaböden und schmiedeeisenerem Balkon.

SPITZ UND HACKE ■ Das malaysische Federschwanz-Spitzhörnchen kann zu Alkohol fermentierten Nektar trinken, ohne dabei Schaden zu nehmen! Die Tiere nehmen Mengen zu sich, von denen ein Mensch sturzbetrunken wäre. Sie trinken täglich aus den Knospen einer Palme vergorenen Blütennektar, der immerhin 3,80 % Alkohol enthält – so stark sind viele Biersorten!

GEBETSHUND ■ Conan, ein zweijähriger Chihuahua, nimmt in einem buddhistischen Tempel in Japan täglich am Gebet teil. Er sitzt auf seinen Hinterbeinen, hebt seine Pfoten und legt sie an seine Schnauzenspitze. Die Gläubigen mögen ihn so sehr, dass die Zahl der Betenden seit der Anwesenheit des Tempel-Haustiers um etwa ein Drittel zugenommen hat.

KICKBOX-TERRIER ■ Ein Russischer Schwarzer Terrier mit dem Namen Ringo Tsar hat Kickboxen gelernt! Sein Besitzer, der ehemalige Kampfkunstmeister Russ Williams aus Holywell, North Wales, hat dem Tier beigebracht, auf Kommando zu springen und mit den Vorderläufen in einen Sandsack zu schlagen. Russ geht davon aus, dass sein Hund eher jemanden k.o. schlagen würde, als zuzubeißen.

KUHARREST ■ In Kambodscha wurde 2007 eine Kuh festgenommen, weil sie Verkehrsunfälle verursacht hatte, bei denen sechs Menschen ums Leben gekommen waren. Die Kuh spazierte regelmäßig durch die Vororte der Hauptstadt Phnom Penh, wo Autofahrer immer wieder Vollbremsungen vornehmen mussten, um sie nicht anzufahren.

SCHWANENCHAOS ■ Im Juni 2008 wurden in East Sussex, England, mehrere Straßen gesperrt und der Verkehr durch die Polizei aufgehalten, weil eine Schwanenfamilie einen dreistündigen Spaziergang machte. Das Schwanengesetz, das auf das Jahr 1576 zurückgeht, besagt, dass die Vögel geschützt werden müssen, da sie alle Eigentum der Königin sind.

KNALLZWERG ■ Der nur 2,50 cm lange Knallkrebs, der im Mittelmeer vorkommt, gibt Geräusche von bis zu 218 Dezibel von sich – das ist lauter als ein Pistolenschuss! Das ohrenbetäubende Geräusch entsteht durch einen Wasserstrahl, den der Krebs mit einer Geschwindigkeit von 100 km/h verspritzt. Dabei entsteht eine Wasserblase, die kurzzeitig 4.426°C heiß wird. Das Geräusch ertönt, wenn die Blase platzt.

SCHWIMMMEISTER ■ Eine wasserliebende Schäferhündin namens Paris wurde zum Ehrenmit-glied eines chinesischen Schwimmvereins. Sie hat sogar ihre eigene Duschkabine! Paris schwimmt bis zu 24 km am Tag im Jialing-Fluss, Chongqing, und hat insgesamt schon an die 10.460 km zurückgelegt.

ZÄHNE ZUSAMMENBEISSEN! ■ Nachdem sich Cymbeline, ein Scottish Terrier, in einer Speisekarte festgebissen hatte, klebte ihr Gebiss zusammen! Die Hündin war darauf trainiert, ihrem Herrchen aus Essex, England, die Tageszeitung von der Türmatte zu holen, doch als sie sich eines Tages in eine Hochglanz-Speisekarte verbiss, konnte ein Tierarzt ihre Zähne erst nach einer halben Stunden wieder von dem Klebstoff befreien.

MUSIKALISCHES WALROSS ■ Ein Walross in einem türkischen Zoo kann Saxofon spielen! Sara aus dem Istanbuler Delfinarium hält das Instrument mit den Flossen und beeindruckt ihr Publikum mit kurzen Melodien.

SPÄTES GLÜCK ■ Gilly Delaney aus Birmingham, England, wurde 2008 nach neun Jahren mit ihrer weggelaufenen Katze wiedervereint! Seit 1999 hatte sie geglaubt, dass Dixie von einem Auto überfahren worden wäre, doch plötzlich tauchte der Tierschutzbund auf, der die Katze wohlbehalten auf der Straße gefunden hatte.

HAIANGRIFF ■ Der Rat Terrier Jake kam mit einem blauen Auge davon, als er 2008 in Florida von einem 1,50 m langen Hai angefallen wurde. Sein Besitzer Greg LeNoir hatte den Hund im Hafenbecken von Islamorada schwimmen lassen, als er plötzlich von einem Hai attackiert wurde – doch Greg sprang heldenhaft ins Wasser und rettete den Vierbeiner.

MOTORMIEZE ■ Die Katze Luna verbrachte im November 2008 eine Woche im Motorraum des Autos ihres Besitzers! Sie überlebte eine 480 km lange Fahrt durch Österreich, hatte sich aber so tief versteckt, dass der Motor auseinandergenommen werden musste, um sie zu befreien.

EI-GENARTIG GROSS ■ Die Kinder einer Schule in Gloucester, England, staunten nicht schlecht, als ihr Klassen-Haustier, die Henne Little Lil, im Januar 2009 ein Ei von der Größe eines Tennisballs legte. Mit zehn Zentimetern Länge und einem Durchmesser von sieben Zentimetern war es dreimal so groß wie ein normales Ei.

ZWEIKÖPFIGER FISCH ■ Auf einer Fischfarm in Noosa River, Australien, schlüpften Tausende von zweiköpfigen Seebarschlarven. Die mutierten Fischbabys überlebten nur 48 Stunden, ehe sie massenweise starben.

PINGUINHOCHZEIT ■ In einem Aquarium in Wuhan, China, fand im Januar 2009 ein Hochzeitsfest für zwei Brillenpinguine statt. Der Bräutigam, der im Natursmoking erschien, trug dazu eine Krawatte, die Braut kam in einer roten Bluse. Beim Empfang speiste das glückliche Paar sein Lieblingsessen: Quellkärpfling.

SPINNEN IM ALL ■ Wenn Spinnen sich zum ersten Mal im Weltraum befinden, spinnen sie verhedderte, unordentliche Netze. Doch sobald sie sich an die Mikroschwerkraft gewöhnt haben, haben ihre Netze wieder die gewohnte Ordnung.

DURCHGEFLOGEN ■ Die Pfuhlschnepfe, ein pazifischer Küstenvogel, kann über 11.250 km weit fliegen, ohne eine Fresspause einzulegen.

Fischiger Freund

Diese Muräne nahm am Neujahrsfest 2009 im Sunshine International Aquarium im japanischen Tokio teil, indem sie gemeinsam mit einer in einen traditionellen Kimono gekleideten Taucherin schwamm, die zur Fütterung ins Becken gesprungen war. Muränen sind eigentlich harmlos, haben aber rasiermesserscharfe Zähne, und die Bisswunden sind besonders anfällig für Infektionen.

HUNDEPERÜCKEN ■ Eine Firma aus Santa Barbara, Kalifornien, die sich Total Diva Pets nennt, verkauft für € 20 Haarteile für Hunde. Die Schwestern Jenny und Crissy Slaughter verkaufen acht verschiedene Modelle der Hundeperücken – darunter ein Afro- und ein Irokesenmodell – in fünf Größen vom Chihuahua bis zur Dänischen Dogge.

KRAKEN-VANDALE ■ Otto, ein Krake aus dem Star Aquarium im deutschen Coburg, verursachte Kurzschlüsse, als er an den Rand seines Beckens schwamm und Wasser auf eine Lampe spritzte.

BIESTIGER KÄFER ■ Eine Spezies von peruanischen Mistkäfern hat sich vom Aasfresser zum Raubtier entwickelt. Während sie früher nur Tierkot fraßen, enthaupten und fressen sie nun lebende Tausendfüßler, die zehnmal so groß sind wie sie selbst.

SINGFISCH ■ Wissenschaftler der Universität von Indiana haben herausgefunden, dass das Singen eigentlich von Lungenfischen erfunden wurde. Schnabel- und Kehlenbewegungen von Vögeln sowie Mund-, Zungen- und Unterkieferfunktion des Menschen entwickelten sich ihren Ergebnissen zufolge, als Lungenfische anfingen, zu schlucken und nach Luft zu schnappen.

ÄNGSTLICHER PINGUIN ■ Ein Pinguin aus dem Blackbrook Zoological Park in Staffordshire, England, wurde zu einer Berühmtheit, weil er Angst vor Wasser hat. Während seine 23 Pinguinfreunde fröhlich herumschwimmen, sitzt Kentucky auf einem Felsen und weigert sich, ins Becken zu springen. Der Humboldt-Pinguin war laut Zoopflegern bei seiner Geburt kleiner als seine Geschwister und hat seitdem eine Menge Federn gelassen, weshalb ihm das Wasser einfach zu kalt sein könnte.

METHUSALEM ■ Ein Reptil aus Neuseeland ist im biblischen Alter von 111 Vater geworden! Henry, eine Brückenechse, die im Southland Museum and Art Gallery lebt, reagierte aggressiv auf Weibchen, bis ihm 2002 ein Krebsgeschwür von den Genitalien entfernt wurde. Seitdem ist er versöhnlicher, hat sich mit einem Weibchen namens Mildred gepaart und wurde stolzer Vater von elf Baby-Brückenechsen.

Zweiköpfige Kuh

Im Jahr 2007 erstaunte dieses Kalb, das aufgrund eines Genfehlers mit zwei Gesichtern geboren worden war, die Bewohner aus dem Kreis Lintao, China, mit seinen vier Augen und zwei Mäulern.

Als die Elefanten in Baumstümpfen versteckte Kameras in den Urwald trugen, waren einige Tiere fasziniert von ihrer Reflektion in den Linsen, während andere, wie die Bengalischen Tiger (unten), sie einfach ignorierten.

ELEFANTENKAMERA

Im Pench National Park in Madhya Pradesh, Indien, wurden Elefanten zu riesigen Kameramännern für eine Fernsehdokumentation ausgebildet. Die Elefanten trugen Kameras, die als Steine oder Baumstümpfe getarnt waren, mit ihren Rüsseln und Stoßzähnen tief in den Dschungel, wo einmalige Aufnahmen von Bengalischen Tigern entstanden. Wilde Tiger sind es gewöhnt, sich ihr Gebiet mit Elefanten zu teilen, weshalb sie auf die Kameras zwar neugierig, aber keinesfalls misstrauisch reagierten und das Filmen nicht bemerkten.

Beulenbauch

Die Beule im Bauch dieses Pythons war alles, was man von der acht Wochen alten Tigerkatze Kohl noch sehen konnte, nachdem sie 2008 im Garten der Familie McLaren in Darwin, Australien, in einem Stück geschluckt worden war. Röntgenaufnahmen der 1,80 m langen Schlange zeigen das Kätzchen im Magen sehr deutlich. Der Kopf des kleinen Haustiers war zwar dreimal so groß wie der des Reptils, doch das hatte die hungrige Schlange nicht weiter aufgehalten.

LIEBENDE MUTTER ■ Als ihre sechs Küken in Newcastle upon Tyne, England, 2008 durch einen Gully gespült wurden, folgte eine Stockentenmami dem verängstigen Piepsen 1,6 km weit über Straßen, Kreisverkehre, Zuggleise, zwei Schulhöfe und ein Krankenhausgelände.

HUNDELEBEN ■ Nachdem der Deutsche Schäferhund Ozzy 2007 ein Kind gebissen hatte, sollte er eingeschläfert werden – doch er konnte sein Todesurteil in lebenslänglich umwandeln! Seitdem bewacht er das Gelände einer Strafanstalt bei Media, Pennsylvania.

SCHLANGENANGRIFF ■ Als Cari Abatemarco aus Brentwood, New York, ihr Baby schreien hörte, warf sie einen Blick in die Wiege – und fand darin eine 30 cm lange, ungiftige Rote Königsnatter, die sich um das Bein ihrer sieben Monate alten Tochter gewickelt hatte.

BADEWANNENKNAST ■ Eine vierjährige Katze aus dem deutschen Stadthagen überlebte, obwohl sie sieben Wochen lang unter einer Badewanne festsaß. Während ihrer Gefangenschaft nahm sie vier Kilogramm ab.

HELDEN-PAPAGEI ■ Im Juli 2008 rettete ein Papagei seinen Besitzern, der Familie Hall, das Leben, als er laut krächzte, um sie darauf aufmerksam zu machen, dass das Haus im englischen Hampshire in Flammen stand. Bob, ein dreijähriger Graupapagei, sorgte dafür, dass alle Familienmitglieder das Haus rechtzeitig verlassen konnten – natürlich nicht ohne seinen Käfig! Sam Hall erklärt: „Bob ist mir mit seinem Gekrächze immer auf die Nerven gegangen, aber nun habe ich meine Meinung geändert. Er ist ein echter Held und hat uns das Leben gerettet!"

BÄR GERETTET ■ Adam Warwick von der Florida Fish and Wildlife Commission rettete 2008 einen 165 kg schweren Schwarzbären, der von einem Betäubungspfeil getroffen worden war, vor dem Ertrinken. Als Adam sah, wie das benommene Tier ins Wasser torkelte, schwamm er ihm hinterher, klemmte sich seinen Kopf unter den Arm und zog es an Land.

MITREISSEND ■ Während einer Flut in Australien im Januar 2008 wurde ein Stier in einen reißenden Fluss gezogen, der ihn zwischen Baumstämmen und Zäunen 90 km weit mitriss, ehe das Tier gerettet werden konnte. Der zweijährige Barney wurde tief erschöpft an der Mündung des Tweed River in der Nähe des Meers in New South Wales geborgen.

ÜBERLEBT ■ Im April 2008 wurde ein Hund lebend geborgen, nachdem er acht Tage lang unter 4,50 m hohem Geröll begraben gewesen war. Als ein zweistöckiges Gebäude in Breckenridge, Colorado, explodierte und die Springer-Spaniel-Dame Lulu unter sich begrub, überlebte sie, indem sie schmelzenden Schnee trank und alles fraß, was sie in den Trümmern finden konnte.

HEISSE SCHLANGE ■ In Australien wurde 2008 eine Schlange mit Verbrennungen dritten Grades behandelt, nachdem sie eine Fahrt unter der Motorhaube eines Autos überlebt hatte. Der 2,40 m lange Python hatte sich der Wärme wegen um den Motorkühler gewickelt, doch als der Wagen eine lange Reise nach New South Wales antrat, erhitzte sich der Kühler stark. Das Auto blieb schließlich liegen, und als der Besitzer unter die Motorhaube sah, fand er nicht nur einen gerissenen Keilriemen, sondern auch eine ziemlich heiße Schlange!

WÄSCHEWUNDER ■ Als Mara Ranger im Juli 2008 in ihrem Haus in Gorham, Maine, Wäsche aus ihrer Maschine holte, entdeckte sie entsetzt eine 2,40 m lange Netzkobra zwischen den Stücken! Vermutlich war das Reptil durch die Wasserleitung in die Waschmaschine gelangt. Sie wurde von einem Beamten des Tierschutzes eingefangen und in das Wild Animal Kingdom in New York transportiert.

REH-CHIRURG ■ John Polson aus dem kanadischen Saskatoon führte 2008 am Straßenrand einen Notkaiserschnitt bei einer Weißwedelhirschkuh durch. Er fand das Tier lebend, aber stark verletzt neben einem Fahrzeug und beschloss, seinem Leiden ein Ende zu bereiten. Dann erinnerte er sich, dass gerade Nachwuchszeit war, und schnitt dem Reh

den Bauch auf, in dem er zwei lebende Kitze fand, die er mit nach Hause nahm und von Hand aufzog, bis sie ausgewildert konnten.

HELDENHASE ■ Ein Haushase mit dem Namen Rabbit rettete ein Paar in Melbourne, Australien, 2008 vor einem Brand, indem er wie wild an ihrer Schlafzimmertür kratzte, um sie aufzuwecken. Der sechs Monate alte Hase mit den Schlappohren durfte frei im Haus seiner Besitzer Gerry Keogh und Michelle Finn herumlaufen, wenn niemand zu Besuch war. Als sie wach waren, konnten die beiden den Heldenhasen wegen des starken Rauchs nicht finden, doch schließlich wurde Rabbit von einem Feuerwehrmann gerettet.

SCHWEINESTIEFEL ■ Ein Schweinchen aus dem englischen North Yorkshire bekam 2008 maßgeschneiderte Gummistiefel, damit es seine Angst vor Schlamm überwinden konnte. Die kleine Schweinedame machte sich ungern die Hufe schmutzig, also verpassten ihre Besitzer Debbie und Andrew Keeble ihr vier Mini-Schuhe, die früher als Stifthalter in ihrem Büro gedient hatten.

Hungriger Reiher

Graureiher sind bekannt dafür, dass sie kleine Säugetiere und Frösche fressen. Entsetzt mussten Zuschauer in Vianen, Holland, zusehen, wie sich dieses Exemplar an einem Flussufer ein Hasenbaby schnappte, die zappelnde Kreatur ins Wasser trug, sie dort ertränkte und in einem Stück verschlang!

SCHLANGENFREUND ■ Der Chinese Yang Jinsen aus Dongwan hängt so sehr an seiner Hausschlange, dass er sogar mit ihr spazieren geht. 1997 hatte er sie auf dem Schulweg gefunden und kümmert sich seither um sie: Er hat ihr ein kleines Haus gebaut, spielt mit ihr, geht auf den Feldern mit ihr spazieren und hat sie 2007 sogar seiner Ehefrau vorgestellt. Dank seiner Zuneigung lebt das Reptil nun schon doppelt so lange wie für Schlangen üblich.

ESELKNAST ■ Ein Esel verbrachte im Mai 2008 drei Tage in einem mexikanischen Gefängnis, weil er in Chiapas zwei Männer gebissen und getreten hatte. Er wurde aus der Ausnüchterungszelle freigelassen, nachdem sein Besitzer ein Bußgeld und die Arztrechnungen der Verletzten bezahlt hatte.

BALLETTESEL ■ Das berühmte russische Mariinsky-Ballett verabschiedete 2008 eine seiner langjährigsten Mitarbeiterinnen: die 21-jährige Eselin Monika. Nachdem sie in der Aufführung des *Don Quichotte* 19 Jahre lang den Dickwanst Sancho Pansa über die Bühne getragen hatte, durfte sie in Rente gehen. Auf ihrer Abschiedsfeier tanzte sie einen Walzer mit einer der Ballerinas und bekam einen Karottenkuchen geschenkt.

HAMSTERJAGD ■ Der Roborowski-Zwerghamster, der ursprünglich aus Nordchina stammt, sucht so gründlich nach Futter, dass er pro Nacht mehr als 160 km zurücklegt – also fast vier Marathonstrecken!

ELEKTROAMEISEN ■ Viele Ameisenarten bauen ihre Nester in der Nähe von Elektrogeräten, da sie die magnetischen Felder in deren Umgebung mögen.

LECKER GELD ■ Ein indischer Händler verlor seine gesamten Ersparnisse, nachdem Termiten die Banknoten in seinem Bankschließfach befallen hatten. Dwarika Prasad hatte 2005 über € 11.000 bei der Bank of India hinterlegt, doch als er das Schließfach 2008 wieder öffnete, fand er nichts außer den Hinterlassenschaften der Termiten.

HITZEDETEKTOREN ■ Die hitzeempfindlichen Kuhlen an der Schläfe von Klapperschlangen können sie auf Beutetiere aufmerksam machen, die nur um ein Zehntel wärmer sind als ihre Umgebung.

TAUBENSERVICE ■ Eine Taube namens Spitfire, die bis zu 95 km/h schnell fliegen kann, wird von der Firma Rocky Mountains Adventures eingesetzt, um Speicherkarten mit Fotos von Raftern zurück zur Bergstation zu bringen, sodass die Tagesausflügler ihre entwickelten Fotos abends mit nach Hause nehmen können.

BLUTSPENDE ■ Das Amerikanische Rote Kreuz ehrte im Februar 2008 einen ihrer ungewöhnlichsten Blutspender: Lurch, den 90 kg schweren, zweijährigen English Mastiff von Joni Melvin-Thiede aus Howell, Michigan. Er hat über 20-mal Blut gespendet und damit das Leben Dutzender Hunde gerettet.

SEILTÄNZER ■ Im chinesischen Chongqing City präsentierte 2008 ein zweijähriger Tibetanischer Mastiff namens Hu Hu sein Talent: Von einer vier Meter hohen Plattform aus spazierte er zehn Meter weit über ein dünnes Drahtseil.

VERKEHRT ■ Der in Afrika beheimatete Kongowels kann auf dem Rücken schwimmen, damit er sich von der Unterseite von überhängenden Felsen und ins Wasser gefallenen Zweigen ernähren kann.

HEILIGE BIENEN ■ Der Imker Slobodan Jeftic aus Stari Kostolac, Serbien, baut Bienenstöcke in der Form winziger Klöster und Kirchen, damit er den Bienen für ihren Honig auch etwas zurückgeben kann – und zwar Seelenheil.

AUF DER FLUCHT ■ Ein Klammerschwanzaffe entkam 2008 kurzzeitig aus dem Washington Park Zoo in Michigan City, Indiana, indem er einen Gartenschlauch emporkletterte, während die Wärter einen Graben reinigten. Er wurde bei einem nahegelegenen Bootshändler wieder eingefangen, wo er sich auf ein Rennboot gesetzt hatte.

SOLDATENBÄR ■ Während des Zweiten Weltkriegs fing ein Braunbär namens Voytek im Irak einen Spion und half, Munition für die polnische Armee nach Italien zu transportieren. Der 115 kg schwere Bär, der über 1,80 m groß war, war ein so geschätztes Mitglied der Armee, dass er Namen, Rang und Nummer erhielt. Wie die meisten anderen Soldaten vertrieb er sich mit Bier und Zigaretten die Zeit, wenn er frei hatte.

WUNDERHUND ■ Über drei Jahre hinweg hat ein Hund in einem Altenheim in Canton, Ohio, den Tod von 40 Menschen vorhergesagt. Die Angestellten bemerkten, dass der Schnauzer Skamp zu wissen schien, wann alte Menschen sterben würden, da er dann Stunden oder sogar Tage an deren Seite verbrachte.

KATZENLIEBE ■ Ein Hund riskierte sein Leben, um einen Wurf von Katzenjungen aus einem Feuer zu retten. Im Oktober 2008 weigerte sich Leo, ein Terriermischling, das brennende Gebäude im australischen Melbourne ohne die vier Kätzchen zu verlassen. Nach seiner Heldentat musste er mit Sauerstoff und Herzmassage wiederbelebt werden. Die Kätzchen überlebten das Unglück ebenfalls.

Supernager

Eine Firma namens Super Pet hat den „Critter Cruiser" entwickelt, ein Nagetier-Auto auf Schienen, das auf diesem Bild von Wüstenrennmäusen in Gang gehalten wird.

Blubber Blasen

Delfine gelten als die verspieltesten unter den Meeresbewohnern, aber diese Exemplare, die in einem Sea-Life-Center in Orlando zu Hause sind, haben ein ganz besonderes Talent: Sie können unter Wasser Luftringe erzeugen, durch sie dann schwimmen. Die Ringe entstehen, indem sie mit einer schnellen Kopfbewegung Luft durch ihre Atemlöcher ausstoßen und sie mit der Schnauze in Form bringen. Manchmal machen sie auch mehrere Ringe auf einmal und schwimmen zum Spaß gemeinsam hindurch.

SO SCHNELL! EPISCHE REISEN

Geschwindigkeit	Fahrzeug	Beschreibung
3.529 KM/H	DÜSENFLUGZEUG	1976 flog Eldon W. Joersz über der Beale Air Force Base in Kalifornien mit einem Düsenflugzeug 3.529 km/h schnell – das sind 3.521 km/h mehr, als der Flugpionier Wilbur Wright 1903 bei seinem schnellsten Flug erreichte.
1.223,60 KM/H	AUTO	1997 erreichte Andy Green in seinem Thrust SSC (Überschallauto) in der Black-Rock-Wüste, Nevada, eine Höchstgeschwindigkeit von 1.223,60 km/h.
580,80 KM/H	MOTORRAD	Im September 2008 kam Rocky Robinson auf seinem Ack-Attack-Motorrad in Bonneville Salt Flats, Utah, auf 580,80 km/h.
511 KM/H	SCHNELLBOOT	Ken Warby erreichte 1978 in Blowering Dam, Australien, mit seinem Schnellboot Spirit of Australia eine Geschwindigkeit von 511 km/h.
265,30 KM/H	BLIND AUF DEM MOTORRAD	Mit verbundenen Augen fuhr Billy Baxter 2003 auf einem 1.200-Kubik-Motorrad in Boscombe Down, England, 265,30 km/h schnell!
210,30 KM/H	MOUNTAIN-BIKE, BERGAB	2007 fuhr der Österreicher Marcus Stoeckl auf einem Mountainbike mit 210,30 km/h einen schneebedeckten Berg in Chile hinab.
148 KM/H	SOFA	Marek Turowski erreichte auf seinem Sofa mit Heckmotor auf einem Rollfeld in Leicestershire, England, 148 km/h.
130 KM/H	FAHRRAD	2002 fuhr der Kanadier Sam Whittingham auf einem aerodynamischen Liegerad in Battle Mountain, Nevada, 130 km/h schnell.
129 KM/H	RASENMÄHER	Bobby Cleveland fuhr 2006 in Bonneville Salts Flat, Utah, auf seinem Rasenmäher 129 km/h schnell.
101 KM/H	SKATEBOARD	1998 erreichte Gary Hardwick bei einem Rennen in Arizona auf seinem Skateboard eine Geschwindigkeit von 101 km/h.
96,50 KM/H	EINKAUFS-WAGEN	Edd China aus dem englischen Berkshire kam in seinem motorisierten Einkaufswagen 2005 auf 96,50 km/h.
27.142 KM	GELÄNDE-WAGEN	Von August 2007 bis März 2008 legten Josh und Anna Hogan aus San Francisco, Kalifornien, 27.142 km in einem Geländewagen zurück. Ihre Reise begann in Mombasa, Kenia, und endete in Elche, Spanien.
23.487 KM	RASENMÄHER	Im Mai 2000 fuhr Gary Hatter in Portland, Maine, auf seinem Rasenmäher los, reiste durch alle 48 US-Bundesstaaten sowie durch Kanada und Mexiko und kam im Februar 2001 in Daytona Beach, Florida, an. Er hatte 23.487 km zurückgelegt.
21.198 KM	TRAKTOR	2005 unternahm Wassili Haskewitsch innerhalb von drei Monaten eine 21.198 km lange Rundreise auf seinem Traktor, die im russischen Wladimir begann und endete.
19.574 KM	SCHNEEMOBIL	Robert G. Davis fuhr während einer 60-tägigen Reise im Jahr 2008 auf einem Schneemobil 19.574 km weit durch Maine und Kanada.
19.312 KM	EINRAD	Von 1983 bis 1984 fuhr Pierre Biondo aus dem kanadischen Montreal auf einem Einrad einmal um Nordamerika herum – über 19.000 km weit!
19.312 KM	TUK-TUK	Jo Huxster und Antonia Bolingbroke-Kent fuhren 2006 in einem Tuk-Tuk, einem dreirädrigen Motortaxi, 19.312 km weit von Thailand bis nach England.
8.119 KM	WINDSURF-BRETT	Zwischen Mai 2004 und Juli 2005 legten Flavio Jardim und Diogo Guerreiro entlang der brasilianischen Küste 8.119 km auf Surfbrettern zurück.
5.823 KM	SKATEBOARD	Im Jahr 2006 fuhr der Waliser Dave Cornthwaite in 90 Tagen auf seinem Skateboard 5.823 km weit von Perth nach Brisbane durch Australien.
4.152 KM	GLEITSCHIRM	Bob Holloway flog 2004 in einem motorisierten Gleitschirm 4.152 km weit von Astoria, Oregon, bis nach Washington, Missouri.
2.414 KM	INNENREIFEN	44 Tage brauchte Cheng Yanhua 2007, um den chinesischen Yangtze 2.414 km weit von Chongqing City bis Shanghai hinunterzupaddeln – in einem Innenreifen!
37 KM	SPRINGSTOCK	Ashrita Furman legte 1997 in New City 37 km zurück, und zwar auf einem Springstock! Die Reise dauerte über zwölf Stunden.

Für Kerry McLean aus Walled Lake, Michigan, reicht ein einziges Rad vollkommen aus, um sich fortzubewegen - vorausgesetzt, er darf sich hineinsetzen! Das McLean-Einrad, das wohl verrückteste seiner Art, wurde erstmals 1970 hergestellt und seitdem kontinuierlich verbessert. Heute werden einige Modelle sogar von V8-Motoren angetrieben und erreichen Geschwindigkeiten von bis zu 80 km/h. Einräder sind schwierig zu steuern, und das McLean-Modell zählt zu den wenigen, die für den Straßenverkehr zugelassen sind.

IMMER IN ›› BEWEGUNG

KIPPSCHIFF

Ein Schiff, das im Meer versinkt, sich aufrichtet und dann wieder in seine Ausgangsposition zurückfällt, ist nicht gerade ein alltäglicher Anblick – doch all das kann das Flip Ship, das Türen im Boden, an den Wänden festgenietete Tische und Bullaugen in der Decke hat. FLIP ist eigentlich gar kein Schiff, sondern eine „schwimmende Instrumentenplattform", die von Wissenschaftlern des Scripps Institute für Ozeanografie aus dem kalifornischen San Diego verwendet wird, um das Meer zu erforschen. Die Wissenschaftler wohnen und arbeiten in Wochenschichten auf dem Fahrzeug. Aus dem Wohnbereich ragt ein 108 m langer Tank, der sich mit Seewasser füllt, durch das Gewicht ins Meer sinkt und dabei eine 90°-Wende vollzieht, sodass die Unterkünfte so hoch wie ein fünfstöckiges Gebäude mitten aus dem Ozean ragen.

HEIMWERKER-U-BOOT ■ Ein chinesischer Arbeiter baute ein Jahr lang an einem funktionsfähigen U-Boot aus Metallfässern und weiteren Zufallsfunden. Tao Xianglis Boot ist sechs Meter lang, wiegt 1,60 Tonnen, hat Platz für eine Person und verfügt außerdem über einen Fernseher, Überwachungskameras und Scheinwerfer. Es kann bis zu zehn Meter tief tauchen, und Tao investierte € 3.120 in den Bau – das entspricht seinem Jahresgehalt!

ZWEI RÄDER ■ Der Stuntman Dave Ackland aus Devon, England, fuhr im März 2008 in einem alten Vauxhall Viva auf zwei Rädern durch eine 2,02 m breite Lücke. Der Spalt war nur um 67 cm größer, als das Auto hoch ist.

MÜLLREISE ■ Marcus Eriksen und Joel Paschal beendeten 2008 eine dreimonatige, 4.185 km lange Reise von Long Beach, Kalifornien, bis nach Hawaii, und zwar auf einem Floß, das aus Plastikflaschen bestand! Das Deck ihres neun Meter langen Müllboots war aus alten Segelbootmasten zusammengeschustert, unter denen sich sechs Pontons befanden, die mit 15.000 Plastikflaschen gefüllt waren und eine Kajüte aus dem Rumpf einer alten Cessna trugen.

FAMILIENPANZER ■ Joachim Schöneich aus dem deutschen Neu-Anspach liebt es, Tagesausflüge mit seiner Familie zu machen – in einem sechs Tonnen schweren Armeepanzer! Der Tank verfügt über eine nicht funktionsfähige 30-mm-Kanone, hat eine 7,60 cm dicke Panzerung und einen Kindersitz für Joachims zweijährigen Sohn. Joachim erklärt: „Meistens ist es schwer, einen Parkplatz zu finden, aber immerhin gewährt man uns immer Vorfahrt!"

Körperkontrolle

Der Teenager Ben Gulak aus dem kanadischen Milton hat ein elektrisches Motorrad erfunden, das er „Uno" getauft hat und das einzig durch Körperbewegungen kontrolliert wird. Auch wenn es wie ein Einrad aussieht, hat es eigentlich zwei Räder, die nebeneinander angebracht sind, und bleibt durch Kreiseltechnik aufrecht stehen. Es bewegt sich immer in die Richtung, in die sich der Fahrer lehnt, und je mehr Ben sich nach vorne beugt, desto schneller wird das Gefährt. Der Prototyp bringt es auf bis zu 40 km/h. Der umweltfreundliche Uno wiegt nur 54 kg und fährt nach dem Aufladen 2 ½ Stunden lang.

RUNDREISE ■ Bill Anderson aus Yuma, Arizona, beendete 2006 im Alter von 80 Jahren eine Fahrradreise von der mexikanischen bis zur kanadischen Grenze und wieder zurück – das sind 4.830 km!

FLIEGENDES AUTO ■ Im Mai 2008 wurde in China ein Auto von einer Windbö auf ein Hausdach geblasen. Der Fahrer aus Yanbian City in der Provinz Jilin war gerade um eine Ecke gebogen, als ihn der Wind erfasste und das Auto anhob. Auf dem Dach blieb es auf der linken Seite liegen.

PROLO-STONEHENGE ■ Wegen einer Nachbarschaftsfehde errichtete Bauer Rhett Davis aus Hooper, Utah, 2008 in seinem Garten einen Zaun aus drei alten Autos, die in die Luft ragten. Nachdem er drei riesige Löcher gegraben hatte, steckte Davis die drei Schrottwagen, die an Demolition-Derbys teilgenommen hatten, mit der Nase voran in die Löcher. Seine Installation nannte er „Prolo-Stonehenge".

PAPP(KAME)RAD ■ Der Student Phil Bridge aus dem englischen Stockport hat ein Papprad erfunden! Den Papprahmen des Gefährtes erneuert er kostenlos alle sechs Monate, alle weiteren Elemente wie Stahlfelgen und Gummireifen sind so haltbar wie bei einem herkömmlichen Fahrrad. Seine Erfindung, die bis zu einem Körpergewicht von 76 kg genutzt werden kann, ist außerdem wasserfest.

KANALREISE ■ Bis 1975 konnten Touristen im 2.090 km langen Abwasserkanalsystem von Paris, Frankreich, Bootsfahrten machen.

UNVERANTWORTLICH ■ Im August 2008 wurde in Marathon, Florida, eine Frau festgenommen, weil sie über den Parkplatz eines Ladens gefahren war – mit ihrer dreijährigen Enkelin auf dem Autodach!

DICKKÖPFIG ■ John Melling aus dem englischen Cornwall baute fünf Jahre lang in seinem Garten an einer acht Meter breiten Jacht, obwohl er wusste, dass sie zu groß war, um sie jemals aus dem Garten zu holen.

FREIHÄNDIG ■ Eranna Kundaragimath aus dem indischen Bezirk Bagolkot kann 240 km weit, etwa fünf Stunden lang, freihändig Motorrad fahren. Seine besondere Fähigkeit trainiert er schon seit zehn Jahren, und heute kann er bis zu 80 km/h schnell fahren, ohne den Lenker zu berühren. Mit Taille und Beinen hält er die Maschine im Gleichgewicht und fährt Kurven.

LKW-SPRUNG ■ Robbie Knievel, der Sohn des legendären Motorrad-Stuntmans Evel Knievel, übertraf im Mai 2008 seinen verstorbenen Vater, als er 61 m weit über 24 LKWs sprang, die in einem Vergnügungspark in Kings Island, Ohio, standen. Sein Vater war 1975 bereits am selben Ort 35 m weit über 14 Busse gesprungen.

PAPIERSCHIFF ■ Inspiriert durch ein Buch über Origami baute Alan Jones aus dem englischen Bartley ein 3,60 x 1,80 m großes Boot aus Papier! Es verfügt über eine 2,70 x 1,80 m große Kajüte und schwimmt auf einer Schicht Safttüten, die als Doppelrumpf dienen. Im Sommer 2008 wollte Alan gemeinsam mit seinem Sohn Rhys 6.437 km weit den Mississippi hinabfahren, doch obwohl das Boot seetüchtig war, mussten sie die Reise aufgrund permanenten Hochwassers früh abbrechen. Sie spendeten das Boot der Pfadfindergruppe aus South Dakota, die sie bei ihrem Abenteuer unterstützt hatte.

FEUER UNTERM HINTERN ■ Ein Pole fuhr so schnell Fahrrad, dass seine Hose Feuer fing! Anfangs fragte er sich noch, was so seltsam roch, bis er bemerkte, dass er brannte. Vermutlich hatte die starke Reibung das Feuer entzündet.

KANUPENDLER ■ Duncan Crary und Alison Bates fahren regelmäßig elf Kilometer weit von Troy bis zu ihrem Arbeitsplatz in Albany, New York – und zwar im Kanu! Die Fahrt dauert jeweils drei Stunden.

Fliegender Bus

Der furchtlose Stuntfahrer Steve Hudis drehte einen der Evel-Knievel-Stuntklassiker einfach um, als er mit einem 12.700 kg schweren Schulbus in Las Vegas, Nevada, 33 m weit über eine Reihe von Motorrädern sprang. Um der Wirkung willen schoss Steve dabei durch einen Feuerball, der über den 15 Motorrädern loderte, legte eine Crash-Landung hin und entkam unversehrt.

FITNESS-FREAK ■ Der 50-jährige George Hood aus Aurora, Illinois, fuhr im Mai 2008 in über neun Tagen mehr als 176 Stunden lang auf einem Fitnessrad. Dabei legte er 4.185 km zurück und verbrannte fast 47.000 Kalorien.

SCHNECKENALARM ■ Als Hunderte von Wanderschnecken 2008 bei Stuttgart, Deutschland, über eine stark befahrene Autobahn krochen, verursachten sie eine Massenkarambolage, bei der sechs Autos ineinanderrauschten. Der Schleim der zerdrückten Schnecken ließ den Asphalt so rutschig werden, dass die Autos ins Schleudern kamen.

TODESANGST ■ Ein pensioniertes Paar aus dem deutschen München hing fast drei Stunden lang in seinem Leichtflugzeug in einer 380.000 Volt starken Hochspannungsleitung fest, in die das Flugzeug beim Landeanflug in Durach geraten war. Während das Benzin in beängstigender Nähe zum Motor aus dem Tank floss, hing das Paar 24 m über dem Boden fest, bis die Feuerwehr es mithilfe eines Krans befreite.

FALSCHE FERRARIS ■ Mechaniker aus Palermo auf Sizilien haben das Nonplusultra italienischer Plagiate zusammengeschraubt: gefälschte Ferraris! Bis die Polizei ihnen auf die Schliche kam, hatten sie die Fahrgestelle von zahlreichen Pontiacs, Mercedes' und Toyotas in falsche Rennwagen umgebaut, die sie dann für etwa ein Fünftel des Preises eines echten Ferrari verkauften. Die Kunden wussten offenbar, dass sie Fälschungen kauften, wollten aber trotzdem einen Ferrari, um Eindruck zu schinden.

FAHRRADPARADE ■ Die kalifornische Stadt Davis, die bekannt ist für ihre Fahrradfreundlichkeit, hat im März 2008 eine Parade mit 1.838 Fahrrädern veranstaltet.

TEURER FEHLER ■ Als ein Mechaniker 2008 am Flughafen von Baton Rouge, Louisiana, ein Flugzeug reinigte, drückte er aus Versehen auf den Startknopf, versetzte die Maschine in den Abflugmodus und raste in zwei weitere Flugzeuge, die im selben Hangar standen. Alle drei Maschinen wurden zerstört, der Schaden betrug fast € 69,50 Millionen.

MASSEN-VERLUSTE ■ Über 32.000 Bücher, 27.000 Handtaschen und 25.000 Kleidungsstücke werden Jahr für Jahr in den öffentlichen Verkehrsmitteln von London liegen gelassen. Außerdem fand man ein Paar Brustimplantate, ein Kugelfisch-Stofftier, ein Etui voller menschlicher Zähne, einen Rollstuhl, einen lebensgroßen Plüschgorilla, eine Armprothese und einen Sarg.

VERDÄCHTIGE LADUNG ■ Im Juli 2008 musste ein Passagierflugzeug der British Airways bei einem Flug von Belgrad nach London notlanden, da die Passagiere Angst hatten, dass die Gerüche, die durch die Kabine zogen, ein terroristischer Anschlag seien. Erst als ein Notfallkommando die Passagiere hinausgeleitet hatte, fand man die Ursache des Geruchs: einen riesigen Behälter mit Currygewürz im Frachtraum.

HOLZ-KÄFER ■ Momir Bojic aus dem bosnischen Celinac hat in einem Jahr die Karosserie seines alten VW-Käfer komplett mit Eichenholz verkleidet.

ALTE KARRE ■ Carl Keller aus Clintonville, Wisconsin, besitzt seit 58 Jahren ein und dasselbe Auto. Als er mit 26 Jahren das brandneue türkisblaue 1951er Packard-Cabrio für € 2.640 kaufte, schimpfte seine Mutter noch, wie er nur Geld für ein Auto verschwenden könne!

VOLLTREFFER ■ Als in Neuseeland am 25.6 2008 innerhalb von nur 24 Stunden fast 15.000 Blitzen niedergingen, trafen die Blitze auch vier Flugzeuge. Zu diesen zählte ein Lan Chile Airbus, der sicher in Auckland landete, obwohl der Blitz ein Loch von der Größe eines Tellers in seine Nase geschlagen hatte.

WAGHALSIGER VERSUCH ■ Olivier Vietti-Teppa aus der Schweiz sprang 2008 aus 610 m Höhe aus einem Flugzeug, und zwar mit einem Fallschirm, den er einer 500 Jahre alten Zeichnung nachempfunden hatte. Sein Modell entsprach den Entwürfen von Leonardo da Vinci aus dem Jahr 1485 und bestand aus vier Stoffdreiecken und einem spitz zulaufenden Kopfteil. Für den Notfall trug Vietti-Teppa einen modernen Sicherheitsfallschirm, musste ihn aber nicht nutzen, da das Modell von da Vinci problemlos funktionierte – allerdings ließ es sich nicht lenken.

LEIDENSCHAFTLICHER FLIEGER ■ Im Februar 2008 flog der 81-jährige Himmelsstürmer Edwin Shackleton aus dem englischen Bristol in seinem 852. Flugzeugtyp! In der Embraer 195 flog er von Exeter bis ins spanische Alicante. Der ehemalige Royal-Airforce-Ingenieur hatte wegen seiner schlechten Sehkraft nicht als Pilot arbeiten dürfen.

Anschieben, bitte!

Wohl keiner der Passagiere dieses Flugzeugs hatte erwartet, dass man ihn bitten würde, auszusteigen und beim Anschieben behilflich zu sein! Doch als im September 2008 das Flugzeug nach seiner Landung auf der Rollbahn des Flughafens Zhengzhou ausfiel, bekam das Flughafenpersonal die Maschine nicht allein von der Stelle. Schließlich gelang es Crew und Passagieren mit vereinten Kräften, das Flugzeug innerhalb von zwei Stunden 800 m weit in Sicherheit zu schieben.

MOTORRAD MONSTER

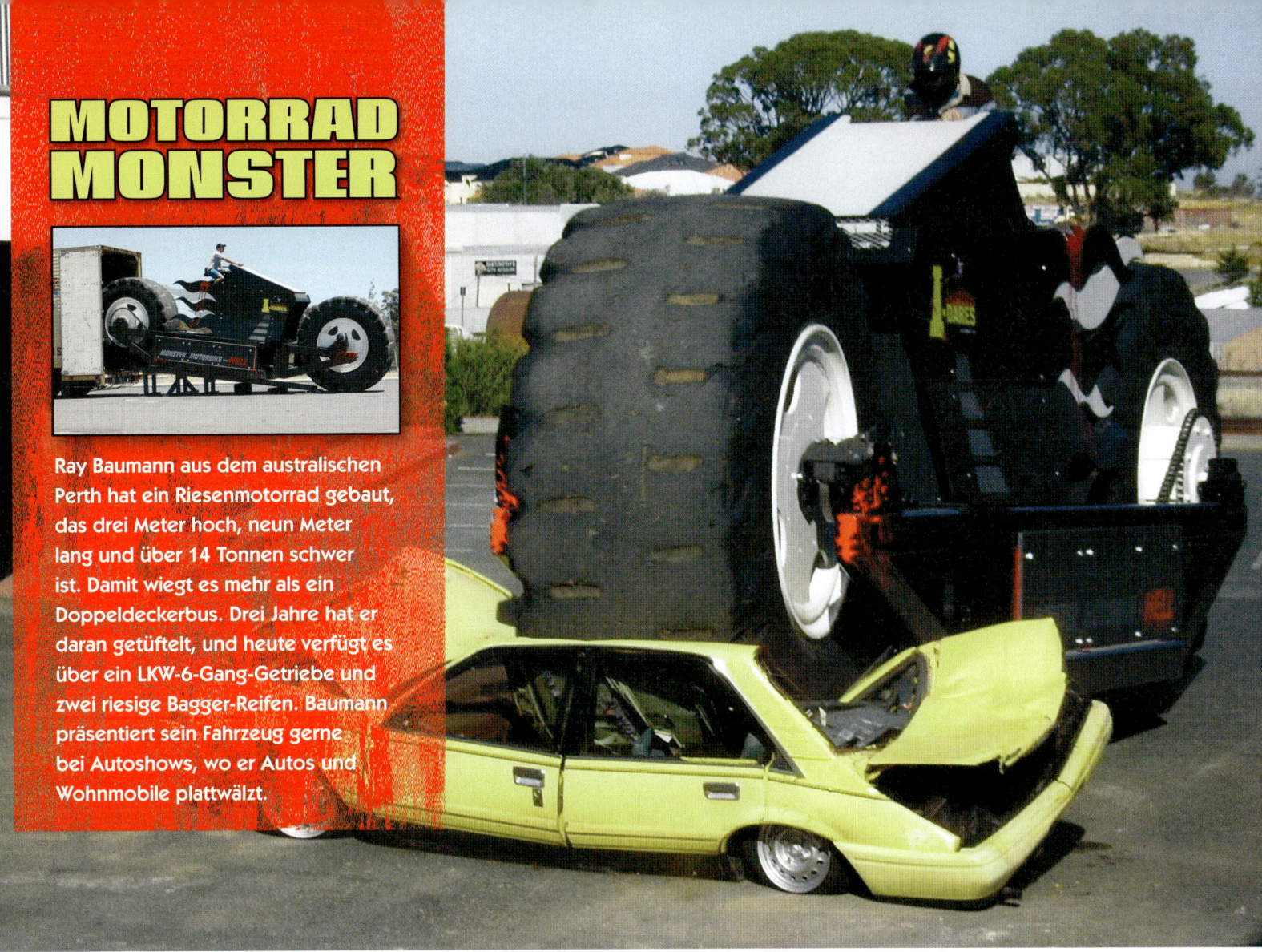

Ray Baumann aus dem australischen Perth hat ein Riesenmotorrad gebaut, das drei Meter hoch, neun Meter lang und über 14 Tonnen schwer ist. Damit wiegt es mehr als ein Doppeldeckerbus. Drei Jahre hat er daran getüftelt, und heute verfügt es über ein LKW-6-Gang-Getriebe und zwei riesige Bagger-Reifen. Baumann präsentiert sein Fahrzeug gerne bei Autoshows, wo er Autos und Wohnmobile plattwälzt.

VORAUSGEDACHT ■ Gopal Dey aus dem indischen Howrah kaufte 1973 ein Zugticket für eine Fahrt am 28.6.2073, das er seinem Urenkel vermachen will.

LANGE FAHRT ■ Im Mai 2008 stahl ein Mann auf Kyushu, Japan, ein Fahrrad und fuhr fast 482 km weit von der Präfektur Oita bis in die Präfektur Kogoshima, weil er ins Warme wollte.

TÖDLICHE DOSIS ■ Ein Autofahrer, der im August 2008 nach einem Bagatellunfall von der bulgarischen Polizei angehalten wurde, hatte einen Promillewert, der doppelt so hoch war wie die Dosis, die als tödlich gilt! Der 25-Jährige, der 20 l Bier getrunken hatte, hatte 8,51 Promille. In Bulgarien liegt die Promillegrenze bei 0,5 ‰, und ab 4 ‰ hat man in der Regel nur geringe Überlebenschancen.

KNÖLLCHENKRIEG ■ Um gegen ein Knöllchen zu protestieren, das er erhalten hatte, weil beim Parken vor seinem Haus ein Teil seines Autos auf die Straße geragt hatte, sägte Ian Taylor aus dem englischen Tredworth seinen Wagen in zwei Hälften.

VIRTUELLER FLUG ■ Eine indische Luftlinie bietet Passagieren an, in einem echten Flugzeug zu „fliegen", ohne abheben zu müssen! Für € 2,80 können sich Kunden die Sicherheitsvorführung ansehen, den Durchsagen des Piloten lauschen und sich von der Crew Bordverpflegung servieren lassen – obwohl Bahadur Chand Guptas Airbus 300 mitten in der Vorstadt von Delhi auf sicherem Boden steht! Abgesehen davon hat das Flugzeug auch nur einen Flügel, und ein Teil der Heckflosse fehlt.

LEICHE IM GEPÄCK ■ Eine 62-jährige Frau, die von Brasilien nach Italien reiste, wurde 2008 am Münchner Flughafen in Deutschland festgenommen, nachdem Mitarbeiter des Gepäckdienstes einen menschlichen Schädel und weitere Knochen in ihrem Gepäck gefunden hatten. Das in Plastik eingeschweißte Skelett gehörte ihrem Bruder, der elf Jahre zuvor in Brasilien gestorben war. Sie erklärte den Behörden, dass sie ihn nur nach Italien hatte überführen wollen, da ihr Bruder sich gewünscht hatte, in seiner Heimat bestattet zu werden. Die Frau und das Skelett durften ihre Reise nach Neapel unbehelligt fortsetzen.

HOLZAUTO ■ 2008 wurde im japanischen Kyoto der Prototyp eines elektrischen Holzautos präsentiert. Es hat Türen aus Bambusgewebe, fährt nach dem Aufladen 9,50 km weit und erreicht bis zu 48 km/h.

ALTER FAHRER ■ Alden Couch aus Langley, Washington, hatte im Alter von 101 Jahren noch immer seinen Führerschein. Bis zu seinem Tod im Jahr 2008 war Couch, dessen erstes Auto ein Model-T-Ford gewesen war, schätzungsweise 12.000 km pro Jahr gefahren.

KEIN HINDERNIS ■ Als die Polizei bei Qingdao, China, einen LKW-Fahrer anhielt, entdeckten sie, dass er keine Hände hatte! Der Fahrer hatte sie bei einem Unfall mit Feuerwerkskörpern in seiner Jugend verloren und steuerte das Fahrzeug nur mit seinen Armstümpfen.

NUDISTENFLÜGE ■ Ein deutsches Reisebüro bietet seit kurzem Flüge in einer Kleinmaschine von Erfurt zu einem Ferienort an der Ostsee an. Das Besondere: Die Passagiere der 55-Sitze-Maschine reisen splitterfasernackt! Allerdings dürfen sie sich erst im Flugzeug ausziehen und müssen sich vor dem Aussteigen wieder ankleiden.

BILLIGKARRE ■ Der Tata Nano, ein in Indien hergestelltes Auto, ist mit einem Neupreis von € 1.736 das billigste Auto der Welt.

TRAKTORENKARAWANE ■ Bei der Beerdigung von Harold Peabody, dem Gründer und Vorsitzenden des Maine Antique Tractor Club, im Jahr 2004 führte sein Sohn eine Parade von alten Traktoren zum Friedhof.

RASANTES HOLZ ■ Joe Harmon aus Durham, North Carolina, hat ein Auto gebaut, das 385 km/h schnell fährt und den Namen Splinter trägt. Das Besondere daran: Es besteht fast vollständig aus Holz! Fahrgestell, Karosserie, Räder und ein großer Teil der Radaufhängung wurden aus Holz angefertigt.

SPARSAME SCHÜLER ■ Schüler der Mater Dei High School in Evansville, Indiana, haben ein Auto gebaut, das mit nur 3,78 l Benzin 1.610 km weit fahren kann.

NAMENSKAUF ■ David Partin aus Orlando, Florida, gewann 2008 Benzin im Wert von € 69, die ein lokaler Radiosender spendete, weil David zusicherte, seinen ungeborenen Sohn nach zwei der DJs zu benennen. Der Junge heißt jetzt Dixon Willoughby Partin nach den beiden Moderatoren Richard Dixon und J. Willoughby. Der Radiosender hatte den Preis für denjenigen ausgeschrieben, der das interessanteste Angebot zu machen hatte.

FALSCHE BEIFAHRER ■ Um einer Transit-straßenregel zu entgehen, laut der Fahrzeuge nur mit mindestens drei Passagieren die Straße befahren dürfen, haben Fahrer aus Auckland, Neuseeland, Puppen und Hunde als Kinder verkleidet.

AUTOSÄGER ■ Kelly Breton aus East Long-meadow, Massachusetts, kann einen viertürigen Familienwagen in weniger als einer Minute in zwei Teile sägen. Sie hatte allerdings auch einen guten Lehrer, denn ihr Vater ist der berühmte Autozersäger Lee „Hackman" Breton.

DRIVE-IN-HOCHZEITEN ■ 50 Paare nahmen an einer Drive-in-Massenhochzeit bei einem Autotreffen im schwedischen Vasteras im Juli 2008 teil. Zehn Priester der Kirche von Schweden führten die siebenminütigen Zeremonien am Rande einer Parade von Oldtimern aus den 1950er und 1960er Jahren durch.

DOPPELCRASH ■ Ein älterer Autofahrer beendete 76 Jahre unfallfreien Fahrens im Jahr 2008 damit, dass er mit seinem Ford Fiesta in zwei Porsches krachte. Jack Higgs, 93, parkte neben einem Porsche-Ausstellungsraum in Penarth, Wales, als sein Wagen plötzlich einen Satz nach hinten machte und einen Schaden von etwa € 85.000 verursachte.

LANGSAME PARADE ■ Über 1.000 Geländewagen versammelten sich im Juni 2008 in Silver Bay, Minnesota, und krochen mit ca. acht Stundenkilometern durch die Stadt.

KLEINER FAHRER ■ Ein Vierjähriger aus Stanford, Kentucky, versuchte 2008, mit dem Auto zum Haus seiner Großmutter zu fahren. Der Junge ließ den Wagen an und wendete, fuhr dann aber durch einen Zaun und landete zwischen ein paar Bäumen. Verletzt wurde er dabei nicht.

PORSCHE IM LIFT ■ Ein Mechaniker, der für den Porsche-Lieferanten für Hongkong arbeitete, fuhr einen gerade gewarteten 911er Carrera 4S in einen Aufzugsschacht im Servicecenter der Firma, da er Bremse und Gaspedal des € 111.000 teuren Autos miteinander verwechselt hatte.

GROSSSCHADEN ■ Im Juni 2008 prasselten bei einem Gewitter im Nordwesten Deutschlands Hagelkörner in der Größe von Tennisbällen vom Himmel und beschädigten 30.000 neue VWs, die bei einer Fabrik in Emden geparkt waren.

GROSSE LIEBE ■ Der indische Bauer Nara-yanswami liebte sein Auto so sehr, dass er darin begraben werden wollte. Er hatte den Morris Minor 1958 gekauft und wurde im April 2007, seinem letzten Wunsch entsprechend, in seinem Auto in einem riesigen Grab in der Region Tamil Nadu beigesetzt.

FRÜHER FAN ■ Schon im Alter von drei Jahren konnte Cody Horton aus Maricoa, Arizona, die Fahrzeuge von 42 verschiedenen Nascar-Fahrern identifizieren und aus dem Gedächtnis ihre Farbkombinationen wiedergeben.

STRASSENRÄUBER ■ Diebe klauten in der Nähe von Frankfurt, Deutschland, 2,41 km der Mittelfahrplanke, die aus vier insgesamt 20 Tonnen schweren Metallstreifen bestand, von einer stark befahrenen Autobahn.

Mini-Maschine

Besucher des Ripley's Believe It or Not!-Museums in Picadilly, London, müssen schon genau hinsehen, um den winzigen Peel P50, einen Eintürer, der nur 134 cm lang und 99 cm breit ist, zu entdecken. Das Fahrzeug wurde erstmals 1963 hergestellt und erreicht bis zu 61 km/h. Das Ein-Personen-Auto hat keinen Rückwärtsgang, aber da es nur 59 kg wiegt, kann der Fahrer aussteigen, den Wagen hinten anheben und in die richtige Richtung drehen.

Ripley's
Einfach unglaublich!

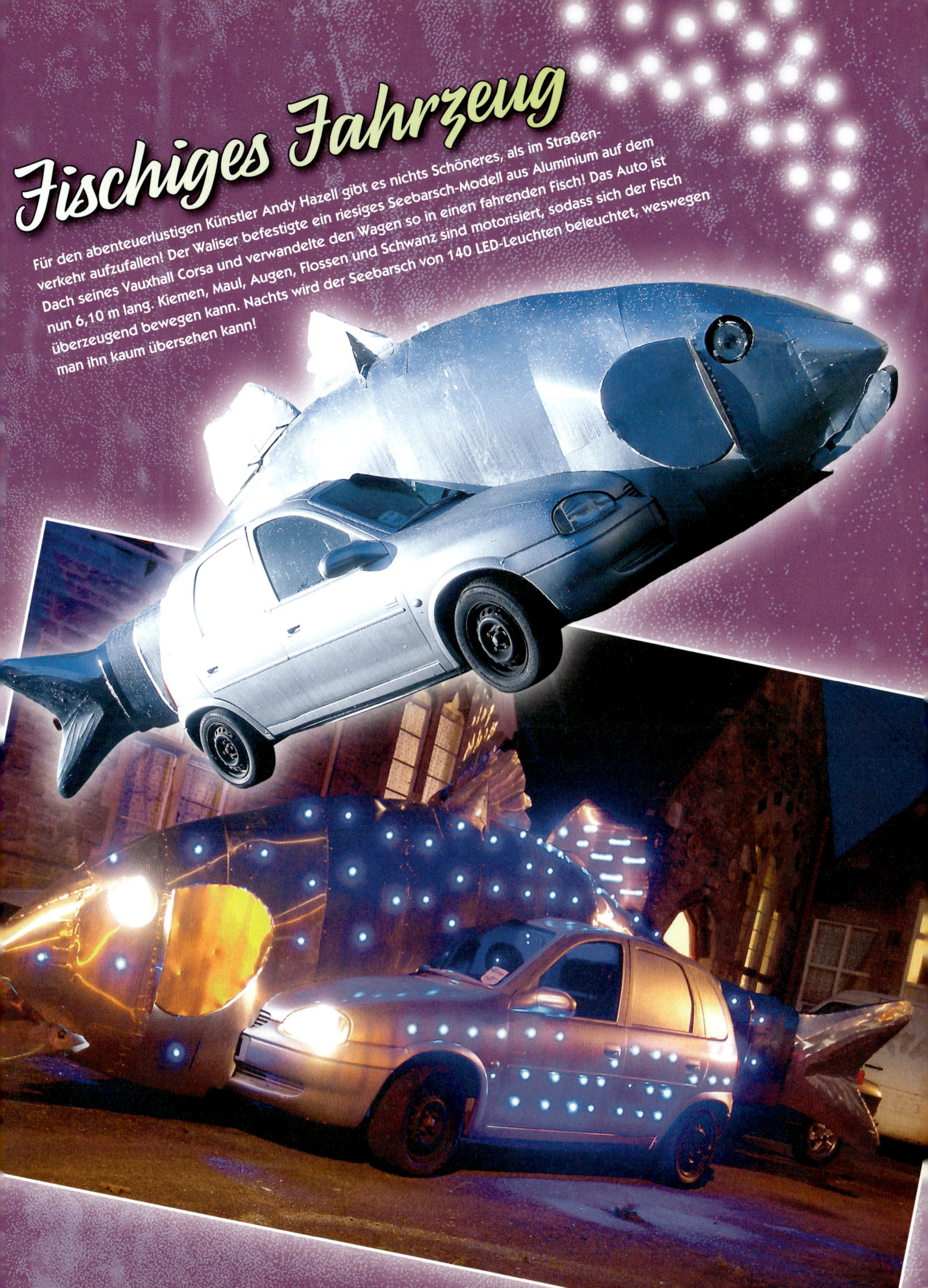

Fischiges Fahrzeug

Für den abenteuerlustigen Künstler Andy Hazell gibt es nichts Schöneres, als im Straßenverkehr aufzufallen! Der Waliser befestigte ein riesiges Seebarsch-Modell aus Aluminium auf dem Dach seines Vauxhall Corsa und verwandelte den Wagen so in einen fahrenden Fisch! Das Auto ist nun 6,10 m lang. Kiemen, Maul, Augen, Flossen und Schwanz sind motorisiert, sodass sich der Fisch überzeugend bewegen kann. Nachts wird der Seebarsch von 140 LED-Leuchten beleuchtet, weswegen man ihn kaum übersehen kann!

Tauchendes Cabrio

Im März 2008 stellte ein schweizerischer Autohersteller ein Cabriolet vor, das nicht nur auf der Straße, sondern auch unter Wasser voll funktionsfähig ist. Der Rinspeed sQuba wurde inspiriert von James Bonds Wagen aus *Der Spion, der mich liebte*. Auf Knopfdruck verwandelt er sich in ein Amphibienfahrzeug, das bis zu zehn Meter tief tauchen kann.

HARTNÄCKIGE UNTERMIETER ■

Eine Frau aus Südafrika brachte ihren BMW zurück zum Händler, weil er mit Nagetieren bevölkert war. Eine Familie von sechs Dassies, hasengroßen Säugetieren, hatte sich auf der Suche nach einem warmen Plätzchen in Motorraum und Ersatzreifen des Wagens niedergelassen. Die Frau versuchte, die Tiere loszuwerden, indem sie mit hoher Geschwindigkeit über die Autobahn rauschte und das Fahrzeug in die Waschanlage brachte, doch schließlich musste der Händler die Tiere von Mitarbeitern des Johannesburgers Zoos entfernen lassen.

VERFAHREN ■ 1982 stieg Jaeyaena Beuraheng in Malaysia in den falschen Bus und fuhr bis nach Nordthailand. Erst nach 25 Jahren fand sie ihre Familie wieder.

BUDDHA-BUGGY ■ Larry Neilson aus Seattle, Washington, kreierte den Buddha-Buggy, einen 1987er Honda, der mit 50 kleinen Buddha-Statuen verziert ist. Das Armaturenbrett ist mit samtenem Altarstoff verkleidet und mit tibetanischen Räucherstäbchenhaltern aus Messing, Statuen und Goldquasten ausgestattet. Das Dach wird von einer abnehmbaren, 1,20 m großen buddhistischen Stupa geschmückt, in der ein 33 cm großer Porzellan-Buddha steht.

BAUSTEIN-AUTO

Der schwedische Autohersteller Volvo tat sich mit Experten von LEGOland® Kalifornien zusammen und baute einen Volvo-Geländewagen in Originalgröße aus LEGO®-Steinen nach. Der Wagen wurde auf dem Fahrgestell eines echten Volvo XC90 innerhalb von zwei Monaten aus 200.000 LEGO®-Steinen errichtet und wiegt 1.360 kg.

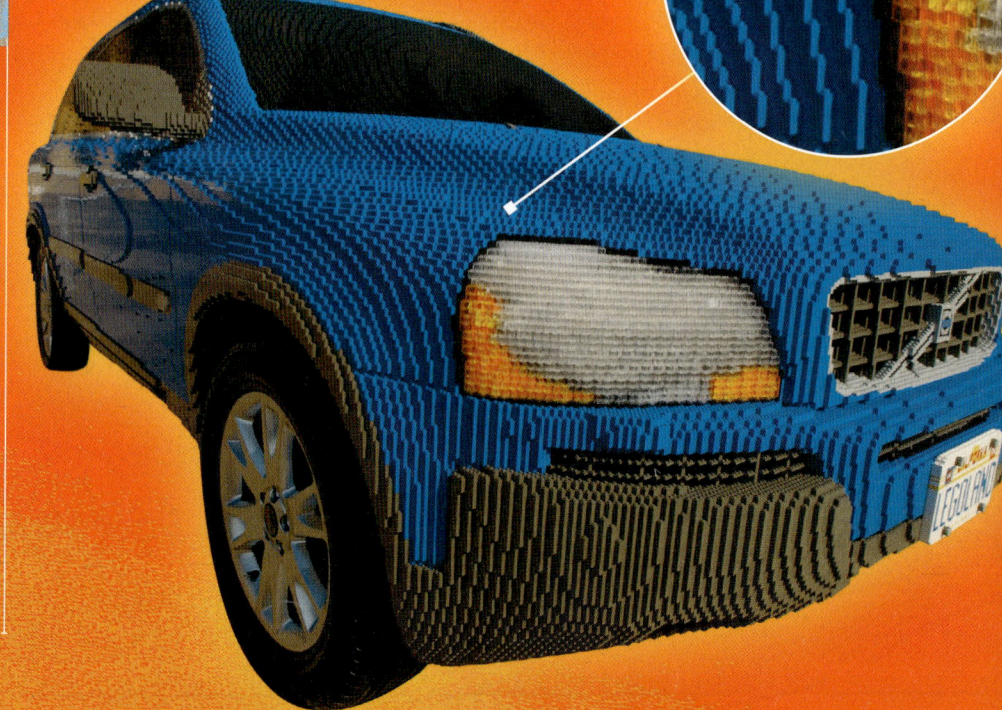

SCHROTTREIFE EHE ■ Kevin Weaver aus Danville, Pennsylvania, machte Karen Slusser einen Heiratsantrag der besonderen Art: Er malte seine Frage auf ein Auto und nahm damit an einem Demolition Derby teil, bei dem sich die Autofahrer gegenseitig rammen.

FLEISSIGE HÄNDE ■ Der querschnittsgelähmte Ryan Nichols fuhr im Oktober 2008 mit seinem Handfahrrad 1.250 km weit von Salt Lake City, Utah, nach Huntington Beach, Kalifornien - in nur elf Tagen und mit Strecken von bis zu 113 km am Tag!

KÖNNEN SIE WECHSELN? ■ Paul Brant aus Frankfort, Indiana, kaufte sich ein neues Auto und zwei neue Lastwagen - und zwar mit Münzgeld! 1994 erstand er einen PKW und einen LKW für € 24.280 mit Vierteldollarmünzen, und 2007 kaufte er einen neuen Dodge mit Vierteldollar- und Dollarmünzen für stolze € 16.850.

KÄFER, KÄFER ■ Im Käfermodell Museum im deutschen Königslutter stellt Reinhard Scholl seine Sammlung von über 7.000 VW-Käfer-Modellen aus, darunter auch Kuriositäten wie Käfer-Zahnbürsten, -Aschenbecher und -Butterdosen.

SPIELZEUGAUTO ■ Die Autokunst-Designerin Kathleen Pearson aus Bisbee, Arizona, hat einen 1983er Ford Kombi mit unzähligen kleinen Spielzeugfiguren bedeckt. Ihr Kunstwerk trägt den Namen Love 23 und ist außen mit über 4.000, innen mit weiteren 800 Spielsachen verziert.

WIKINGER-BEERDIGUNG ■ Arne Shield aus Michigan hinterließ seiner Familie den Wunsch, nach seinem Ableben wie ein Wikinger bestattet zu werden. Als seine Zeit gekommen war, wurde seine Asche auf ein Wikingerschiff aus Pappmaché gestreut, das dann auf den Michigan-See hinaustrieb und dort in Flammen aufging.

MENSCHLICHE HAMSTER

Die neuseeländische Erfindung namens ZORB™ Globe Riding besteht aus einer an ein großes Hamsterrad erinnernden durchsichtigen Plastikkugel, in der Menschen Hügel hinunterrollen können. Einige „Zorbonauten" haben schon Geschwindigkeiten von bis zu 48 km/h erreicht, andere sind bis zu 500 m weit gerollt.

KAMPFMASCHINE ■ Richard Hanner aus Hellertown, Pennsylvania, liebt amerikanische F-15-Kampffflieger so sehr, dass er 18 Monate damit verbrachte, ein Auto zu bauen, das wie eine F-15 aussieht. Sein dreirädriges, verkehrstaugliches Fahrzeug hat ein Cockpit, Flügel und ein Flugzeugheck und kostete fast € 6.750.

RINDERRAD ■ Larry Fuente aus dem kalifornischen Mendocino nennt sein dreirädriges Motorrad Cowasaki (deutsch: „Kuhasaki"), denn der Rahmen des Fahrzeugs passt genau unter das lebensgroße Modell einer braunweißen Kuh. Der Fahrer sitzt auf dem Rücken der Kuh, und die Hupe „muht". Zum Tanken muss der Schwanz der Kuh angehoben werden!

GEFLÜGELTER WAGEN ■ Der Künstler Konnie May aus Ashland, Oregon, hat einen 1967er VW-Käfer in ein „Flattertier" verwandelt, komplett mit Fühlern und Flügeln. Die Karosserie ist mit farbenfrohen Schmetterlingen bemalt, und aus dem Dach ragen zwei Fühler. Auf Knopfdruck kann er mit den seitlich angebrachten Flügeln schlagen.

HANDSTAND ■ Seit 1992 wird in Longview, Texas, jeden September ein ganz besonderer Wettbewerb abgehalten: 24 Teilnehmer stehen auf einer Hand und ohne sich anzulehnen auf dem Dach eines neuen LKWs – in der prallen Sonne! Der Rekord des „Hands on a Hard Body Contest" liegt bei fast vier Tagen. Angeblich setzen nach dieser Zeit Halluzinationen und Schwellungen an den Knöcheln ein.

WIKINGERSCHIFF ■ Am 1.7.2007 machten sich 65 Personen auf eine 1.610 km lange Reise aus dem dänischen Roskilde nach Dublin, Irland – und zwar in dem detailgetreuen Nachbau eines Wikingerschiffs. Sie erreichten ihr Ziel nach 45 Tagen!

KÄFER-VERLIEBT ■ Edward Smith aus Washington State schreibt Gedichte für Autos, singt ihnen etwas vor und spricht mit ihnen wie mit einer Geliebten. Schon seit 40 Jahren hegt er romantische Gefühle für Autos. Seine derzeitige „Freundin" ist ein weißer VW-Käfer namens Vanilla.

MUTTERSCHIFF ■ Ein verirrter Buckelwal hielt eine Jacht für seine Mutter! Das sechs Wochen alte Kalb suchte die Jacht vor dem australischen Sydney nach Milchzitzen ab und wich ihr nicht mehr von der Seite.

AUTOTEXT ■ Li Zongxiong aus Taiwan hat jeden Millimeter seines Autos, seiner zwei Lastwagen und seines Motorrades mit Worten aus buddhistischen Schriften bedeckt. Seit über neun Jahren hat er täglich an der Beschriftung von Karosserie, Rädern, Spiegeln und Windschutzscheibe gearbeitet – sogar die Nummernschilder sind mit weisen Worten versehen.

DAHEIM IM TERMINAL ■ Einem japanischen Touristen gefiel es am Flughafen von Mexiko Stadt so gut, dass er drei Monate nach Ankunft noch immer dort war. Hiroshi Nohara aus Tokio beschloss, das Terminal 1 des Benito Juarez International Airport zu seinem neuen Zuhause zu machen, und lebte von Spenden von Fast-Food-Restaurants und Fluggästen, für die er zu einem Nationalhelden wurde.

Total begrast

Das neue Rasenspielfeld des St.-Louis-Cardinals-Baseball-teams war die Inspiration für Gene Pools ausgefallenen grasbedeckten Bus, in dem er gerne Freunde und Bekannte durch die Gegend kutschiert. Das Gras ist echt und muss täglich gegossen werden, genau wie der Grasanzug des Künstlers.

MINIBUS ■ Andy Saunders aus dem englischen Dorset baute einen 2,30 m hohen VW-Campingbus in eine nur einen Meter hohe Version um, aus deren Dach der Kopf des Fahrers ragt. Das kleine Gefährt erreicht eine Geschwindigkeit von bis zu 130 km/h, passt aber unter einer Parkplatzschranke hindurch.

SCHMUDDELBETT ■ Müllsammler aus Indiana erlebten eine echte Überraschung, als sie eines frühen Morgens das Geschrei eines Mannes aus ihrem Wagen tönen hörten. William Bowen war betrunken in einer Mülltonne eingeschlafen und wachte gerade noch rechtzeitig auf, als er mit dem Müll in den Wagen gekippt wurde. William war zwar unverletzt, aber durchgefroren und konnte sich nicht mehr erinnern, wie er in der Mülltonne gelandet war.

TEURES RAD ■ Die skandinavische Firma Aurumania hat ein mit 24-karätigem Gold überzogenes Fahrrad auf den Markt gebracht, das über € 80.000 kostet. Die limitierte Sonderauflage des Luxusrades wird von 600 Swarowski-Steinen geziert. Die Firma bietet außerdem eine Wandhalterung aus 24-karätigem Gold an, damit man das Fahrrad wie ein Kunstwerk aufhängen kann.

SELTSAME MISCHUNG ■ Bei einem Unfall der eher seltsamen Art stürzte ein Flugzeug in ein Schiff, das in der Auffahrt eines Hauses geparkt war. Die Pilotin des Einmotorers versuchte im Mai 2008 auf dem Big-Bear-Flughafen in den kalifornischen San Bernardino Mountains zu landen, musste aber stattdessen zwischen zwei Wohnhäusern notlanden, wo sie in das Boot krachte. Verletzt wurde dabei zum Glück niemand.

ZÄHER KAMPF ■ Simon Belsky, ein älterer Herr aus New York City, hat über € 5.200 und mehr als zwei Jahre investiert, um gegen ein Parkknöllchen über € 80 anzugehen. Er sagt, dass er jetzt, wo er pensioniert sei, sowieso nichts Besseres zu tun habe.

Sitzraser

Angestellte aus dem deutschen Bad König-Zell verließen im April 2008 ihre Arbeitsplätze, verkleideten sich und traten beim ersten Deutschen Bürostuhl-Wettrennen gegeneinander an.

Hier kommt die Braut!

Für Katie Hodgson und Darren McWalter war ihre Hochzeit ein wahrhaft erhebendes Erlebnis: Gemeinsam mit ihrem Standesbeamten führten sie ihre Trauung in 300 m Höhe über dem englischen Gloucester durch, und zwar auf den Flügeln von Doppeldeckern. Ihre Jaworte brüllten sie durch Megafone, während die Zeremonie den Hochzeitsgästen auf der Erde auf Bildschirmen gezeigt wurde.

FISCHERAUTO ■ Wang Hongjun aus Qian'an, China, hat 13 Jahre und ca. € 139.000 investiert, um sich ein Amphibienfahrzeug zu bauen. Er behauptet, dass er mit dem Wagen oft zum Fischen fährt und sich mit seinem Sohn schon 16 km weit ins Meer getraut hat.

MUSIKALISCHE FLOTTE ■ Jon Large und Spencer Marsden aus dem englischen Manchester ließen einen Milch-Lieferwagen in ein Schlagzeug umbauen: Im Heckteil der Ton-Flotte befinden sich Flaschenreihen, die jeweils mit einem elektrisch gesteuerten Schlaghammer ausgestattet sind. Die Tonhöhe der Flaschen ergibt sich aus deren Füllhöhe.

RAKETENGLEICH ■ Eric Scott flog im November 2008 mit einem Raketenrucksack, der mit hochprozentigem Wasserstoffperoxid angetrieben wurde, 460 m weit über die Royal Gorge, eine Schlucht in Colorado.

AUFGETANKT! ■ Ein russischer Panzer raste 2008 im Ural in ein Wohnhaus, nachdem die Besatzung kurz zuvor in einem nahegelegenen Laden angehalten hatte, um zwei Flaschen Wodka zu kaufen. Die russische Armee versprach zwar, für den Schaden aufzukommen, behauptete aber, dass das Fahrzeug auf schmelzendem Eis ins Schleudern geraten wäre.

AUTOKELLER ■ Ken Imhoff baute im Keller seines Hauses in Wisconsin 17 Jahre lang an seinem eigenen Lamborghini, um schließlich festzustellen, dass er den Sportwagen nicht mehr aus dem Raum holen konnte! Schließlich mietete er einen Bagger, der eine Auffahrt in seinem Garten ausheben und ein Loch in die Kellerwand brechen sollte, damit das selbstgebaute Auto aus dem Keller gezogen werden konnte.

SO VIEL!

143.000 KG KIMCHI	2.200 Köche aus Seoul, Südkorea, bereiteten 2008 aus 58.000 Kohlköpfen 143.000 kg Kimchi zu, würzig eingelegten Kohl.
59.000 KG GEBURTSTAGSTORTE	Um den hundertsten Geburtstag der Stadt Las Vegas, Nevada, im Jahr 2005 zu feiern, stellten Köche eine 31 m lange Torte her, die 59.000 kg wog.
24.909 KG EISBECHER	1988 hatte Mike Rogiani aus Edmonton, Kanada, die Idee zu einem Rieseneisbecher, der 24.909 kg wog und in einem leeren Schwimmbecken zubereitet werden musste.
20.165 KG PIZZA	Lorenzo Amato und Louis Piancone aus Havana, Florida, stellten 1987 eine 20.165 kg schwere Pizza her, die in über 94.000 Stücke geschnitten wurde.
12.000 KG PASTETE	Die Denby Dale Pie Company aus dem englischen West Yorkshire ließ 2000 eine Pastete aus Fleisch und Kartoffeln anfertigen, der zwölf Meter lang war und 12.000 kg wog.
3.800 KG KEBAB	Studenten aus Cyberjaya, Malaysia, bereiteten 2007 einen 3.800 kg schweren Kebab zu, der zwei Kilometer lang war.
2.953 KG OMELETTE	Die Lung Association aus Brockville, Kanada, stellte 2002 aus 60.000 Eiern ein 2.953 kg schweres Omelette her.
2.467 KG SANDWICH	Das Restaurant Wild Woody's Chill and Grill aus Roseville, Michigan, präsentierte 2005 ein 2.467 kg schweres Sandwich.
2.285 KG BUTTERTOFFEE	2007 stellten die Northwest Fudge Factory aus Levack, Kanada, ein 13,80 m langes Buttertoffee her, das 2.285 kg schwer war.
1.150 KG KÜRBISPASTETE	Bauern aus Cullinan, Südafrika, stellten 2007 eine Kürbispastete her, die 8,20 m lang war und 1.150 kg wog.
1.052 KG KURZGEBRATENES	2005 bereiteten die Schüler der Wesvalia High School in Klerksdorp, Südafrika, eine gemischte Pfanne zu, die 1.052 kg wog.

SELTSAME GESCHMÄCKER

LEBENDE SKORPIONE	Der zweifache Vater Hasip Kaya aus der Türkei isst seit seiner Kindheit gerne lebende Skorpione.
FLIEGENMAHLZEIT	Um gegen die schlecht organisierte Müllabfuhr in seiner Stadt zu protestieren, ernährte sich Farook aus Tirunelveli, Indien, ausschließlich von Fliegen.
LEBENDE LAUBFRÖSCHE UND RATTEN	Seit über 40 Jahren ernährt sich Jiang Musheng aus China von lebenden Laubfröschen und Ratten, da sie angeblich Linderung bei Bauchschmerzen bewirken.
EIN PFUND SAND	Ram Rati aus Lakhnau, Indien, isst täglich 454 g Sand gegen seine Magenbeschwerden.
23.000 BIG MACS	Don Gorske aus Fond du Lac, Wisconsin, hat in den letzten 36 Jahren mehr als 23.000 Big Macs gegessen. Als Beweis hat er sämtliche Quittungen aufgehoben. Angeblich hat er nur am Todestag seiner Mutter eine Ausnahme gemacht und keinen Burger verschlungen.
HÜHNERFUTTER	Jan Csovary aus Priwitz in der Slowakei isst Hühnchen zum Frühstück, zu Mittag und zum Abendessen und hat seit Anfang der 1970er Jahre bereits über 12.000 Hühner verspeist.
KÄSE PUR	Dave Nunley aus Cambridgeshire, England, isst seit über 25 Jahren ausschließlich geriebenen milden Cheddarkäse. Jährlich verspeist er an die 108 kg.
WURMDIÄT	Wayne Fauser aus Sydney, Australien, isst regelmäßig lebende Regenwürmer – pur oder auf seinem Sandwich.
SALAT MIT SCHOKOLADE	Danny Partner aus Los Angeles, Kalifornien, aß früher täglich zwölf Köpfe Eisbergsalat mit Schokoladensauce.
EIN BISSEN GRAS	Gangaram aus Kanpur, Indien, isst täglich 907 g Gras, da es ihm angeblich Energie verleiht.
KAROTTENKNACKERIN	Julie Tori aus Hampshire, England, isst seit über zehn Jahren täglich mindestens 1,80 kg Möhren. Als sie einmal einen Tag ohne ihr Lieblingsgemüse auskommen musste, bekam sie eine Panikattacke.

Diese mit Frühlingszwiebeln und einer großzügigen Prise Gottesanbeterinnen garnierte Portion Tofu ist eines der beliebtesten Gerichte auf der Speisekarte des Kochs Shoichi Uchiyama aus Tokio, Japan, der gern einmal etwas Neues ausprobiert und deswegen in der Umgebung seines Hauses Insekten einsammelt, die er für seine Gerichte verwendet. Frittiert findet er selbst sie am besten, und außerdem ist er der Meinung, dass schon Schulkinder an den Verzehr von Krabbeltieren gewöhnt werden sollten, da sie nahrhaft sind und im Überfluss vorhanden.

ECHT VERS-ESSEN!

Kartoffelpfau

Diese farbenfrohe, 2,40 m hohe pfauenförmige Laterne aus Kartoffeln war im Januar 2008 in einem Kaufhaus in Shenyang, China, zu sehen. Das Gemüse war in feine, lichtdurchlässige Scheiben geschnitten und dann vor buntem Licht arrangiert worden.

EXKLUSIVE KARTOFFEL ■ Eine besondere Kartoffelart aus Frankreich kann pro Kilo bis zu € 550 kosten. Jedes Jahr werden nur 100 Tonnen der La-Bonnotte-Kartoffel angepflanzt, und sie wird ausschließlich auf der Insel Noirmoutier angebaut, die vor der Westküste des Landes liegt und deren Felder nur mit Algen gedüngt werden.

LIEBLINGSESSEN ■ Ein Rentnerpärchen aus England fährt seit zehn Jahren jeden Tag 48 km weit zu einem Fish-and-Chips-Restaurant in ihrem Lieblingsbadeort. Die gebürtigen Zyprioten Ermis und Androniki Nicholas haben Weston-super-Mare in Somerset schon über 2.600-mal besucht, sind dabei 249.600 km weit gereist und haben fast € 23.000 für Fish & Chips ausgegeben.

RIESENBULETTE ■ Gary Travis, Besitzer des Restaurants Meatball Mike's in Cranston, Rhode Island, stellte im August 2008 eine 33 kg schwere Frikadelle aus gemischtem Hack her.

SCHLANGENWODKA ■ Der texanische Klapperschlangenzüchter Bayou Bob Popplewell verkauft Wodkaflaschen, in denen tote Klapperschlangenbabys schwimmen, als Heilmittel. Er konserviert die toten Reptilien in dem billigsten Wodka, den er finden kann. Den Sud vergleicht er gerne mit Hustensaft.

MUSIKALISCHER KÄSE ■ Eine österreichische Schule für Milchbauern hat mehrere Preise für ihren Käse „Grottenhofer Auslese" in Folge gewonnen, seit die Schüler dem Käse beim Reifen gregorianische Mönchsgesänge vorspielen. Der Direktor glaubt, dass die Musik die Mikroorganismen im Käse anregt.

COLASUCHT ■ Der Kroate Pero Ajtman aus Karanac hat seit 40 Jahren nicht anderes als Coca-Cola getrunken! Heute ist er über 70 und trinkt schon seit 1969 jeden Tag bis zu fünf Gläser Cola. Damals hatte er seiner Mutter versprochen, niemals Alkohol zu trinken. Er sagt, dass er kerngesund sei und auch weiterhin Cola trinken würde.

GROSSZÜGIG ■ Die 88-jährige Golda Bechal aus London, England, hinterließ ihr Vermögen von über € 22,74 Millionen den Besitzern ihres Lieblings-Chinarestaurants.

SCHWERE KARTOFFEL ■ Eine auf der Isle of Man vor der englischen Westküste gezüchtete Kartoffel wog 3,50 kg – so viel wie ein durchschnittliches Neugeborenes.

RIESENEI ■ Titi, die einjährige Henne der Familie Martinez-Guerra aus Campo Florido, Kuba, legte 2008 ein Ei, das kolossale 180 g schwer war – fast dreimal so viel wie ein durchschnittliches Ei.

FRITTENMUSEUM ■ In Brügge, Belgien, wurde ein Museum eröffnet, in dem sich alles rund um Pommes frites dreht. Das von Eddy Van Belle gegründete Museum erzählt die Geschichte des Lieblingsessens der Belgier seit seiner Entstehung im 18. Jahrhundert und zeigt eine themenbezogene Kunstsammlung, Comiczeichnungen von Pommes und eine Sammlung von Friteusen.

nachgefragt

Warum haben Sie angefangen, Wassermelonen zu verzieren?

Die Kunst des Gemüseschnitzens entdeckte ich, als ich in einem Hotel in Tokio, in dem ein Festival zur Thai-Kultur stattfand, eine Wassermelonenskulptur sah. Wassermelonen sind fester als anderes Obst und haben eine große Fläche.

Was für Werkzeuge verwenden Sie?

Nur ein Messer – ein spezielles Schnitzmesser aus Thailand.

Welches Ihrer Wassermelonenkunstwerke gefällt Ihnen selbst am besten?

Der Japanische Kranich und die Schildkröte, die beide Glückssymbole darstellen.

Wie lange brauchen Sie für eine Wassermelone?

Etwa 90 Minuten.

Was geschieht mit Ihrem geschnitzten Obst?

Nachdem wir uns die Skulpturen angesehen haben, kühlen und essen wir sie.

Wie lange halten sich die Schnitzereien?

Bei Raumtemperatur während einer Ausstellung zwei Tage. Im Kühlschrank sogar bis zu zwei Wochen.

Wunderbare Wassermelonen

Der japanische Nahrungsmittelkünstler Takashi Itoh perfektioniert seit sieben Jahren die Kunst des Wassermelonenschnitzens. Der Autodidakt wurde in nur drei Wochen zum Profi. Zu seinen Kunstwerken zählen Drachen, Slogans und Japanische Kraniche und Schildkröten. Laut Takashi kann man sehr viele Arten von Obst und Gemüse in Skulpturen verwandeln – neben Wassermelonen empfiehlt er auch Papayas, Kürbisse, Karotten und Schwarzen Winterrettich.

Wackelhaus

Für den Architectural-Jelly-Design-Wettbewerb 2008 im University College in London wurde die St.-Paul's-Kathedrale aus Wackelpudding nachgebaut. Die Teilnehmer, die allesamt Architekten waren, reichten auch einen Flughafen und eine Brücke aus Wackelpudding ein. Die Kathedrale, die nach Orange und Mango schmeckte, wurde von den Puddingherstellern Bompas and Parr hergestellt, die für ihre Puddingformen architektonische Techniken anwenden. Die Beiträge wurden anhand ihrer Wackelqualitäten beurteilt.

BUTTERSKULPTUR ■ Für die Farm Show 2008 in Harrisburg, Pennsylvania, stellte Jim Victor eine Skulptur aus 453 kg Butter her. Sie trägt den Namen „Mary Had a Little Lamb" und zeigt ein Mädchen, das versucht, eine Kuh in einen Schulbus zu zerren.

ESSBARE SPEISEKARTE ■ Die Speisekarte im Restaurant Moto in Chicago, Illinois, ist essbar. Küchenchef Homaru Cantu druckt mit einem umgebauten Tintenstrahldrucker, dessen Farben nun aus Obst- und Gemüsemischungen bestehen, appetitliche Bilder auf essbare Oblaten aus Soja und Kartoffelstärke. Seine Gäste können auch Teile der Speisekarten abbrechen und ihre Suppen damit würzen.

Teigkunst

Die Nahrungsmittelkünstlerin Prudence Emma Staite ehrte 2007 bei der Eröffnung einer neuen Filiale einer bekannten Pizzakette im Museum of London die Stadt Rom. Sie baute das Kolosseum, den Kopf von Papst Benedikt XVI. und die Spanische Treppe aus Pizzateig nach.

ESSBARE BOOTE ■ Im schottischen Eyemouth wurde 2008 ein Bootsrennen ausgerichtet, bei dem 30 Teilnehmer essbare Gefährte wie beispielsweise ein Apfelfloß mit einem Kohlblatt-Segel antreten ließen. Der Gewinner wurde eine schwimmende Schokotorte, das seefesteste der leckeren Schiffe aber war ein Korakel aus langsam gebackenen Lasagne-Blättern. Einige Beiträge, vor allem Schiffe aus Melonenschalen, wurden abgelehnt, weil sie nur teilweise essbar waren.

SCHOKOZIMMER ■ Anlässlich des Valentinstages 2008 enthüllte ein belgischer Chocolatier in Manhattan ein Zimmer, das komplett aus Schokolade bestand – inklusive Wänden, Möbeln, Bildern, Kerzenleuchtern, Kamin und Kerzen.

ZUCKERSCHLOSS ■ Im kroatischen Zagreb baute Krunoslav Budiselic 2008 in nur 24 Stunden ein zehn Tonnen schweres Schloss aus etwa 100.000 Schokoriegeln. Es war drei Meter hoch und stand auf einem 6 x 2,10 m großen Schokofundament. Später wurden die Riegel für einen guten Zweck verkauft.

WELTENEI ■ 2008 legte eine Henne in Zaozhuang, China, ein Ei, dessen Musterung der Weltkarte glich. Die vier Weltmeere, Grönland und die Hainan-Inseln im Südchinesischen Meer waren deutlich erkennbar.

KÖNIGLICHE BURGER ■ Die Geschäftsbücher des englischen Königshauses enthüllten 2008, dass Königin Elizabeth II. ein McDonalds-Drive-In besitzt. Vor kurzem kaufte die Krone für € 131,13 Millionen ein Einkaufszentrum, das sich in Sichtweite der Staatsgemächer von Windsor Castle befindet und zu dem auch eine McDonalds-Filiale gehört.

SPECK-ZAHNSEIDE ■ Der Novitätenhändler Archie McPhee aus Seattle hat eine neue Art von Zahnseide eingeführt, die nach krossem Speck schmeckt! Die Firma verkauft außerdem Lufterfrischer mit Speckgeruch.

SERIENESSER ■ Im April 2008 aß der New Yorker Timothy Janus 141 Stück Nigiri-Sushi in nur sechs Minuten! Er hat außerdem schon 1,80 kg Tiramisu in sechs Minuten und 4,80 kg Nudeln in acht Minuten gegessen.

NANO-NUDELN ■ Japanische Wissenschaftler haben eine so kleine Schüssel Nudeln hergestellt, dass man sie nur durch ein Mikroskop sehen kann. Studenten der Tokioter Universität schnitzten die Schüssel, die nicht einmal so groß ist wie ein menschliches Haar, also unter 0,04 mm, aus mikroskopischen Karbon-Nanorohren. Die Nudeln in der Schüssel sind nicht einmal 0,08 mm lang und 0,0008 mm dick.

EXOTISCHES EIS ■ In der Stadt Yokohama wurde 2008 der 130. Jahrestag der Einführung von Eiscreme auf dem japanischen Markt gefeiert. Zu diesem Anlass gab es so seltsame Eisgeschmacksrichtungen wie rohes Pferdefleisch, Curry, Tintenfisch, Knoblauch, Garnelen, Käse, Bier, Aal und Grubenotter.

PIZZAHEKTIK ■ Eine Filiale von Domino's Pizza in Gulfport, Mississippi, verkaufte im August 2008 an einem einzigen Tag 7.637 Pizzen. Für eine 25-cm-Pizza mit Peperoni mussten die Kunden an diesem Tag nur € 1,40 zahlen.

BLAUBEERMONSTER ■ Der zwölfjährige Zachary Wightman aus New York State hat die wohl größte Blaubeere der USA gezüchtet. Der Junge aus Kerhonkson stellte seine 6,80 g schwere Beere auf dem Ulster-Volksfest im Juli 2008 aus.

BLAUBROT ■ Dutzende von Australiern bekamen einen ordentlichen Schreck, als sie 2008 ihr im Supermarkt gekauftes Knoblauchbrot in den Ofen schoben und es sich plötzlich blau verfärbte. Der Hersteller rief das Brot auf der Stelle zurück – angeblich war die Verfärbung durch ein Bündel alten Knoblauch verursacht worden.

SCHWEINEMARKE ■ Da 2007 das Jahr des Schweins war, wurde in China eine Briefmarke herausgegeben, die nach Schweinefleisch süßsauer roch, wenn man sie rieb. Auch die Klebefläche auf der Rückseite schmeckte nach dem berühmten Nationalgericht.

FEUER-FRESSER

Inspiriert durch ein Fantasy-Rollenspiel gab Misty Doty aus Washington State für ihren Mann diesen Kuchen in Drachenform in Auftrag. Das leckere Geschöpf wurde vom „Kuchenkönig" Mike McCarey aus Redmond, Washington, aus Schokolade, Vanille und einer Schokoladen-Buttercreme-Füllung hergestellt. Er arbeitete zwölf Stunden lang daran.

Ripley's erklärt

WARUM EXPLODIEREN LIMOFLASCHEN?

Es gibt mehrere Meinungen dazu, warum kohlen-
säurehaltige Getränke explodieren, wenn man
Bonbons in die Flasche wirft, aber die meisten
Wissenschaftler sind sich darin einig, dass es sich
um eine Reaktion zwischen dem Kohlendioxyd
in der Flüssigkeit und den Bonbons handelt. Die
Bonbons lösen die Oberflächenspannung um
die Kohlensäurebläschen auf, die sich daraufhin
auf der Oberfläche der Bonbons sammeln.
Dadurch kann die Flüssigkeit das Gas schon bald
nicht mehr bändigen, und es explodiert durch
die Öffnung der Flasche. Bei Light-Getränken
funktioniert der Trick übrigens besser als bei
normaler Limonade, warum kann aber keiner
genau sagen.

Limonadendusche

Im belgischen Leuven warfen sich die Studenten Ponchos über und setzten sich unerschrocken einer Dusche der klebrigen Art aus: Sie warfen gleichzeitig Bonbons in 1.360 Flaschen Cola Light, die daraufhin in gewaltigen Fontänen explodierten!

AUF BOHNENDIÄT ■ Neil King aus dem englischen Essex nahm in neun Monaten 63,50 kg ab, indem er täglich nichts weiter als sechs Dosen Baked Beans aß! Nach 1.500 Dosen, was einer halben Tonne Bohnen entspricht, hatte sich sein Gewicht von 190 kg auf 126,50 kg reduziert.

PFANNKUCHENSCHLEMMEN ■ Der Kiwanis Club aus Fargo, North Dakota, stellte beim Pfannkuchen-Karneval im Februar 2008 fast 35.000 Pfannkuchen in nur acht Stunden her. Sie wurden mit über 1.100 Flaschen Sirup vernascht.

HUNDEBIER ■ Ein holländischer Tierladenbesitzer hat ein Bier für Hunde erfunden! Gerrie Berendsen aus Zelhem hat eine lokale Brauerei davon überzeugen können, eine alkoholfreie Sorte mit Rindergeschmack auf den Markt zu bringen, die sich Kwispelbier (deutsch: „Schwanzwedelbier") nennt.

AALGETRÄNK ■ In Japan wurde ein neuer Energy-Drink auf den Markt gebracht, der aus Aalen hergestellt wird! Das sprudelnde, leuchtend gelbe Getränk enthält Extrakte aus Kopf und Gräten von Aalen sowie die fünf Vitamine, die in ihm vorkommen.

RIESENKÄSEKUCHEN ■ Im Juni 2008 bereiteten die Bäcker von Eli's Cheesecake World in Chicago einen 907 kg schweren, dreistöckigen Käsekuchen zu, der aus 603 kg Frischkäse, 136 kg Zucker, 150 Dutzend Eiern, 45 kg Buttercremeguss und 45 kg Marzipan bestand.

VERKOHLT ■ Die Harfenistin Deborah Henson-Conant aus Arlington, Massachusetts, führt ein Online-Museum für verbrannte Nahrungsmittel, das sich „unabsichtlich verkohlten kulinarischen Meisterwerken" verschrieben hat. Das Museum wurde in den 1980er Jahren gegründet und zeigt verbrannte Quiches, Pizzen und Ofenkartoffeln.

TOTAL VERSCHÄRFT ■ Vom Gemüsezüchter Michael Michaud aus Dorset, England, stammt die Dorset-Naga-Chili, die so scharf ist, dass Köche stets Handschuhe tragen sollten, wenn sie mit ihr arbeiten, da direkter Hautkontakt zu Ausschlägen führen könnte. Ein Extrakt der Dorset Naga muss 1,60 Millionen Mal mit Wasser verdünnt werden, ehe die Schärfe abnimmt. Damit beträgt ihre Schärfe 1,60 Millionen Scoville-Einheiten, das Maß für Chilischoten-Schärfe. Tabasco-Sauce hat nur schlappe 8.000 Scoville.

Seepferdchen am Spieß

Zu den Delikatessen auf den Märkten in Peking, China, zählten 2008 anlässlich der Olympischen Spiele auch frittierte Seepferdchen.

HORNISSENSPUCKE ■ Die Spucke der Japanischen Riesenhornisse ist Bestandteil eines japanischen Sportgetränks, da sie angeblich Muskelermüdung mindert.

ELCHFLEISCH ■ Im Dezember 2006 nahm der schwedische Astronaut Christer Fuglesang als erster Mensch der Welt getrocknetes Elchfleisch mit ins All.

SELTSAME REGELN ■ Das Restaurant Le Spirite Lounge in Montreal, Kanada, ist ein veganes Restaurant mit zwei strikten Regeln: Wer Nachtisch will, muss erst aufessen, und wer seinen Nachtisch nicht aufisst, darf niemals wieder dort essen.

EFFIZIENTES SPEISEN ■ In einem Restaurant in Damaskus, Syrien, können über 6.000 Gäste auf einmal bedient werden. Das Damascus Gate Restaurant hat 1.800 Mitarbeiter, eine 2.500 m² große Küche und einen 54.000 m² großen Speisesaal.

KÄSELAIB ■ In einer Fabrik im russischen Altai wurde 2008 ein 721 kg schwerer Käselaib hergestellt – so viel wiegen acht ausgewachsene Männer!

LUXUSBURGER ■ Nach sechs Monaten Entwicklungsphase hat Burger King® 2008 in London, England, einen knapp € 135 teuren Burger auf den Markt gebracht. Er ist etwa so groß wie ein Whopper, und seine Zutaten stammen aus sieben Ländern: japanisches Rindfleisch mit weißen Trüffeln, Cristal-Champagner-Zwiebelstreifen, Pata-Negra-Schinken, der mit Balsamico aus Modena besprüht wurde, Bio-Weißwein und Mayonnaise mit Schalotten sowie rosafarbenes Steinsalz aus dem Himalaja. Serviert wird alles in einem iranischen Safran-Trüffel-Brötchen.

Knusper-Krabbler

In Japan gibt es mittlerweile Sushi mit dem ganz besonderen Kick: einem Belag aus großen Insekten! Dazu zählen Raupen, Spinnen, Mottenlarven, Kakerlaken und Zikaden auf einem Sushireisbett.

SCHINKENSCHLACHT ■ Als ein Dieb dabei erwischt wurde, wie er Fleisch aus der Gefriertruhe in einem Restaurant in Gloucester, Massachusetts, stehlen wollte, versuchte er, dem Ladenbesitzer Joe Scola einen 2,20 kg schweren gefrorenen Schinken über den Kopf zu hauen. Doch Scola kam ihm zuvor, indem er ihm seinerseits mit einem Schinken ins Gesicht schlug.

LUXUSKÜHE ■ Milchkühen auf einem Bauernhof in den Niederlanden wurde eine VIP-Behandlung zuteil, da man hoffte, dass ihre Milch dadurch besser schmecken würde. Nancy Vermeers 80 Kühe erhalten Massagen und liegen auf weichen Gummimatratzen, die mit Sägespänen bestreut werden. Manche haben sogar Wasserbetten.

THUNFISCH-AKUPUNKTUR ■ Damit das Sushi unvergleichlich schmeckt, lässt eine japanische Firma Thunfische vor ihrem Tod von einem Akupunkteur behandeln. Dadurch soll der Stress der Tiere verringert werden.

ZWIEBELGENE ■ Der Gencode einer Zwiebel ist fast sechsmal länger als der eines Menschen.

SPONTANER SUFF ■ Personen, die am Selbstgärungssyndrom leiden, werden manchmal spontan betrunken, weil ihr Körper während des Verdauungsprozesses ganz normale Nahrungsmittel zu Alkohol fermentiert.

PIZZAKETTE ■ Im Mai 2008 bereiteten Scott Van Duzer und die Angestellten von Big Apple Pizza and Pasta in Fort Pierce, Florida, eine 220 m lange Pizzakette zu.

FRITTIERTE SPINNEN

Nahe der kambodschanischen Stadt Skuon wird in Erdlöchern eine Tarantelgattung für kulinarische Zwecke gezüchtet. Die Spinnen werden frittiert, bis ihre Beine kross sind und der Leib noch fest ist. Die außen knusprigen, innen weichen Insekten schmecken angeblich wie Hühnchen. Die Spinnen werden für 500 Riel (acht Cent) pro Stück verkauft. Vermutlich sind sie ein so beliebtes Nahrungsmittel, weil die Einheimischen unter dem Regime der Roten Khmer (1975-1979) hungern und deswegen Spinnen essen mussten.

RASANTER MIXER ■ Der Barkeeper Bobby Gleason mixte im Februar 2008 in Las Vegas, Nevada, 253 Cocktails in einer Stunde – das sind mehr als vier Stück pro Minute!

LANGE WURST ■ Im Juli 2008 wurde in Graus, einem Dorf in Spanien eine 800 m lange Wurst zubereitet! Sie bestand aus 1,20 Tonnen Schweinefleisch und wurde über 600 kg Kohle gegrillt.

HELDENFUTTER ■ Im Toy and Action Figure Museum in Pauls Valley, Oklahoma, ist eine Ausstellung ungewöhnlicher Nahrungsmittel zu sehen, die alle durch Comics und Superhelden inspiriert wurden. Dazu zählen Superman-Streichkäse, Spiderman-Kekse und Batmansuppe.

TEURES KONFEKT ■ Der libanesische Chocolatier Patchi hat Pralinenschachteln auf den Markt gebracht, die im Londoner Kaufhaus Harrods in England für € 7.212 pro Stück den Besitzer wechselten! Die 49 Pralinen, die aus Bio-Kakao bestanden, lagen auf Samt, die Zwischenwände bestanden aus Gold und Platin. Jede einzelne Praline war mit Gold und einer Swarowski-Kristall-Blume oder einer handgefertigten Seidenrose verziert. Die Schachteln selbst wurden für die Käufer individuell gestaltet und in Leder und handgefertigte Seide eingeschlagen.

MARS-MANIE ■ Keith Sorrell aus Liverpool, England, hat seit 17 Jahren nichts anderes gegessen als Marsriegel, sein absolutes Lieblingsgericht. Tag für Tag verspeist er mindestens zwölf Riegel.

SÜSSES NACH VERTRAG ■ Die amerikanische Rockband Van Halen ließ vertraglich festhalten, dass bei jedem ihrer Konzerte eine Schüssel M&M's® im Backstagebereich stehen muss – mit dem Zusatz, dass alle braunen Kugeln entfernt werden müssen.

HUMMERFREUNDE ■ Ein zehn Kilo schweres Hummermännchen namens Big Dee-Dee wurde vor dem Kochtopf gerettet, da es im kanadischen Shediac eine beliebte Touristenattraktion geworden war. Der Riesenhummer, der vermutlich über 100 Jahre alt ist, wurde im Juli 2008 gefangen. Über 1.000 Touristen besuchen täglich den Fischmarkt, um ihn zu bestaunen. Schließlich wurde er mithilfe zweier anonymer Organisationen aus Ontario von Laura-Leah Shaw aus Vancouver für € 2.163 gekauft und wieder freigelassen.

JOGHURT AUS DEM ALL ■ Eine japanische Molkerei verkauft einen Weltraum-Joghurt, in dem sich zwei Arten von Milchsäurebakterien befinden, die zehn Tage lang auf der russischen Rakete Soyuz im All waren. Zwar starb die Hälfte der Bakterien im Weltraum ab, aber die widerstandsfähigen Überlebenden verleihen dem Joghurt dafür angeblich einen besonders intensiven Geschmack.

Käsige Politiker

Eine Woche lang arbeitete der Künstler Troy Landwehr aus Wisconsin in einem Kühlraum acht Stunden am Tag an seiner eigenen Version von John Trumbulls historischem Gemälde *Declaration of Independence*, die er aus 907 kg Cheddar-Käse herstellte.

ECHT VERS-ESSEN!
www.ripleys.de

Ripley's Einfach unglaublich!

M&M® Eminem

Der mexikanische Künstler Enrique Ramos hat dieses 100 x 76 cm große Porträt des Rappers Eminem aus über 1.000 bunten M&M's® angefertigt.

ROBOTER-BARKEEPER ■ Eine japanische Bierbrauerei hat einen Roboter-Barkeeper namens Mr. Asahi entwickelt, der seine Kunden mit einem freundlichen Lächeln in unter zwei Minuten bedienen kann. Er wiegt eine Vierteltonne und kann nicht nur zapfen, sondern auch Flaschen öffnen. Mr. Asahi arbeitet hinter einer speziell angefertigten Bar und antwortet über ein operatorgesteuertes System sogar höflich auf Fragen.

MENSCH ODER AFFE? ■ DJ Ross Cline aus Broadview Heights, Ohio, schälte und aß im März 2008 in einer Minute fünf Bananen.

JUNGE KELLNER ■ Im Kinderkookkafe in Amsterdam, Holland, werden alle Gerichte von Kindern gekocht und serviert. Erwachsene dürfen dort nur zu Gast sein, wenn sie von einem Kind eingeladen wurden.

Schlangenwein

In Vietnam kann man so genannten Schlangenwein kaufen, in dem oft eine tote Schlange schwimmt. Meist handelt es sich dabei um Giftschlangen, doch da das Gift auf Eiweißen basiert, wird es durch den Alkohol in dem Reiswein neutralisiert. Der Wein ist sehr beliebt, weil Schlangengift als Heilmittel bei Krankheiten von schlechtem Sehvermögen bis zu Haarausfall gilt.

CHAMPAGNERFLAGGE ■ Wenn die Gäste am Strand des Hotels Cap Maison auf der Karibikinsel St. Lucia Champagner bestellen möchten, müssen sie nur eine rote Fahne schwenken, und das Getränk wird ihnen per Seilzug serviert.

WEHRHAFTE CHILIS ■ Neue Forschungsergebnisse der Universität von Washington besagen, dass Schädlinge verantwortlich für die Schärfe von Chilischoten sind. Der Geschmack ist ein Schutzmechanismus gegen einen mikrobiellen Pilz, der durch von Insekten gebohrte Löcher in der Außenhaut in die Chilis gelangt. Würde sich das Gemüse nicht wehren, könnte der Pilz die Samen zerstören, ehe sie von Vögeln gefressen und verbreitet würden.

LUXUSEI ■ Ein 14,80 m hohes verziertes Osterei, das einen Durchmesser von 8,40 m hatte, wurde 2008 in Alcochete, Portugal, hergestellt.

KNOFELFREUNDE ■ Die Speisekarte des Restaurants Garlic's in London, Kanada, preist vor allem eine Zutat: Knoblauch! Angeboten werden beispielsweise Knoblaucheis, schokoladenüberzogene Knoblauchzehen und Knoblauchmartinis.

HUMMER-OMELETTE ■ Im Restaurant Le Parker Meridien in New York kann man ein Omelett für € 720 bestellen. Es enthält 280 g Sevruga-Kaviar, einen ganzen Hummer und sechs Eier.

SAFRANBERGE ■ Zwischen 50.000 und 75.000 Safrankrokusblüten müssen verarbeitet werden, um 450 g getrockneten Würzsafran zu erhalten – das entspricht einem ganzen Footballfeld voller Blüten.

TEURES WASSER ■ Das Kona-Nigari-Wasser, ein entsalztes Wasser aus der Tiefsee vor Hawaii, das besonders reich an Mineralien ist, wird für zwölf Euro pro 28 g verkauft. Japanische Kunden kaufen es in konzentrierter Form und mischen es dann mit normalem Wasser.

ESSEN IM BETT ■ In New York gibt es ein neues Restaurant, in dem die Gäste auf Betten in Übergröße dinieren. Das Duvet, das von Sabina Belkin gegründet wurde, ist mit Betten, Kissen und Laken statt Tischen, Stühlen und Tischdecken ausgestattet.

SCHINKEN-SCHOKOLADE ■ Die Chocolatiere Katrina Markoff aus Chicago bietet Schokolade in den seltsamsten Geschmacksrichtungen an, darunter Curry- und Pilzschokolade. Ihre neueste Kreation, der Mo's-Bacon-Riegel, enthält Räucherschinkenstückchen und Milchschokolade. Als die Riegel im Kaufhaus Selfridge's in London, England, im November 2008 angeboten wurden, waren sie innerhalb von 48 Stunden ausverkauft.

EINZELSCHICHT ■ Ganz allein bereitete Donnie Rush aus Bay St. Louis, Mississippi, im August 2008 in nur einer Stunde 142 Pizzen zu.

MONSTER-FRIKADELLE ■ Eine 52 kg schwere Frikadelle, die groß genug war, um über 450 Personen satt zu bekommen, wurde im Februar 2008 in Hatfield Township, Pennsylvania, gebraten. Sie hatte einen Durchmesser von 1,80 m und war 3,80 cm dick. Für die Zubereitung brauchte man 40 Minuten über 72,50 kg Kohlen, und es war die Hilfe mehrerer Personen nötig, um sie zu wenden.

LEICHENSCHMAUS ■ In Truskavets, Ukraine, hat ein Restaurant rund um das Thema „Tod" eröffnet. Es befindet sich in einem 20 m großen, fensterlosen Sarg und wurde von dem Bestattungsunternehmer Stepan Pyrianyk gegründet. Das Innere des Restaurants Eternity ist mit Dutzenden von Trauerkränzen und kleineren Särgen dekoriert.

KRUSTENMAYO ■ Spanische Köche haben eine neue Methode entwickelt, mit der Mayonnaise aus gallertartigem Silikondioxid hergestellt werden kann – einer Substanz, die 60 % der Erdoberfläche bedeckt! Außerdem ist es ihnen gelungen, eine nahrhafte Wurst aus den Rückständen von Schleppnetzfischerei zuzubereiten, Garnelen in Sand zu rösten und essbare Teller aus Weizen, Reis und Mais herzustellen.

SPÜLWEIN UND GLÜHMITTEL ■ Im Juli 2007 wurden in Queenstown, Neuseeland, zwei Frauen ins Krankenhaus gebracht, weil ihre Mundhöhlen stark brannten und schmerzten. In dem Café, in dem sie vorher gewesen waren, hatte man Glühwein und Spülmittel miteinander verwechselt!

Austernfan

Patrick Bertoletti stopfte bei einem Austern-Wettessen in New Orleans, Louisiana, in nur acht Minuten unglaubliche 420 Austern in sich hinein. Der Koch aus Chicago hatte vorher bereits Jalapeno- und Chickenwing-Wettessen gewonnen.

FAIRE PREISE ■ Ein italienisches Restaurant in Harlem, New York City, in dem einst Frank Sinatra und Tony Bennett zu den Stammkunden zählten, feierte seinen 75. Jahrestag im Jahr 2008, indem es wieder Preise wie 1933 verlangte. Im Patsy's gab es ein 340-g-Steak und gegrillten Lachs für € 0,64 und ein Stück Pizza für € 0,43. Die meisten Getränke kosteten nur sieben Cent.

DAMPF ABLASSEN ■ Die Kunden des Restaurants Isdaan auf den Philippinen können ihrem Ärger Luft machen, indem sie Tassen, Untertassen, Teller und sogar Fernseher gegen die Wand werfen.

ZUCKERBILD ■ Über 4.000 Büroangestellte schufen aus einer Viertelmillion Smarties ein 46 m² großes Bild aller wichtigen Sehenswürdigkeiten von London – darunter der Big Ben, das London Eye und das Wembley-Stadion.

SUPERSCONE ■ Die Bäckereibesitzerin Helen Hallett und ihre Familie, die aus dem englischen Torquay stammen, haben einen 26 kg schweren Scone gebacken, der einen Durchmesser von 60 cm hatte! Der Riesenkuchen wurde nach einem 100 Jahre alten Rezept angefertigt und enthielt 10,40 l fettreiche Sahne. Da er 700-mal größer war als ein normaler Scone, musste er in einer speziell angefertigten Form gebacken werden.

MEGASTÄBCHEN ■ Im Hotel Marco Polo in Dubai, Vereinigte Arabische Emirate, wurden zwei Essstäbchen hergestellt, die 6,85 m lang waren – so groß wie riesenhafte Stelzen!

TEURES STÜCK ■ Mallie's Sports Grill & Bar, ein Restaurant in Southgate, Michigan, bereitete 2008 einen Riesenburger zu, der 61 kg schwer war! Die 60-cm-Frikadelle musste von drei Männern mit Stahlblechen gewendet werden und wurde für € 288 angeboten.

IM KITTCHEN ■ Im Restaurant The Jail in Taiwan geht es zu wie im Knast! Die Kunden betreten den Laden durch eine große Metalltür und werden von Angestellten in Gefängniskleidung begrüßt. In Handschellen werden die Gäste dann in ihre Zelle geführt, die einen Metallboden hat, rostige Eisenstäbe vor den Fenstern und eine Gefängnis-Schiebetür.

Spaghetti-Wette

Im Rahmen eines Italien-Festivals in Sydney, Australien, schaufelten die Teilnehmer bei einem Spaghetti-Wettessen schüsselweise Nudeln in sich hinein.

TEQUILA-LIEBE ■ Seit Gründung seiner Sammlung im Jahr 1994 hat Ricardo Ampudia aus Tepoztlan, Mexiko, schon über 3.600 verschiedene Tequilaflaschen zusammengetragen – darunter mehr als 500 verschiedene Marken! Seine älteste Flasche ist 100 Jahre alt, die teuerste, die aus vergoldetem, mundgeblasenem Glas besteht, ist € 107.670 wert. Außerdem besitzt er eine 90 cm lange Flasche in Messerform und eine andere, in der sich der Schwanz einer Klapperschlange befindet.

TOTAL MÄNNLICH ■ Burger King® brachte 2008 ein neues Weihnachtsgeschenk auf den Markt: einen Herrenduft, der nach Grillfleisch riecht.

PIPI-FISCHE ■ Im chinesischen Changchun schwimmen zur Unterhaltung der Gäste im vier Meter langen Urinal auf der Herrentoilette etwa 20 Karpfen herum.

TOMATENLAND ■ Kalifornien ist mit Abstand der wichtigste Hersteller von Produkten aus weiterverarbeiteten Tomaten in den ganzen USA. In wenigen Tagen werden hier so viele Tomatendosen hergestellt wie in Ohio, das Platz 2 unter den Produzenten einnimmt, während der gesamten Saison.

VOR DIE HUNDE GEGANGEN! ■ Bei der Internationalen Kulinarischen Olympiade 2008, die im deutschen Erfurt abgehalten wurde, gewann Michelle Wibowo aus West Sussex, England, in der Kategorie „Patisserie-Prachtexemplare" den ersten Platz mit einer lebensgroßen Zuckerskulptur eines Jagdhundes. Sie arbeitete vier Tage an ihrem Meisterwerk und verarbeitete 20 kg Zucker.

TOMATEN ÜBER ALLES

Guinness Rishi aus Delhi, Indien, ist immer auf der Suche nach neuen Verrücktheiten. Erst kürzlich trank er in weniger als 40 Sekunden eine ganze Flasche Tomatenketchup aus. 2001 lieferte er persönlich eine Pizza aus Delhi zum Ripley's Believe It or Not!-Museum in San Francisco, Kalifornien.

SCHOKOLADEN-KUNST

Die Meisterwerke von Jean Zaun aus Lebanon, Pennsylvania, sind so fantastisch, dass man sie kaum essen mag – auch wenn sie vollständig aus Schokolade, Zucker und Lebensmittelfarbe bestehen! Jean arbeitete lange als Glasierer in der Confiserie seiner Familie, stellt heute aber atemberaubende essbare Kopien berühmter Kunstwerke her – darunter die Schuhe von Vincent van Gogh sowie ein Hirschschädel aus weißer Schokolade.

Hirsch-schädel

Dieses Kunstwerk war Bestandteil eines dreidimensionalen Stilllebens für einen Hochzeitsempfang, das einem Waldboden nachempfunden war. Jean nutzte einen echten Hirschschädel und baute Kopf und Geweih aus weißer Schokolade nach.

SCHOKO-SPECK ■ Im Boardwalk-Seaside-Vergnügungspark in Santa Cruz, Kalifornien, gibt es eine neue Leckerei zu kaufen: Schokoladen-überzogenen Speck! Die seltsame Kombination wurde von Joseph Marini III., Zuckerbäcker in der vierten Generation, erfunden.

108 SORTEN ■ In einem Restaurant in Mindoro, Wisconsin, kann man aus über 100 Sorten von Burgern wählen! Top Dawg's, das am Highway 108 liegt und von Paul und Sue Kast geleitet wird, bietet 108 Burger an, darunter der Ginza-Burger (mit Teriyaki-Sauce und Wasserkastanien). Wer im Laufe seines Lebens alle 108 Burger isst, bekommt sogar ein besonderes T-Shirt geschenkt!

MEGAPUFFER ■ Der Koch Fred Bohn aus Dover, Delaware, bereitete innerhalb von neun Stunden einen riesigen Krabbenpuffer zu, der 106,50 kg schwer war und in einer 90 cm großen Grillpfanne gebraten wurde. Später wurde der Puffer zu 600 Krabbensandwiches verarbeitet.

DOPPELT GEMOPPELT ■ Ein Restaurant im chinesischen Yiwu wird von zwei Paaren geführt, die aus zwei eineiigen Zwillingspärchen bestehen! Die Zwillingsbrüder heirateten die Zwillingsschwestern 2005, was für einige Verwirrung bei den Kunden sorgte, die nicht begriffen, wie es möglich war, dass ein einziges Paar 21 Stunden am Tag durcharbeitete.

WEINPROBE ■ Im Mai 2008 organisierte die britische Kneipenkette J.D. Wetherspoon eine gleichzeitige Weinprobe in allen Filialen in ganz Großbritannien. 17.540 Personen ließen sich die Chance auf ein kostenloses Glas Coldwater Creek Chardonnay nicht entgehen!

NETTES TRINKGELD ■ Im Februar 2008 schenkte ein Kunde der 71-jährigen Kellnerin A.D. Carrol aus Houston, Texas, ein Rennpferd namens Mailman Express, um sich für die freundliche Bedienung zu bedanken.

KEKSKÖNIGIN ■ Die 15-jährige Pfadfinderin Jennifer Sharpe aus Dearborn, Michigan, verkaufte 2008 für ihre Pfadfindergruppe 17.328 Schachteln Kekse an einem Straßenstand.

Van Goghs Schuhe

Diese Stiefel sind einem Gemälde von Van Gogh nachempfunden. Jean benutzte ein Paar getragene Stiefel als Form und verschweißte die einzelnen Teile mit Zartbitterschokolade.

SUPERTRAUBEN ■ Im Kagaya Inn im japanischen Ishikawa kann man tischtennisball-große Weintrauben für € 19 pro Stück kaufen. Die tomatenfarbenen Ruby-Roman-Trauben, die seit 1994 unter staatlicher Aufsicht gezüchtet wurden, sind so gefragt, dass im August 2008 eine einzige Rebe von etwa 35 Trauben für € 653 verkauft wurde.

DATTELBERG ■ Im Juli 2008 stellten die Organisatoren des Liwa-Dattel-Festivals in Abu Dhabi, Vereinigte Arabische Emirate, eine große Platte aus, auf der sich 2.000 kg Datteln befanden. Die ovale Stahlplatte hatte 15 Tragegriffe und war 10 x 2 m groß.

BABY-REIS ■ Naruo Ono, Eigentümer des Reisladens Yoshimiya in Fukuoka, Japan, verkauft baby-förmige Reissäcke, die stolze Eltern als Geburtsanzeigen an Freunde und Verwandte schicken können. Die „Dakigokochi" genannten Reissäcke werden von Hand gemacht und wiegen nicht nur so viel wie ein Baby, sondern tragen auch das Gesicht eines Neugeborenen.

SCHOTTEN-EI ■ Lee Streeton, Koch in einem Hotel im englischen London, bereitete ein riesiges Scotch Egg zu, eine Spezialität aus hartgekochtem Ei und Hackfleisch, das 6,20 kg wog. Es bestand aus einem 1,70 kg schweren Straußenei, Würstchenhack, Schafsinnereien und Semmelbröseln. Allein das Ei musste 1½ Stunden lang gekocht werden. Insgesamt dauerte die Zubereitung acht Stunden.

HOCHZEITSTORTE ■ Nach zehn Jahren Ehe erneuerten Chidi und Innocent Ogbuta aus Dallas, Texas, ihr Ehegelübde. Mit dabei war eine 1,50 m große Hochzeitstorte, die ein lebensgroßes Modell von Chidi in ihrem Brautkleid darstellte. Der € 4.300 teure Buttertoffee-Kuchen wurde innerhalb von fünf Wochen angefertigt und bestand aus 7,50 l Amaretto, 23 kg Zucker und 200 Eiern. Das Kleid war aus Glasur, Kopf und Arme aus Polymerknete. Die Torte wog 180 kg und musste von vier Männern getragen werden.

SPÄTE EINLÖSUNG ■ Ein kanadisches Paar löste in einem Restaurant in Canton, Ohio, einen Gutschein für ein kostenloses Essen ein - 15 Jahre, nachdem es ihn erhalten hatte! Das Restaurant Nicky's hatte bei seiner Eröffnung im Jahr 1993 Ballons, an denen Gutscheine für ein kostenloses Abendessen für zwei Personen hingen, aufsteigen lassen, und einer der Ballons war über den Erie-See geflogen und im Garten von Margaret und Ken Savory in Waterford gelandet. Da sie beide lange krank waren, konnten sie ihn erst im August 2008 einlösen.

SCHOKO-FERRARI ■ Ein originalgroßer Ferrari-Formel-1-Wagen aus Schokolade wurde 2008 in Italien präsentiert. Über ein Jahr lang arbeiteten Konditoren an dem € 17.227 teuren Auto aus 2.000 kg belgischer Schokolade. Auf der Party eines Clubs für Ferrari-Besitzer in Sorrento wurde das Meisterwerk dann in Stücke geschlagen und häppchenweise an die Gäste verteilt.

TRÄNENFREIE ZWIEBEL ■ Wissenschaftler aus Neuseeland und Japan haben eine Zwiebel entwickelt, die beim Schneiden keine tränenden Augen hervorruft. Sie verpflanzten DNA in Zwiebeln und bekamen so eine Sequenz, die die tränenverursachenden Enzyme in dem Gemüse genetisch gezielt abschaltet.

SCHWARZE MELONE ■ Bei einer Auktion im August 2008 in Japan erzielte eine schwarze Wassermelone € 4.378. Die 7,70 kg schwere Densuke-Wassermelone, die von der Nordinsel Hokkaido stammt, war eine von nur 65 Exemplaren aus der ersten Ernte der Saison.

FÜR LECKERMÄULER ■ Der britische Chocolatier Thorntons präsentierte im April 2008 auf dem Leicester Square in London eine Pralinenschachtel, die 2.180 kg schwer war. Die Riesenschachtel war fünf Meter hoch, 3,50 m breit und enthielt über 222.000 Pralinen.

GRILL-VERGNÜGEN ■ Etwa 1.250 Personen grillten im April 2008 unglaubliche 12.000 kg Rindfleisch in Montevideo, Uruguay. Der Grill war fast 1,60 km lang, und die Feuerwehr zündete über sechs Tonnen Kohle an.

BIERBAD ■ Im Chodovar-Bier-Spa in der Tschechischen Republik können die Gäste 20 Minuten lang in heißem Dunkelbier baden. Angeblich ist Bierhefe gut für die Haut.

Etiketten-Kunst

Barry Snyder aus Erie, Colorado, stellt 0,40 m² große Kunstwerke aus Obst- und Gemüseaufklebern her. An einem seiner Mosaike arbeitet er durchschnittlich sechs Monate lang und verwendet dabei an die 4.000 bunte Sticker, die ihm Freunde aus der ganzen Welt schicken. Seine Arbeit ist so gefragt, dass ein Bild bis zu € 7.180 erzielt.

BURGER-BRÄUTE ■ Drei Paare heirateten am Valentinstag 2008 in einem Burgerrestaurant in Columbus, Ohio. Blumenmädchen streuten Salz- und Pfeffertütchen, und die Torte sah aus wie drei Burger mit Pommes und Getränk.

GEHEIMREZEPT ■ In einem Hotel im Lake District, England, müssen Gäste und Küchenangestellte eine Geheimhaltungserklärung für das Rezept eines Toffee-Puddings unterschreiben, nachdem ein Paar versucht hatte, es ins Internet zu stellen. Das Geheimrezept wird seit über 40 Jahren in einem Tresor im Hotel Sharrow Bay aufbewahrt, und nur eine Handvoll Menschen weiß, wie man das Gericht zubereitet.

KEIN KUNDENKONTAKT ■ In Michael Macks Restaurant Baggers im deutschen Nürnberg bestellen die Gäste ihr Essen über einen Touch-Screen und bekommen ihr Essen dann mechanisch in kleine Töpfen auf Rädern, die auf langen Metallschienen aus der Küche durch das Restaurant an die Tische rollen.

ELEKTROZUNGE ■ Wissenschaftler am Institut für Mikroelektronik in Barcelona, Spanien, haben eine elektrische Zunge entwickelt, die Sorte und Alter von Wein auf Knopfdruck bestimmen kann. Das Handgerät besteht aus sechs Sensoren, die Charateristika wie Säure-, Zucker- und Alkoholgehalt bestimmen können.

MEGA-BOWLE ■ Auf einer extravaganten Party während der Regentschaft des englischen Königs William III. (1688-1702) verwandelte Edward Russell, Earl of Orford, seinen Gartenbrunnen in eine riesige Bowlenschale. Zu den Zutaten zählten 2.120 l Brandy, 590 kg Zucker, 25.000 Zitronen, 75 l Limettensaft und 2,20 kg Muskat. Russells Butler ruderte in einem kleinen Boot durch den Brunnen und füllte die Gläser der Gäste.

MAISREKORD ■ 8.400 Personen aßen auf dem Volksfest von Iowa im August 2008 in Des Moines gleichzeitig Corn Dogs: Würstchen im Maisteigmantel.

Burger der Superlative

Brad Sciullo aus Uniontown, Pennsylvania, verschlang in nur vier Stunden und 39 Minuten eine 6,80 kg schwere Frikadelle. Der so genannte „Beer Barrel Belly Bruiser" wurde in Denny's Beer Barrel Pub in Clearfield, Pennsylvania, zubereitet. Mit Brot und Garnierung wog der Burger sogar neun Kilo!

SCHNEEBIER ■ Jedes Jahr sammelt Kevin O'Neill, Gründer der australischen Brauerei Snowy Mountains, ein oder zwei Eimer vom ersten Schnee, der in Charlotte Pass fällt, und verarbeitet ihn zu Bier.

RIPPCHENSCHLACHT ■ Bob Shoudt aus Royersford, Pennsylvania, verspeiste bei einem Wettessen in Bridgeport, Connecticut, im August 2008 in nur zwölf Minuten drei Kilo Rippchen. Ein Teilnehmer kaute noch zehn Minuten, nachdem der Wettbewerb geendet hatte, weil er den Mund so voll genommen hatte!

KARTOFFELCHIPS ■ Bernd Schikora aus dem deutschen Vreden hat über 2.000 leere Chipstüten aus der ganzen Welt zusammengetragen, darunter Exemplare aus Europa, den USA und Asien. 2008 waren sie im Rahmen einer kulturgeschichtlichen Ausstellung in einem Heimatmuseum zu sehen.

DINNER IM DUNKELN ■ Im Restaurant O.Noir in Montreal, Kanada, speisen die Gäste in vollkommener Dunkelheit. Selbst Handys und Uhren mit leuchtenden Ziffernblättern sind nicht erlaubt.

MAMPFENDER HELD ■ Takeru Kobayashi aus Nagano, Japan, verdiente 2007 durch Wettessen € 143.549 Preisgeld und hat ganze Horden von weiblichen Fans. Im Juli 2008 verschlang er in Singapur in nur zwölf Minuten fünf Kilo Saté-Spieße.

GRABESSTIMMUNG ■ Das Restaurant New Lucky in Ahmedabad, Indien, ist über und um einen jahrhundertealten muslimischen Friedhof gebaut. Die kniehohen Grabsteine ragen noch aus dem Boden des Restaurants! Sie sind grün bemalt und mit Kerzen dekoriert. Jeden Tag legt der Restaurantbesitzer eine getrocknete Blume auf jeden Grabstein.

OBSTSALAT ■ An die 400 Menschen aus Swan Hill, Australien, bereiteten am 25.01.2008 gemeinsam einen 6,20 Tonnen schweren Obstsalat aus Nektarinen, Pflaumen, Pfirsichen, Melonen und Weintrauben zu. Am nächsten Tag, dem australischen Nationalfeiertag, wurde er dann verspeist.

CREPE-TURM ■ Gus Kazakos aus Ocean City, New Jersey, bereitete 2008 einen Turm aus Crepes zu, der 102 cm hoch war und an die 136 kg wog. Er bestand aus 510 Crepes, die Gus aus 54 kg Mehl, 140 Eiern, 80 l Milch, 36 kg Schokolade, 18 kg Bananen und 18 kg Erdbeeren zubereitet hatte. Eigentlich sollte der Turm noch höher werden, doch dann begann die Schokolade zu schmelzen, was zu Einsturzgefahr führte.

SPANKAMEL ■ Der Koch Christian Falco aus Perpignan, Frankreich, grillte in Safi, Marokko, im November 2007 ein 550 kg schweres Kamel am Spieß. Dazu brauchte er fast drei Tonnen Holzkohle und 15 l Öl. Von seinem Superbraten wurden 500 Personen satt.

CHOLESTERIN-KILLER ■ Das Restaurant Heart Attack Grill in Chandler, Arizona, ist stolz darauf, nur ausgesprochen ungesunde Gerichte anzubieten, zum Beispiel den „Einfachen Bypass-Burger" oder den „Vierfachen Bypass-Burger", die alle mit „Flatliner-Fritten" serviert werden, die in reinem Schweinefett zubereitet wurden. Die Kellnerinnen sind passenderweise als Krankenschwestern gekleidet.

PFANNKUCHENKÖNIG ■ Der kanadische Fernsehmoderator Bob Blumer, der auf Food Network die Sendung „Glutton for Punishment" präsentiert, kochte und wendete im Juli 2008 in Calgary in einer Stunde 559 Pfannkuchen – das ist einer alle 6,50 Sekunden!

FLEISCH-FRESSER

Über 30.000 Menschen verschlangen 2008 in Asunción, Paraguay, 27.940 kg Fleisch – fast ein Kilo pro Person! Die Grillstellen erstreckten sich über ein Gebiet so groß wie ein Football-Feld.

glasiertes Krokodil

Das jährliche Explorers-Club-Dinner in New York ist berühmt für die bizarren Delikatessen, die den Gästen serviert werden. Neben glasiertem Krokodil aus dem Ofen gab es hier schon honigglasierte Tarantel, Mehlwürmer, Stubenfliegenlarven und Klapperschlangen zu essen.

RATTENFLEISCH ■ Ein indischer Sozialminister hat empfohlen, Ratten zu züchten, um den steigenden Lebensmittelpreisen entgegenzuwirken. In einigen Teilen Indiens essen die ärmeren Menschen traditionell das Fleisch von Ratten, die sie auf Reisfeldern jagen, doch Vijay Prakesh rät auch reichen Leuten zum Verzehr des angeblich proteinreichen Rattenfleisches, das besser als Hühnchen schmecken soll.

MORD ZUM DESSERT ■ In einem italienischen Luxusrestaurant, das hinter einer 18 m hohen Mauer in dem 500 Jahre alten Hochsicherheitsgefängnis in Volterra, Italien, untergebracht ist, arbeiten nur verurteilte Mörder. Köche, Kellner und Pianist sind alle Häftlinge, und die Gäste werden strengen Sicherheitschecks unterzogen.

HIMMLISCHES GELAGE ■ Phuljharia Kunwar, eine 80-jährige Witwe aus Bihar, Indien, spendete 2008 ein zweitägiges Festessen im Wert von € 26.917 für die 100.000 Bewohner ihres Dorfes, da sie hoffte, so die Gunst der Götter für sich zu gewinnen und sich einen Platz im Himmel zu sichern.

300 KÖCHE ■ Im Restaurant West Lake in Changsha, China, arbeiten 1.000 Personen, darunter 300 Köche. Bei 5.000 Sitzplätzen ist das aber auch nötig!

VAMPIRCAFÉ ■ Das Vampire Café in Tokio, Japan, hat blutrote Wände, ist mit Schädeln, Kreuzen und schwarzen Särgen dekoriert, von denen rotes Kerzenwachs tropft, und bietet beispielsweise ein Dracula-Dessert mit Kruzifix-Keksen an.

SCHNELLES SANDWICH ■ Mexikanische Caterer haben 2008 in Mexiko Stadt in nur fünf Minuten ein 44 m langes „Torta"-Sandwich zubereitet. Das schnellgeröstete Sandwich, das verschiedene Geschmacksrichtungen hatte, wog 600 kg und enthielt 30 Zutaten, darunter Tausende von Brotscheiben, Salat, Zwiebeln und Tomaten mit Hunderten von Kilo Mayonnaise, Senf und Würzsaucen.

FÜR DEN GUTEN ZWECK ■ Freiwillige der Greater Toronto Apartment Association klopften in der kanadischen Stadt im April 2008 an nur einem Tag an über 160.000 Wohnungstüren, um Essensspenden zu sammeln. Sie bekamen über 119.000 kg Konservendosen und andere abgepackte Lebensmitteln zusammen, die sie für wohltätige Zwecke spendeten.

LIMO FÜR ALLE ■ Arthur Greeno, der Inhaber einer Filiale der Restaurantkette Chick-fil-A in Tulsa, Oklahoma, hat im August 2008 einen 3.815 l großen Becher Limonade hergestellt. 11.730 Zitronen wurden dafür von Hand zu 660 l Zitronensaft ausgepresst, in den 453 kg Zucker, 113 kg Eis und 2.640 l Wasser gegeben wurden. 2007 hatte er bereits einen handgerührten 595-l-Milchshake zubereitet.

FISCH FÜR ALLE ■ Am 30.5.2008 servierten die Organisatoren des sechsten Festivals für Polnisches Kulturerbe 2.552 Portionen frittierten Fisch in den Hamburg-Messehallen, New York.

TROPISCHE TRÄUME ■ Im Restaurant Tonga Room in San Francisco fühlen sich die Kunden ganz so, als wären sie in Polynesien im Urlaub. Im Hintergrund stürmen regelmäßig tropische Gewitter, und das alles in einem geschlossenen Raum! Die Tanzfläche besteht aus den Überresten eines Holzschoners, der früher regelmäßig zwischen San Francisco und den Südseeinseln verkehrte.

Heute gibt es Ratte!

Rohes Rattenfleisch wartet in einem taiwanesischen Restaurant darauf, zubereitet zu werden. Schon seit Jahrzehnten werden hier Gerichte mit den Nagetieren serviert. Ob im Kräutereintopf, in der Suppe oder frittiert – die Kunden lassen es sich schmecken! Der Koch versichert übrigens, dass die Ratten nicht aus der Kanalisation, sondern von örtlichen Feldern und Bauernhöfen stammen.

PRINGLE-BEERDIGUNG ■ Fredric J. Baur, ein Designer aus Cincinnati, Ohio, der sich die Verpackung von Pringle-Chips ausgedacht hatte, war so stolz auf seine Erfindung, dass er in einer Pringles-Röhre beerdigt werden wollte. Als er im Mai 2008 das Zeitliche segnete, wurde ein Teil seiner Asche in einer Pringles-Packung neben der Urne mit der übrigen Asche beerdigt.

BIERSARG ■ Bill Bramanti aus Chicago hat einen Sarg anfertigen lassen, der an eine riesige Dose seiner liebsten Biersorte erinnert. Der 67-Jährige zahlte € 1.435 für den blaurot angemalten Sarg, der aussieht wie eine Dose Pabst Blue Ribbon Bier. Vorläufig verwendet er ihn als Kühlschrank.

SPARGELSTANGEN ■ Joey Chestnut aus San Jose, Kalifornien, aß im Rahmen des Stockton-Spargelfestes in Kalifornien im April 2008 in nur zehn Minuten vier Kilo frittierten Spargel!

SCHOKO-WRESTLING

Naschkatzen auf einem Musikfestival auf einer Donauinsel in der ungarischen Hauptstadt Budapest stürzen sich in ein Becken voller Schokolade, das eine örtliche Konditorei zur Verfügung gestellt hatte.

GROSS

2.72 M — Robert Wadlow (1918-1940) aus Alton, Illinois, war im Alter von acht Jahren 1,88 m groß. Bei seinem Tod mussten zwölf Männer seinen eine halbe Tonne schweren Sarg tragen.

2.67 M — John Rogan (1868-1905) aus Sumner County, Tennessee, wuchs ab seinem 13. Lebensjahr rapide und konnte schließlich weder stehen noch laufen. Er bewegte sich in einem selbstgebauten Wagen fort, der von zwei Ziegen gezogen wurde.

2.67 M — Eddie Carmel (1936-1972) aus New York City verdiente sich seinen Lebensunterhalt auf dem Rummel und beim Film. Als er starb, war er nur noch 2,13 m groß, da er an einer starken Rückgratverkrümmung litt.

KLEIN

51 CM — Lucia Zarate (1864-1890) aus Mexiko wog bei ihrer Geburt nur 227 g – etwa so viel wie eine Zitrone. Als sie zwölf war, hatten ihre Waden einen Umfang von zehn Zentimetern – nur 2,50 cm mehr als der Daumen eines durchschnittlichen Mannes.

56 CM — Edith Barlow (1925-1950) aus Yorkshire, England, wog bei ihrer Geburt nur 454 g und war so winzig, dass sie in ihren ersten sechs Lebensmonaten in olivenölgetränkte Baumwolllappen gewickelt werden musste.

57 CM — Gul Mohammed (1957-1997) aus Neu-Delhi, Indien, wog als Erwachsener nur 16,80 kg.

SCHWER

725 KG — Carol Yager (1960-1994) aus Flint, Michigan, nahm bei einer dreimonatigen Diät 236 kg ab.

635 KG — Jon Brower Minnoch (1941-1983) aus Bainbridge Island, Washington, war so schwer, dass 13 Personen nötig waren, um ihn in seinem Bett auf die andere Seite zu rollen.

560 KG — Der Mexikaner Manuel Uribe (*1965) hat seit 2006 schon Hunderte von Pfund abgenommen, war aber jahrelang ans Bett gefesselt.

UNGE-WÖHNLICH

VIERBEINIGE FRAU — Myrtle Corbin (1868-1928) aus Cleburne, Texas, hatte zwei nebeneinanderliegende Becken und zwei lange äußere sowie zwei kürzere innere Beine.

KAMEL-MÄDCHEN — Die 1873 in Hendersonville, Tennessee, geborene Ella Harper wurde als „Das Kamelmädchen" bekannt, da ihre Knie nach hinten gebogen waren, weswegen sie es vorzog, auf allen vieren zu laufen.

DREIBEINI-GER MANN — Francesco Lentini (1889-1966), der nahe Syrakus, Sizilien, geboren wurde, hatte drei Beine, doppelte Genitalien und einen zusätzlichen, rudimentären Fuß, der aus dem Knie seines dritten Beins wuchs. Damit hatte er drei Beine, vier Füße und 16 Zehen. Bei seiner Theateraufführung nutzte er sein drittes Bein auf der Bühne zum Fußballspielen.

HUMMER-JUNGE — Grady Stiles (1937-1992) aus Pittsburgh, Pennsylvania, hatte klauenartig zusammengewachsene Finger und Zehen, weswegen er nicht laufen konnte und den Spitznamen „Der Hummerjunge" erhielt.

MENSCHLICHES EINHORN — Wang, einem Bauern, der in den 1930er Jahren in Manchukuo, China, lebte, wuchs ein 36 cm langes Horn aus dem Hinterkopf.

DIE HALBE DAME — Die 1884 in Basel, Schweiz, geborene Mademoiselle Gabrielle hatte einen perfekt geformten Oberkörper, aber weder Unterleib noch Beine.

DER MANN MIT DEM LÖWENGESICHT — Der Körper von Stephan Bibrowsky (1891-1932) war aufgrund der seltenen Krankheit Hypertrichose vollständig mit 15 cm langen Haaren bewachsen. Deswegen verlieh man ihm den Künstlernamen „Lionel, der löwengesichtige Mann". Seine Mutter behauptete, dass Stephans Aussehen daher rühre, dass sie während der Schwangerschaft mitansehen musste, wie sein Vater von einem Löwen gebissen wurde.

DIE BÄRTIGE FRAU — Grace Gilbert (1876-1924) aus Williams County, Ohio, langjähriges Mitglied des Barnum and Bailey Circus, war 1,75 m groß und hatte einen beeindruckende 25 cm langen Bart.

Maxine Rowson trat im P.T. Barnum Circus als die „Halbe Frau" auf. Dieser Zirkus zeigte im 19. und Anfang des 20. Jahrhunderts zahlreiche Menschen mit körperlichen Besonderheiten.

KRASSE >> KÖRPER

EIS-KALTER TYP

Nur die wenigsten finden die Vorstellung, in Eis zu baden, sonderlich erfreulich, doch Wim Hof hat darin seine Leidenschaft gefunden. Auf der Suche nach dem besonderen Kick treibt der Ausdauerexperte seinen Körper gern an die Grenzen – und über sie hinaus!

An einem kalten Tag in New York im Januar 2008 stand der Niederländer eine Stunde und zwölf Minuten lang bis zum Hals in 703 kg Eiswürfeln und brach damit seinen persönlichen Rekord – obwohl Experten behaupten, dass der menschliche Körper diese Temperaturen eigentlich gar nicht so lange überleben kann!

Auch im Eis blieb Wims Körpertemperatur bei konstanten 35°C – dafür verdoppelte sich seine Herzfrequenz, um diese Wärme zu halten. Wenn Erfrierungen drohen, reagiert der menschliche Körper normalerweise damit, dass er Finger und Zehen opfert, um Blut für die lebenswichtigen Organe zu sparen. Wim erlitt aber keinerlei Schäden und brauchte zum Erstaunen der Zuschauer nur eine halbe Stunde, um sich von seinem eisigen Tauchgang wieder zu erholen.

Eine von Wims weiteren beeindruckenden Leistungen war die Besteigung des Mount Everest. Wim kletterte 7.400 m hoch in die so genannte „Todeszone" – und zwar in Shorts! Außerdem schwamm er am Nordpol in Badehosen 80 m weit unter dem Eis und lief barfuss einen Halbmarathon am Polarkreis.

Ripley's erklärt

Medizinische Fachleute haben Tests an Wim durchgeführt, um herauszufinden, woher seine übermenschlichen Fähigkeiten rühren, konnten aber nichts Außergewöhnliches an ihm entdecken. Einige glauben, dass er über außerordentliche geistige Stärke und ein hohes Konzentrationsvermögen verfügt – Wim ist seit Jahren ein Meister der tibetischen Meditationsform „Tummo". Die sehr alten Techniken verleihen den Ausübenden angeblich die Fähigkeit, durch bloße Gedankenkraft ihre Körpertemperatur anzuheben – was Wim als sein „Inneres Feuer" bezeichnet. Bei keinem seiner kalten Kunststücke hat er sich jemals Erfrierungen zugezogen.

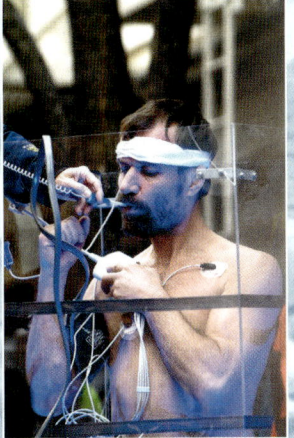
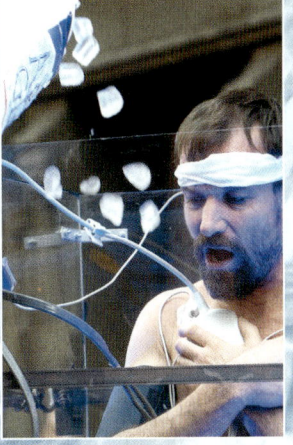
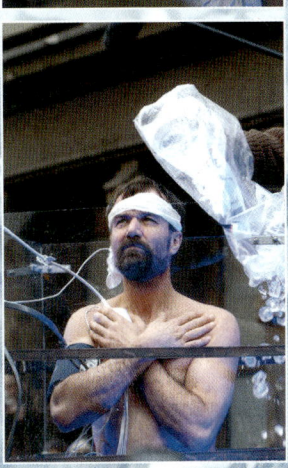

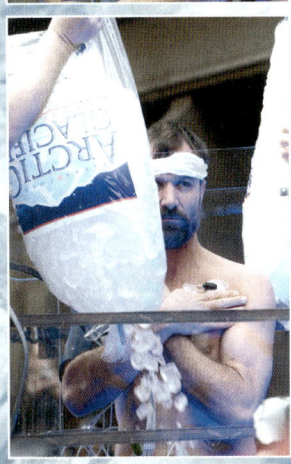
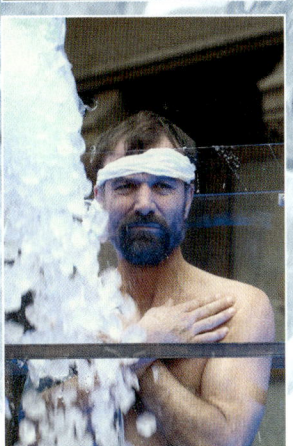
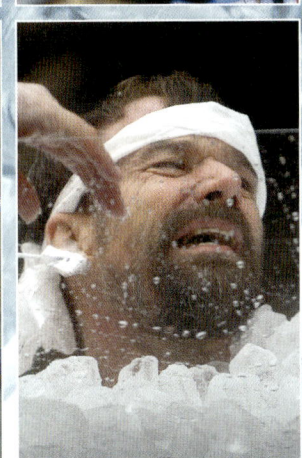

nachgefragt

Ist es gefährlich, eine Stunde lang im Eis zu stehen?

Ja, wenn man nicht darauf vorbereitet ist. Kälte gleicht einer zerstörerischen Kraft – je kälter die Temperatur, desto größer die Zerstörungskraft.

Wie schützen Sie sich vor den Risiken?

Durch Training und hohe Konzentration – aber vor allem durch meine Liebe zum Außergewöhnlichen, die mir Mut verleiht.

Was geschieht mit Ihrem Körper, wenn Sie ihn der Kälte aussetzen?

Er verändert sich – sein Innerstes bleibt warm, der Rest überwintert sozusagen, um Energie zu sparen.

Was für Kunststücke planen Sie noch?

Ich möchte meinen eigenen Rekord brechen und eine Stunde und 35 Minuten im Eis stehen. Außerdem möchte ich einen ganzen Marathon in Shorts am Nordpol laufen.

SPEICHEL-POOL ■ Im Laufe eines durchschnittlich langen Lebens produziert ein Mensch etwa 23.660 l Speichel – genug, um zwei Schwimmbecken zu füllen!

STARKE NÄGEL ■ Fingernägel zählen zu den härtesten Bestandteilen des menschlichen Körpers. Sie enthalten Keratin, das sich auch in den Hörnern von Rhinozerossen findet.

GEHIRNKAPAZITÄT ■ Das menschliche Gehirn hat eine Speicherkapazität von über vier Terabyte – das sind 4.194.304 Megabyte bzw. fast drei Millionen Standard-Disketten!

NEUE MAGENWÄNDE ■ Alle drei bis vier Tage erneuert sich die Beschichtung des menschlichen Magens komplett! Wäre das nicht so, würden sich die schleimartigen Zellen an den Magenwänden wegen der Magensäure auflösen.

TRÄUMEREI ■ Ein durchschnittlicher Traum dauert nur 20 Sekunden. Pro Jahr haben wir 1.460 Träume, die insgesamt so lange dauern wie fünf Kinofilme!

DAS WUNDER HAUT ■ Auf 6,50 cm² Hautfläche befinden sich 3,60 m Nervenfasern, 1.300 Nervenzellen, 100 Schweißdrüsen, drei Millionen Zellen und sechs Meter Blutgefäße.

SCHNELLES WACHSTUM ■ Barthaare zählen zu den schnellwachsendsten Haaren am menschlichen Körper. Im Laufe eines Lebens würde ein nie geschnittener Bart neun Meter lang werden.

MAGENSÄURE ■ Die Magensäure ist stark genug, um Rasierklingen aufzulösen. Der Magen enthält Salzsäure, die sich auch durch Metall fressen kann.

BLUTSBRÜDER ■ 96% der menschlichen DNA sind identisch mit der von Schimpansen. Die Anzahl der genetischen Unterschiede zwischen Menschen und Schimpansen ist zehnmal kleiner als die zwischen Ratten und Mäusen.

LEBERKÜNSTLER ■ Die menschliche Leber hat über 500 Funktionen und wächst auch dann wieder auf ihre ursprüngliche Größe an, wenn 80 % von ihr entfernt wurden.

LUNGENOBERFLÄCHE ■ Die Oberfläche der menschlichen Lunge entspricht der Größe eines Tennisplatzes. Ohne regelmäßige Übungen nutzt man aber nur ein Zwanzigstel der Oberfläche, die für den Gasaustausch verantwortlich ist.

SICHERER KUSS ■ Küsst man eine erkältete Person, ist die Ansteckungsgefahr geringer als beim Händeschütteln.

SCHWEISSFÜSSE ■ An den Füßen befinden sich über 500.000 Schweißdrüsen. Sie produzieren mehr als einen halben Liter Schweiß am Tag.

SCHNELLE IMPULSE ■ Nervenimpulse bewegen sich mit 275 km/h durch den menschlichen Körper – schneller als ein Rennwagen.

SUPERDRUCK ■ Der Druck, den man beim Gehen auf seine Oberschenkelknochen ausübt, entspricht dem Gewicht eines ausgewachsenen Elefanten.

GESCHMACKSKNOSPEN ■ Menschen haben durchschnittlich 10.000 Geschmacksknospen – aber sie liegen nicht alle auf der Zunge, sondern auch an den Innenseiten der Wangen und am Gaumen. Weitere – besonders die salzempfindlichen – befinden sich auf den Lippen.

STARKES HAAR ■ Ein einziges Menschenhaar kann bis zu 100 g Gewicht tragen. Damit kann die gesamte Kopfbehaarung, die aus bis zu 120.000 Haaren besteht, bis zu 13 Tonnen tragen – so viel wiegen zwei ausgewachsene Afrikanische Elefanten.

NEUE HAUT ■ Die äußeren Hautzellen werden durchschnittlich alle 27 Tage abgestoßen und erneuert, sodass ein Mensch während seines Lebens fast 1.000-mal eine neue Haut bekommt.

WIRBELKNOCHEN ■ Ein Mensch hat genauso viele Halswirbel wie eine Giraffe, nämlich sieben. Die von Giraffen sind nur viel länger.

ARME ZÄHNE! ■ Zähne sind der einzige Bestandteil des menschlichen Körpers, der sich nicht von selbst reparieren kann, da ihre Außenschicht aus Zahnschmelz besteht, einem äußerst widerstandsfähigen, aber nicht lebenden Gewebe.

SPRITZIGE REDEN ■ Pro Minute versprüht man beim Reden durchschnittlich 300 mikroskopische Tropfen Speichel – also etwa 2½ Tropfen pro Wort.

MINIGEFÄSSE ■ Die Aorta, die längste Arterie im menschlichen Körper, hat fast den Durchmesser eines Wasserschlauchs. Doch die Kapillaren, die Blutgefäße, durch die Blut von den Arterien in die Venen gelangt, sind nur ein Zehntel so dick wie ein Menschenhaar.

LANGE WIMPERN ■ Würde man alle Wimpern, die ein Mensch in seinem Leben verliert, aneinanderlegen, würden sie eine fast 30 m lange Kette bilden!

WASSERVERLUST ■ Am Tag atmet man durchschnittlich 23.000-mal – auf das Leben gerechnet sind das durchschnittlich 600 Millionen Atemzüge. Da der Körper aus 55 bis 75 % Wasser besteht, verliert man durch die Atmung etwa einen Liter Wasser am Tag.

HERZSCHLAG ■ Das Herz eines Erwachsenen schlägt an die 40 Millionen Mal im Jahr und produziert in einer Stunde genug Energie, um ein Gewicht von einer Tonne um etwa 90 cm anzuheben.

BAKTERIENALARM! ■ In einem Teelöffel menschlichen Speichels befinden sich 50 Millionen Bakterien, und im Mund eines einzigen Menschen leben mehr Bakterien als Menschen in der EU – also über 500 Millionen!

ZELLENERNEUERUNG ■ Abgesehen von den Gehirnzellen sterben in deinem Körper 50 Millionen Zellen und werden wieder erneuert, allein während du diesen Satz liest!

ADLERAUGEN ■ Unsere Augen können bis zu eine Million farbige Oberflächen unterscheiden und mehr Informationen aufnehmen als das größte bekannte Teleskop.

HARTE ARBEIT ■ Unser Herz nutzt genauso viel Energie, um Blut durch den Körper zu pumpen, wie man aufwendet, wenn man einen Tennisball fest drückt. Selbst im Ruhezustand arbeitet die Herzmuskulatur doppelt so hart wie die Beine eines Läufers beim Sprint.

FRISCHES BLUT ■ In deinem Körper befinden sich 2,50 Billionen rote Blutkörperchen. Um diese Zahl zu erhalten, muss das Knochenmark jede Sekunde 2,50 Millionen neue rote Blutkörperchen bilden!

ZWINKERTIC ■ Ein durchschnittlicher Mensch zwinkert 6.205.000-mal im Jahr – also fast zwölf Mal pro Minute oder alle fünf Sekunden.

WEIT GEREIST ■ An einem einzigen Tag reist das Blut im menschlichen Körper 19.300 km weit, also viermal quer durch die USA! Ein rotes Blutkörperchen kann in unter 20 Sekunden einmal durch den ganzen Körper reisen.

Der Ringling Brothers and Barnum and Bailey Circus, zu dem sich 1919 zwei der größten Zirkusse der Welt zusammengeschlossen hatten, um „die beste Show der Welt" zu präsentieren, verblüffte mit seiner Freakshow über 20 Jahre lang sein Publikum überall in den USA. Der Zirkus reiste mit 100 Doppelwaggons und unterhielt über 1.200 Angestellte – einen so großen Wanderzirkus hatte die Welt noch nicht gesehen! Die Freakshow war eine der größten ihrer Art. Zeitweilig hatte die Show über 30 Mitglieder mit unglaublichen körperlichen Merkmalen oder Fähigkeiten. Das Publikum bezahlte extra, um vor der Hauptvorführung im Zirkuszelt die Freaks bewundern zu können. Es war auch möglich, Andenken von den Schaustellern zu kaufen, zum Beispiel Ringe, die angeblich Riesen gehört hatten, oder ganz besondere Geschichten aus ihrem Leben, die sie nur gegen Geld erzählten. Aus diesem Grund wurden viele der Darsteller sehr wohlhabend.

Das bärtige Mädchen

Annie Jones begann im Alter von nur neun Monaten, auf der Bühne von Barnum zu arbeiten, und blieb fast ihr ganzes Leben lang beim Zirkus, sodass sie bald zu einer der wichtigsten Wortführerinnen aufstieg.

Hundegesicht

„Jojo, der Junge mit dem Hundegesicht", hieß eigentlich Fedor Jeftitschew und wurde in Russland geboren. Gemeinsam mit seinem ebenfalls behaarten Vater trat er Ende des 19. Jahrhunderts in Freakshows auf und wurde beim P.T. Barnum Circus später auch allein ein gefragter Darsteller. Er war zwar ausgesprochen intelligent und beherrschte fünf Sprachen, spielte dem Publikum zuliebe auf der Bühne aber den jaulenden und bellenden verwilderten „Wolfsjungen". 1905 starb er in Griechenland an einer Lungenentzündung.

Clico

Clicos echter Name lautete Franz Taaibosh. Der südafrikanische Tänzer wurde von Captain Heston zum Zirkus gebracht. Seinen Künstlernamen bekam er wegen der „klickenden" Laute seiner Stammessprache. Er trat viele Jahre lang für den Ringling Circus auf.

Anna Haining Bates

Die Zirkusartistin Anna Haining Bates wurde 1846 in Kanada geboren und war bereits 2,30 m groß, als sie 1862 dem P.T. Barnum Circus beitrat. Dort begegnete sie dem 2,40 m großen Captain Martin Van Buren Bates, den sie heiratete.

Barnums Freaks

Ein Teil von P.T. Barnums Wanderzirkus war das „Museum". Von links nach rechts zu sehen sind Laloo, der zwei Körper hatte, Young Herman mit seiner großen gewölbten Brust, J.K. Coffey mit der dürren Gestalt, James Morris, der seine Haut unfassbar weit dehnen konnte, und Jojo, der Junge mit dem Hundegesicht.

Ripley's
Einfach unglaublich!

Behaarte Frau

Josephine Clofullia wurde im P.T. Barnum Circus bekannt als die „Bärtige Dame aus Genf". Schon im Alter von acht Jahren hatte sie einen Vollbart. Gerüchte, dass sie eigentlich ein Mann sei, führten zu einem Gerichtsverfahren, in dessen Verlauf Ärzte bestätigten, dass sie tatsächlich eine Frau war.

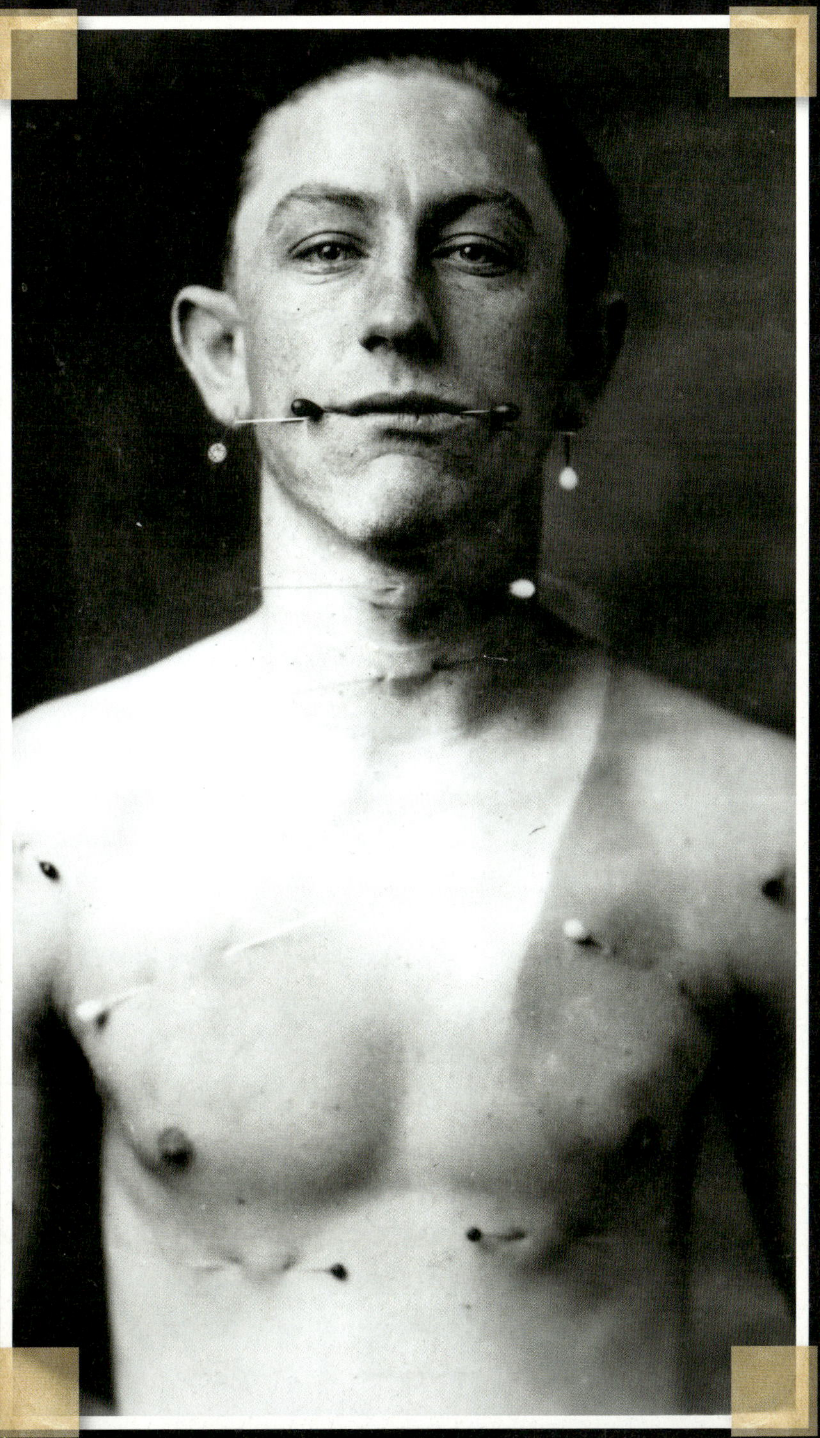

Mortado

Mortado, die „Menschliche Fontäne", konnte Wasser aus Löchern in seinen Händen und Füßen sprudeln lassen. Für eine seiner Darbietungen ließ er sich an ein Stück Holz nageln und falsches Blut aus den Löchern spritzen.

B.A. Bryant

B.A. Bryant konnte sich Nadeln durch die Haut stechen, ohne Schmerzen zu empfinden.

-1933-

CELEBRATING "RING

RINGLING BROTHERS and BARNUM

BAILEY COMBINED CIRCUS SIDESHOW

9   10   11   12   13   14   15

26   21   22   23   24   25

"GOLDEN JUBILEE"
BAILEY COMBINED CIRCUS SIDE SHOW

PHOTO BY
E. J. KELTY.
CENTURY

Mehr erfährst du auf den beiden folgenden Seiten.

Auf S. 148 und 149 zu sehen sind:

① ELSA VAN DORYSON
2,30 m — Riesin

Die 1888 im deutschen Berlin geborene Elsa Van Doryson (deren wahrer Name Dora Herms lautete) war trotz ihrer beeindruckenden Größe von 2,30 m kleiner als ihre „Bühnenschwester". Bereits in ihren Jugendjahren stand sie aufgrund ihrer Größe in Deutschland auf der Bühne. Dem Barnum and Bailey Circus trat sie 1914 bei und reiste mit ihrem Ehemann Werner Syre, der ebenfalls riesig war, durch Europa, bis sie 1922 fester Bestandteil der Freakshow wurde.

② ALFRED LANGEVIN
Konnte mit den Augen rauchen

Alfred Langevin war ein regelmäßiger Gast bei Ripley's, wo er zwischen 1930 und 1940 mit seinen „Zauberaugen" immer wieder im Odditorium auftrat. Experten vermuten, dass er aufgrund einer Anomalie seiner Tränendrüsen mit den Augen Ballons aufblasen, Blockflöte spielen und sogar Zigarettenrauch absondern konnte.

③ ⑥ ⑲ & ㉑ HARRY DOLL
Die Zwergenfamilie Doll

Harry Doll war das Oberhaupt der Familie Doll (deutsch: „Puppe"), die mit der Freakshow des Ringling Brothers and Barnum and Bailey Circus auftrat. Harry und Gracie waren tatsächlich Geschwister und stammten aus dem deutschen Stolpen. Sie traten in deutschen Freakshows auf, bis sie von dem Amerikaner Bert W. Earles entdeckt wurden, der sie mit zu sich nach Kalifornien nahm und sie 1914 in seiner 101 Ranch Wild West Show auftreten ließ. Später stießen Daisy und Tiny hinzu. Gemeinsam traten sie dem Ringling Brothers and Barnum and Bailey Circus bei und unterhielten 30 Jahre lang das Publikum. Da sie von ihren Zuschauern immer wieder als „Puppen" bezeichnet wurden, nahmen sie schließlich den Namen „Doll" an. Bei ihren Auftritten ritten sie auf Pferden, sangen und tanzten. Schließlich gelang ihnen der endgültige Durchbruch, als sie in dem Hollywoodfilm Der Zauberer von Oz aus dem Jahr 1939 auftraten. Außerdem spielten Harry und Gracie in dem Horrorfilm Freaks aus dem Jahr 1932 wichtige Rollen. Harry, der einer der langjährigsten Freakshow-Schausteller in der Geschichte der USA war, wurde 1902 geboren und starb im Alter von 83 Jahren. Gracie, die 1899 geboren wurde, starb im Alter von 71, Daisy erblickte 1907 das Licht der Welt und starb mit 72, und Tiny, der 1914 geboren wurde, starb 2004 im Alter von 90.

④ VITO BASSILE
Der Gemüsekönig

⑤ MOSSAB HABIB
Ägyptischer Wundertäter

⑥ GRACIE DOLL
(siehe Harry Doll, links)

⑦ MAJOR MITE
0,67 m groß, neun Kilo schwer

Major Mite war nicht nur ein erfolgreicher Schausteller in der Freakshow, sondern spielte auch einen der kleinsten Zwerge in dem Film Der Zauberer von Oz und wirkte in einigen anderen Hollywoodfilmen mit. Unter anderem spielte er den als Baby verkleideten Dieb in Free Eats (1932). Er starb 1975 im Alter von 62 Jahren in Salem, wo er unter dem Namen Clarence Chesterfield Howerton geboren worden war.

⑧ JACK EARLE
Angeblich 2,60 m groß

Jack Earle, der dem Barnum and Bailey Circus Mitte der 1920er Jahre beitrat, war angeblich 2,60 m groß. Aufgrund seines beeindruckenden Körpers wurde er als Riese für den Film Jack and the Beanstalk (1924) gecastet. Nachdem er nicht mehr bei der Ringling-Freakshow mitwirkte, wurde er Verkäufer und ein erfolgreicher Fotograf und Dichter.

⑨ LIA GRAFF
Kleinste Frau der Welt

⑩ BARON PAUCCI
0,6 m

Baron Paucci legte ein ausgesprochen großmäuliges Verhalten an den Tag, das nicht nur im Widerspruch zu seiner geringen Körpergröße stand, sondern ihm auch den Ruf einbrachte, ein Spieler und Verschwender zu sein. 15 Jahre lang trat er in Sam Gumpertz' Show auf Coney Island auf, wo er mit vielen weiteren Zwergen in einer Miniaturstadt lebte, die nach dem Roman Gullivers Reisen „Lilliputia" genannt wurde. Als er wegen seines unkontrollierten Verhaltens Coney Island verlassen musste, wurde er Teil des Ringling-Zirkus. Seine Ehe mit einer normal großen Frau hielt nur kurze Zeit.

⑪ JACK HUBER
Mann ohne Arme

⑫ SUZANNE
Schlangenbeschwörerin

Suzanne galt als „die größte aller Schlangenbeschwörerinnen". Hier sieht man sie mit einer Baby-Boa-Constrictor um den Hals. Bei ihren Auftritten arbeitete sie mit bis zu sechs Meter langen Exemplaren.

⑬ MISS MAE
Tätowiertes Mädchen

⑭ CLICO
Der tanzende Buschmann aus Südafrika

Der erfahrene Tänzer Franz Taaibosh, ein südafrikanischer Stammesmann, trug den Künstlernamen Clico wegen der „klickenden" Laute seiner Stammessprache. Er wurde von einem Mann namens Captain Heston entdeckt, der Clico vor dem Ersten Weltkrieg in Europa auftreten ließ. Schließlich trat er Sam Gumpertz' Show auf Coney Island bei und tourte dann viele Jahre lang mit den Ringling Brothers. Er starb 1940 im Alter von 83 Jahren in New York.

⑮ HILDA VAN DORYSON
2,50 m

Die „Bühnenschwester" von Elsa Van Doryson wurde 1906 als Annie Haase in Europa geboren. Als sie nach einer inszenierten Hochzeit mit einem Riesen ihre erste Bühnenkarriere beenden musste, tat sie sich 1926 mit Elsa zusammen. Bis 1939 traten sie gemeinsam auf, später machte Hilda bis Ende der 1960er Jahre unter dem Künstlernamen Kaatje Van Dyk allein Karriere. 1968 wurde sie offiziell als größte Frau der Welt anerkannt.

⑯ DAN BREWER
Moderator

Zu der Show gehörte auch ein Erzähler, der dem verblüfften Publikum genau erklärte, was es zu sehen bekam.

17 FRANCISCO LENTINI
Dreibeiniger Mann

Francisco Lentini wurde 1889 als eines von 12 Geschwistern in Rosolini, Italien, geboren. Aus seiner Seite ragte das Bein seines teilweise mit ihm verschmolzenen Zwillingsbruders, aus dem wiederum ein kleiner vierter Fuß wuchs, wodurch Francisco insgesamt vier je unterschiedlich lange Füße und 16 Zehen hatte. Trotz seiner Behinderung erreichte Francisco viel im Leben: An der Schule für Schwerbehinderte, die er besuchte, kümmerte er sich um die anderen Kinder und lernte Fahrradfahren und Eislaufen. Im Alter von acht Jahren kam er in die USA und wurde aufgrund seiner komischen Show, bei der er mit seinem dritten Bein Fußball spielte oder sich darauf setzte wie auf einen Barhocker, schnell zu einer Sensation. Er trat über 40 Jahre lang auf Coney Island und mit der Freakshow des Ringling Brothers and Barnum and Bailey Circus auf und starb 1966 im Alter von 78 Jahren.

18 THELMA AND DORIS PATTON
Albinozwillinge unbekannter Herkunft

19 TINY DOLL
(siehe Harry Doll, gegenüberliegende Seite)

20 DAINTY DOLLY
250 kg, 1,50 m groß

1901 kam Dainty Dolly in Cincinnati als ganz normales Baby zur Welt, wuchs aber in rasendem Tempo. Im Alter von 26 wurde sie von einem Wanderzirkus-Besitzer entdeckt, und da sie viel dicker war als seine bisherige „Fette Frau", bot er ihr ein Engagement an. Unter seiner Anleitung wurde die 227 kg schwere Celesta Herrmann schnell zu Dainty Dolly – dafür musste sie allerdings jeden Tag 10.000 Kalorien zu sich nehmen! Schnell wog sie bei einer Körpergröße von 1,50 m über 250 kg. Für ihr Kostüm waren elf Meter Stoff nötig. Im Alter von knapp 50 Jahren bekam sie einen Herzinfarkt und nahm daraufhin in nur einem Jahr 201 kg ab, indem sie sich ausschließlich von Babynahrung ernährte.

21 DAISY DOLL
(siehe Harry Doll, gegenüberliegende Seite)

22 EKO AND IKO
Albinozwillinge

Die afroamerikanischen Albinozwillinge Eko und Iko haben eine der interessantesten Geschichten in der Historie der Freakshows. 1899 wurden sie von Freakshow-Kopfgeldjägern gekidnappt, da ihr Aussehen so ungewöhnlich war. Man kannte sie unter den Namen „Die Ecuadorianischen Kannibalen", „Die Männer mit den Schafsköpfen" oder „Die Botschafter vom Planeten Mars". Als sie anfingen, im Barnes Circus und später mit der Freakshow des Ringling Brothers and Barnum and Bailey Circus aufzutreten, wurden sie nicht bezahlt. Doch 1927 wurden sie von ihrer Mutter wiedergefunden, die drohte, den Zirkus zu verklagen, wenn man ihre Söhne nicht freiließ. Sie wurden freigegeben, kamen 1928 aber freiwillig zurück, allerdings nur unter der Bedingung, dass man sie gut bezahlte. Schließlich traten sie mittlerweile an Orten wie dem Madison Square Garden vor bis zu 10.000 Menschen auf! In den 1930ern tourten sie durch die ganze Welt, traten unter anderem vor der Königin von England auf und kehrten dann in die USA zurück, wo sie bis 1961 auf der Bühne standen.

23 ZIP AND IZIT
Ituri-Pygmäen (Die „Stecknadelköpfchen")

Die so genannten Stecknadelköpfchen waren ein wichtiger Bestandteil von Freakshows und litten meist an der Mikrozephalie, die sehr kleine Köpfe verursachte. Das berühmteste aller Stecknadelköpfchen war William Henry Johnson aus New Jersey, der sich für seine Auftritte bei P.T. Barnum in einen wilden Buschmann verwandelte, der angeblich auf einer Safari in Afrika entdeckt worden war. Auf der Bühne steckte er in einem Käfig, an dessen Stäben er brüllend herumrüttelte. Im Laufe der Jahre trug er die Künstlernamen „Der Affenmann", „Das fehlende Glied", „Was ist das bloß?" und „Zip, das Stecknadelköpfchen".

24 MARTIN LAURELLO
Die menschliche Eule

Der in den 1890er Jahren unter dem Namen Martin Emmerling geborene Martin „Die Menschliche Eule" Laurello konnte seinen Kopf um 180° drehen. Seine Fähigkeit gab er nicht nur auf Coney Island, sondern auch bei den Ringling Brothers zum Besten. Später trat er auch im Ripley's Believe It or Not!-Odditorium auf.

Nachdem er durch Europa getourt war, kam er mit mehreren anderen europäischen Freaks 1921 in die USA.

25 P.J. STAUNTON
Stellvertretender Manager

26 JEANIE TOMAINI
Das Halbe Mädchen

Jeanie, die 1916 in Indiana ohne Beine geboren wurde, war als Erwachsene nur 76 cm groß. Als sie noch ein Kind war, wurden ihre Eltern auf einem örtlichen Jahrmarkt auf sie angesprochen, und wenig später stand sie auf der Bühne. Dort lernte sie ihren späteren Ehemann Aurelio „Al" Tomaini kennen, einen Riesen von über 2,40 m. Jeanie und Al gingen in den 1940ern in Ruhestand und lebten in Florida, wo Jeannie 1999 im Alter von 82 Jahren starb.

ALL THE THREE RINGS AT ONE TIME

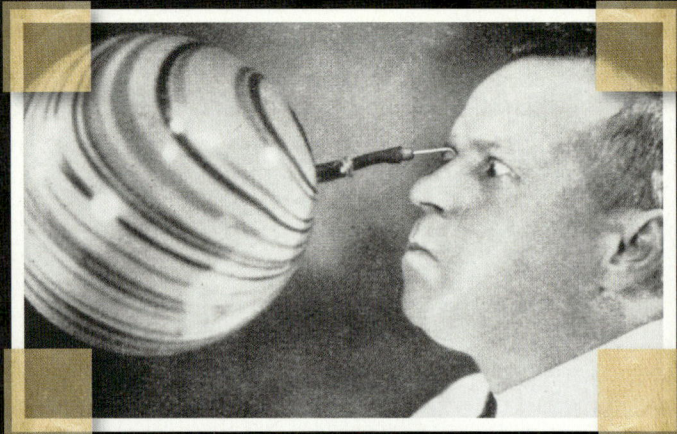

Eko and Iko

Die Albinozwillinge Eko und Iko wurden Ende des 19. Jahrhunderts von Kopfgeldjägern gekidnappt, die für Freakshow-Talentsucher arbeiteten. Später wurden sie befreit und verdienten als Darsteller in der Freakshow des Ringling Brothers and Barnum and Bailey Circus viel Geld.

Alfred Langevin

Alfred Langevin konnte Ballons aufpusten, Zigaretten rauchen und Kerzen ausblasen, indem er Luft aus den Augen ausstieß. Er war regelmäßig im Ripley's-Odditorium zu Gast.

MAJOR MITE
AGE -- 18 YEARS
WEIGHT- 19 POUNDS
HEIGHT- 26 INCHES

Haarige Familie

Zwei der Mitglieder der „Heiligen Haarigen Familie aus Burma" hatten vollständig behaarte Gesichter. Nachdem sie vor dem König von Burma aufgetreten waren, entdeckte ein Engländer die Familie und machte sie in den 1890er Jahren zu einer der Attraktionen des P.T. Barnum Circus.

Major Mite

Major Mite trat in der Freakshow des Ringling Brothers and Barnum and Bailey Circus auf und war einer der Zwerge in dem Film Der Zauberer von Oz aus dem Jahr 1939.

KRASSE KÖRPER
www.ripleys.de
156
Ripley's Einfach unglaublich!

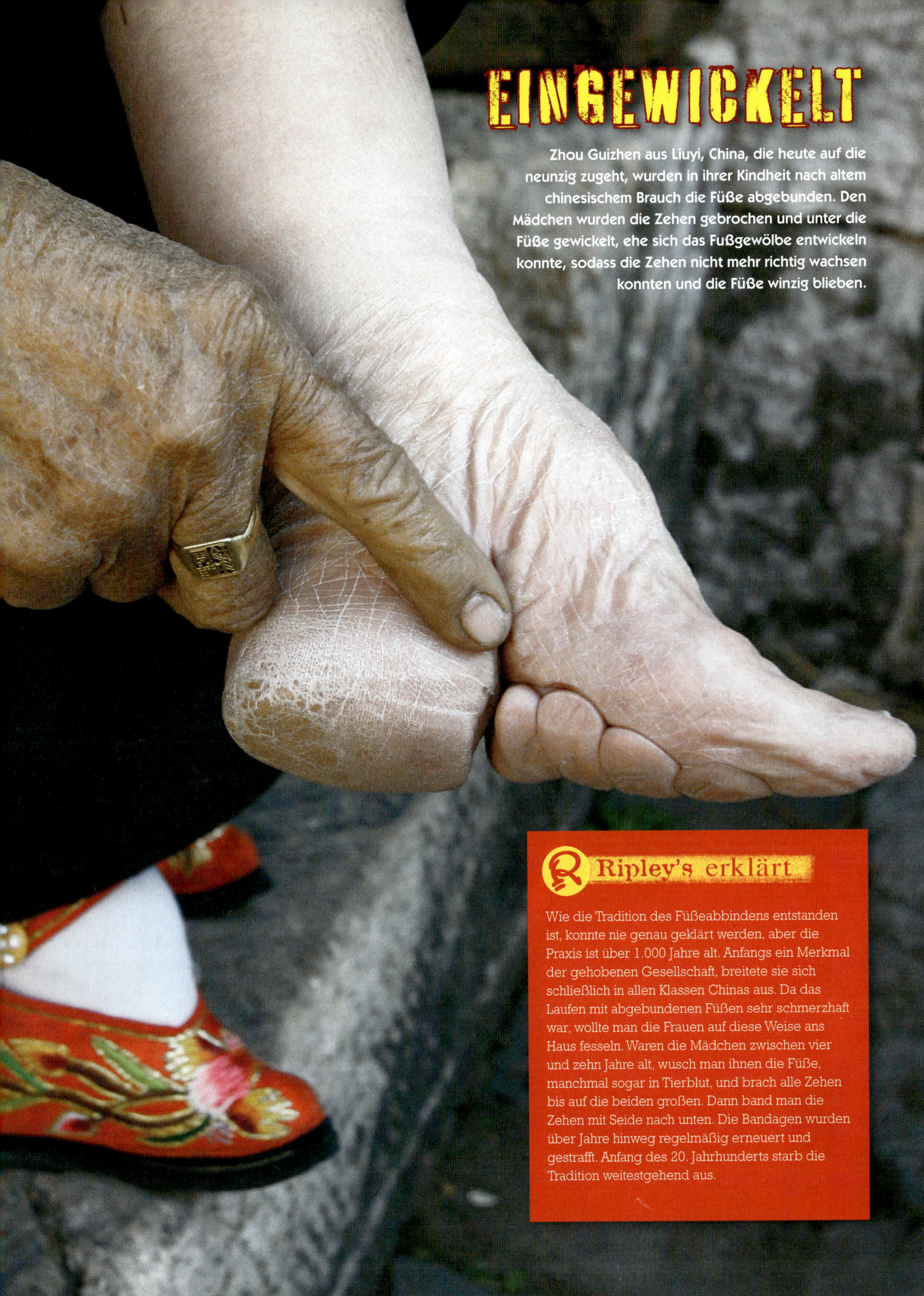

EINGEWICKELT

Zhou Guizhen aus Liuyi, China, die heute auf die neunzig zugeht, wurden in ihrer Kindheit nach altem chinesischem Brauch die Füße abgebunden. Den Mädchen wurden die Zehen gebrochen und unter die Füße gewickelt, ehe sich das Fußgewölbe entwickeln konnte, sodass die Zehen nicht mehr richtig wachsen konnten und die Füße winzig blieben.

® Ripley's erklärt

Wie die Tradition des Füßeabbindens entstanden ist, konnte nie genau geklärt werden, aber die Praxis ist über 1.000 Jahre alt. Anfangs ein Merkmal der gehobenen Gesellschaft, breitete sie sich schließlich in allen Klassen Chinas aus. Da das Laufen mit abgebundenen Füßen sehr schmerzhaft war, wollte man die Frauen auf diese Weise ans Haus fesseln. Waren die Mädchen zwischen vier und zehn Jahre alt, wusch man ihnen die Füße, manchmal sogar in Tierblut, und brach alle Zehen bis auf die beiden großen. Dann band man die Zehen mit Seide nach unten. Die Bandagen wurden über Jahre hinweg regelmäßig erneuert und gestrafft. Anfang des 20. Jahrhunderts starb die Tradition weitestgehend aus.

AUGENKÜNSTLER ■ Xiang Chen aus der chinesischen Provinz Hunan kann malen, schreiben und Klavier spielen – und zwar mit dem Auge! Mit seinem Augenlid kann er bis zu zwei Kilo schwere Pinsel halten, um zu malen, Kalligrafien anzufertigen und mit einem Stock Klaviertasten zu drücken. Er entdeckte sein seltsames Talent, als ihm mit 16 Jahren auffiel, dass er nach seiner Arbeit als Bauarbeiter zwar Sand in den Augen hatte, aber keinerlei Schmerzen empfand.

ZUNGENMALER ■ Ani K aus Kerala, Indien, malt mit seiner Zunge und hat innerhalb von fünf Monaten eine 2,40 m breite Wasserfarbenkopie von Leonardo Da Vincis Abendmahl angefertigt. Inspiriert wurde er durch einen Fußmaler. Er hat auch versucht, mit seiner Nase zu malen, doch in diesem Bereich gab es ihm zu viele Konkurrenten.

ZWILLINGSTAG ■ Beim jährlichen Zwillingstag in Twinsburg, Ohio, treffen sich an die 2.000 Zwillinge, Drillinge und Vierlinge aus der ganzen Welt. Unter anderem werden hier Wettbewerbe abgehalten, um die ähnlichsten und die unähnlichsten Zwillinge zu ermitteln.

HARTNASE ■ Daniel Greenwood wurde 2008 bei einem Raubüberfall in Manchester, England, in den Kopf geschossen, überlebte aber, weil sein Nasenwurzelknochen so hart war, dass er die Kugel aufgehalten hatte.

PATRIOTISCHE TATTOOS ■ Seit Sam Bloomfield 1976 aus Tonga in die USA emigrierte, hat er alles dafür getan, seiner neuen Heimat seinen Dank zu erweisen. Der Mann aus Everett, Washington, hat sein Haus rotweiß bemalt und ein blaues Dach hinzugefügt, und 2007 begann er, sich patriotische Tätowierungen stechen zu lassen. Unter seinem linken Auge steht heute „God bless America" (deutsch: „Gott segne Amerika"), unter dem rechten Auge steht „Land of Free" (deutsch: „Land der Freiheit"), auf seiner Stirn prangt der Schriftzug „U.S.A.", und sein restliches Gesicht wird von der amerikanischen Flagge geziert. Die Anfertigung seines Tattoos dauerte 15 Stunden, die über drei Monate verteilt waren, und kostete ihn € 1.100. Das ist aber nicht alles: Mr. Bloomfield hat insgesamt über 100 Tattoos, darunter die Flaggen von 20 Ländern.

KALTE RETTUNG ■ Im September 2008 überlebte die zweijährige Oluchi Nwaubani den Sturz in ein eiskaltes Schwimmbecken, obwohl sie 18 Minuten lang unter Wasser geblieben war. Das Mädchen aus London, England, war dreimal länger von der Sauerstoffzufuhr abgeschnitten, als das menschliche Gehirn normalerweise übersteht, überlebte aber wie durch ein Wunder, da ihr Körper durch das kalte Wasser in eine Art Winterschlaf verfiel, wodurch ihre Gehirnzellen geschützt blieben.

AUGAPFELKUNST ■ Pauly Unstoppable aus Whiteland, Indiana, ließ sich seinen Augapfel tätowieren. 40-mal musste die Nadel in sein Auge eindringen, um es blau zu färben. Pauly ist ein großer Fan von Körperkunst und hat sich im Alter von sieben Jahren die Ohren durchstechen lassen, pierce sich die Nasenscheidewand mit einer Nähmaschinennadel selbst, als er elf war, und hat sich seine Nasenlöcher auf 3,80 cm Breite dehnen lassen.

SELBSTHYPNOSE ■ Alex Lenkei aus Worthing, England, hypnotisierte sich im April 2008 im Alter von 61 Jahren selbst und ließ eine Knochen- und Gelenkoperation an seiner rechten Hand durchführen – ohne Betäubung! Der geprüfte Hypnotiseur empfand keinerlei Schmerzen, obwohl mit Hammer, Meißel und Kreissäge an ihm gearbeitet wurde.

EINFALLSREICH ■ Ein britischer Gehirnchirurg verwendete eine € 44 teure handelsübliche Bohrmaschine, um in der Ukraine eine erfolgreiche Operation an einer Patientin durchzuführen, die bei vollem Bewusstsein war. Henry Marsh aus London hatte die Hälfte seiner OP an Marian Dolischny durchgeführt, als der Strom ausfiel. Ohne sein übliches Werkzeug musste er mit einem schnurlosen Bosch-Bohrer weiteroperieren und rettete seiner Patientin damit das Leben.

FALSCHER ZAHNARZT ■ Der Ecuadorianer Alvaro Perez praktizierte viele Jahre lang erfolgreich als Zahnarzt in Sampierdarena, Italien, obwohl er nicht ausgebildet war und Handwerkszeug wie einen Bohrer, Zangen und Schraubenzieher verwendete.

KNOPFANGST ■ Gillian Linkins aus Hampshire, England, leidet an Koumpounophobie – panischer Angst vor Knöpfen! Der bloße Anblick von Knöpfen löst bei ihr Panikattacken aus. Sie kann sich nicht einmal in einem Raum mit Menschen aufhalten, an deren Kleidungsstücke Knöpfe sind. Ihr Freund trägt deswegen nur Sachen mit Reißverschluss.

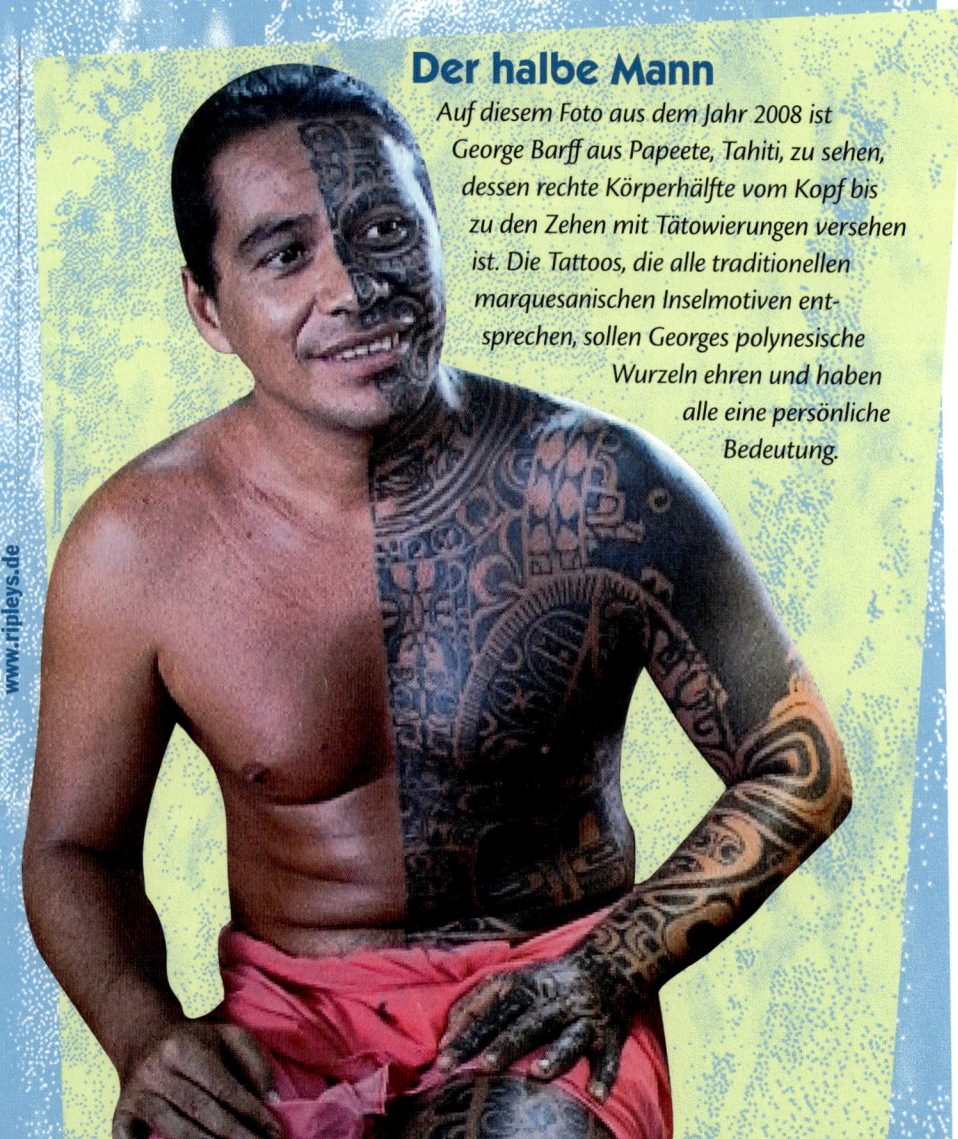

Der halbe Mann

Auf diesem Foto aus dem Jahr 2008 ist George Barff aus Papeete, Tahiti, zu sehen, dessen rechte Körperhälfte vom Kopf bis zu den Zehen mit Tätowierungen versehen ist. Die Tattoos, die alle traditionellen marquesanischen Inselmotiven entsprechen, sollen Georges polynesische Wurzeln ehren und haben alle eine persönliche Bedeutung.

Kreative Kronen

Ein Zahntechniker aus Utah malt schon seit über 20 Jahren unglaubliche Kunstwerke auf Zähne! Steve Hewards Kunden können frei wählen, was sie gern auf ihren Zähnen sehen möchten – darunter auch Porträts von berühmten Sportlern, Politikern und Promis. Mit einer Gummischleifmaschine können die kleinen Kunstwerke leicht wieder entfernt werden.

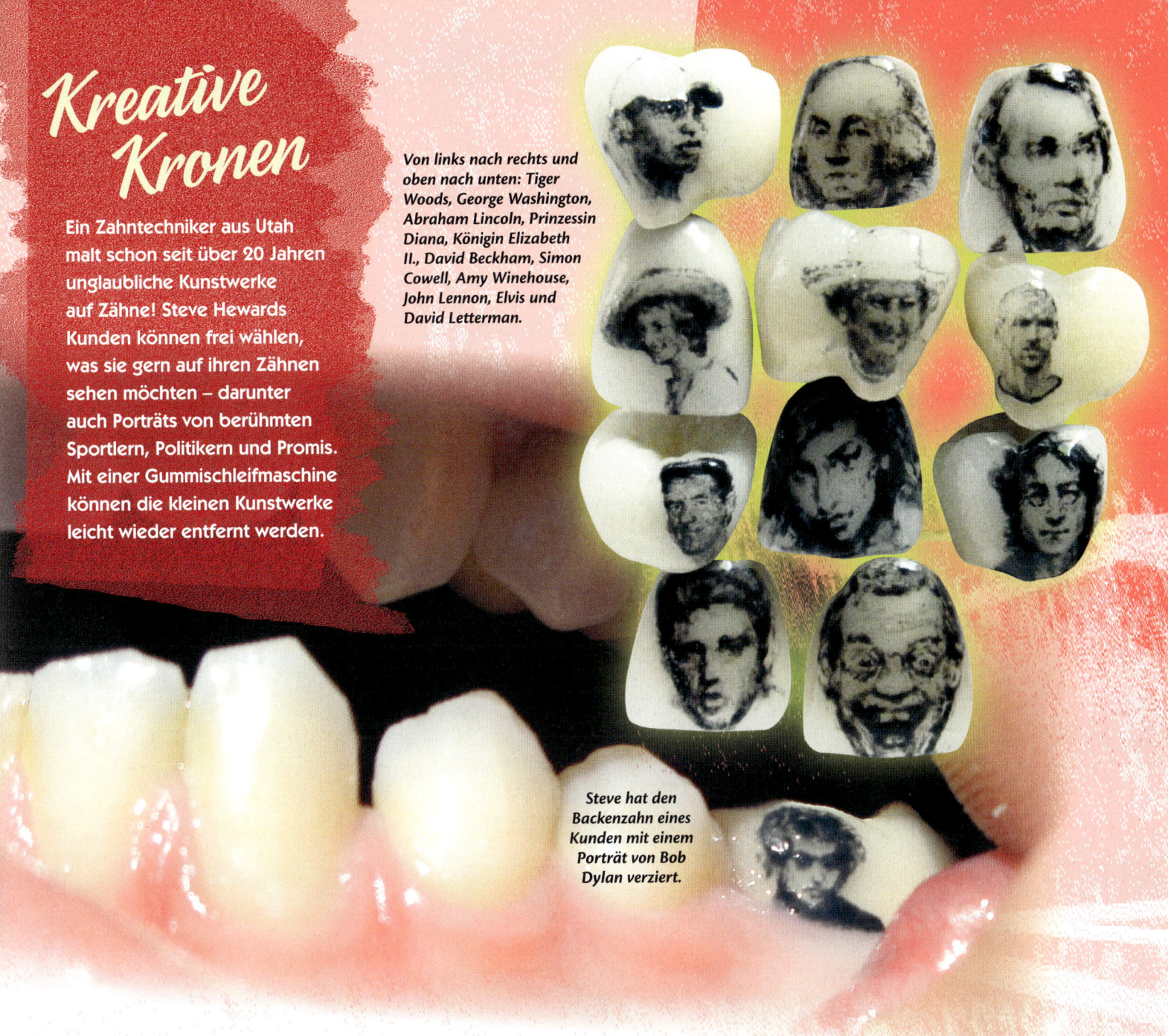

Von links nach rechts und oben nach unten: Tiger Woods, George Washington, Abraham Lincoln, Prinzessin Diana, Königin Elizabeth II., David Beckham, Simon Cowell, Amy Winehouse, John Lennon, Elvis und David Letterman.

Steve hat den Backenzahn eines Kunden mit einem Porträt von Bob Dylan verziert.

ORANGE(N)HAUT ■ Michael Stenning aus Sussex, England, trank mit über vier Litern am Tag so viel Apfelwein, dass sich seine Haut orange färbte!

DURCHHALTEN! ■ Die 21-jährige zweifache Mutter Amber Pennell überlebte im August 2008 eine fünftägige Gefangenschaft am Grund einer 30 m tiefen Schlucht in North Carolina. Der Suchtrupp fand sie schließlich in ihrem verunglückten Pick-up, der vom Highway 321 abgekommen und in den mit Bäumen und Ranken zugewachsenen Abgrund gefallen war.

GLÜCKSTAG ■ Am Freitag, den 13.6.2008, stach der Tattoo-Künstler Oliver Peck aus Dallas, Texas, an nur einem Tag 415 Tattoos, die alle die Nummer 13 enthielten.

FUCHSANGRIFF ■ Als eine Frau im November 2008 nahe Prescott, Arizona, joggen war, wurde sie von einem Fuchs angegriffen und rannte 1,60 km weit zu ihrem Wagen zurück, obwohl das Maul des tollwütigen Tiers noch immer ihren Unterarm umklammerte. Schließlich konnte sie den Fuchs abschütteln und fuhr in ein Krankenhaus.

RETT-FETT ■ Als der 127 kg schwere Rolf Mittelhaus aus dem deutschen Dortmund bei einem Raub aus nächster Nähe angeschossen wurde, rettete ihm sein Körperfett das Leben, da die Kugel in den Fettrollen steckenblieb. Dass er angeschossen worden war, bemerkte er erst, als er den Überfall zwei Tage später bei der Polizei meldete und die Kugel bei einer Routineuntersuchung herausfiel. Die Kugel hatte ihm nur eine oberflächliche Fleischwunde zugefügt.

FLEISCHFRESSER ■ 24 Stunden, nachdem sich Tracy Majoram aus Norfolk, England, bei der Gartenarbeit mit der Hand über das Gesicht gestrichen hatte, war sie im Krankenhaus auf der Intensivstation. Ihr Körper war von einem fleischfressenden Schädling befallen worden. Das infektiöse Bakterium fraß das Fleisch um ihr Auge und ließ ihre Lungen und andere lebenswichtige Organe kollabieren, ehe es durch ein starkes Antibiotikum abgetötet werden konnte.

DAUERAUGE ■ Einem Norweger wurde ein Auge transplantiert, das auch nach 120 Jahren noch sehen kann! Bernt Aune wurde 1958 die Hornhaut eines verstorbenen 73-Jährigen eingesetzt. Damals prognostizierten die Ärzte, dass er damit nur fünf Jahre würde sehen können, doch sie funktioniert bis heute tadellos.

TUMOR-TUCH ■ Ärzte haben in Japan eine Operation durchgeführt, um einen acht Zentimeter großen Tumor zu entfernen – nur um herauszufinden, dass es sich bei dem Geschwür in Wahrheit um ein 15 Jahre altes Chirurgen-Handtuch handelte! Das Stück Stoff, das zur Größe eines Softballs zusammengepresst war, hatte der Patient seit 1983 mit sich herumgetragen. Damals war er wegen eines Geschwürs operiert worden, und die Chirurgen hatten das Tuch aus Versehen in seinem Körper vergessen.

ÜBERRASCHUNGSPAKET ■ 2008 wurde aus Versehen der Augapfel eines Menschen in ein Hotel in Hobart, Australien, geliefert. Ein Taxifahrer lieferte die Schachtel, auf der „Organspende" stand, zu einem Hotel, wo ein geistesgegenwärtiger Angestellter zum Glück sofort reagierte und den Augapfel in den Kühlschrank stellte.

WEIHNACHTSWUNDER ■ Der Fensterputzer Alcides Moreno aus Linden, New Jersey, fiel in Manhattan vom Dach eines 47 Stockwerke hohen Wolkenkratzers und überlebte nicht nur, sondern konnte nach nur sechs Monaten wieder laufen! Alcides, der aus Ecuador stammt, und sein Bruder Edgar fielen an Weihnachten 2007 ganze 150 m tief, nachdem die Stahlseile, an denen ihre Plattform befestigt war, gerissen waren. Edgar starb leider noch am Unfallort, doch Alcides konnte trotz seiner schrecklichen Verletzungen durch 16 Operationen wiederhergestellt werden. Im Juni 2008 verrieten nur noch eine lange Narbe am linken Bein und sein Hinken, dass er einen Unfall gehabt hatte. Selbst bei einem Fall von einem dreistöckigen Gebäude liegt die Todesrate bei 50 %, und ab zehn Stockwerken hat man kaum eine Überlebenschance.

Nagelkunst

Bei einem Nagelkunstwettbewerb, der 2008 in Singapur abgehalten wurde, waren die fantastischsten Designs zu sehen, darunter dieses Modell eines Schwans, der unter einem Baum sitzt. Die Fingernägel sind außerdem mit einem feinen Blumenmuster versehen und mit Perlen besetzt.

Zu viel des Guten

Agnes Schmidt aus Cincinnati, Ohio, litt an dem seltenen Ehlers-Danlos-Sydrom, einer seltenen Erbkrankheit, die extreme Hautanomalien verursacht. Deswegen wuchs ihr an den Oberschenkeln dicke, stark dehnbare Haut.

DAUERHUSTEN ■ Nicholas Peake aus Lowton, England, hustet seit fast 14 Jahren ununterbrochen bis zu 100-mal die Stunde – außer er schläft oder kaut Kaugummi.

WASSERALLERGIE ■ Die Schülerin Ashleigh Morris aus Melbourne, Australien, kann weder schwimmen noch duschen oder einen Spaziergang im Regen machen, da sie allergisch auf Wasser reagiert! Selbst wenn sie schwitzt, bekommt sie rote Schwellungen. Ihre extrem seltene unheilbare Erkrankung, die auch als aquagene Urtikaria bekannt ist, zog sie sich zu, als sie mit 14 Jahren Penicillin einnahm.

RIPLEY'S-RETTUNG ■ Während des Zweiten Weltkriegs wurde John Peterson in den Hintern geschossen, doch die Kugel wurde durch seine Kartentasche aufgehalten, in der sich eine Taschenbuchausgabe des ersten *Ripley's Believe It or Not*-Buches befand.

JUGENDLICHE ARME

Einem 54-jährigen Bauern aus Deutschland wurde im Juli 2008 im Rahmen einer 15-stündigen Operation in München die Arme eines Teenagers transplantiert. Karl Merk hatte seine Arme 2002 bei einem Unfall mit einer Dreschmaschine verloren. Der jugendliche Spender war bei einem Verkehrsunfall gestorben. Die Operation war ein voller Erfolg, und drei Monate später konnte Karl Merk seine neuen Arme bereits bewegen.

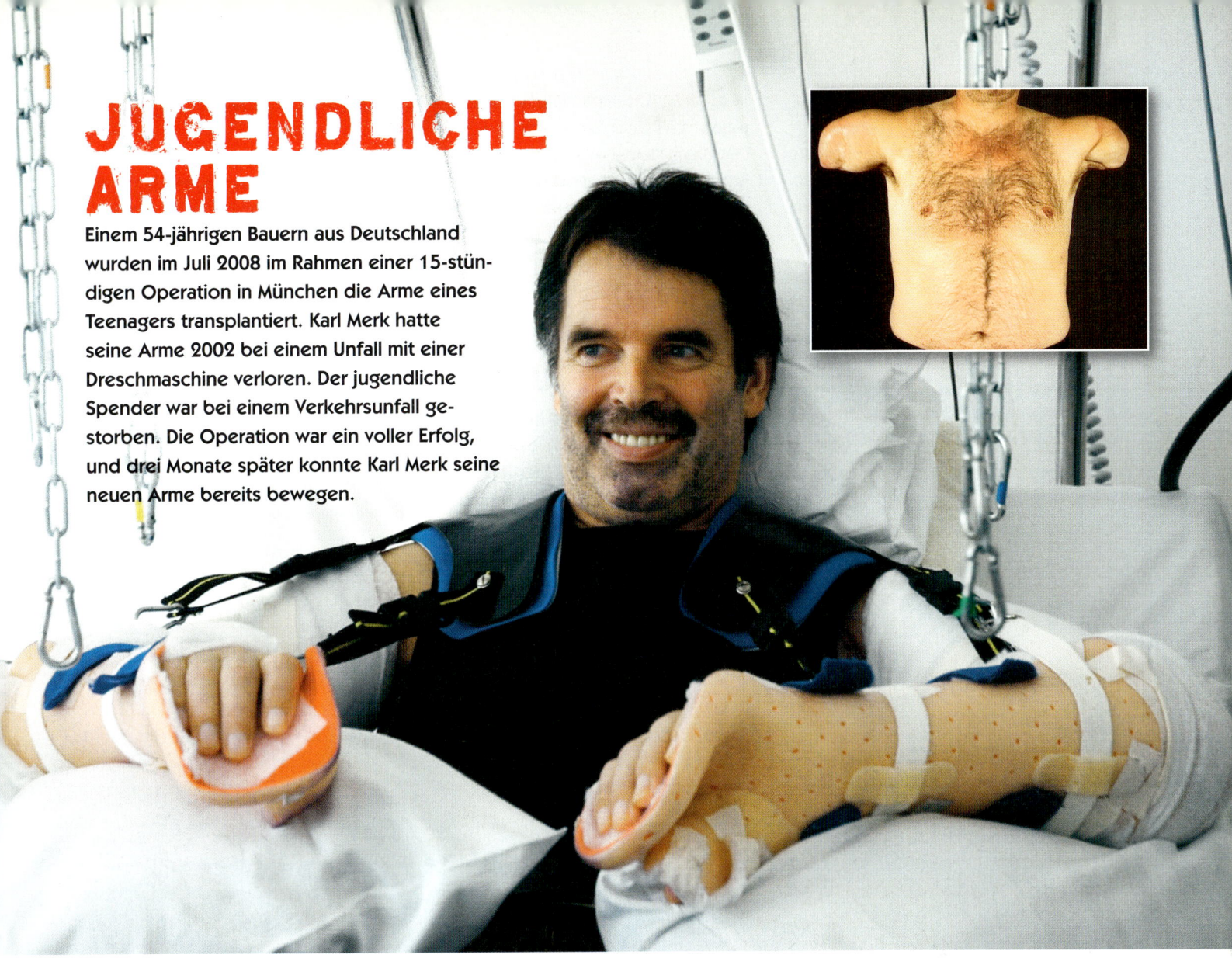

BLUETOOTH-BEINE ■ Dem Marinegefreiten Joshua Bleill aus Greenfield, Indiana, mussten zwar beide Beine amputiert werden, doch dank zweier Prothesen, die mit Bluetoothtechnologie ausgestattet sind, kann er wieder laufen! Seine Beine mussten auf Höhe der Knie abgenommen werden, als 2006 bei einem Einsatz im Irak eine Bombe neben ihm explodierte. Heute hat er zwei Computerchips in seinen Beinen, die Signale zu den Motoren in den künstlichen Gelenken senden, sodass sich Knie und Knöchel koordiniert bewegen können.

STUHLGANGWECHSEL ■ Da Marcia Munro aus Toronto, Kanada, chronisch von dem Bakterium *Clostridium difficile* befallen war, erhielt sie eine Stuhl-Transplantation von ihrer Schwester, damit die „guten" Bakterien in deren Fäkalien die Krankheit bekämpfen konnten. Wendy Sinukoff sammelte fünf Tage lang Stuhlproben in einem Eisbehälter und lagerte sie in ihrem Kühlschrank. Dann nahm sie sie im Handgepäck mit auf den Flug nach Calgary, wo die Transplantation durchgeführt wurde.

GESICHTSTUMOR ■ In den letzten 35 Jahren wurde das Gesicht von José Mestre aus Lissabon, Portugal, Stück für Stück von einem Tumor aufgefressen. In seiner Jugend erschien das Geschwür an seiner Lippe, heute ist es 38 cm groß, wiegt 5,40 kg und bedeckt sein gesamtes Gesicht bis auf ein Auge. Auf dem anderen ist er blind, und Essen stellt eine Qual dar, aber aus religiösen Gründen möchte José sich nicht operieren lassen.

WORTE SCHMECKEN ■ James Wannerton aus Lancashire, England, kann Worte schmecken! Er ist Synästhetiker, was bedeutet, dass immer zwei Sinne auf einmal stimuliert werden. In seinem Fall wird sein Geschmackssinn angeregt, wenn er Worte hört oder liest. Seine Freundinnen sucht er danach aus, welchen Geschmack ihre Namen hervorrufen. Er erklärt, dass „Barbara" und „Helen" fruchtig schmecken, während ihm von "Colleen" übel wird.

OP-KÖNIGIN ■ Die 63-jährige Angela Bismarchi aus Rio de Janeiro, Brasilien, unterzog sich freiwillig 42 Schönheitsoperationen.

TIEFSCHLAF ■ Swetlana Jurkowa aus Weißrussland wurde im März 2008 von einem 145 km/h schnellen Zug überfahren, weil sie zwischen den Gleisen eingeschlafen war, und überlebte! Nach ihrem Geburtstagsfest hatte sie einen ruhigen Platz für ein Nickerchen gesucht und schlief einfach durch, als der Zug über sie hinwegfuhr. Wäre sie aufgewacht und hätte sich bewegt, wäre sie vermutlich geköpft worden!

RETTUNGS-BH ■ Die begeisterte Outdoor-Sportlerin Jessica Bruinsma aus Colorado Springs, Colorado, wurde 2008 von einem Berggipfel in Deutschland gerettet, indem sie ihren BH als Notrufzeichen verwendete. Bei einem Sturz in eine Schlucht hatte sie sich Knöchel, Schädel und Schulter verletzt und lag auf einer Klippe in 1.250 m Höhe. Nachdem sie drei Tage lang verschwunden war, machte sie den Suchtrupp auf sich aufmerksam, indem sie ihren leuchtend bunten Sport-BH wie eine Flagge an einem Stahlseil befestigte, mit dem Holzstämme befördert werden. Einer der Arbeiter entdeckte den BH und informierte die Bergrettung, die die vermisste Jessica schnell fand.

WACHSTUMSSCHUB ■ Dr. Luiz de la Cruz aus Madrid, Spanien, hat über 15 erfolgreiche Operationen durchgeführt, mit denen er Patienten bis zu fünf Zentimeter größer machte. Bei der € 6.215 teuren Operation wird unter anderem ein Silikonkissen zwischen Schädeldecke und Haut eingepflanzt.

NEUES BLUT ■ Die jugendliche Demi-Lee Brennan aus Kiama, Australien, hat die Blutgruppe gewechselt – die Chancen dafür stehen bei geschätzten sechs Milliarden zu eins! Sie wurde mit der Blutgruppe 0 negativ geboren, doch 2002 wurde ihr eine neue Leber implantiert. Nachdem sich ihr Immunsystem an das gespendete Organ angepasst hatte, hatte sie Blutgruppe 0 positiv.

VIER NIEREN ■ Laura Moon aus Yorkshire, England, wurde mit vier voll funktionsfähigen Nieren geboren. Entdeckt wurden sie erst bei einer Ultraschalluntersuchung nach einem Autounfall, als Laura 18 war. Schätzungsweise jeder 125. Brite hat ein zusätzliches Organ.

VOLLTREFFER ■ George Chandler aus Shawnee, Kansas, bemerkte nicht, dass man ihm einen 6,40 cm langen Nagel in den Kopf geschossen hatte, bis ihn ein Freund darauf aufmerksam machte! Phil Kern hatte im Juni 2008 mit einer Nagelpistole den Zaun im Garten der Chandlers repariert, als sie unerwartet losging und Chandler durchbohrte.

MINI-TEEN ■ Die Teenagerin Jyoti Amge aus Nagpur, Indien, ist kleiner als eine durchschnittliche Zweijährige. Im Alter von 14 war sie nur 58,40 cm groß. Da sie an der seltenen Kleinwüchsigkeit Achondroplasie leidet, wird sie nicht mehr weiter wachsen. Ihre Kleidung und ihr Schmuck werden extra für sie angefertigt, und zum Essen benutzt sie spezielles Geschirr und Besteck. Sie besucht aber eine normale Schule, wo ihr ein kleiner Tisch und ein winziger Stuhl bereitgestellt werden.

RETTENDES INTERNET ■ Als zwei Mütter im Internet Babyfotos austauschten, wurde dabei ein Krebsgeschwür im Auge eines der Kleinkinder entdeckt! Megan Santos aus Riverview, Florida, hatte das Bild ihrer einjährigen Tochter Rowan an Madeleine Robb aus dem englischen Manchester geschickt, die den Schatten hinter dem Auge des Mädchens umgehend bemerkte. Es handelte sich um eine aggressive Form von Krebs, die vermutlich tödlich ausgegangen wäre, wenn sie nur eine Woche später entdeckt worden wäre.

AUGENLICHT ■ 2008 konnten Chirurgen in Glasgow, Schottland, die Sehkraft von John Gray, 87, wiederherstellen, der seit dem Zweiten Weltkrieg auf einem Auge blind war. Bei einem deutschen Bombenangriff über Clydeside hatte er 1941 das Augenlicht verloren. Angeblich war der Schaden irreparabel, doch neueste medizinische Entwicklungen führten zur Herstellung einer künstlichen Linse, die in sein Auge eingepflanzt werden konnte.

EGEL-BEFALL ■ 2007 entfernten Ärzte in den Vereinigten Arabischen Emiraten sieben zwei Zentimeter lange Blutegel aus dem Ohr eines ägyptischen Landarbeiters. Der Mann klagte über Kopfschmerzen, und das Röntgenbild ergab, dass die Egel in seinem Gehörgang Blut saugten.

KUGELHAGEL ■ Carlos Juarez wurde 2008 von Dieben in New Haven, Connecticut, angeschossen und überlebte dank seiner Lunch-box. Er hielt die Kühltasche schützend vor seine Brust, sodass sie die beiden Kugeln abfing. Eine von ihnen durchschoss die Box, die andere verfing sich in einer Packung Kaugummi.

TEURE KNOSPEN ■ Sanjay Sigat, ein Curry-koch aus London, England, hat sich seine Geschmacksknospen für € 1,46 Millionen versichern lassen. Sein hochempfindlicher Geschmackssinn ist beim Kochen seine wichtigste Hilfe.

BEINVERLUST ■ Scott Listemann aus Poughkeepsie, New York, verlor innerhalb von sieben Monaten zweimal sein linkes Bein! Nach einem Unfall wurde es im November 2007 unter dem Knie amputiert, und im folgenden Juni verlor er beim Fallschirmspringen seine Prothese.

FUSSREPARATUR ■ Ein Chinese verdient sich sein Geld damit, platte Fahrradreifen zu reparieren, obwohl er keine Hände hat! Sein Werkzeug, darunter Klebstofftuben und Hammer, hält er zwischen den Zehen.

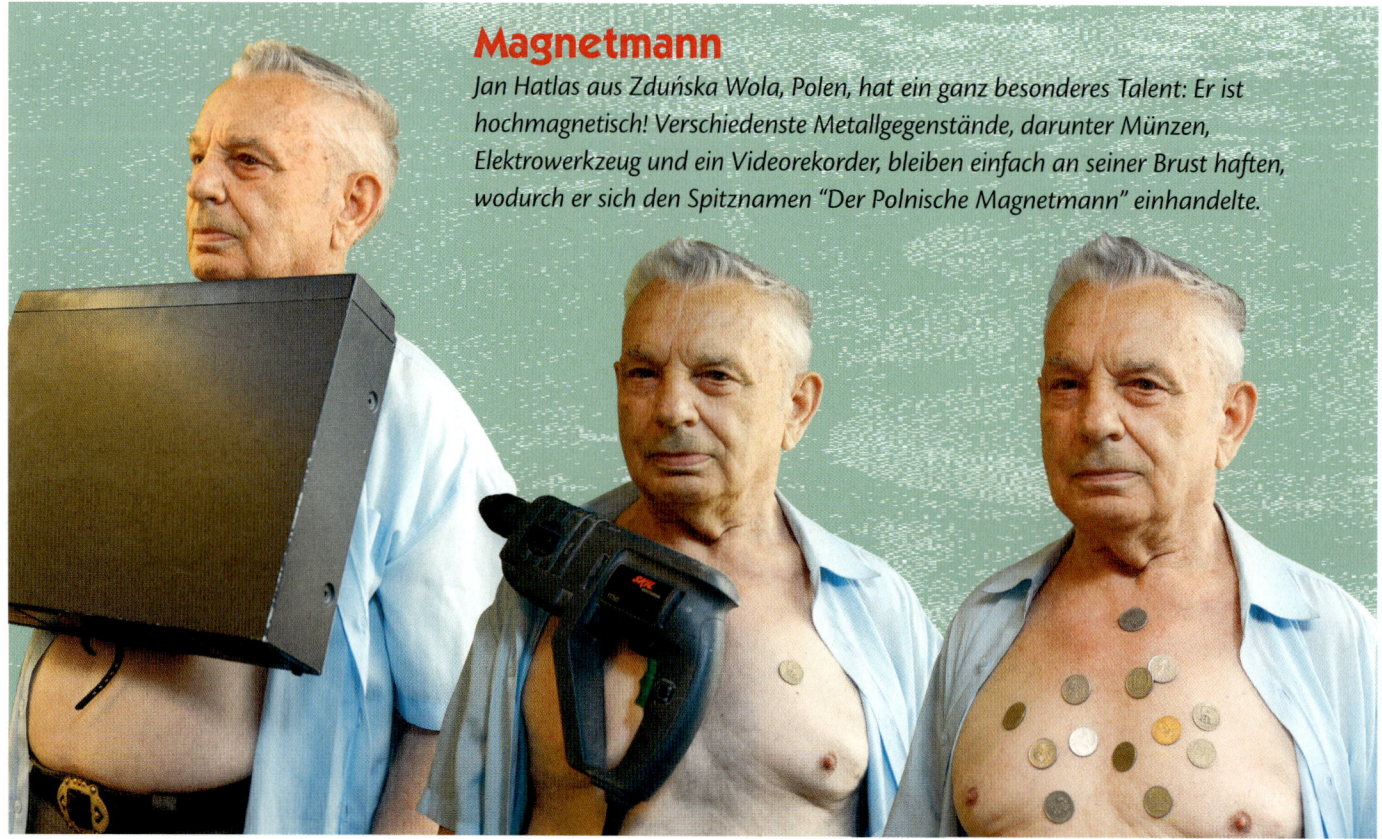

Magnetmann

Jan Hatlas aus Zduńska Wola, Polen, hat ein ganz besonderes Talent: Er ist hochmagnetisch! Verschiedenste Metallgegenstände, darunter Münzen, Elektrowerkzeug und ein Videorekorder, bleiben einfach an seiner Brust haften, wodurch er sich den Spitznamen "Der Polnische Magnetmann" einhandelte.

MINI-MUSKELMANN

Der nur 90 cm große, zehn Kilo schwere Aditya „Romeo" Dev ist der kleinste Bodybuilder der Welt. Sein Trainer Ranjeet Pal, der hier gemeinsam mit Romeo zu sehen ist, hat ein maßgeschneidertes Trainingsprogramm für den kleinen Mann entwickelt, mit dem er seine Muskeln vorsichtig aufbauen kann. Jeden Tag sehen begeisterte Zuschauer dabei zu, wie Romeo in seinem Studio in Phagwara, Indien, mit 1,50 kg schweren Hanteln trainiert.

KLETTERFAN ■ Dottie O'Connor aus Bradford, Massachusetts, hatte extreme Höhenangst, bis ihr eine neue Lunge transplantiert wurde. Heute ist sie ein begeisterter Kletterfan! Vermutlich hat sie infolge des so genannten Zellulargedächtnis-Phänomens Teile der Persönlichkeit des Spenders angenommen.

VERWURZELT ■ Im April 2008 schnitten Ärzte über 1,80 kg schwere Warzen vom Körper eines indonesischen Fischers, woraufhin er zum ersten Mal seit über zehn Jahren wieder die Form seiner Finger und Zehen erkennen konnte. Nachdem er sich als Teenager ins Knie geschnitten hatte, musste Dede Koswara hilflos mit ansehen, wie über 20 Jahre hinweg wurzelartige Fortsätze aus seinen Armen und Füßen wuchsen. Schließlich wurde entdeckt, dass er von einem Virus befallen war und an einer seltenen Erbkrankheit litt, die sein Immunsystem angegriffen hatte, weswegen die Warzen ungehindert wuchern konnten.

EINFACH VERGESSEN ■ Als Donovan McGowan im März 2008 in Glasgow, Schottland, nach einem Autounfall operiert wurde, vergaßen die Chirurgen ein zehn Zentimeter langes Metallstück in seinem Kopf. Da Donovan in den folgenden drei Monaten immer wieder über Kopfschmerzen und Sehstörungen klagte, wurde er erneut gescannt, wobei das Metallstück entdeckt wurde.

WAS WIR SIND ■ Ein durchschnittlicher menschlicher Körper enthält genug Schwefel, um alle Flöhe auf einem Hund zu töten, genug Kohle, um 900 Bleistifte herzustellen, genug Eisen für einen 7,60 langen Nagel, genug Kalium, um eine Spielzeugpistole abzufeuern, genug Fett für sieben Seifenstücke, genug Phosphor für 2.200 Streichhölzer und genug Wasser, um einen 38 l großen Behälter zu füllen.

AUSSENHERZ ■ Das Herz des vierjährigen Zhang Weiyuan aus Hetai Village, China, wächst aus seiner Bauchwand! Es ist nur mit einer dünnen Hautschicht bedeckt, durch die man deutlich sehen kann, wie es schlägt. Seine Eltern müssen ihn immer dick anziehen, um sein Herz zu schützen.

GAR KEIN HERZ ■ Die 14-jährige D'Zhana Simmons aus Clinton, South Carolina, lebte 2008 vier Monate lang ohne Herz. Sie wurde in Miami wegen Herzerweiterung behandelt. Schließlich war ihr Herz nicht mehr stark genug, um Blut durch ihren Körper zu pumpen, und musste transplantiert werden. Da das neue Organ ebenfalls nicht ausreichend funktionierte, überlebte D'Zhana 118 Tage lang mit einer künstlichen Herzpumpe, bis ihr ein zweites, diesmal voll funktionsfähiges Herz implantiert wurde.

LEBENDER ZOMBIE

Rick, auch bekannt als „Zombie", ist der wohl einzige lebende Untote der Welt! Sein ganzer Körper ist mit leichenähnlichen Tattoos versehen. Sein Gesicht sieht aus wie ein Totenschädel, seinen Rücken ziert ein detailgetreues Rückgrat, und auf den Kopf hat er sich ein Gehirn stechen lassen. Das Gesamtkunstwerk kostete ihn 24 schmerzhafte Stunden und fast € 5.120.

HORRORHOCHZEIT ■ Die beiden Horrorfilmfans Tracy Fox und Nick Adams heirateten an Halloween 2008 in einem Tattoostudio in Waterbury, Connecticut. Ihre Ehe besiegelten sie mit Tätowierungen an den Knöcheln – Tracy entschied sich für „Werwolf", Nick wählte „Würmerfraß", da er findet, dass die Menschen letzten Endes nichts anderes sind. Beide trugen Kostüme aus Horrorfilmen und wurden von einer Friedensrichterin getraut, die sich als Hexe verkleidet hatte. Die Hochzeitstorte hatte die Form einer schwarzen Katze.

NASENVERSICHERUNG ■ Der führende europäische Winzer und Weintester Ilja Gort hat sich 2008 seine Nase für € 5,85 Millionen versichern lassen. Die Idee kam ihm, nachdem er von einem Mann gehört hatte, der seinen Geruchssinn bei einem Autounfall verloren hatte. Laut Versicherungsvertrag darf Gort nun nicht mehr Motorradfahren, anfangen zu boxen oder Assistent eines Messerwerfers werden. Der bärtige Niederländer darf außerdem nur erfahrene Friseure besuchen, die ihre Klingen von seiner Nase fernhalten.

Tattoo-Pionier

Hier zu sehen ist einer der Pioniere der Tätowierkunst! Der 1875 in Deutschland geborene Charles Wagner wanderte nach New York aus, wo er seine Karriere damit begann, Matrosen zu tätowieren. Seine Motive hatten großen Einfluss auf die Szene. Außerdem half er dabei, das erste elektrische Tätowiergerät zu entwickeln.

VULKANFALL ■ Der Schneemobilfahrer John Slemp aus Damascus, Oregon, zog sich nichts weiter als eine Beinverletzung zu, als er 2008 ganze 457 m tief in einen Vulkankrater fiel! Er war gemeinsam mit seinem Sohn und einem Freund auf dem aktiven Vulkan Mount St. Helens in Washington State geklettert, als ein Gesims über dem Schlund plötzlich unter ihm nachgab. Nach seinem Fall versuchte John, wieder emporzuklettern, doch dabei wurde er von einer Lawine erfasst. Schließlich kauerte er sich vor einen Dampfschlot, damit er es wenigstens warm hatte, bis Rettung eintraf.

MENSCHLICHE SPINNE ■ Makaya Dimbelelo aus Angola trägt den Spitznamen „Menschliche Spinne", weil er seinen ganzen Körper durch den Rahmen eines Tennisschlägers winden kann.

WUNDERSAME FLUCHT ■ Seit einem Fahrradunfall ist Ryan Lipscomb aus Seattle, Washington, einer der wenigen Menschen weltweit, die beschreiben können, wie es sich anfühlt, wenn einem ein LKW über den Kopf fährt! Er wurde angefahren, fiel auf die Straße und geriet mit dem Kopf unter die Räder, wobei sein Helm zerquetscht wurde. Unglaublich, aber wahr: Nachher hatte er nur Kopfschmerzen und einen steifen Nacken.

TEURES HOBBY ■ Seit 2001 hat Don McClintock aus Christchurch, Neuseeland, über € 50.000 für seine Tätowierungen ausgegeben! Sie bedecken seinen ganzen Körper außer die Fußrücken und die Innenseiten seiner Oberschenkel. Seine Sucht begann, als er sich die Namen seiner Kinder um den Hals tätowieren ließ.

ELEKTRISCHER SCHLAG ■ Im Mai 2008 überlebte Sam Cunningham aus Wigan, England, einen 25.000 Volt starken elektrischen Schlag, der ihn von einer Brücke auf eine Eisenbahnschiene katapultierte. Die Stahlkappen in seinen Stiefeln hatten die Ladung aus den Stromkabeln über seinem Kopf angezogen, als er einem Rugbyball hinterherlief.

LACHKRAMPF ■ Aufgrund einer seltenen Krankheit lacht Xu Pinghui aus China seit zwölf Jahren am laufenden Band! Das Mädchen aus Chongqing bekam mit acht Monaten Fieber und lacht seitdem ständig unkontrolliert. Ihre Eltern erzählen, dass sie mit zwei Jahren vor Lachen sogar eine Weile überhaupt nicht mehr sprechen konnte.

NEUE WEGE ■ Der ehemalige US-Marine Jeff Scholtz ließ sich 2008 seinen Blinddarm entfernen – und zwar durch den Mund! Der bahnbrechende Eingriff wurde in einem Krankenhaus in San Diego, Kalifornien, durchgeführt, wo Ärzte mit einem biegsamen Schlauch winzige chirurgische Instrumente durch die Kehle des 42-Jährigen in seinen Magen einführten. Dann wurde ein winziger Schnitt in der Magenwand durchgeführt, um Zugang zum Blinddarm zu schaffen, der auf demselben Weg herausgezogen wurde. Nach herkömmlichen Blinddarm-OPs liegen die Patienten häufig bis zu eine Woche lang im Krankenhaus, doch Scholtz konnte schon 24 Stunden später wieder arbeiten und sogar Situps machen!

DAUERHAFTER IRRTUM ■ Vince Mattingley aus Hertfordshire, England, trug 26 Jahre voller Stolz eine Tätowierung auf seiner Brust zur Schau, die er für das chinesische Zeichen für seinen Namen hielt. Auf einem Besuch in Thailand stellte sich dann aber heraus, dass das Zeichen „Coca-Cola" bedeutete.

JANUSMANN ■ Aufgrund seiner Gesichtsdeformationen war Bob Melvin aus Lancaster, Missouri, auch als „Der Mann mit den zwei Gesichtern" bekannt. Als Kind durfte er wegen seines Äußeren nicht in die Schule gehen. Später stellte sich heraus, dass die Deformierungen von der Krankheit Neurofibromatose herrührten, die fibröse Tumore wachsen lässt.

NA LECKER ■ Ein trendiges Spa in New York bietet eine Gesichtsbehandlung mit Vogelkot an! Die Hauptzutat des „Geisha-Facial" sind sterilisierte, zu Pulver gemahlene Nachtigallen-Häufchen, die mit Wasser und Reiskleie vermengt als Maske aufgetragen werden. Ursprünglich wurde das Mittel verwendet, um das dicke Make-up von Geishas zu entfernen.

NEUER DIALEKT ■ Bis zu seinem Schlaganfall im Jahr 2005 sprach Richard Murray aus Hereford, England, breiten Birmingham-Dialekt. Doch als er nach dem Schlaganfall wieder zu sprechen lernte, hatte er plötzlich einen französischen Akzent! Die Ärzte sind sich nicht sicher, ob er jemals wieder reines Englisch sprechen wird.

Mehrsprachenbeine

T.D. Rockwell aus San Francisco, Kalifornien, hat auf seinen Beinen Tätowierungen in 25 Sprachen! Auf seinem rechten Bein ist Chinesisch, Japanisch, Englisch, Hebräisch, Aramäisch und Griechisch zu lesen, auf dem linken unter anderem Deutsch, Dänisch, Französisch, Schwedisch, Isländisch, Finnisch, Spanisch, Italienisch, Portugiesisch, Russisch, Tschechisch, Ungarisch, Polnisch, Persisch, Türkisch und Arabisch!

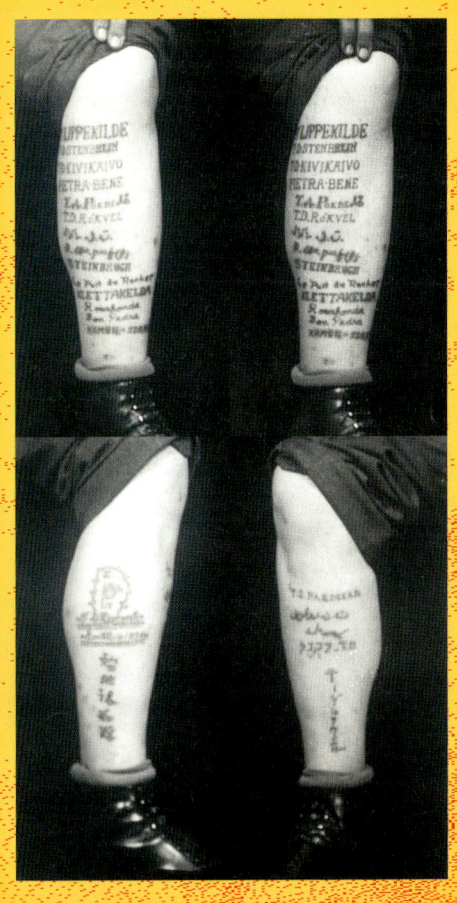

Maskuline Mama

Thomas Beattie aus Bend, Oregon, ist der erste Mann der Welt, der jemals schwanger wurde! Im Juni 2008 brachte er eine Tochter zur Welt. Beattie ist als Frau geboren worden und ließ sich vor zehn Jahren zum Mann umoperieren. Obwohl er seit Jahren männliche Hormone nimmt und sogar einen Bart hat, konnte er schwanger werden.

ARNIES ARMEE ■ Im Arnold Palmer Hospital in Orlando, Florida, wurden am 4.5.2005 innerhalb von nur acht Stunden dreimal Drillinge geboren – sechs Jungen und drei Mädchen.

LANGE WEHEN ■ Joanne March aus Kelow-na, Kanada, bekam 1993 Drillinge – und die Geburt dauerte unfassbare 45 Tage!

ERSATZZWILLINGE ■ Eine 51-jährige Brasilianerin brachte 2007 ihre eigenen Enkelkinder zur Welt! Rosinete Serrao stellte sich als Leihmutter für ihre Tochter Claudia zur Verfügung und gebar Zwillingssöhne.

ZUFALLSTREFFER ■ In benachbarten US-Bundesstaaten wurden am 8.8.2008 um genau 8:08 Uhr morgens zwei Babys geboren, die beide exakt 8 Pfund und 8 Unzen wogen. Xander Jace Riniker, für seine Großeltern mütterlicherseits der achte Enkel, kam im St. Lukes Hospital in Cedar Rapids, Iowa, zur Welt, während Hailey Jo Hauer im Lake Region Hospital in Minnesota geboren wurde.

SPÄTER DRILLING ■ In Kalifornien wurden Drillinge im Abstand von 13 Jahren geboren! 1992 brachte Debbie Beasley aus Santa Rosa die Zwillinge Jeffrey und Carleigh zur Welt, die sie durch künstliche Befruchtung empfangen hatte. Die bei der Fruchtbarkeitsbehandlung übriggebliebenen Embryos wurden eingefroren, und 2004 ließen Debbie und ihr Mann Kent diese sechs Embryos auftauen und implantieren. Im folgenden Jahr hatte sich eines der Embryos entwickelt, und Debbie brachte ein gesundes Mädchen namens Lania zur Welt.

EINEIIGE VIERLINGE ■ Korie und Scott Hulford aus Seattle, Washington, haben 2002 ein-eiige Vierlinge bekommen – zu dieser Zeit gab es weltweit nur 27 bekannte Fälle!

BESONDERER TAG ■ Lila Debry-Martin aus Kingston Peninsula, Kanada, brachte am 10.8.2000 Drillinge zur Welt – genau drei Jahre, nachdem sie Zwillinge geboren hatte!

UNGEWÖHNLICH! ■ 2008 gebar eine Frau aus Belcamp, Maryland, Vierlinge – und drei der vier Jungen waren eineiig! Zwei Embryos waren der Mutter transplantiert worden, beide waren befruchtet worden. Einer von ihnen teilte sich dann zweimal, sodass die eineiigen Drillinge entstanden.

ÖSTROGENKARTOFFELN ■ Der Stamm der Yoruba aus Nigeria hat die höchste Zwillingsgeburtenrate der Welt, was ihrer Meinung nach am Verzehr einer bestimmten Art von Süßkartoffeln liegt, die eine Substanz enthalten, die dem Hormon Östrogen ähnelt.

ZWEIMAL DRILLINGE ■ Crystal Cornick aus Baltimore, Maryland, brachte 2000 zum zweiten Mal innerhalb von nicht einmal zwei Jahren Drillinge zur Welt – die Chancen dafür stehen 1 zu 50 Millionen!

SELTENE VIERLINGE ■ Karen Jepp aus Calgary, Kanada, brachte im August 2007 eineiige Vierlinge zur Welt, die sie auf natürlichem Wege empfangen hatte – die Chancen hierfür stehen bei 1 zu 13 Millionen! Ihre Töchter Autumn, Brooke, Calissa und Dahlia kamen in einem Krankenhaus in Great Falls, Montana, durch einen Kaiserschnitt zur Welt und wogen je über ein Kilo.

FRUCHTBARE STAATEN ■ Amerikanische Frauen gebären mit höherer Wahrscheinlichkeit Drillinge, wenn sie in Nebraska oder New Jersey leben. In beiden Staaten ist der Durchschnitt von Drillingsgeburten doppelt so hoch wie im Rest der USA.

RIESENKIND ■ Im September 2007 brachte Tatjana Barabanowa aus dem russischen Altai per Kaiserschnitt ihr zwölftes Kind zur Welt. Die „kleine" Nadja wog unfassbare 7,70 kg und ist damit eines der schwersten Babys, die jemals geboren wurden! Ein durchschnittliches Neugeborenes wiegt zwischen drei und dreieinhalb Kilo.

MÜTTERMARSCH ■ Bernadette Obelebouli aus dem Kongo brachte 1993 auf einem dreitägigen Marsch, bei dem sie 100 km zurücklegte, in drei verschiedenen Dörfern Drillinge auf die Welt. Jedes Kind kam an einem anderen Tag.

Drillingsglück

Ein Paar aus Peterborough, England, konnte sein Glück kaum fassen, als Carmela Testa die eineiigen Drillinge Olivia, Gabriella und Alessia in dem Krankenhaus zur Welt brachte, in dem sie normalerweise als Hebamme arbeitete. Es ist 100-mal wahrscheinlicher, vom Blitz getroffen zu werden, als auf natürlichem Weg eineiige Drillinge zu bekommen.

WIE STEHEN DIE CHANCEN?

Zwillinge	1 zu 90
Eineiige Zwillinge	1 zu 285
Drillinge	1 zu 8,100
Vierlinge	1 zu 729,000
Zwillinge mit unterschiedlicher Hautfarbe	1 zu 1 Million
Eineiige Drillinge	1 zu 5 Millionen
Eineiige Vierlinge	1 zu 13 Millionen
Zweimal eineiige Zwillinge	1 zu 25 Millionen
Fünflinge	1 zu 65 Millionen
Sechslinge	1 zu 4.7 Milliarden

Mami mit siebzig

Omkali Charan Singh wurde am 27.6.2008 die älteste Mutter der Welt, als sie in Uttar Pradesh, Indien, im reifen Alter von 70 Jahren Zwillinge zur Welt brachte. Obwohl sie alt genug ist, um ihre Urgroßmutter zu sein, erklärte sie, dass ihr Rekord ihr wenig bedeuten würde und sie einfach nur für ihre Kinder da sein wolle.

ELEKTRISIEREND ■ Constantin Craiu aus dem rumänischen Buzau trägt den Spitznamen „Der Elektrische Mann", seit er öffentlich zwei Kabel in die Steckdose steckte und seine Hände als Stromleiter benutzte, um eine Lampe anzuschalten. Er kann Stromkabel ohne Schutz berühren - statt eines Stromschlags werden nur seine Finger warm. Ärzte glauben, dass entweder seine Haut ungewöhnlich resistent gegen Elektrizität ist oder dass sein Herz aus unerfindlichen Gründen nicht auf Schocks reagiert.

VIERÄUGIG ■ Im März 2008 wurde im indischen Saini Sunpura die ansonsten gesunde Lali geboren - mit zwei Gesichtern! Aufgrund einer seltenen Fehlbildung namens kraniofaziale Duplikation, bei der ein Kopf zwei Gesichter aufweist, hatte Lali zwei Nasen, zwei Münder und zwei Augenpaare. Nur ihre Ohren waren nicht betroffen. Die Kleine galt als Reinkarnation der Hindu-Göttin des Mutes, Durga, die traditionell mit drei Augen und vielen Armen abgebildet wird. Leider starb Lali im Alter von zwei Monaten.

MAGNETENMENSCH ■ Der zwölfjährige Joseph Falciatano aus Pulaski, New York, trägt den Spitznamen Magneto, weil durch seine bloße Anwesenheit regelmäßig Computer abstürzen. Seine X-Box bleibt immer wieder hängen, wenn er ihr zu nahe kommt, und eine Preisverleihung in seiner Schule wäre fast abgesagt worden, weil der Diaprojektor nicht mehr funktionierte. In der Schule sitzt Joseph nun auf einer Erdungsmatte und trägt ein Antistatik-Armband. Experten glauben, dass seine ungewöhnliche Fähigkeit daher rührt, dass er zuviel statische Elektrizität produziert.

SUPER-GEDÄCHTNIS ■ Jill Price aus dem kalifornischen Los Angeles kann sich an jedes Detail aus ihrem Leben seit 1980 erinnern - sie weiß, wann sie um wie viel Uhr aufgestanden ist, was sie gegessen hat, wen sie getroffen hat und was in der Zeitung stand. Wissenschaftler von der Universität Irvine in Kalifornien fanden heraus, dass Jill innerhalb von Sekunden den Wochentag jedes beliebigen Datums nennen konnte und außerdem weiß, was an diesem Tag vorgefallen ist. Ein fotografisches Gedächtnis hat sie aber nicht: Mit geschlossenen Augen konnte sie nicht sagen, welche Kleidung die Wissenschaftler trugen.

MINI-MAMA ■ Obwohl die 18-jährige Meena Dheemar aus Indien nur 74 cm groß ist, brachte sie im April 2008 im Staat Madhya Pradesh ein gesundes Baby von normaler Körpergröße zur Welt.

DOPPELGÄNGERINNEN!? ■ Die eineiigen Zwillinge Doris McAusland und Dora Bennett aus Madison, Wisconsin, trafen ihre Ehemänner in derselben Kirchengruppe, heirateten am selben Tag, haben beide einen Sohn, hatten denselben Job in einer Cafeteria, ließen sich gemeinsam die Gebärmutter entfernen und hassen beide Anchovis. In über 80 Jahren haben sie nur ein einziges Mal unterschiedliche Kleidungsstücke getragen - und zwar verschiedene Schuhe!

BEINBRUCH ■ Der walisische Senior Roy Calloway war äußerst überrascht, als sich herausstellte, dass er ein halbes Jahrhundert lang ein gebrochenes Bein gehabt hatte! Bei einem Motorradunfall im Jahr 1958 verletzte er sich das rechte Bein und verbrachte sechs Monate im Streckverband und weitere zwei Jahre auf Krücken. Als die Schmerzen nicht nachließen, schob er das auf die Nebenwirkungen der Behandlung. Doch 2008 war auf einer Röntgenaufnahme zu sehen, dass der Bruch niemals verheilt war!

SUPER-DIÄT ■ Manuel Uribe aus dem mexikanischen Monterrey hielt über zwei Jahre lang eine strenge Diät und nahm dabei 260 kg ab! Früher wog er 570 kg - so viel wie sieben ausgewachsene Männer!

NICHTS ZU LACHEN! ■ Kay Underwood aus dem englischen Leicestershire hat nichts zu lachen, denn immer, wenn sie kichert, fällt sie in Ohnmacht. Sie leidet an einer Krankheit namens Kataplexie, eine Muskelschwäche, die durch Gefühle ausgelöst wird. Die Betroffenen sind manchmal für mehrere Minuten gelähmt, können aber noch hören, was um sie herum vor sich geht. An einem Tag ist Kay mehr als 40-mal zusammengebrochen!

EINFALLSREICH ■ Im Mai 2008 geriet ein Mann aus Walton Beach, Florida, mit beiden Armen in eine Industriepresse, wurde aber gerettet, indem er sein Handy, das an seinem Gürtel befestigt war, auf den Boden schüttelte und mit den Zehen den Notruf wählte.

VERKLEBTES HIRN ■ Chirurgen aus New York heilten das beschädigte Gehirn der kleinen Ella-Grace Honeyman aus dem englischen Norfolk mit Sekundenkleber! Ella-Grace wurde mit einer Fehlbildung der Galen'schen Vene geboren, einer seltenen Krankheit, die kleine Löcher in den Blutgefäßen des Gehirns verursacht. Nachdem Blut durch die geflossen war und Ella-Graces Schädelhöhle gefüllt hatte, gab man ihr nur noch wenige Monate zu leben. Doch US-amerikanische Chirurgen injizierten einen organischen Klebstoff in die Löcher und konnten sie so erfolgreich schließen.

DIE KURZEN UND DIE LANGEN

7,80 cm	Augenbrauenhaare	Im Jahr 2004 hatte Frank Ames aus Saranac, New York, 7,80 cm lange Augenbrauenhaare.
9,80 cm	Nase	Mehmet Ozyurek aus dem türkischen Artvin hatte eine 8,90 cm lange Nase.
9,50 cm	Zunge	Stephen Taylor aus dem Vereinten Königreich hat eine 9,50 cm lange Zunge.
10,20 cm	Wade	Im Jahr 1876 hatte die Mexikanerin Lucia Zarate im Alter von zwölf Jahren einen Wadenumfang von 10,20 cm - das sind nur 2,50 cm mehr als der Daumenumfang eines durchschnittlichen Mannes.
13,20 cm	Ohrenhaar	Das Ohrenhaar von Radhakant Bajpai aus dem indischen Uttar Pradesh ist bis zu 13,20 cm lang.
16,50 cm	Beinhaar	Wesley Pemberton aus dem texanischen Tyler hatte ein Beinhaar, das 2007 ganze 16,50 cm lang war
27 cm	Hände	Die Hände des in Somalia geborenen Hussein Bisad sind vom Handgelenk bis zur Spitze des Mittelfingers 27 cm lang.
38 cm	Taille	Die Großmutter Cathie Jung aus North Carolina hat einen Taillenumfang von nur 38 cm.
43 cm	Füße	Der US-amerikanische Schauspieler Matthew McGrory, der 2005 verstarb, hatte 43 cm lange Füße und Schuhgröße 64.
89 cm	Fingernägel	Lee Redmond aus Salt Lake City, Utah, hat sich seit 1979 die Fingernägel nicht mehr geschnitten. Heute sind sie 89 cm lang.
3,81 m	Schnurrbart	Badamsinh Juwansinh Gurjar aus dem indischen Ahmedabad ließ sich 22 Jahre den Schnurrbart wachsen. 2004 war er 3,81 m lang!
5,33 m	Bart	Bei seinem Tod im Jahr 1927 hatte der Norweger Hans Langseth einen 5,33 m langen Bart.
5,64 m	Haare	Die Chinesin Xie Qiuping lässt seit 1973 ihr Haar wachsen. 2004 war es schon 5,64 m lang!

AUF KNIE-HÖHE

Zwei Extreme trafen aufeinander, als sich im September 2008 auf dem Trafalgar Square in London der winzige He Pingping aus der Mongolei und die Russin Swetlana Pankratowa begegneten, die unglaubliche 1,32 m lange Beine hat! Der nur 74 cm große Pingping, der im März 2010 tragischerweise verstarb, reichte Swetlana nur bis knapp über die Knie!

Riesenbaby

1936, im Alter von nur drei Jahren, wog Leslie Bowles aus Suffolk, England, 64 kg – so viel wie mancher Erwachsener!

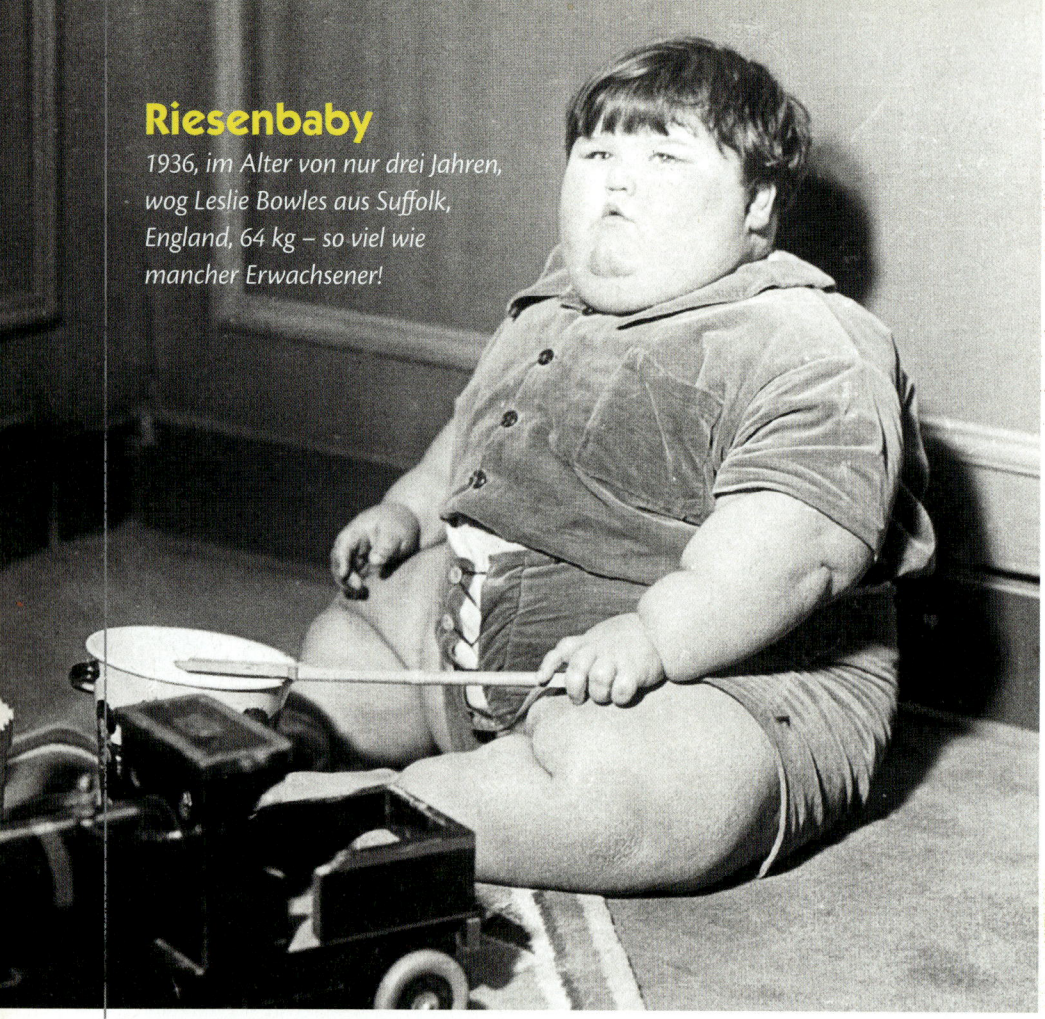

Vernagelt

Unglaublich, aber wahr: Dieses Modell eines Hirsches wurde aus abgeschnittenen menschlichen Fingernägeln hergestellt! Murari Aditya aus dem indischen Kalkutta verwendete Stücke seiner eigenen unglaublich langen Finger- und Zehennägel, um dieses und weitere Kunstwerke zu schaffen, darunter auch Bären und Drachen.

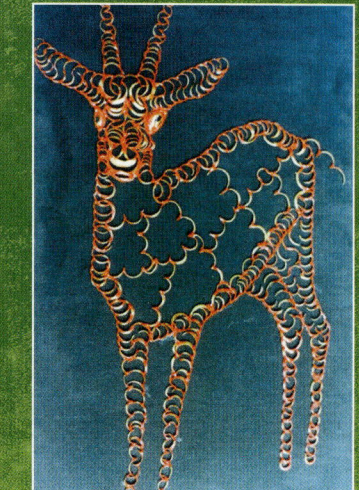

LANGE LOCKEN ◼ Asha Mandela aus Davenport, Florida, hat 2,66 m lange Dreadlocks! Sie fing vor 20 Jahren an, sich die Haare wachsen zu lassen, und wenn sie nicht eines Tages aus Versehen auf die Dreads getreten und ein Stück von ihnen abgerissen hätte, wären sie sogar 28 cm länger. Wenn sie sich die Haare wäscht, braucht sie jedes Mal eine ganze Flasche Shampoo und Spülung.

BANJO DABEI ◼ Während sich der Bluegrass-Musiker Eddie Adcock im Oktober 2008 im Vanderbilt Medical Center, Nashville, Tennessee, einer Gehirnoperation unterzog, spielte er durchgehend auf seinem Banjo! Durch den Eingriff sollte das Zittern seiner Hand behandelt werden, das seine Karriere hätte beenden können. Die Chirurgen platzierten Elektroden auf Eddies Gehirn und setzten ihm einen Schrittmacher in die Brust. Durch sein Spiel sollte herausgefunden werden, welche Teile seines Gehirns das Zittern verursachten.

FREIGEFRESSEN ◼ Ein kanadischer Gefangener wurde im November 2008 vorzeitig entlassen, weil er zu fett für seine Zelle war! Michel Lapointe, auch als „Big Mike" bekannt, hatte nicht einmal die Hälfte seiner fünfjährigen Strafe in Montreal abgesessen, als er wegen seines Gewichts von 204 kg nicht mehr auf seinen Stuhl und in sein Bett passte.

ZEHENSCHREIBER ◼ Der ohne Hände geborene Sujit Dawn aus den Westbengalen, Indien, hat gelernt, mit den Zehen seines rechten Fußes zu schreiben! Seine Schulprüfungen musste er zwar auf einem Bett liegend schreiben, dafür kann er aber fast genauso schnell schreiben wie andere mit den Händen! Mit seinen Zehen spielt er außerdem Musikinstrumente, zum Beispiel das Harmonium.

NAGELSKULPTUR ◼ Der Künstler Tim Hawkinson aus San Francisco stellte aus seinen eigenen fein gemahlenen Fingernagelstücken und Haaren eine winzige Skulptur eines Vogeleis her, die er mit Superkleber fixierte. Aus seinen abgeschnittenen Fingernagelresten hat er außerdem die Skulptur eines Kükens angefertigt.

BITTE LÄCHELN! ◼ Die Kellner eines Restaurants in Peking, China, haben sich lächelnde Gesichter in den Hinterkopf einrasiert, um Kunden anzulocken.

KUGELBEISSER ◼ Ein Kroate bewies sein Talent zum Superhelden, als er eine Kugel mit den Zähnen auffing und wieder ausspuckte! Die Pistolenkugel streifte Mirna Cavlovics Wange und landete im falschen Gebiss ihres Ehemannes Stipe, der sie ungerührt ausspuckte. Laut Polizei überlebte er den Angriff im Jahr 2008 nur, weil die Kugel durch die Berührung mit dem Gesicht seiner Frau an Geschwindigkeit verloren hatte.

LANGLEBIG ◼ Lesley Iles aus Essex, England, wird von einem Herzschrittmacher am Leben gehalten, der ihr vor über 25 Jahren eingesetzt wurde! Die meisten Herzschrittmacher halten nur an die zwölf Jahre, doch Lesleys wurde 2008 ganze 25 Jahre alt. Aus diesem Anlass lief sie in etwas mehr als sechs Stunden einen Marathon.

TEILBLIND ◼ Eine mysteriöse Erkrankung, die als bisher einmalig gilt, hat dazu geführt, dass die 21-jährige Australierin Natalie Adler von je sechs Tagen drei Tage lange blind ist, weil sie in dieser Zeit ihre Augen nicht öffnen und nur ein wenig durch einen schmalen Schlitz zwischen ihren linken Augenlidern sehen kann. Zwei Jahre lang wurde sie mit Botox behandelt und konnte an fünf von sechs Tagen sehen, doch diese Methode wirkt nicht mehr.

SILBERHAUT ◼ Rosemary Jacobs aus Vermont hat seit über 50 Jahren silberfarbene Haut! Ihr seltsames Leiden, auch als Argyrie oder Silbervergiftung bekannt, zog sie sich zu, als sie elf Jahre alt war und ihr ein Arzt mit Silber versetzte Nasentropfen gegen ihren Schnupfen verschrieb. Kurz später färbte sich ihre Haut grau.

TEXT-OP ■ Ein britischer Chirurg führte eine lebensrettende Amputation an einem Jungen in Afrika durch – indem er den Anweisungen folgte, die er per SMS von einem Kollegen erhielt, der Tausende von Kilometer entfernt war! Der linke Arm des Jungen war von einem Nilpferd abgerissen worden, und der Chirurg David Nott musste auch Schulterblatt und Schlüsselbein entfernen. Da er eine solche OP aber noch nie durchgeführt hatte, ließ er sich von seinem erfahreneren Kollegen aus London anleiten.

RECYCLTER JUNGE ■ Ein Vierzehnjähriger aus Milwaukee, Wisconsin, kam im November 2008 mit einem blauen Auge davon, nachdem er aus Versehen auf einem Müllwagen gelandet und zusammengepresst worden war. Der Junge, der sich in einer mit Pappe gefüllten Mülltonne versteckt hatte, wurde erst entdeckt, als die Ladung auf einem Wertstoffhof abgeliefert wurde.

FUSS IM KOPF ■ Chirurgen aus Colorado Springs entdeckten im Kopf eines Säuglings einen winzigen Fuß! Als ein Scan einen winzigen Tumor im Gehirn des drei Tage alten Sam Esquibel zeigte, operierten sie den Jungen und fanden neben dem Tumor auch einen fast perfekt ausgebildeten Fuß sowie Ansätze eines weiteren Fußes, einer Hand und eines Schenkels.

GLÜCK IM UNGLÜCK ■ Liu Cheong, Schüler und Bogenschütze aus Changchun, China, überlebte 2008 wie durch ein Wunder, nachdem ein Pfeil sein Auge durchbohrt hatte! Der 40 cm lange Pfeil grub sich mehr als zehn Zentimeter tief in seinen Schädel und wurde erst von der hinteren Schädelwand aufgehalten. Er überlebte, weil der Pfeil sein Gehirn verschont hatte!

SCHLÜSSELERLEBNIS ■ Der 20 Monate alte Nicholas Holderman aus Perryville, Kentucky, erholte sich nach einem ausgesprochen seltsamen Unfall, bei dem sich ein Schlüsselbund tief in sein Gehirn grub, schnell wieder: Beim Spielen war er auf den Schlüsselbund gefallen, und einer der Schlüssel bohrte sich durch sein Auge ins Gehirn.

STARKE LIDER ■ Der Kampfkunstexperte Luo Deyuan aus Guiyang, China, kann an seinen Augenlidern ein eine Tonne schweres Auto ziehen! Außerdem zog er den Wagen auch schon an einem Seil, das an einem Piercing in seinem Nacken befestigt war! Darüber hinaus kann er zwei Wassereimer mit seinen Augenlidern anheben und einen Ventilator mit der Zunge anhalten.

NEUES KINN ■ Alan Doherty, ein Teenager aus Irland, wurde ohne untere Gesichtshälfte geboren und erhielt von Chirurgen aus New York ein neues

GESICHTSBEMALUNG

Der Künstler James Kuhn aus Michigan hat sein Gesicht schon mit Dutzenden von wilden Mustern bemalt – seine Motive waren unter anderem der kleine Vogel Tweety Pie oder ein Zebra. Besonders liebevoll aber fertigt er seine Essensbilder an. Er bemalte sich schon als Ananas, Burger (hier komplett mit Gurkenzunge zu sehen) oder als riesige Popcorntüte, auf die er echtes Popcorn klebte. Er erklärte, dass der unangenehmste Teil das Bemalen seiner Nasenlöcher sei.

Kinn. Sie entnahmen ein Knochenstück aus seiner Hüfte, das kieferförmig zurechtgeschliffen wurde. Trotz des Eingriffs kann Alan noch nicht sprechen und muss durch einen Schlauch ernährt werden.

SELBST VERPETZT ■ Der Autodieb Aarron Evans aus Bristol, England, konnte 2008 schnell geschnappt werden, da die Überwachungskameras das Tattoo in seinem Nacken zeigten: seinen vollen Namen und sein Geburtsdatum.

FLEXIBEL IM ALTER ■ Wang Jiangsheng, ein Kampfkunstexperte aus Tianshui, China, kann sich im Alter von 83 Jahren noch immer die Beine hinter den Kopf klemmen!

MUNDFRISEUR ■ Ansa Sheikh, ein Friseur aus Uttar Pradesh, Indien, schneidet Haare, indem er die Schere im Mund hält! Im März 2008 arbeitete er auf diese Weise 24 Stunden lang nonstop!

BABY VON BORD! ■ Im Februar 2008 überlebte ein indisches Baby einen spektakulären Unfall, nachdem es gleich nach seiner unerwarteten Geburt durch eine Zugtoilette auf die Gleise fiel! Die Mutter des kleinen Mädchens befand sich in einem Nachtzug nach Ahmedabad, als sie in der Toilette, einem einfachen Loch im Boden, eine Sturzgeburt erlitt. Das nur 1,40 kg schwere Frühchen rutschte durch das Loch, während die Mutter in Ohnmacht fiel. Erst zwei Haltestellen später erfuhr das Zugpersonal, was sich ereignet hatte. Ein Wachmann fand das Baby zwei Stunden nach dem Unfall unverletzt auf.

TROSTPREIS ■ Nachdem der dreijährige Christopher Air aus Sunderland in einer Spielhalle in Skegness, England, erfolglos versucht hatte, einen Teddy mit einer eisernen Kralle zu erwischen, quetschte er sich durch die kleine Klappe in dem Gerät, durch die die Preise ausgegeben wurden. Erst nach 30 Minuten konnte er befreit werden und bekam seinen Teddy schließlich zum Trost geschenkt.

EINGEWACHSEN ■ Als die neunjährige Larissa mit Bauchschmerzen in ein Krankenhaus in Athen, Griechenland, eingeliefert wurde, fand man in ihrem Unterleib den Embryo ihres Zwillings – komplett mit Kopf, Augen und Haaren!

VOM WINDE VERWEHT ■ Ein sechs Monate altes Baby überlebte im April 2008 einen Unfall im schweizerischen Möhlin, bei dem es von einem Zug überfahren worden war. Eine starke Windbö riss den Buggy, in dem das Baby saß, vom Bahnsteig direkt vor einen einfahrenden Zug, doch das Kind fiel glücklicherweise zwischen die Schienen und wurde unbeschadet geborgen.

LEBENDER BEWEIS ■ Die 95-jährige Mabel Toevs aus Sanford, Florida, wurde im April 2007 aus Versehen vom Sozialamt für tot erklärt und musste beweisen, dass sie noch lebte, um weiter Leistungen ihrer Krankenkasse zu erhalten.

HELDENHAFTE POSTBOTIN ■ Als die Postbotin Lisa Harrell im April 2008 ein Päckchen in ein Mietshaus in Albany, New York, brachte, sah sie nach dem Klingeln ein Baby durch ein offenes Fenster fallen. Instinktiv streckte sie die Arme aus und fing es auf.

FESTGESTECKT ■ Ein Zweijähriger aus Bendigo, Australien, steckte aus Neugierde darüber, wohin sein Badewasser verschwand, zwei Finger in den Abfluss und zerstörte damit das gesamte Badezimmer. Durch den Sog wurden seine Finger so tief gezogen, dass sie feststeckten und es sechs Stunden dauerte, bis ihn die Feuerwehr befreien konnte, indem sie Rohre abtrennte und das Bad auseinandernahm.

SCHNELLE ERHOLUNG ■ Der elfjährige Ryan Ooms aus dem kanadischen Saskatchewan verließ nach nur 2½ Wochen das Krankenhaus, in dem er nach einem Autounfall im Juli 2007 mit einer schweren Rückgratverletzung gelegen hatte.

SCHWESTERNBANDE ■ Die Schwestern Sarah Sweeter und Deborah Lewis brachten in Homer, Michigan, am 23.7.2008 im selben Krankenhaus Töchter zur Welt. Sweeter, deren Geburtstermin eigentlich mindestens eine Woche später gewesen wäre, war aus Kalamazoo angereist, um ihre Schwester bei der Entbindung zu unterstützen, doch dreizehn Stunden nach Lewis' Kind kam auch ihre eigene Tochter zur Welt.

SCHLAFKRANK ■ Der dreijährige Rhett Lamb aus St. Petersburg, Florida, konnte aufgrund einer seltenen Rückgraterkrankung nie länger als ein paar Minuten am Stück schlafen, bis er erfolgreich operiert wurde.

VERDREHT! ■ Eine junge Philippinerin, deren Füße von Geburt an so verdreht waren, dass sie mit der Sohle nach oben und nach hinten wiesen, konnte 2008 zum ersten Mal ohne Hilfe laufen! Jingle Luis wurde in New York behandelt, wo ihr Schrauben in die Fußknochen gesetzt wurden, um ihre Füße Stück für Stück in die richtige Position zu bringen.

SELBST IST DIE FRAU ■ Jessica Higgins aus Fullerton, Kalifornien, entband im August 2008 in ihrem Vorgarten! Sie fuhr gerade aus dem Einkaufszentrum nach Hause, als die kleine Mary Claire beschloss, sechs Wochen zu früh zur Welt zu kommen. Jessica bekam ihre Tochter ganz allein, während ihr zweijähriger Sohn seelenruhig im Auto schlief.

KUSCHELTIER ■ Eine Dreijährige, die in Ufa, Russland, im August 2008 aus einem Fenster im fünften Stock fiel, wurde von dem Kuscheltier, das sie im Arm hielt, gerettet, da es den Aufprall dämpfte.

FAMILIEN-OP ■ Ein Paar aus Indiana, das zusammen starke 320 kg auf die Waage brachte, ließ sich im Dezember 2008 am gleichen Tag in einem Krankenhaus in Chicago operieren, um abzunehmen. Der 138 kg schwere Todd Richmond ließ sich einen Magenbypass einsetzen, an seiner 182 kg schweren Frau Lorie wurde ein Duodenal-Switch durchgeführt.

Zwillingswunder

Im Juli 2008 bekam ein deutsches Paar Zwillingssöhne, von denen einer dunkel- und einer hellhäutig war. Die Chancen dafür stehen bei eins zu einer Million. Die in Ghana geborene Florence Addo-Gerth und ihr deutscher Mann Stephan freuten sich sehr über den blauäugigen Ryan und seinen dunkeläugigen Bruder Leo.

MEIN PAPA IST EIN RIESE

Die 1,68 m große Xia Shujuan heiratete erst kürzlich den 2,36 m großen Bao Xishun, der schon häufig in *Ripley's Einfach Unglaublich!* zu sehen war – und wurde kurz darauf schwanger von ihm! Bao hofft, dass sein Sohn mindestens zwei Meter groß wird, damit er mit ihm Basketball spielen kann. Doch bei seiner Geburt im Oktober 2008 in der chinesischen Provinz Hebei war der Sohn des mongolischen Hirten mit 56 cm nur wenig größer als ein durchschnittliches Baby.

ZEITREISENDE ZWILLINGE ■ Peter Cirioli wurde am 4.11.2007 in Raleigh, North Carolina, zwar vor seiner Zwillingsschwester Allison geboren, doch aufgrund der Zeitumstellung ist sie 26 Minuten älter als er!

VOGELJUNGE ■ Da seine Mutter ihn in einem wahren Vogelkäfig großzog, kommuniziert ein siebenjähriger Russe nur, indem er zwitschert und mit den Armen schlägt. Der Junge wurde 2008 in einer kleinen Wohnung in Wolgograd gefunden, wo er zwischen Käfigen mit Dutzenden von Vögeln lebte. Er versteht keine menschliche Sprache und leidet offenbar am Mogli-Syndrom, das nach dem von Wildtieren aufgezogenen Protagonisten aus dem Kinderbuch *Das Dschungelbuch* benannt ist.

LIEBER NAME ■ Ein chinesisches Paar wollte sein Kind @ nennen, da das Zeichen auch ein Symbol für Liebe ist: In der chinesischen Übersetzung bedeutet es „liebe ihn".

HIRNWURM ■ Ärzte aus Phoenix, Arizona, befürchteten bei Rosemary Alvarez einen Gehirntumor, doch es stellte sich heraus, dass ihr Gehirn von einem parasitären Wurm befallen war! Zum Glück konnte er erfolgreich entfernt werden, und Rosemary genas vollständig.

ZEHENTHERAPIE ■ Der Chinese Zhang Kui aus Shenyang biss seiner Frau zehn Jahre lang in die Zehen, um sie aus dem Koma zu wecken. Nachdem sie bei einem Arbeitsunfall eine Kopfverletzung erlitten hatte, knabberte er regelmäßig an ihren Füßen herum, da er gehört hatte, dass sich dort besonders viele Nerven sammeln. Im Jahr 2008 wurde er nach zehn Jahren endlich für seine Bemühungen belohnt: Seine Frau drückte sein Handgelenk.

EIGENDIAGNOSE ■ Ein zehnjähriges Mädchen diagnostizierte bei sich selbst das Asperger-Syndrom, nachdem sie ein Buch über die Krankheit gelesen hatte und einige Symptome der Krankheit an sich selbst wiedererkannte. Ihre Eltern brachten sie daraufhin zu einem Spezialisten, der bestätigte, dass Rosie eine leichte Form von Asperger hat, eine Form von Autismus, die zu Problemen mit der Kommunikation und dem Gefühlsleben führen kann.

SCHWANGER GEBOREN ■ Ein kleines Mädchen aus Saudi-Arabien wurde schwanger geboren! Ihre Mutter hatte zwei Föten in sich getragen, und ihre Tochter kam mit dem zweiten Fötus in ihrer Gebärmutter zur Welt!

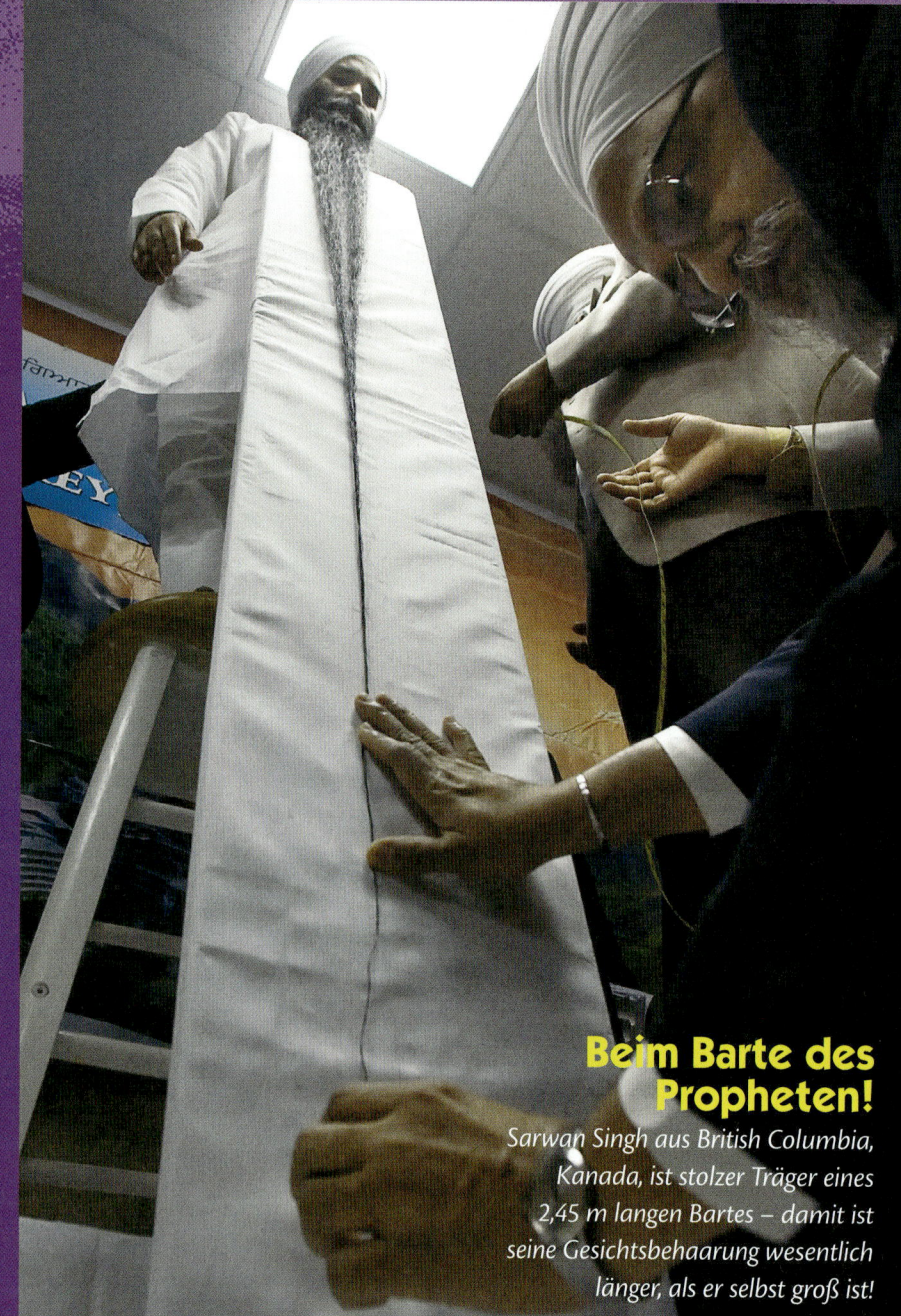

MENSCHLICHE WERBETAFEL ■ Der Tattoo-Fan Victor Thompson aus Laconia, New Hampshire, vermietet seine Haut als Werbefläche! Pro 6,45 cm² verlangt er € 145 Gebühren für Werbung, die ihm eintätowiert wird. Auf seinem Kopf trägt er ein Tattoo, das aussieht wie die Helme seines Lieblings-Footballteams, den New England Patriots.

HANDLOS ■ Ein chinesischer Lehrer hat eine Ehrenauszeichnung für seine Doktorarbeit erhalten, die er ohne Hände geschrieben hat! Ma Fu Xing aus der Provinz Qinghai hat im Alter von vier Monaten bei einem Brand beide Hände verloren, und nachdem er den Stift anfangs mit den Zehen hielt, hat er gelernt, ihn nun zwischen seinen Armstümpfen festzuklemmen. Als er Lehrer wurde, musste er außerdem lernen, ohne Hände an die Tafel zu schreiben.

HATSCHI! ■ Die zwölfjährige Donna Griffiths aus Worcestershire, England, nieste zwischen Januar 1981 und September 1983 an 978 aufeinanderfolgenden Tagen so gut wie ständig, anfangs sogar einmal pro Minute. Damit hat sie allein im ersten Jahr insgesamt über eine halbe Million Mal geniest. Später musste sie nur noch alle fünf Minuten niesen.

RETTENDE TASCHE ■ Als ein Dieb an der Middle Tennessee State University im November 2008 auf eine Studentin schoss, überlebte diese nur, weil sie eine riesige Handtasche bei sich trug, die die Kugel aufhielt. Die Kugel traf ein kleines Etui in Elizabeth Pittengers Handtasche. Die junge Frau selbst blieb unverletzt.

BERÜHMTER BART ■ 2008 wurden im Museum für Naturkunde in London Haarbüschel von Charles Darwins Bart ausgestellt – 126 Jahre nach seinem Tod! Vermutlich wurden die Haare von seinen Familienmitgliedern von seinem Arbeitstisch gesammelt, dann in Seidenpapier gewickelt und über Generationen in einer Schachtel aufbewahrt.

Beim Barte des Propheten!

Sarwan Singh aus British Columbia, Kanada, ist stolzer Träger eines 2,45 m langen Bartes – damit ist seine Gesichtsbehaarung wesentlich länger, als er selbst groß ist!

IM TODE VEREINT ■ In einigen Gegenden im ländlichen China kaufen Familien, wenn ein Sohn gestorben ist, der ledig war, die Leiche einer toten Frau und begraben die beiden als „Ehepaar".

ZUNGE AB ■ Suresh Kumar wurde in Jammu, Indien, ins Krankenhaus eingeliefert, nachdem er sich in einem Tempel mit einem Messer seine Zunge abgeschnitten hatte, die er einer Hindugöttin opfern wollte. Die Wunde konnte zwar genäht werden, Suresh wird aber nie mehr sprechen können.

ROLLSCHUH-LIMBO ■ Die neunjährige Zoey Beda aus Oakdale, Wisconsin, kann rückwärts auf Rollerskates unter einer nur 18 cm hohen Stange durchfahren!

BIEGSAM ■ Die transsilvanische Schlangenfrau Nicole Coconea ist so biegsam, dass sie sich in eine 60 cm große Glasflasche quetschen kann – in der sie dann noch genug Platz hat, um eine Tasse Tee zu trinken!

WAHNSINNSHAAR ■ Xia Aifeng aus Shangrao, China, ist 1,60 m groß und hat 2,42 m langes Haar! Sie hat sich die Haare seit 16 Jahre nicht mehr schneiden lassen und braucht 90 Minuten, um sie zu waschen!

WUNDERHEILUNG ■ Velma Thomas aus Nitro, West Virginia, erstand 2008 auf wundersame Weise von den Toten wieder auf, nachdem die lebenserhaltenden Maßnahmen abgestellt worden waren. Ihr Herz hatte dreimal aufgehört zu schlagen, und über 17 Stunden lang wies sie keine messbaren Gehirnströme mehr auf. Ihre Haut hatte bereits angefangen, sich zu verhärten, und ihre Hände und Zehen begannen sich einzurollen. Aber zehn Minuten, nachdem das Atemgerät abgestellt worden war, erwachte die 59-Jährige plötzlich, als die Krankenschwestern die Schläuche entfernten.

SCHLUCKAUF-ATTACKEN ■ Der Sänger Christopher Sands aus Lincoln, England, hatte zwischen Februar 2007 und Mai 2008 innerhalb von 15 Monaten ca. zehn Millionen Mal einen Schluckauf. Nach eigener Schätzung passierte das etwa alle zwei Sekunden über einen Zeitraum von zwölf Stunden, sodass er kaum essen oder schlafen konnte.

BODYPAINTING ■ Um Werbung für ballaststoffreiche Diät zu machen, ließ sich der ehemalige englische Kricketspieler Mark Ramprakash Bilder seiner Organe auf den Körper malen, um zu zeigen, wie er ohne Haut aussehen würde.

ARBEITSTIER ■ Zwei Tage, nachdem der 74-jährige E.T. Strickland aus Riviera Beach, Florida, bei einem versuchten Raub angeschossen worden war, ging er wieder zur Arbeit – obwohl die Kugel noch in seinem Kopf steckte!

LEBENDE LEINWAND ■ Der belgische Tätowierer Wim Delvoye verkaufte eine Tätowierung, die die Jungfrau Maria zeigt und auf dem Rücken des Schweizers Tim Steiner angefertigt wurde, für € 156.600 an einen Sammler. Steiner, der nun als lebende Leinwand fungiert, muss seinen Rücken regelmäßig auf Ausstellungen präsentieren.

SELTSAMES MOTIV ■ Der Wissenschaftsfan Jack Newton aus Sussex, England, ließ sich Stephen Hawkings Gesicht auf sein rechtes Bein tätowieren. Er entschied sich für dieses Motiv, nachdem er Hawkings Buch *Eine kurze Geschichte der Zeit* gelesen hatte – obwohl er kein Wort davon verstand.

Bärtiges Mädchen

Dieses junge Mädchen, das einen langen, dichten Bart trug, war während der 1930er Jahre ein Mitglied des berühmten Barnum-and-Bailey's-Wanderzirkus.

TAUBKUSS ■ Ein leidenschaftlicher Kuss ließ das Trommelfell einer jungen Frau aus Zhuhai, China, platzen. Seitdem kann sie auf dem linken Ohr nichts mehr hören. Durch den Kuss entstand Unterdruck in ihrem Mund, ihr Trommelfell wurde überdehnt und riss schließlich.

PETZ-INSEKT ■ Die finnische Polizei kam einem Mann auf die Schliche, der des Autodiebstahls verdächtigt wurde, indem sie das Blut analysierten, das sie in einer Mücke gefunden hatten. Als die Polizei das verlassene Auto in Seinaejoki durchsuchte, entdeckte sie eine vollgesogene Mücke. Die Analyse ergab, dass sie einen bekannten Kriminellen gestochen hatte.

FISCHGERUCH ■ Eine 41-jährige Frau aus Perth, Australien, leidet an einer seltenen und unheilbaren Erbkrankheit, die ihren gesamten Körper nach Fisch riechen lässt.

Nasenpinsel

Einer plötzlichen Eingebung folgend, beschloss der erfahrene Kalligrafiekünstler Wu Xubin aus Changzhi, China, vor sechs Jahren, seine Gedichte von jetzt an mit der Nase zu schreiben.

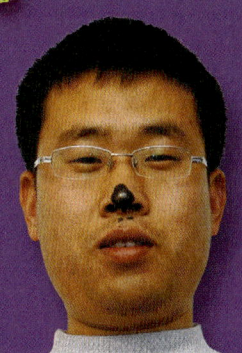

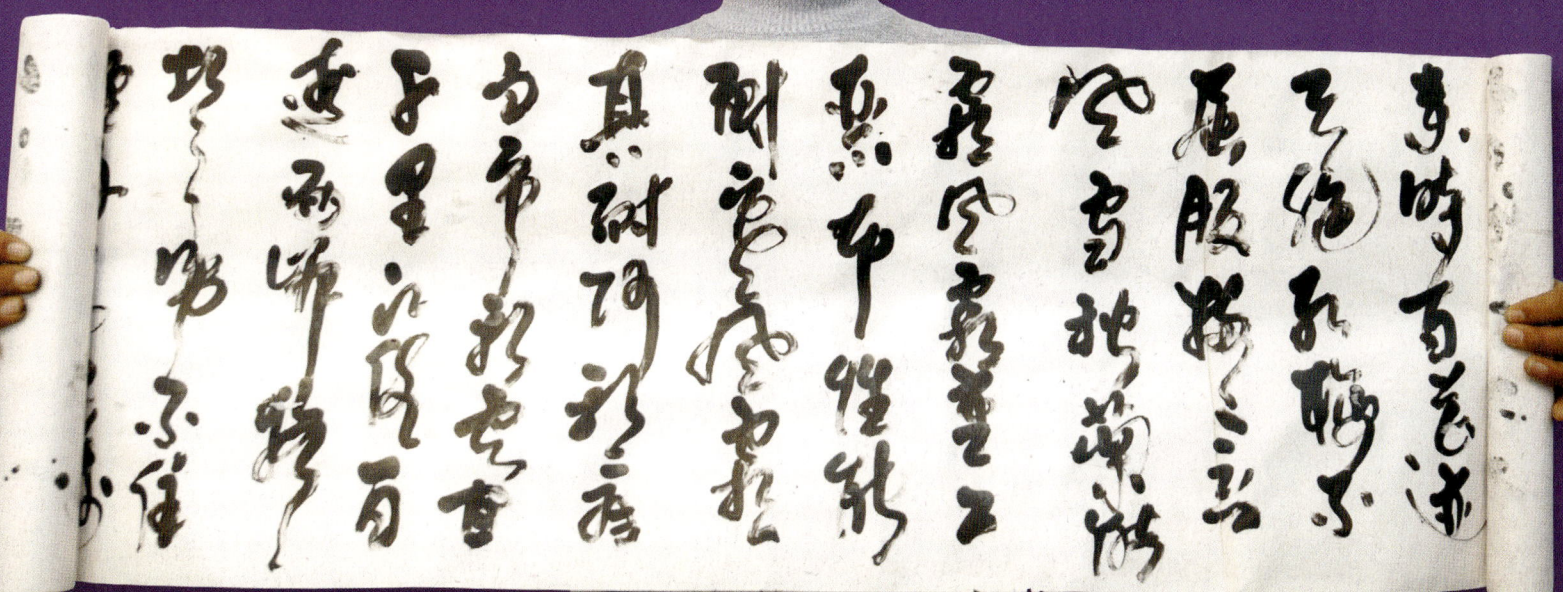

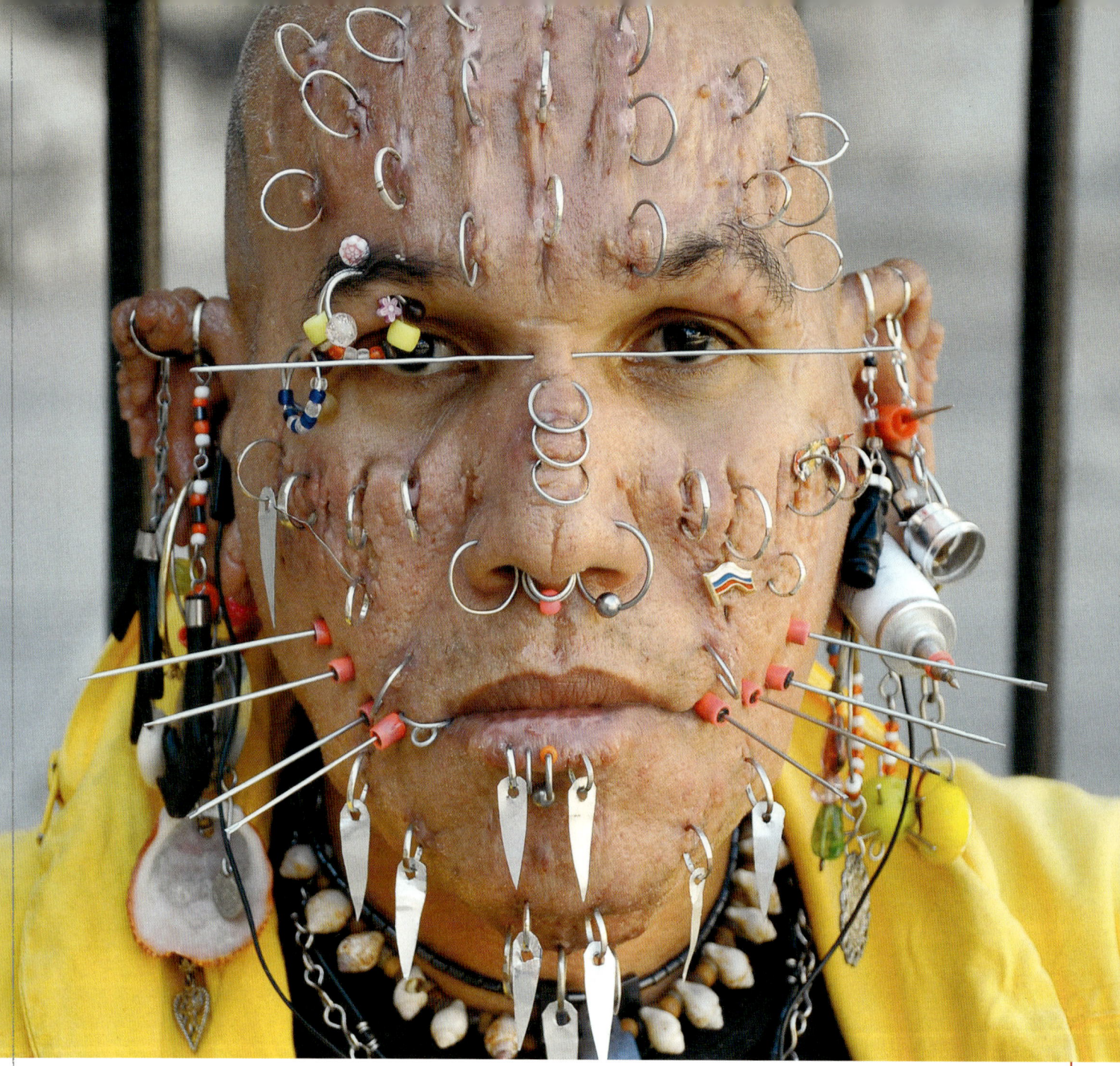

Kein anderer Einwohner von Havanna, Kuba, hat so viele Piercings in seinem Gesicht wie dieser Mann.

KRASSE KÖRPER

www.ripleys.de

176

Einfach unglaublich!

GRÜNER SCHWEISS ■ 2008 sonderte ein Chinese über einen Monat lang grünen Schweiß ab. Der 52-jährige Cheng Shunguo aus Wuhan stellte eines Tages fest, dass sich seine Unterhemden und Bettwäsche leuchtend grün verfärbt hatten – genau wie sein Duschwasser! Medizinische Tests ergaben, dass er einen Kuchen gegessen hatte, der mit grüner Stofffarbe eingefärbt gewesen war.

FESTGENAGELT ■ Der Philippiner Ruben Enaje wurde an 22 Karfreitagen bei der jährlich nachgestellten Kreuzigung Jesu an ein Kreuz genagelt.

GEDÄCHTSNISVERLUST ■ Ein Golfspieler aus Hsinchu, Taiwan, geriet, als er ein Hole-in-One schlug, in solche Aufregung, dass er das Gedächtnis verlor! Nach seinen Freudensprüngen wusste Mr. Wang nicht einmal mehr, wo er sich befand.

SCHLANGENMÄDCHEN ■ Das Schlangenmädchen Nokulunga Buthelezi aus Johannesburg, Südafrika, ist so biegsam, dass sie sich, mit einem Schlangenkostüm verkleidet, wie ein Python bewegen kann. Schon mit zehn Monaten schaffte sie es in den Spagat und schlief häufig mit hinter dem Nacken verschränkten Beinen.

NEUE LEIDENSCHAFT ■ Jamie Sherman aus Südarizona mochte kein mexikanisches Essen, bis ihr 2001 ein neues Herz transplantiert wurde. Seitdem liebt sie Käseenchiladas, Bohnenburritos und Tacos. Später fand sie heraus, dass der Organspender Scott Phillips ein großer Fan der mexikanischen Küche gewesen war.

MADE IN CHINA ■ Barry Kwok aus Hongkong zupfte sich ein 21,60 cm großes Stück sonnenverbrannter Haut von der Brust, das genau die Form von China hatte! Trotz der Hilfe seiner Schwester brauchte er 90 Minuten, um sich zu „schälen".

SANFTE LANDUNG ■ Jens Wilhelms aus dem deutschen Frankfurt überlebte im April 2008 einen 7,50 m tiefen Sturz in einen Fahrstuhlschacht, indem er auf eine 57-Jährige fiel, die am Vortag in den Abgrund gestürzt war. Obwohl er sie durch seine Landung noch mehr verletzte, rettete er ihr vermutlich das Leben, da sie sonst wohl nie entdeckt worden wäre.

NEUE STIMME ■ Nachdem die 52-jährige Rose Dore aus Ontario, Kanada, einen Schlaganfall erlitten hatte, sprach sie plötzlich den Dialekt der Region Neufundland. Das Phänomen, auch als Fremdsprachen-Akzent-Syndrom bekannt, veränderte die Stimme der Frau so sehr, dass das Personal des Krankenhauses in Hamilton, in dem sie lag, dachte, sie würde von der Ostküste stammen.

RETTENDE HAND ■ Ein Arzt aus England rettete einem Mann das Leben, indem er ihm die Hand schüttelte! Chris Britt aus Essex lernte in einem Restaurant zufällig Mark Gurrieri kennen, und als sie sich die Hand gaben, bemerkte er Gurrieris schwammige Hand und seine groben Gesichtszüge, beides Symptome für Akromegalie, einen meist tödlichen Gehirntumor. Die seltene Krankheit wurde kurz darauf in einem Krankenhaus bestätigt, und Gurrieri konnte behandelt werden.

VERGESSENE KUGEL ■ Als Ärzte in Barbastro, Spanien, ein schmerzhaftes Geschwulst aus der Schulter des 88-jährigen Faustino Olivera entfernten, fanden sie zu ihrer Überraschung eine Kugel in der Schwellung, die seit 70 Jahren dort festgesteckt hatte! Der Veteran aus dem Spanischen Bürgerkrieg erinnerte sich, dass er 1938 bei der Schlacht am Ebro angeschossen worden war, hatte den Knoten in seiner Schulter aber für eine Zyste gehalten.

VERKNOTET ■ Als eine 22-Jährige aus Sydney, Australien, im April 2008 mitten in der Nacht aus dem Bett fiel, verfing sich ihr Bauchnabelpiercing in ihrem Nasenflügel. Den Rettungssanitätern gelang es, sie aus ihrer unangenehmen Lage zu befreien.

AN DEN OHREN ■ Das Volk der Inuit, das in der nordamerikanischen Arktis lebt, spielt Tauziehen – mit den Ohren! Dafür legen sich die beiden Teilnehmer, die nicht zucken dürfen, eine Tauschlaufe um ihr Ohr und ziehen langsam nach hinten, bis einer von beiden aufgibt.

ZWANGSDIÄT ■ Die Brüder Meng Xianchen und Meng Xianyou überlebten im August 2007 sechs Tage lang, indem sie Kohle aßen und ihren eigenen Urin tranken, während sie sich nach einem Einsturz den Weg aus einer Kohlemine bei Peking, China, gruben.

RETTENDER RING ■ Als ein bewaffneter Räuber mit seiner Pistole auf ihn schoss, hob der Antiquitätenhändler Donnie Register aus Jackson, Mississippi, seine rechte Hand, um sich zu schützen – und überlebte, da die Kugel von seinem Ehering abprallte.

METALLMAMPFER ■ Als Luis Zarate aus Trujillo, Peru, 2008 zum Arzt ging, weil er starke Bauchschmerzen hatte, entfernte man 17 Metallobjekte aus seinem Magen, die er gegessen hatte! Ein Röntgenbild enthüllte Schrauben, Nägel, Bolzen, Stifte, einen Uhrenverschluss, ein Messer und Stacheldraht.

SPONTANER KÜNSTLER ■ Tommy McHugh aus Liverpool, England, war Bauunternehmer, bis er 2001 eine beinahe tödliche Hirnblutung erlitt. Einen Monat später spürte er plötzlich starken Schaffensdrang und schrieb heftweise Gedichte und begann zu malen. Heute ist er ein gefragter Künstler – obwohl er nie zuvor einen Pinsel in der Hand gehalten hatte!

ELEKTROFRAU ■ Wenn Debbie Wolf aus Sussex, England, in der Nähe ist, beginnen Straßenlaternen zu flackern, Tierkühltruhen tauen von selbst ab, Fernseher wechseln den Kanal und Haushaltsgeräte funktionieren nicht mehr. Sie benutzt sogar einen Aufziehwecker, da digitale Modelle einfach nicht mehr funktionieren, sobald sie aufwacht. Sie erklärt, dass ihre elektrische „Ausstrahlung" am stärksten ist, wenn sie gestresst oder aufgeregt ist.

METHUSALEMIN ■ Als Mariam Amash aus Jisr az-Zarqa, Nordisrael, 2008 einen neuen Personalausweis beantragte, stellte sich heraus, dass sie 120 Jahre alt war! Sie hat zehn Kinder, 120 Enkelkinder, 250 Urenkel und 30 Ururenkel und geht davon aus, dass sie so alt geworden ist, weil sie viel Gemüse isst.

GLÜCK GEHABT! ■ Ein Basejumper überlebte im Juni 2008 einen 260 m tiefen Sturz vom Wallaman-Wasserfall in Queensland, Australien, nachdem sein Fallschirm sich nicht geöffnet hatte. Er erlitt innere Verletzungen und brach sich vermutlich nur ein Bein und die Hüfte.

GÖTTIN DES UNGLÜCKS ■ Eine Frau aus Manchester, England, musste mit einer Metallsäge befreit werden, nachdem ihr Arm von den 7,60 cm langen Metallstacheln an einer Statue der Hindugöttin Kali durchbohrt worden war. Die Göttin wird allgemein mit Tod und Zerstörung assoziiert.

IRONIE DES SCHICKSALS ■ Jim Coan aus Lancashire, England, konnte sein Lieblings-Fußballteam, die Mannschaft aus Liverpool, seit über einem Jahrzehnt nicht mehr spielen sehen, da er aufgrund einer Herzerkrankung stets in Ohnmacht fällt, wenn er sich aufregt.

HAARIGE OHREN ■ Radhakant Bajpai aus Naya Ganj, Indien, wachsen 13,20 cm lange Haare aus den Ohren! Sie wurden so lang, als er begonnen hatte, ein Spezialshampoo zu verwenden.

Mutter Afrika

Eine Schlangenfrau zeigt ihre beeindruckenden Fähigkeiten bei der Show „Mother Africa – Circus der Sinne" im deutschen Rosenheim im Jahr 2007. Im Rahmen der Aufführung standen Akrobaten aus ganz Afrika auf der Bühne, die vier Jahre lang in Tansania geprobt hatten, ehe sie auf Tournee gingen.

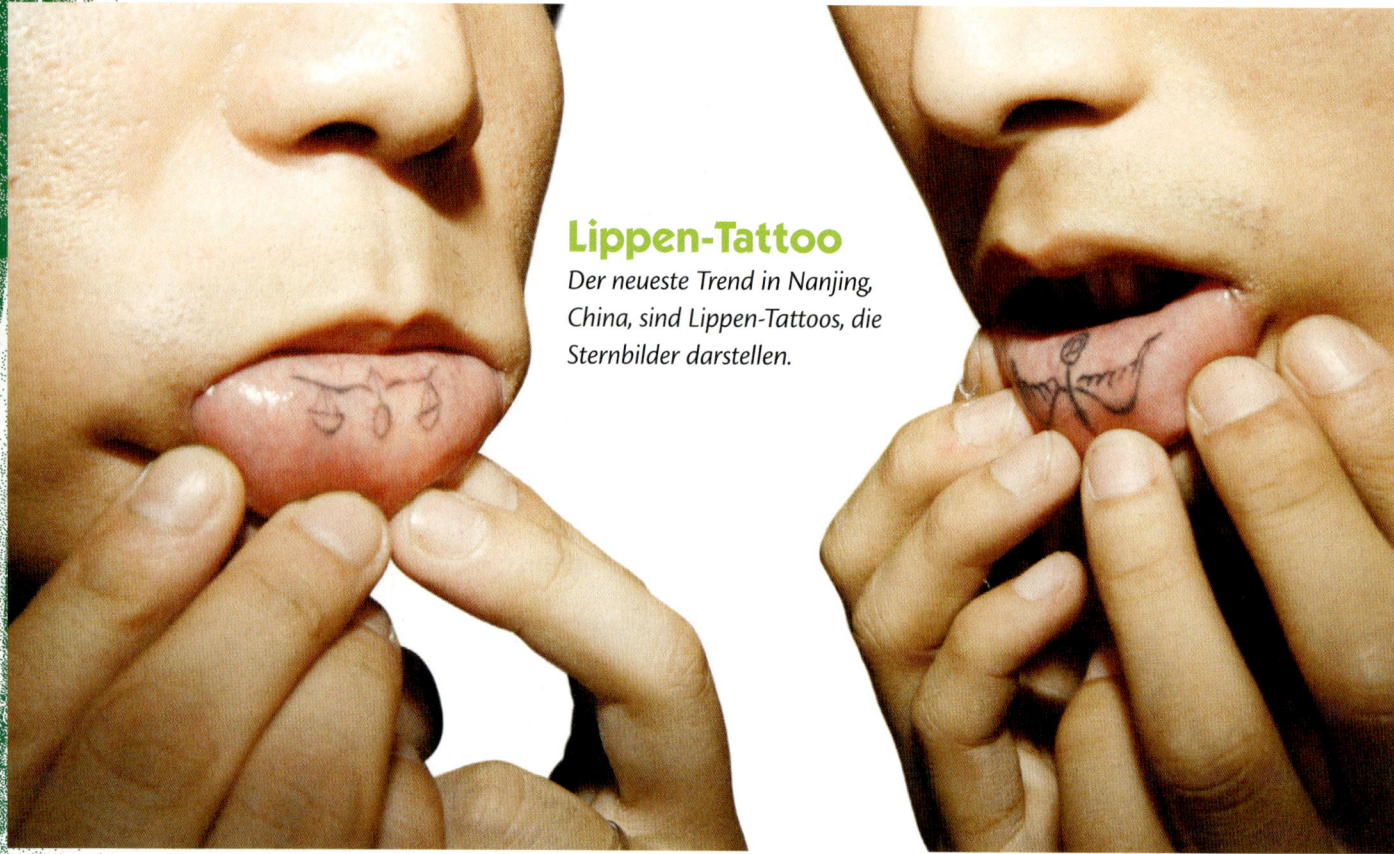

Lippen-Tattoo

Der neueste Trend in Nanjing, China, sind Lippen-Tattoos, die Sternbilder darstellen.

HAARWUNDER ■ Jean Burgess aus Kent, England, hat sich seit über 55 Jahren nicht mehr die Haare geschnitten. Zuletzt ließ sie 1953 Federn, als sie 15 war, und da sie sich dabei so unwohl fühlte, schwor sie sich, ihre Haare von jetzt an einfach wachsen zu lassen. Mit 30 Jahren reichte ihr Haar bis zum Boden, und heute ist es 1,68 cm lang. Meist trägt sie es in einem festen Dutt. Sie braucht 2½ Stunden zum Kämmen, 45 Minuten zum Waschen und 24 Stunden zum Trocknen, wofür sie ihr Haar an sonnigen Tagen meist einfach im Garten ausbreitet.

KLEINE MEERJUNGFRAU ■ Die kleine Shiloh Pepin geht Bowlen und nimmt Ballettunterricht, obwohl sie an Sirenomelie leidet, einer Krankheit, durch die ihre Beine zusammengewachsen sind wie bei einer Meerjungfrau. Shiloh, die aus Kennebunkport, Maine, stammt, ist einer von nur drei bekannten Fällen weltweit. Eigentlich hielt man sie nicht für lebensfähig, doch 2008 hatte sie bereits über 150 Operationen überstanden.

ICH BIN DANN MAL WEG ■ 27 Jahre, nachdem der taiwanesische Fischer Hu Wenhu verschwunden war, hielt man ihn schon lange für tot – bis er plötzlich wieder auftauchte! 1981 hatte er auf der Insel Réunion im Indischen Ozean sein Schiff für die Rückfahrt verpasst und blieb kurzerhand. In der Zwischenzeit hatte er auf der Insel ein Restaurant eröffnet und dreimal geheiratet.

TOILETTENPANIK ■ Aufgrund einer schweren Phobie lebte Pam Babcock aus Ness City, Kansas, zwei Jahre lang in ihrem Badezimmer. Sie saß so lange auf ihrer Toilette, dass der Sitz schließlich chirurgisch von ihrem Fleisch getrennt werden musste.

LANGE BRAUE ■ Toshie Kawakami aus Tokio, Japan, hat ein fast 18 cm langes Augenbrauenhaar, das sie sich hinter dem Ohr feststeckt. Einmal schnitt ein Friseur aus Versehen 2,50 cm des Haares ab, aber da es 1,25 cm im Monat wächst, erreichte es schnell wieder seine ursprüngliche Länge.

Lange Nägel

Shridhar Chillal aus Poona, Indien, ließ sich 48 Jahre die Nägel an seiner linken Hand wachsen, bis sie zusammen 6,10 m lang waren. Am längsten war mit 1,40 m der Daumennagel. Da er sehr auf seine Nägel achtet, konnte er fast ein halbes Jahrhundert lang nicht richtig schlafen und musste Menschenmengen meiden. Bei starkem Wind schützt er seine Hand, indem er sie in den Windschatten seines Körpers hält.

MINI-MAMA ■ Im Januar 2008 brachte Stacey Herald aus Dry Ridge, Kentucky, ein Baby zur Welt, das mehr als halb so groß war wie sie selbst! Während sie selbst nur 71 cm groß ist, war ihre Tochter Makya bei der Geburt 46 cm lang. In der Schwangerschaft nahm die Mutter, die normalerweise nur 23,50 kg wiegt, neun Kilo zu!

IGITT, MUSIK! ■ Die 25-jährige Stacey Gayle aus Alberta, Kanada, unterzog sich im Oktober 2007 einer Gehirn-OP, um ein seltenes Problem zu beseitigen: Sie bekam krampfartige Anfälle, wenn sie Musik hörte. Die so genannte musikogenische Epilepsie war so schlimm, dass kein Medikament half und Stacey sogar die Kirche verlassen musste, wenn der Chor sang.

GULLY-DRAMA ■ Die dreijährige Leona Baxter überlebte im September 2008 wie durch ein Wunder, nachdem sie in Chester-Le-Street in England in einen Gully gesogen worden war. Leona hatte im flachen Flutwasser gespielt, als sie in dem Ablauf versank, unter der Erde 70 m weit mitgerissen und dann bewusstlos in einen reißenden Fluss gespült wurde, der durch die Regenflut stark angeschwollen war. Ihr Vater, der hinter ihr hergerannt war, sprang ins Wasser, um sie zu retten. Sie erlitt nur einige Schnittverletzungen und Prellungen. Der Gullydeckel hatte unter dem Wasserdruck nachgegeben.

BUTTERMESSER ■ Im April 2008 entfernten Ärzte aus Vancouver, Washington, ein Buttermesser aus dem Kopf des elfjährigen Tyler Hemmert. Das Messer, das ein anderer Junge geworfen hatte, war über seinem rechten Ohr zehn Zentimeter tief in seinen Kopf eingedrungen, sodass nur noch der Griff sichtbar war. Wie durch ein Wunder streifte es aber nur seinen Schädel.

SUPERGLIEDER ■ Haramb Ashok Kumthekar aus Goa, Indien, hat 12 Finger und 14 Zehen und ist ausgesprochen stolz auf seine außergewöhnliche Erscheinung.

WIE VIELE ZEHEN?

Dieser Mensch hat acht Zehen an einem Fuß – ein Leiden, das als Polydaktylie bekannt ist. Die dadurch entstandenen Extra-Gliedmaßen reichen von winzigen Gewebestücken bis zu richtigen Fingern und Zehen mit Knochen. Eines von 2.000 Kindern leidet an dem Phänomen, das oft vererbt wird. Meistens werden die überzähligen Gliedmaßen in der Kindheit entfernt, aber manchmal lässt man sie auch einfach, wie sie sind.

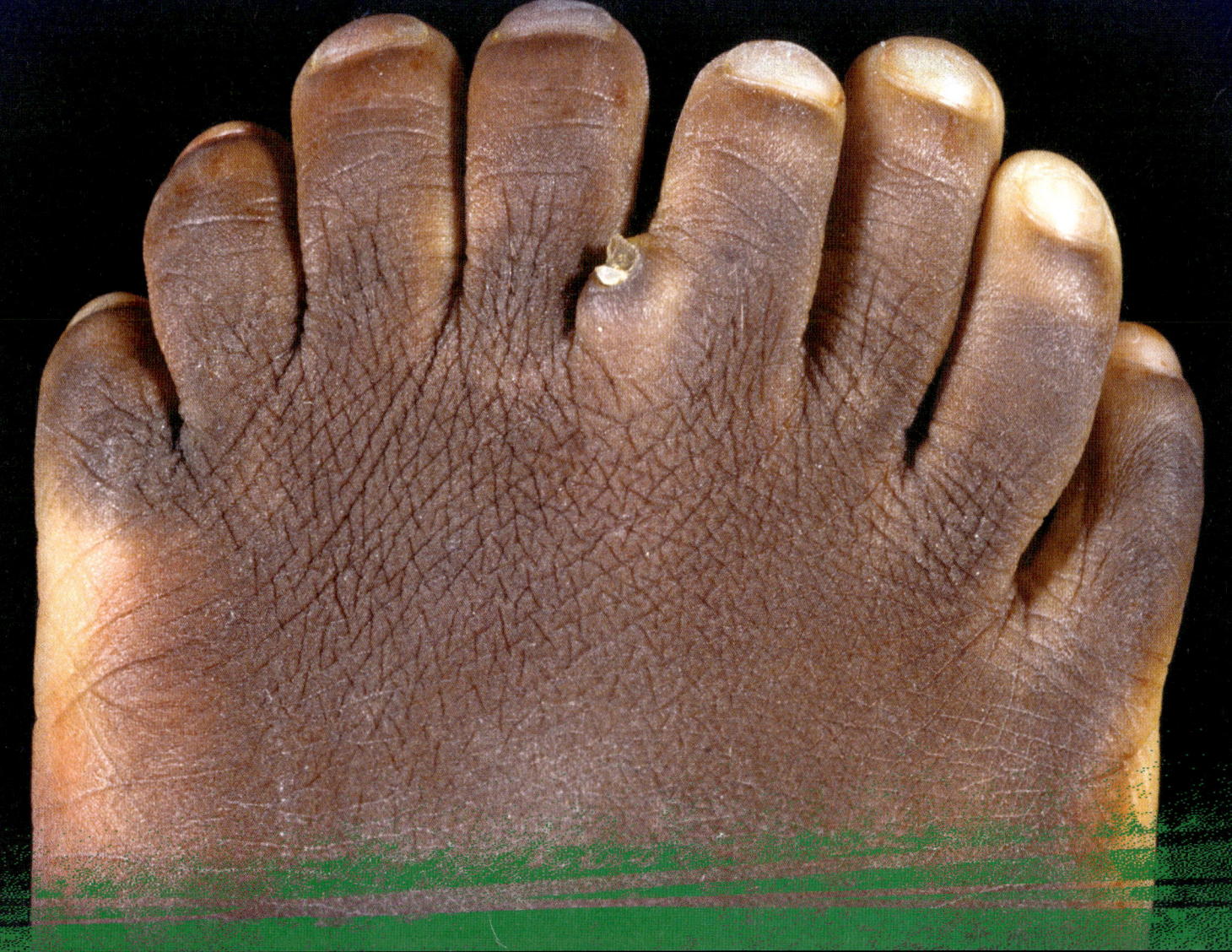

SELTSAME FORMEN

KORBFÖRMIGES BÜROGEBÄUDE
Die Longaberger Company aus Newark, Ohio, hat ihr Hauptquartier in einem Gebäude, das die Form ihres Markenzeichens, einem Weidenkorb, hat. Das siebenstöckige Gebäude wird von zwei riesigen Metallgriffen gekrönt, die jeweils 75 Tonnen wiegen.

AUTOFÖRMIGES HAUS
Der autoverrückte Architekt Dan Scully errichtete sein Haus in New Hampshire in Form eines Autos, komplett mit zwei runden Fenstern als Scheinwerfern und der Stoßstange eines VW-Busses. Als Möbel dienen unter anderem alte Autositze.

GEIGENFÖRMIGE HALLE
Die Chowdiah Memorial Hall im indischen Bangalore hat die Form einer riesigen Geige, um den Meistergeiger Tirumakudalu Chowdiah zu ehren.

SCHIFFFÖRMIGE AUTOWASCHANLAGE
Eine Autowaschanlage in Eau Claire, Wisconsin, hat die Form eines Kreuzfahrtschiffes und sogar zwei Schlote.

KEKSDOSENHAUS
Ein 1947 errichtetes dreistöckiges Haus in Glendora, New Jersey, hat die Form einer Keksdose.

ELEFANTEN-MONUMENT
Lucy the Elephant war früher ein Restaurant mit Bar und dient heute als Sehenswürdigkeit von Margate, New Jersey. Das 90 Tonnen schwere, elefantenförmige Gebäude wurde 2006 von einem Blitz getroffen. Seitdem sind Lucys Stoßzähne schwarz.

SCHUHFÖRMIGER LADEN
Im kalifornischen Bakersfield gibt es eine Schusterei in Form eines neun Meter langen, sechs Meter hohen Schuhs, komplett mit Schnürband.

ROBOTERBANK
Das 20-stöckige Gebäude der Bank of Asia in Bangkok, Thailand, hat die Form eines riesigen Roboters. Es verfügt sogar über zwei sechs Meter hohe "Augen" mit Lidern, die als Fenster in der obersten Etage dienen. Die Augäpfel bestehen aus Glas, die Lider aus Metalllamellen.

HUNDELOKAL
Das Dog Bark Park Inn in Cottonwood, Idaho, ist eine Bed-and-Breakfest-Pension in Form eines riesigen Beagles.

FUSSBALLHEIM
Der niederländische Architekt Jan Sonkie ist so fußballverrückt, dass er in Blantyre, Malawi, ein vierstöckiges Gebäude in Form eines Fußballes errichtete.

FISCHMUSEUM
Das National Freshwater Fishing Hall of Fame Museum in Hayward, Wisconsin, befindet sich in einem 43,50 m langen Gebäude in Form eines Muskellungen-Fisches.

GÄNSEHAUS
Ein Gebäude in Hazard, Kentucky, hat die Form einer Gans, die auf ihrem Nest sitzt. Kopf und Hals des Riesenvogels bilden das Dach, die Fenster darunter haben die Form von Eiern.

VERRÜCKTE ORTE

MUSIKALISCHE AUTOBAHN
Ein Straßenabschnitt in Lancaster, Kalifornien, spielt die Wilhelm-Tell-Overtüre, wenn Autos mit einer Geschwindigkeit von 88 km/h darüber hinwegfahren. Die Straßenarbeiter haben Furchen in die Straßenoberfläche eingelassen, die die entsprechenden Töne erzeugen.

AUTO-MAGIE
Eine optische Illusion, die durch wellenförmiges Gelände erzeugt wird, lässt den Eindruck entstehen, dass in Magnetic Hill nahe der kanadischen Stadt Moncton Autos bergauf rollen.

ENTEN SPAZIEREN AUF FISCHEN
In der Überlaufrinne des Pymatuning-Reservoirs in Linesville, Pennsylvania, tummeln sich so viele Karpfen, dass Enten über ihre Rücken laufen können, ohne nass zu werden.

600 HAARNADEL-KURVEN
Die Straße von Hana auf der hawaiianischen Insel Maui ist 84 km lang und verfügt über 600 Haarnadelkurven – also eine alle 137 m!

EWIGES FEUER
Ein brennendes Kohleflöz, das 152 m tief im Hunter Valley in Australien liegt, erlischt niemals und erzeugt eine anhaltende Rauchsäule.

Der Elektriker Alex Goodhind hat über € 42.000 in Weihnachtsbeleuchtung für sein Haus im englischen Melksham ausgegeben. Sein blendendes Kunstwerk besteht aus 120.000 Glühbirnen und wird jedes Jahr über vier Monate hinweg aufgebaut.

OBSKURE ORTE

BAUM HAUS

Dieser Weihnachtsbaum, der sich in einem Haus im englischen Bournemouth befindet, scheint vom Erdgeschoss bis über das Dach hinaus zu reichen. Tatsächlich aber hat sich der Eigentümer nur einen Scherz erlaubt: Greig Howe hat einen 10,60 m hohen Baum in drei Teile gesägt, die er dann in verschiedenen Stockwerken übereinander aufgestellt hat. Er wollte damit seinen Sohn Harry beeindrucken, der den 1,50 m großen Baum, den sie im letzten Jahr hatten, zu klein fand.

SCHIEFER TURM ■ Das 2008 fertiggestellte, 234 m hohe China Central Television Centre in Peking neigt sich um fast zehn Grad - das ist fast doppelt so stark wie der Schiefe Turm von Pisa! Die Konstruktion aus Stahl und Glas besteht aus mehreren L-förmigen Elementen, die dafür sorgen sollen, dass sie auch Erdbeben mit Stärke acht auf der Richterskala übersteht. Die Spitzen der beiden Türme sind durch eine rechteckige Brücke verbunden, deren Bau so heikel war, dass er um vier Uhr früh durchgeführt wurde, als das Metall am kühlsten war und sich nicht ausdehnen konnte.

DOLLARHAUS ■ Im August 2008 wurde in Detroit, Michigan, ein zweigeschössiges Haus für € 0,70 verkauft. Das leerstehende Gebäude, das bei seinem Erstverkauf im November 2006 (damals für € 45.000) als das „hübscheste in der Gegend" bezeichnet worden war, wurde wegen des Börsencrashs zum Tiefstpreis verhökert.

IGNORIERTE SKELETTE ■ Ein Haus in Chicago, Illinois, wechselte zwischen 2006 und 2008 dreimal den Besitzer, bis endlich jemand eines der Schlafzimmer öffnete und dort das Skelett eines Mannes und seines Hundes fand.

VOM HAUS ZUR KIRCHE ■ Ein Immobilienmakler aus Chicago ließ 2007 sein € 2,01 Millionen teures Haus in eine Kirche umbauen. George Michael errichtete ein Kreuz neben seinem Haus am See und taufte es auf den Namen American Church of Lake Bluff. Im Internet ließ er sich zum Pfarrer ausbilden und hält heute Gottesdienste für seine Familie und einige Freunde ab.

SOMMERLICHES WACHSTUM ■ Der Pariser Eiffelturm wächst jeden Sommer um 17 cm in die Höhe, da die Sonnenwärme das Eisen, aus dem er besteht, ausdehnt.

FLUGZEUG AUF DEM DACH ■ Im nigerianischen Abuja steht ein zweistöckiges Betonhaus, auf dessen Dach sich der Nachbau eines Düsenflugzeugs befindet. Das Flugzeug ist 30 m lang und hat ein sechs Meter hohes Heck. Der Eigentümer Said Jammal baute es für seine Frau Liza, die Flugzeuge liebt. Eines Tages möchte er im Rumpf eine Küche einrichten.

SCHWIMMENDES HAUS ■ Tim und Jennifer O'Farrell kauften ein Haus in den USA und ließen es dann nach Kanada verschiffen. Das 312 m² große zweistöckige Küstenhaus legte auf einem Schleppkahn eine zweitägige, 450 km lange Reise von Hunts Point in Washington bis nach Vancouver Island zurück. Die vorherigen Eigentümer hatten das Gelände am Lake Washington für € 6,53 Millionen gekauft, aber nur Interesse an dem Grundstück, nicht an dem Haus gehabt.

SELTENER AKZENT ■ Die Bevölkerung der winzigen Pazifikinsel Palmerston Atoll, die zu den Cookinseln gehört, spricht mit demselben Akzent wie die Westengländer, obwohl sie 19.300 km entfernt von ihnen leben. Denn alle 63 Einwohner stammen von William Marsters ab, einem Schreiner und Fassmacher aus Gloucestershire, der sich 1863 auf der Insel niederließ und vier Ehefrauen, 17 Kinder und 54 Enkel hatte.

BLÜTENMEER ■ Das Blumenauktionshaus in Aalsmeer in den Niederlanden ist größer als 125 Fußballfelder. 80 % aller Schnittblumen der Welt durchlaufen es Tag für Tag, was 3,50 Milliarden Blumen im Jahr ergibt.

HONIGHEIM ■ In den Wänden eines stattlichen Tudorhauses im kalifornischen San Marino leben so viele Bienen, dass Honig aus ihnen tropft. Tausende, wenn nicht Millionen von Bienen teilen sich seit 20 Jahren das Haus mit Helen und Jerry Stathatos, das süß riecht wie ein riesiges Honigglas.

WANGE AN WANGE ■ In das Miniscule of Sound, einen 1,20 x 2,40 m großen Nachtclub in London, England, passen nur 14 Personen - inklusive DJ! Der Club befindet sich in der Ankleidekabine eines stillgelegten Schwimmbads und hat eine nur 1,80 m² große Tanzfläche samt Spiegelkugel.

RAUCHLÖCHER ■ Nach Einführung des Rauchverbots schlug Michael Windisch, Eigentümer der Maltermeister-Turm-Bar im deutschen Goslar, Löcher in die Außenwand seiner Kneipe, damit sich seine Gäste beim Rauchen hinauslehnen können und so nicht den Raum verlassen müssen.

DACHGARTEN ■ Der vom Wiener Architekten Friedensreich Hundertwasser entworfene Waldspirale-Wohnkomplex im deutschen Darmstadt hat ein vollständig mit Pflanzen überwuchertes Dach und über 1.000 Fenster, die alle individuell gestaltet sind.

Hausspinne

Im September 2008 hing als Kunstwerk an einer Hauswand im englischen Liverpool diese Spinne, die so groß wie ein kleines Gebäude war. Das mechanische Geschöpf aus Stahl und Holz war 13 m lang und wurde in Frankreich entworfen. Sie trug den Namen „La Princesse", wog 37 Tonnen und war mit einer ausgeklügelten Mechanik versehen, sodass die Spinne Augen, Beine und Unterleib bewegen und mit einer Geschwindigkeit von bis zu 3,20 km/h durch die Straßen laufen konnte.

TOPF TOTAL ■ Auf den Feldern der Provinz Xieng Khouang in Laos wurden Tausende bis zu drei Meter hohe Steintöpfe gefunden. Sie wiegen bis zu 14 Tonnen und kamen in Haufen vor von bis zu 250 Stück pro Ausgrabungsstätte. Archäologen gehen davon aus, dass sie mindestens 1.500 Jahre alt sind und als Begräbnisurnen oder zur Nahrungslagerung verwendet wurden.

SAUERSTOFFKAMMER ■ Im japanischen Parlamentsgebäude befindet sich eine Sauerstoffkammer, in der sich ermüdete Gesetzgeber wieder erholen können.

BETT IM SCHLIESSFACH ■ Der deutsche Mike Konrad schlief neun Jahre lang jede Nacht in einem Gepäckschließfach am Düsseldorfer Bahnhof. Abend für Abend stieg er mit den Füßen voran in das 9,50 x 0,60 m große Schließfach Nummer 501, das eigentlich für Taschen und Koffer gedacht war. Die Tür ließ er immer offen stehen, damit er morgens die zwei Euro entnehmen konnte, mit denen er das Schließfach geöffnet hatte.

PAZIFISCHES BABEL ■ Der winzige pazifische Inselstaat Vanuatu hat zwar nur 210.000 Einwohner, diese sprechen aber 110 unterschiedliche Stammessprachen.

HÖLZERNER WOLKENKRATZER ■ Ein Blockhaus im russischen Archangelsk ist 44 m hoch und hat 13 Stockwerke! Als Nikolai Sutjagin 1992 begann, an seinem Holzhochhaus zu bauen, plante er zunächst nur drei Etagen, doch dann gefiel ihm das Ergebnis nicht und er baute weiter und weiter.

BRÜCKE IM ANGEBOT ■ Eine Stahlbrücke in Soldiers Grove, Wisconsin, wurde 2007 für € 0,70 verkauft! Die stillgelegte Brücke über den Kickapoo River war 1910 errichtet worden, wurde aber seit 1976 nicht mehr befahren, da sie zu verfallen begann.

UNTER DRUCK ■ Der Blutdruck der Bewohner des 4,80 km hoch gelegenen Tibetischen Plateaus ist doppelt so hoch wie der von Tieflandbewohnern.

Künstliches Meer

Dieses Schwimmbecken eines Badeortes in Algrarrobo bei Santiago, Chile, ist so groß, dass kleine Boote darin segeln können! Der Pool, an dem fünf Jahre lang gebaut wurde, ist 1.013 m lang, bedeckt eine Fläche von acht Hektar und fasst 300 Millionen Liter Wasser, das so klar ist, dass man selbst an der tiefsten Stelle den 35 m entfernten Grund erkennen kann.

GLÜCKSZAHL ■ Federal Hill, ein Plantagenhaus in Bardstown, Kentucky, verfügt über 13 Frontscheiben, 13 Treppenstufen, 13 Mauerschalen, 13 Fuß (vier Meter) hohe Decken und 13 inch (33 cm) dicke Wände.

VERGESSENE SPRACHE ■ Nur noch zwei Menschen auf der Welt sprechen die Apayan-Zoque-Sprache von Apayan im mexikanischen Tabasco. Die beiden über 70-jährigen Männer weigern sich aber, miteinander zu reden.

BAUMHAUS ■ David Csaky lebte zwei Jahr lang in einem Baumhaus in Seattle, Washington. Neun Meter über dem Boden hauste er auf einer 28 m² großen, selbstgebauten Plattform, die nur über eine Leiter erreichbar war. Auf der Plattform befanden sich ein Zelt, ein Holzofen, drei Stühle, Regale und eine Anrichte. Außerdem hielt er sich mehrere Haustiere, darunter eine Ratte, ein Frettchen und ein Eichhörnchen.

HUNDEFRIEDHOF ■ In Tuscambia, Alabama, gibt es einen Friedhof, der nur für Hunde reserviert ist, die Waschbären jagen.

LETZTER SPRECHER ■ Die 83-jährige Soma Devi Dura aus Nepal ist der letzte Mensch, der die Dura-Sprache fließend beherrscht. Um mit ihrem Ehemann, ihren Kindern und Enkeln zu reden, muss sie auf andere Sprachen zurückgreifen.

ALTE BIENENSTÖCKE ■ Israelische Archäologen haben Bienenstöcke gefunden, die etwa 3.000 Jahre alt sind. Die Ausgrabungen aus den Ruinen der Stadt Rehov sind die vermutlich ältesten intakten Bienenstöcke der Welt.

INSEL ZU VERKAUFEN ■ Die Besitzer der Kanalinsel Herm, die 2,40 km lang und 0,80 km breit ist und nur 50 Einwohner hat, haben die gesamte Insel 2008 für € 21 Millionen zum Verkauf angeboten.

ZEMENTBAUM ■ Die Architektin Madame Hang Nga hat in dem Ferienort Da Lat in Südvietnam ein Gästehaus errichtet, das wie ein Baum aussieht, aber aus Zement besteht. Das Fünf-Zimmer-Haus wird in der Gegend Crazy House (deutsch: „Verrücktes Haus") genannt.

ERSTKONTAKT ■ Der Stamm der Metyktiren, der in einer abgelegenen Gegend im brasilianischen Amazonasgebiet etwa 1.930 km von Rio de Janeiro entfernt zu Hause ist, hat im Mai 2007 erstmals Kontakt zur Außenwelt aufgenommen: Zwei Stammesmitglieder erschienen plötzlich im Dorf eines benachbarten Stammes.

BLASENHAUS ■ In Tourettes-sur-Loup bei Nizza in Frankreich befindet sich das so genannte Bubble House. Das von Antti Lovag entworfene Haus besteht aus mehreren ineinander übergehenden blasenförmigen Räumen mit ovalen, konvexen Fenstern und liegt am Fuß eines Vulkans.

BRETTER-ZAUN

Der Hawaiianer Donald „D.J." Dettloff ist nicht nur Surfer, sondern auch ein Mann mit einer Vision: Als vor 20 Jahren ein Sturm über Maui hinwegzufegen drohte, band er seine Surfbretter zusammen, damit sie nicht weggeweht wurden. Auf diese Weise legte er den Grundstein für eine der beliebtesten Sehenswürdigkeiten der Insel: einen Zaun, der aus Surfbrettern besteht. Mittlerweile ist er riesig und umfasst über 700 Bretter, von denen viele von Freunden und Besuchern gespendet wurden, die auch ihren Teil zu dem Kunstwerk beisteuern wollten.

STIEFVATER GRATIS ■ In einem beliebten Viertel von Stockholm in Schweden wurde eine Wohnung zum Verkauf angeboten - inklusive dem Stiefvater, der darin lebte. Die Frau, die einen Teil der Wohnung von ihrer Mutter geerbt hatte, wollte unbedingt verkaufen, doch ihr Stiefvater weigerte sich, auszuziehen.

HÖHLENNETZ ■ Im Mammoth-Cave-Nationalpark in Kentucky gibt es mehr als 590 km Höhlen - das ist weiter als die Strecke von München nach Hamburg! Die Zahl wächst Jahr für Jahr an, da immer mehr Durchgänge entdeckt werden.

RIESIGER RÜCKSTAND ■ Aufgrund des Bürgerkrieges zwischen 2002 und 2007 hatte die Post der Elfenbeinküste einen Arbeitsrückstand von fünf Jahren.

EINSAMER POLIZIST ■ Malcolm Gilbert ist der erste und einzige Vollzeit-Polizist auf der Insel Pitcairn im Südpazifik. Beistand muss er sich in Neuseeland anfordern, das 5.310 km entfernt liegt.

KEINE HAUPTSTADT ■ Tokelau, Westsahara und die Südpazifikinsel Nauru sind die einzigen Länder der Welt, die keine offizielle Hauptstadt haben. Naurus Regierungsgebäude befinden sich alle im Yarenbezirk, der aber nicht als Hauptstadt gilt.

WIEGE DER MENSCHHEIT ■ Neuere Untersuchungen haben ergeben, dass alle Menschen vermutlich von einem einzigen Ort in Zentralafrika abstammen. Universitätswissenschaftler aus dem englischen Cambridge haben über 6.000 Schädel von Eingeborenen aus der ganzen Welt untersucht und aus ihren Ergebnissen gefolgert, dass die Menschheit ihren Ursprung im Großen Afrikanischen Grabenbruch hat.

LÄRMBELÄSTIGUNG ■ Die niederländische Stadt Tilburg verlangt € 5.000 von einem örtlichen katholischen Priester, wenn er die Glocken zu laut läutet, um die Gläubigen zur Messe zu rufen.

Affenbrot-Bar

Dieser gewaltige Affenbrotbaum befindet sich in der Provinz Limpopo in Südafrika. Er ist unglaubliche 22 m hoch und hat einen Umfang von 47 m – groß genug, um eine Bar mit Platz für 60 Personen zu beherbergen! Affenbrotbäume werden im Laufe der Zeit hohl, und der Barbaum von Limpopo ist vermutlich über 6.000 Jahre alt!

Kaugummi-wand

Wenn du das nächste Mal in San Luis Obispo, Kalifornien, bist, solltest du dir auf keinen Fall diese kleine Gasse entgehen lassen, die von oben bis unten mit alten Kaugummis bedeckt ist! Fleißige Kauende arbeiten schon seit Ende der 1950er Jahre an der Bubblegum Alley, die ständig erweitert wird, beispielsweise um ein leuchtend rotes Gesicht – natürlich ganz aus Kaugummi. Besucher dürfen gerne ihren Teil zu der „Sammlung" beitragen - manche nehmen sogar eine Kostprobe von den alten Kaugummis!

Dieses rote Kaugummigesicht zählt zu den größten Kunstwerken in der Gasse.

Viele der alten Kaugummis haben natürlich schon lange Farbe und Geschmack verloren, doch für Besucher mit einem robusten Magen gibt es immer wieder neue Exemplare, die sie probieren können!

Einziger Überlebender

Als Hurrikan Ike 2008 die texanische Stadt Gilchrist verwüstete, zerstörte er alles, was ihm in den Weg kam – bis auf das Haus von Pam und Warren Adams. Da es auf 4,30 m hohen Holzpfählen errichtet wurde, blieb es als einziges verschont. Die Adams hatten bereits im Jahr 2005 ihre Lektion gelernt, als ihr erstes Haus von Hurrikan Rita zerstört worden war.

UMZUGSWAHN ■ Vanda James aus dem englischen Great Yarmouth ist innerhalb von nur vier Jahren unglaubliche 27-mal umgezogen! Auf der Suche nach ihrem Traumhaus, die sie auch für drei Monate nach Neuseeland führte, zog sie durchschnittlich alle acht Wochen um und gab € 42.000 für Kautionen und Umzugsunternehmen aus. Außerdem verbrachte sie 648 Stunden mit Ein- und Auspacken. Ihr kürzester Aufenthalt in einem Haus betrug eine Woche: „Ich fühlte mich dort einfach nicht wohl", erklärt sie.

TURMHOHE LIEBE ■ Eine Frau aus San Francisco ist mit dem Eiffelturm verheiratet! Erika La Tour Eiffel, die ihren Namen ändern ließ, um ihren Bund mit dem Pariser Wahrzeichen zu festigen, leidet an einer Krankheit, wegen der sie sich eher zu leblosen Gegenständen als zu Menschen hingezogen fühlt. Sie ist außerdem in die Golden Gate Bridge verliebt.

KOMPAKTHAUS ■ Dee Williams wohnt in einem Haus in Olympia, Washington, das nicht größer als eine Parklücke ist. Sie baute die 7,80 m² große Hütte selbst aus Altmaterial in den Garten einer Freundin. Zwei Sonnenkollektoren versorgen das Häuschen, das man mit wenigen Schritten durchqueren kann, mit Strom.

Raumschiffhaus

Dieses an einem Berghang gelegene Haus in Chattanooga, Tennessee, das wie eine fliegende Untertasse geformt ist, wurde bei einer Auktion im Jahr 2008 für ganz bodenständige € 94.000 verkauft. Es wurde 1970 kurz nach der ersten Mondlandung errichtet und hat kleine, quadratische Fenster, Scheinwerfer und steht auf sechs „Fahrwerkbeinen". Als Eingang dient eine einfahrbare Treppe.

OBSKURE ORTE
www.ripleys.de

188

Ripley's
Einfach unglaublich!

TOTAL VERDREHT
TOTAL VERDREHT

Dieses Haus der etwas anderen Art wurde im Jahr 2008 im norddeutschen Trassenheide enthüllt. Nicht nur außen, sondern auch innen steht die Welt hier Kopf! Es wurde von den polnischen Architekten Klausdiusz Golos und Sebastian Mikiciuk entworfen. Vielen Besuchern wird darin schwindelig, wenn sie die an der Decke befestigten Stühle, Tische und Teppiche sehen. Das Projekt soll einen neuen Blickwinkel auf Alltagsgegenstände ermöglichen.

ESELIGES GESETZ ■ Im englischen South Shields gibt es seit 800 Jahren ein Gesetz, wonach die Stadtverwaltung den Bau von Märkten verbieten darf, die nicht durch einen eintägigen Eselsritt erreicht werden können.

HAUSDIEB ■ Juri Konstantinow aus dem russischen Astrachan kam 2008 aus dem Urlaub wieder und musste entdecken, dass sein gesamtes zweistöckiges Haus gestohlen worden war! Ein Nachbar hatte es Ziegel für Ziegel auseinandergenommen und die Bestandteile verkauft.

ZINNMANN ■ Aus Protest gegen die Bürokratie errichtete Geoff Harper aus dem englischen Scorton einen neun Meter großen Zinnmann an seinem Haus, weil der Gemeinderat seiner Meinung nach ebenso herzlos war wie der Zinnmann aus *Der Zauberer von Oz.*

EINE STADT ZIEHT UM ■ Die kanadische Stadt Lynn Lake entstand in den 1950ern, indem 208 Gebäude auf Schlitten 150 km weit aus der Stadt Sherridon transportiert wurden.

BEDINGUNGSREICHES ERBE ■ Hélène Louart aus Pellevoisin in Frankreich war bereit, ihren Nachlass von € 1,39 Millionen ihrer Stadt zu vermachen, wenn eine Straße nach ihr benannt, im Büro des Bürgermeisters ihr Lieblingskunstwerk aufgehängt und ihr Haus an Leute aus Paris verkauft würde.

SANDHOTEL ■ Im Sommer 2008 eröffnete im englischen Badeort Weymouth ein Hotel, das nur aus Sand bestand. Eine Gruppe von Bildhauern arbeitet eine Woche lang vierzehn Stunden am Tag, um die 1.102 Tonnen Sand in Form zu bringen. Für € 14 die Nacht konnten die Gäste in Einzel- oder Doppelzimmern auf Sandbetten schlafen und dabei in die Sterne blicken - bis der Regen das Bauwerk schließlich zerstörte.

BRUNNENHOTEL ■ Der japanische Künstler Tatzu Nishi errichtete 2007 für kurze Zeit ein Hotel um einen Brunnen mitten in der französischen Stadt Nantes. Das Hotel Place Royale bestand aus einem Schlafzimmer mit Bad, das 130 m² groß war und den oberen Teil des berühmten Brunnens aus dem 19. Jahrhundert umschloss.

GEHEIMES SCHLOSS ■ Der Bauer Robert Fidler aus dem englischen Redhill hat über vier Jahre lang ein nachgebautes Tudorschloss hinter einer zwölf Meter hohen Wand aus Heuballen versteckt. Nachdem ihm der Stadtrat untersagt hatte, sein Traumhaus auf einem seiner Felder zu errichten, verbarg er es hinter Hunderten von Strohballen, die mit riesigen Planen bedeckt waren. 2002 zog er mit seiner Familie in das fertige Schloss, entfernte die Strohfassade aber erst vier Jahre später.

BESONDERES EXTRA ■ Nachdem die 42-jährige Deven Trabosh aus West Palm Beach, Florida, ein Jahr lang vergeblich versucht hatte, ihr Haus zu verkaufen, überlegte sie sich etwas ganz Besonderes, um Interessenten anzulocken: Sie verkaufte sich selbst einfach mit! Die alleinerziehende Mutter, die sowieso auf der Suche nach einem Lebenspartner war, war seit zwölf Jahren geschieden und bot im Internet das Haus allein für € 241.000 an. Wollte sie jemand mitkaufen, sollte das gesamte Paket € 584.000 kosten.

AUKTIONSVERRÜCKT

€ 1 MILLION	**JOHN LENNONS BRILLE**	Eine von Lennons kultigen runden Brillen brachte bei einer Auktion im Jahr 2007 eine Million Euro ein.
€ 217.388	**MARLON BRANDOS DREHBUCH ZU DER PATE**	Marlon Brandos Drehbuch zu Der Pate inklusive Anmerkungen des Schauspielers wurde 2005 für € 217.388 verkauft.
€ 11.140	**VON RICHARD NIXON SIGNIERTES JOJO**	Ein vom ehemaligen Präsidenten der USA signiertes Jojo wechselte bei einer Auktion für € 11.140 den Besitzer.
€ 6.950	**CHARLTON HESTONS LENDENSCHURZ**	Der Lendenschurz, den Charlton Heston im Film Ben Hur trug, wurde 1997 für € 6.950 verkauft.
€ 5.699	**MADONNAS BH**	Der schwarze Jean-Paul-Gaultier-BH, den Madonna 1993 auf ihrer Tournee trug, wurde vier Jahre später für € 5.699 verkauft.
€ 5.073	**BEETHOVENS HAARSTRÄHNE**	Eine zehn Zentimeter lange Locke des deutschen Komponisten Ludwig van Beethoven wechselte 1994 für € 5.073 den Besitzer.
€ 4.865	**LEE HARVEY OSWALDS ERKENNUNGS-SCHILD**	Auf einer Auktion erzielte das Schild mit dem Namen, das Kennedy-Attentäter Lee Harvey Oswald in der Leichenhalle getragen hatte, € 4.865.
€ 2.849	**TOTER HUND AUS DER ZAUBERER VON OZ**	Der ausgestopfte Kadaver des Hündchens Toto aus dem Film Der Zauberer von Oz ging bei einer Auktion im Jahr 1996 für € 2.849 über den Ladentisch.
€ 2.192	**JUSTIN TIMBERLAKES HALB GEGESSENER TOAST**	Eine Scheibe French Toast, komplett mit Gabel und Sirup, die der Sänger Justin Timberlake nur zur Hälfte gegessen hatte, wurde für € 2.192 auf eBay verkauft.
€ 1.835	**ELVIS PRESLEYS MEDIZINFLASCHE**	Eine leere Medizinflasche, die Elvis Presley gehört hatte, wechselte auf einer Auktion im Jahr 2007 für € 1.835 den Besitzer.
€ 1.390	**EIN STÜCK KÖNIGLICHER HOCHZEITSTORTE**	Ein 27 Jahre altes Stück Hochzeitstorte von der Vermählung zwischen Prinz Charles und Lady Diana Spencer im Jahr 1981 wechselte 2008 für € 1.390 den Besitzer - obwohl nur Marzipan und Glasur die Jahre überstanden hatten!
€ 973	**CHERS ALTER PLATTENSPIELER**	Ein Plattenspieler aus den 1970er Jahren, der der Sängerin Cher gehört hatte, wurde 2006 für € 973 verkauft.
€ 400	**BOBBY HULLS SCHNEIDEZAHN**	Der falsche Schneidezahn von Bobby Hull, des ehemaligen Eishockey-spielers der Chicago Blackhawks, brachte bei einer Auktion im Jahr 2004 ganze € 400 ein.
€ 183	**BRITNEY SPEARS KAUGUMMI**	Ein benutzter Kaugummi, den die Sängerin Britney Spears in einem Hotel in London weggeworfen hatte, brachte auf eBay € 183 ein.

VERRÜCKTE KUNST

GEMÜSE	Die chinesische Künstlerin Ju Duoqi kopiert berühmte Gemälde mittels Gemüse. Zu ihren Werken zählt auch Leonardo da Vincis Mona Lisa, die sie aus Tofu und Seetang nachgestellt hat.
WACKEL-PUDDING	Die Künstlerin Liz Hickok hat ein drei Quadratmeter großes Modell ihres Hauses im kalifornischen San Francisco aus Wackelpudding angefertigt.
KÜHL-SCHRÄNKE	Der Künstler Adam Horowitz aus Santa Fe, New Mexiko, hat eine Kopie der berühmten englischen Sehenswürdigkeit Stonehenge aus über 100 alten Kühlschränken errichtet.
BRIEF-MARKEN	Pete Mason aus dem englischen Staffordshire stellt Porträts berühmter Persönlichkeiten aus Tausenden alter Briefmarken her.
BAUM-WURZELN	Shelvaraj, ein Mikrokünstler aus dem indischen Nagapattinam, schnitzt winzige religiöse Figuren aus Baumwurzeln.
TOAST-BROT	Maurice Bennett aus Wellington, Neuseeland, reproduziert berühmte Kunstwerke aus getoastetem Brot. Außerdem hat er ein Porträt des Musikers Eminem aus mehr als 5.000 M&M's® hergestellt.
POST-IT®-ZETTEL	David Alvarez aus Leaven-worth, Washington, hat drei Monate lang an einem drei Meter hohen Porträt des Sängers Ray Charles gearbeitet, das aus über 2.000 bunten Post-It-Zettelchen besteht.
KAUGUMMI	Jamie Marraccini aus Sterling, Virginia, stellt abstrakte Modelle menschlicher Köpfe aus gekauten Kaugummis her.

Der Yellowdog stammt von Herb Williams aus Tennessee. Der Künstler verwendet für jede seiner Skulpturen bis zu 250.000 Farbkreiden. Entsprechend ist sein Studio von oben bis unten mit Farbkreidenkartons à 3.000 Stück vollgestellt, die er direkt vom Hersteller bezieht.

KÜHNE KUNST

LICHT-GRAFFITI

Einer Gruppe deutscher Graffiti-
Künstler ist es zu langweilig, einfach
nur Wände zu bemalen. Stattdessen
erschaffen sie atemberaubende
Lichtkunstwerke, die sie fotografisch
festhalten. Ganze Straßenzüge bringen
sie dabei zum Leuchten, einfache
Mülltonnen erwachen zum Leben und
unheimliche Lichtgestalten bevölkern die
Straßen.

Die in Köln ansässige Künstlergruppe „Lichtfaktor" besteht aus den Graffitikünstlern
Tim Fehske und David Lupschen sowie dem
Videotechniker Marcel Panne. Auch wenn die
Bilder absolut spektakulär aussehen, verwenden
die drei nichts weiter als einfache Taschenlampen, Neonröhren, Leuchtstäbe, LED-Leuchten,
Wunderkerzen und Feuerwerkskörper. Tim
und David müssen die Bilder in rasendem
Tempo in die Luft malen und dabei dunkle
Kleidung tragen, damit man sie auf den Fotos
nicht erkennen kann. Durch die ungewöhnlich
lange Belichtungszeit von zehn bis 30 Sekunden
zeichnet die Kamera das gesamte Kunstwerk
aus Licht auf.

Die Gruppe nimmt mithilfe von Stop-Motion-
Technik auch Videos auf, wobei sie Stück
für Stück Bilder in die Luft malen, die dann
zusammengesetzt werden. Dabei gehen sie
experimentell vor und probieren so lange
herum, bis ihnen das Ergebnis gefällt. Wie das
Endergebnis aussehen wird, können sie vorher
nie wissen.

nachgefragt

Wie genau macht ihr eure Bilder?

Alle unsere Bilder werden mit einer Kamera hergestellt – mit nur einer
Aufnahme. Wir haben eine ganze Sammlung von verschiedensten Taschenlampen, Fahrradlampen und LED-Leuchten, die alle batteriebetrieben sind,
sodass wir mobil sind. Auch mit Feuerwerkskörpern und Fackeln haben wir
schon tolle Ergebnisse erzielt. Besonders die Kontraste zwischen verschiedenen
Lichtquellen gefallen uns. Xenon beispielsweise erzeugt einen goldenen
Schimmer, während LED-Leuchten dünne, ganz präzise Linien hinterlassen.
Wir setzen Gläser und andere Gegenstände auf die Taschenlampen, um
unterschiedliche Farben und Formen zu erzielen. Außerdem verwenden wir
Multi-LED-Leuchten und Farbfilter. Wir versuchen, die Umgebung in die
Bilder zu integrieren, beispielsweise bei der Mülltonne (siehe ganz rechts, Star
Wars vs. Star Trek), weil wir die Ergebnisse meist spannender finden als bei
einfachen, in die Luft gemalten Bildern. Wir fangen zwar immer mit einem
bestimmten Ziel an, aber meistens inspiriert uns dann die Umgebung zu
weiteren Motiven. Da wir alles live zeichnen und vor der Aufnahme nicht alle
Faktoren berücksichtigen können, müssen wir immer improvisieren. Die besten
Ergebnisse erzielen wir mit einem Stativ und einer Belichtungszeit von zehn bis
30 Sekunden, manchmal sogar länger.

MAISLABYRINTH ■ Im Jahr 2008 hat ein britischer Bauer ein Labyrinth aus Mais in Form der amerikanischen Freiheitsstatue gestaltet, das beinahe zwölfmal größer war als die Statue selbst. Aus über einer Million Maispflanzen schnitt Tom Pearcy in einer 400 m langen Umrisslinie die Kontur der berühmten Statue in ein Feld in der Nähe von York. Ein Wikingerschiff und der Londoner Big Ben dienten ihm schon früher als Vorlagen.

RADIOZWITSCHERN ■ Ein nur vorübergehend existierender britischer Radiosender konnte Anfang 2008 mit einer zwanzigminütigen Aufnahme von Vogelgezwitscher, die in Wiederholungsschleife gesendet wurde, über eine halbe Millionen Hörer gewinnen.

KREIDEZUG ■ Im Januar 2009 fertigten mehr als 2.000 Schulkinder und Lehrer auf einer stillgelegten Autobahn im rumänischen Cluj ein 6,40 km langes Bild von einem Zug an. Dabei verbrauchten sie unglaubliche 10.000 Schachteln Farbkreide.

SINNLOSE REISE ■ Bevor er 1934 sein Filmepos *Cleopatra* erschuf, sandte Cecil B. DeMille ein Forscherteam auf eine etwa € 70.000 teure Reise nach Ägypten, um die Farben der Pyramiden zu studieren - obwohl er einen Schwarzweißfilm drehen wollte!

FOTOSTRECKE ■ Als Matt Frondorf aus San Antonio, Texas, einmal quer durch die USA von New York nach San Francisco fuhr, machte er auf der 5.310 km langen Strecke jede Meile, also alle 1,60 km, ein Foto.

JUMBOPROJEKT ■ Mark Coreth aus Wiltshire, England, hat die Skulptur eines afrikanischen Elefantenbullen in Originalgröße in seinem Garten nachgebaut. Er gestaltete das Skelett des vier Meter hohen Elefanten aus Maschendraht, bevor er es mit Polystyrol ausfüllte und ihm eine Hülle aus Gips und Bronze gab. Die Skulptur wiegt sechs Tonnen und ist so schwer, dass er den Elefanten durch ein Baugerüst stützen musste, während er an ihm arbeitete.

METALLSTOFF ■ Der ghanaische Bildhauer El Anatsui hat sich darauf spezialisiert, riesige Tücher aus verschiedenen Recyclingmaterialien wie Flaschenverschlüsse, Etiketten und Dichtungsringen anzufertigen. Unter anderem knüpfte er einen 5,50 m breiten und fünf Meter hohen Wandteppich aus Aluminium-Schnapsflaschenetiketten, die er mit Kupferdraht zusammenband, und ein schimmerndes Riesentuch aus Tausenden zusammengenähter Whiskeyflaschenverschlüsse.

Baumpullover

Die unkonventionellen Künstlerinnen Nancy Mellon und Corrine Bayraktoroglu sorgten dafür, dass dieser Baum in Yellow Springs, Ohio, im Winter nicht frieren musste. Sie strickten einen Pullover, der seine Äste warm hielt. Das ungewöhnliche Kleidungsstück wuchs von Tag zu Tag, indem immer mehr Teile und bunte Farben hinzukamen. Bald hatte der Strickbaum weltweite Aufmerksamkeit erreicht.

KARAOKEMARATHON ■ Anthony Lawson aus Wilmington, North Carolina, sang im Juni 2008 durchgehend über 39 Stunden Karaokelieder.

LIEGESTUHLDESIGN ■ Im Sommer 2008 entwarfen Künstler und Prominente im Rahmen einer Ausstellung von 700 Liegestühlen in den Parks von London, England, knallbunte Liegestuhldesigns. Die älteste Designerin war die 98-jährige Fleur Cowles, eine in London lebende Amerikanerin, die mit dem spanischen Künstler Picasso befreundet gewesen war.

TELEFONSCHAFE ■ Der französische Künstler Jean-Luc Cornec stellt lebensgroße Schafskulpturen aus, die er aus wiederverwerteten Telefonen und Telefonkabeln gebaut hat. Die Kabel sollen die Wolle der Schafe darstellen, während die altmodischen Telefonhörer als Köpfe dienen.

KUGELSCHREIBERKUNST ■ Juan Francisco Casas, ein spanischer Künstler, der in Rom lebt, malt drei Meter hohe Porträts mit blauen Kugelschreibern. Ursprünglich ein traditioneller Maler, verbraucht Casas heute vier Kulis, die zusammen nicht einmal einen Euro kosten, für ein Bild, das er dann für bis zu € 5.250 verkauft.

KALKSTEINLÖWIN ■ Die Guennol Löwin, eine 5.000 Jahre alte Skulptur aus Mesopotamien, wurde während einer Auktion im Dezember 2007 in New York City für € 40,04 Millionen verkauft. Die kleine Kalksteinfigur ist gerade einmal 8,30 cm hoch und war seit 1948 leihweise im Brooklyn Museum of Art zu sehen gewesen.

ZWINKERDIKTAT ■ Der nach einem Schlaganfall nahezu vollständig gelähmte französische Autor Jean-Dominique Bauby schrieb 1997 sein Buch *Schmetterling und Taucherglocke*, indem er mit dem linken Auge zwinkerte. Eine Freundin buchstabierte langsam immer und immer wieder das Alphabet, und Bauby zwinkerte, wenn sie den richtigen Buchstaben genannt hatte - das Buch wurde also Buchstabe für Buchstabe geschrieben! Drei Tage, nachdem es fertig war, starb Bauby an Herzversagen.

KATZENHUT TUT OMA GUT ■ Eine Großmutter auf einer tasmanischen Insel führt ein gut gehendes Geschäft mit Hüten aus den Fellen dort lebender verwilderter Katzen. Jede Woche bekommt Robyn Eades eine Lieferung tiefgefrorener Katzen, die vom örtlichen Förster erschossen wurden, um die Population einzudämmen. Die toten Katzen werden aufgetaut, gehäutet und gegerbt. Aus den Fellen näht Mrs. Eades dann Winterhüte, Kleiderbügel und Handtaschen. Ihre Modelle sind so beliebt, dass sie sogar schon Bestellungen aus Sibirien erhalten hat. Sie erklärt: „In meinen Kollektionen leben die Tiere ewig weiter!"

KUHSCHMELZE ■ In Budapest, Ungarn, gibt es eine blaue, kuhförmige Plastikskulptur, die so aussieht, als würde sie in der Hitze schmelzen. Die Kuhskulptur ist wie zerfließendes Eis geformt – aus ihrer Hinterseite ragt sogar ein Stiel!

LIEBLINGSLIED ■ Das Lied „Danny Boy" wurde im März 2008 in einem Café in Ferndale, Michigan, unglaubliche 50 Stunden lang hintereinander gespielt. Es gab fast 1.000 musikalische Darbietungen des Liedes, darunter Klassik-, Folk-, Blues- und Rapversionen, eine gesprochene Fassung und diverse fremdsprachliche Interpretationen sowie Instrumentaldarbietungen auf einer Vielzahl Instrumente wie Klavier, Posaune, Geige und Kazoo.

WANDBILD DELUX ■ Im Jahr 2008 hat eine Gruppe von 510 Studenten einer Universität in Luoyang, China, ein 510 m² großes Wandbild von Blumen angefertigt. Das bunte Gemälde bestand aus 170 dreischichtigen, 20,80 x 24,50 m großen Platten.

DAUERZEICHNUNG ■ Über ein Jahr lang hat der mexikanische Künstler Filemon Trevino seine ganze Energie in eine einzige Zeichnung gesteckt, die insgesamt unglaubliche 500 m lang ist. Er benötigte 6.000 Stunden und verbrauchte 800 Bleistifte, um das menschliche Herzkreislaufsystem zu zeichnen, in das er geometrische Formen und Bilder von Tauben einfügte. Er arbeitete so hart, dass er 16 kg abnahm und mehrere Male mit Dehydrierung, Herz- und Nierenproblemen sowie Ohnmachtsanfällen ins Krankenhaus eingeliefert werden musste.

ERDBEBENALARM ■ Im März 2007 gaben Musiker in der japanischen Stadt Omi ein Konzert, das 182 Stunden, also über eine Woche, dauerte und trotz eines Erdbebens fortgesetzt wurde, das den Ort während eines Klavierstücks erschütterte. Die sechs bis 96 Jahre alten Musiker spielten abwechselnd über 2.000 Stücke. Am beeindruckendsten aber war die unerschütterliche Pianistin. „Sie war einfach unglaublich", sagte einer der Organisatoren, „alles bebte, und sie spielte ungerührt weiter!"

SCHÜTTELREIME ■ Dr. Mulki Radhakrishna Shetty aus dem indischen Bangalore schrieb in 24 Monaten 50.000 Paarreime!

PUPPENSELBSTMORD ■ Ein chinesischer Künstler löste im Jahr 2008 Panik aus, als er nackte Schaufensterpuppen von Hochhäusern in Shanghai baumeln ließ. Liu Jin versah die vier Puppen für seine Arbeit *Wounded Angels* mit Flügeln. Doch Passanten hielten das Kunstwerk fälschlicherweise für selbstmordgefährdete Personen, die sich von den Gebäuden stürzen wollten.

CHAT-KUNST ■ 2008 haben die Künstler Ben Rubin und Mark Hansen ein Kunstwerk kreiert, das 100.000 Menschen beim Online-Chat darstellte. Die optische und akustische Installation im Science Museum in London, England, bestand unter anderem aus 231 kleinen elektronischen Bildschirmen.

Henks Eierkreationen waren so riesig, dass Kinder auf den Dottern sitzen konnten.

Sunny Side Up

Ein Tagesgericht der besonderen Art schuf der niederländische Künstler Henk Hofstra, als er 2008 in Leeuwarden, Holland, für sechs Monate 30 m breite Spiegeleier an öffentlichen Orten ausstellte. Sein Werk *Art Eggcident* ist nur eines von vielen. Hofstra hat auch schon eine komplette Straße blau angemalt.

In den

Taucher, die sich in die Gewässer der Moliniere-Bucht bei Grenada wagen, erwartet eine feuchte Überraschung, denn hier hat der britische Künstler Jason Taylor auf dem Meeresgrund zahlreiche gruselige Skulpturen errichtet. Sie befinden sich 25 m unter der Wasseroberfläche, wo sie sich entweder im Kreis an den Händen halten, an einem Schreibtisch sitzen und tippen oder aus den Korallenriffen ragen.

Die Figuren aus Metall und Zement sollen mit der Zeit zu einem festen Bestandteil des Meeresbodens werden, das Wachstum von Korallen und anderen Meeresbewohnern anregen und nicht nur Taucher, sondern auch Fische anlocken. Wenn es bewölkt ist, kann man die Skulpturen nur schlecht erkennen, doch bei gutem Wetter sind sie klar und deutlich sichtbar. Je nach Tiefe scheinen sie unterschiedliche Farben zu haben: Die Figuren, die in niedrigerem Wasser stehen, wirken rötlich und gelb, die tiefer gelegenen hingegen schimmern grün und blau. Einige der Kunstwerke sind mittlerweile teilweise unter Sand verborgen – die tauchenden Besucher sind herzlich eingeladen, sie wieder freizugraben.

nachgefragt

Wann haben Sie sich dazu entschlossen, Unterwasserskulpturen anzufertigen?

Ich wollte ein Kunstwerk erschaffen, das Einfluss auf die Umwelt nimmt. Damit möchte ich zeigen, dass der Eingriff von Menschen in die Natur auch eine positive Auswirkung auf unseren Planeten haben kann.

Gab es bei der Installation der Skulpturen Schwierigkeiten?

Je schwerer sie unter Wasser sind, umso besser, aber gleichzeitig verursacht der Transport der massiven Skulpturen mit dem Boot große Kosten. Viele der Figuren sind deshalb in Einzelteilen transportiert und dann unter Wasser zusammengesetzt worden.

Um alle Teile für den Kreis aus Kindern zusammenzusetzen, benötigte ich über eine Woche. Als ich den Aufstellungsort zum ersten Mal begutachtete, war er relativ ebenerdig, aber als ich mit den Skulpturen zurückkam, hatte sich eine leichte Steigung gebildet, weswegen ich große Mengen Sand mit der Schaufel abtragen musste, was in Taucherausrüstung nicht gerade einfach ist.

Wie unterscheiden sich Ihre Unterwasserskulpturen von Skulpturen, die fürs Festland gedacht sind?

Viele Skulpturen wurden als Hohlformen konstruiert, um zu ermöglichen, dass die Strömung durch sie hindurchfließt. Außerdem lassen sie sich so an Land besser transportieren. Eine Schwierigkeit war die Arbeit bei wechselnden Wetterbedingungen. Ich musste immer einen Plan B bereithaben.

Wie lange werden Ihre Skulpturen wohl überdauern?

Bei einigen der Metallskulpturen gehe ich von zehn bis 15 Jahren Lebensdauer aus. Die Figuren aus Zement überdauern hoffentlich ewig – sie haben ähnliche Eigenschaften wie natürliche Riffs.

Haben Sie Pläne für zukünftige Kunstwerke?

Alle meine neuen Projekte erkunden neue Unterwassergebiete. Ich hoffe außerdem, wachsende Figuren aus Korallen anlegen zu können. Eine Figur, die ich kürzlich in Kent konstruiert habe, hat sich als eine Art Barometer für die Gesundheit des Flusses entpuppt, in dem sie steht. Je mehr Algen sich auf der Oberfläche befinden, desto höher ist der Anteil an Chemikalien im Wasser.

Tiefen des Ozeans

Neugierige Fische grübeln über Jasons Skulptur Fish and Chip auf dem Meeresgrund.

The Lost Correspondent zeigt eine einsame Figur, die an einem Schreibtisch sitzt und auf der Schreibmaschine tippt.

Eine Reihe schlafender Gesichter wird Teil der Unterwasserwelt.

Die Arbeit an den einzelnen Härchen auf Blueys acht Beinen erfolgte mit akribischer Genauigkeit.

Elizabeth Thompson bei der Arbeit an ihrer Spinnennachbildung.

Spinnenkunst

Hier sieht man die britische Künstlerin Elizabeth Thompson durch die Beine einer riesigen Spinne, die sie 2007 aus über 4.000 Packungen blauer Knete für eine Ausstellung im London Zoo, England, hergestellt hat. Die Spinne ist 1,20 m breit und wiegt über 200 kg. Die Skulptur, die den Spitznamen „Bluey" trägt, ist eine riesige und ziemlich gruselige Nachbildung einer gewöhnlichen Hausspinne.

BLINDE FOTOGRAFIN ■ Alison Bartlett nimmt beeindruckende Fotos von Tieren in der Wildnis auf - und das, obwohl sie seit über 16 Jahren blind ist! Alison, die aus dem englischen Hampshire stammt, „sieht" mit den Ohren, denn sie hört deutlich raschelndes Gras, das Schlagen von Schwingen oder das Nagen von Eichhörnchen. Ihr Assistent zeigt ihr die richtige Richtung an und gibt die Entfernung vor, aber auf den Auslöser drückt Alison selbst.

LYRISCHES URTEIL ■ Im Dezember 2007 wurde eine große Gruppe von Teenagern aus Vermont angeklagt, weil sie das ehemalige Haus des amerikanischen Dichters Robert Frost (1874 - 1963) verwüstet hatten. Sie wurden unter anderem dazu verurteilt, sich mit dem poetischen Werk des Dichters auseinanderzusetzen.

GUMMIBÄR ■ Der Künstler Maurizio Savini aus dem italienischen Rom stellt fein ausgearbeitete Skulpturen her, darunter ein lebensgroßer Büffel und ein Grizzlybär - und zwar aus Tausenden von vorgekauten Kaugummis! Maurizio arbeitet mit dem Kaugummi, solange er noch warm ist, und bearbeitet ihn mit einem Messer. Seine klebrigen Skulpturen wurden schon auf der ganzen Welt ausgestellt und für bis zu € 48.650 verkauft.

FARBENFROHE SAMMLUNG ■ Der Bildhauer John McIntire aus Memphis, Tennessee, spendete 700 Hawaiihemden, die er über 50 Jahre hinweg gesammelt hatte, an das Memphis-Kunstcollege.

LISTENMANIE ■ Die Künstlerin und Autorin Hillary Carlip aus Los Angeles, Kalifornien, sammelte jahrelang alte Einkaufslisten. 2008 verwandelte sie einen Teil ihrer Sammlung dann in ein Performance-Kunstwerk. Als ihr klar wurde, wie viel die Einkaufslisten durch die Schrift, die Reihenfolge, die Gegenstände darauf und das Papier, auf dem sie geschrieben wurden, über ihre Besitzer aussagten, dachte sie sich Geschichten über diese Personen aus, verkleidete sich entsprechend und ging mit ihren Einkaufslisten in den Supermarkt.

OBAMA AUS LEGO® ■ Im kalifonischen LEGOLAND® beobachteten im Januar 2009 über 1.000 kleine LEGO®-Figuren einen zehn Zentimeter großen LEGO®-Obama bei der Zeremonie zu seiner Amtseinführung. Zu der detailverliebten Ausstellung gehörten auch ein LEGO®-Nachbau des Weißen Hauses, eine Autoeskorte und sogar Figuren, die vor den öffentlichen Toiletten anstanden.

DANKE AUS MAIS ■ Im Jahr 2008 schufen Carlene und Duane Schultz aus Eleva, Wisconsin, ein Maislabyrinth, das Brett Favre darstellte, den ehemaligen Quarterback der Green Bay Packers. Der Footballspieler hatte verkündet, dass er sich aus dem Sport zurückziehen werde, und mit dem Labyrinth, das den Oberkörper des Spielers samt der Vier auf dem Trikot und das Wort „Danke" zeigte, wollte das Ehepaar dem Spieler ein Denkmal setzen.

HAARIGE ANGELEGENHEIT ■ Für eine Ausstellung in der Stadt Hanover in New Hampshire schuf der in New York lebende chinesische Künstler Wenda Gu ein 24 x 4 m großes Bild aus 195 kg menschlichem Haar. Das Haar entstammte unfassbaren 42.350 Haarschnitten und war über mehrere Monate hinweg gesammelt worden.

GOLDENER GANDHI ■ Ein indischer Goldschmied hat eine Statue von Mahatma Gandhi entworfen, die nicht größer ist als ein Reiskorn. Kommoju Gunasekhar benötigte 90 Tage und ein Gramm Gold für die sieben Millimeter kleine Statue, die den bebrillten Gandhi mit einer religiösen Schrift in der einen und einem Stab in der anderen Hand darstellt.

WAS FÜR EIN RENNER! ■ Ein britischer Künstler, der mit einem Kunstwerk aus Lichtern, die an- und wieder ausgingen, den prestigeträchtigen Turner-Preis gewann, stellte 2008 seinen neuesten Coup vor: Läufer, die durch eine Galerie rannten! Martin Creeds Kunstwerk bestand aus 50 Athleten, die vier Monate lang im 30-Sekunden-Rhythmus die 86 m lange Runde durch die Londoner Tate-Galerie drehten. Creed wollte damit zeigen, dass man nicht stundenlang vor den Bildern herumstehen muss, um sie zu verstehen.

DOSENDESIGN ■ Ein Designstudent aus Hertfordshire in England trank über drei Jahre hinweg 4.000 Dosen Budweiser-Bier und baute schließlich ein Automodell aus dem Leergut! Nach Fertigstellung des 1965er Ford Mustangs in Originalgröße leerte Jack Kirby zur Feier des Tages gleich noch ein paar Dosen Bier.

SCHLAFENDE MEISTERWERKE ■ Lee Hadwin aus Henllan in Wales zeichnet im Schlaf seltsame und fantastische Kunstwerke. Der schlafwandelnde Künstler, genannt Kipasso, zeigt tagsüber kein Interesse am Zeichnen, aber nachts fertigt er auf allen zur Verfügung stehenden Oberflächen wie Wänden, Tischen und sogar Textilien erstaunliche Bilder an. Auch wenn er mittlerweile Skizzenbücher und Zeichenkohle im Haus herumliegen lässt, vor allem an seinem bevorzugten Platz unter der Treppe, kann er sich beim Aufwachen nie daran erinnern, die Zeichnungen gemacht zu haben. Seine Versuche, tagsüber zu zeichnen, waren bisher übrigens wenig überzeugend.

FUSSELGLÜCK ■ Anstatt die Fusseln aus ihrem Wäschetrockner einfach wegzuschmeißen, macht Saira Lloyd Kunstwerke daraus! Die Künstlerin aus Nottingham, England, wickelt die gesammelten Fusseln in Frischhaltefolie und vermischt sie mit Hautpartikeln, Haaren und Schmutz, um einzigartige Skulpturen daraus zu formen.

E-MAIL-MOSAIK

Anstatt ihre nervtötenden Junkmails zu löschen, hat die Künstlerin Sandy Schimmel aus Arizona beschlossen, sie zu einem farbenfrohen Mosaik zusammenzufügen. Die Technik, die sie dabei anwendet, nennt sich „upcycling", da sie Müll zu mehr Wert verhilft. Ihr Exponat *All American Blonde* präsentiert die Pop-Ikone Madonna und wurde aus politischen Junkmails und Steuerformularen kreiert.

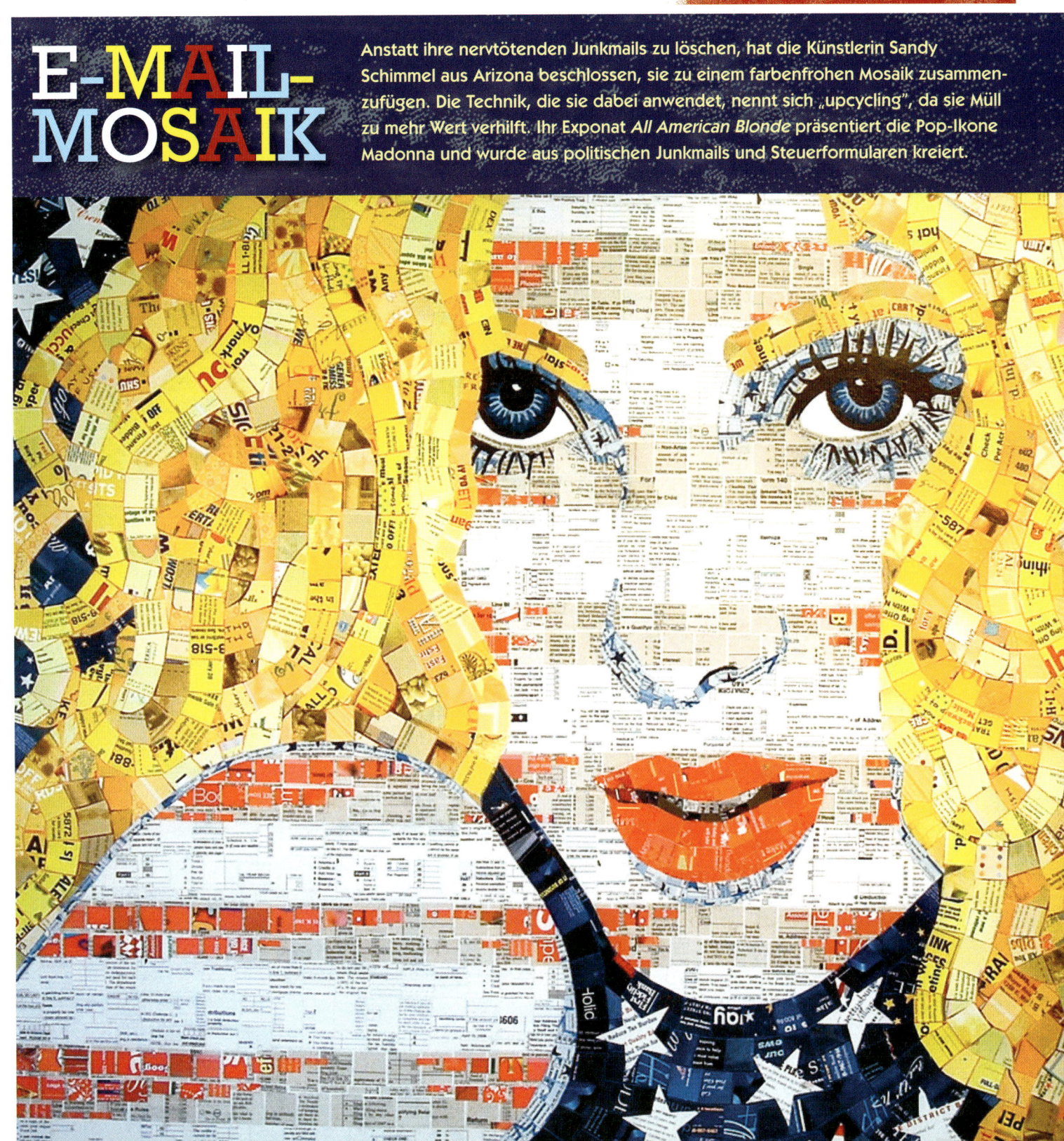

Entflammbare Gesichter

Im Umgang mit den innovativen Skulpturen des schottischen Künstlers David Mach ist Vorsicht geboten! Er porträtiert bekannte Ikonen, indem er sie dreidimensional aus Tausenden bunter Streichhölzer nachbildet. David hat beispielsweise Elvis' Konterfei als 60 cm großen Kopf aus 50.000 Streichhölzern angefertigt, die er aus Japan importierte. Er brauchte mehr als 500 Stunden, um Streichholz für Streichholz auf eine Glasfaserform zu kleben. Zu seinen weiteren Vorlagen zählen Marilyn Monroe und eine Streichholzausgabe von Michelangelos *David*. Hin und wieder verschafft David seinen fertigen Kunstwerken ein gebührendes Ende, indem er sie kurzerhand anzündet!

MINI-MONA ■ Ein britischer Künstler hat eine Version der *Mona Lisa* gemalt, die einem Viertel der Größe einer Briefmarke entspricht. Andrew Nicholls aus Farnborough reproduzierte das Meisterwerk Leonardo da Vincis im Maßstab 1:70, das entspricht einer Größe von elf mal sieben Millimetern. Er benutzte eine Lupe und einen Pinsel der Stärke 0000, der nur aus wenigen Härchen besteht, um damit Acrylfarbe auf ein winziges Stück Karton aufzutragen.

DIAMANTENSCHÄDEL ■ 2007 hat der britische Künstler Damien Hirst einen menschlichen Schädel aus dem 18. Jahrhundert mit 8.601 Diamanten überzogen - das sind fast dreimal so viele wie auf der Krone von Königin Elizabeth II.! Das Kernstück des € 73 Millionen teuren Kunstwerks, das er For the *Love of God* taufte, ist ein 52-karätiger Stein in der Stirn des Schädels. Sogar die Augenhöhlen wurden mit Hunderten von Juwelen gefüllt. Die Zähne des Originalschädels wurden entnommen, gereinigt und wieder eingesetzt.

DOSENKREATIONEN ■ Eine Firma aus Staffordshire in England verkauft Modelle von Flugzeugen, Lastwagen und Hubschraubern, die aus Getränkedosen angefertigt wurden. Dabei werden auf Wunsch sogar die Dosen des Lieblingsgetränks des jeweiligen Kunden verwendet.

STREICHHOLZ-MERCEDES ■ Michael Arndt aus dem deutschen Hannover verbrachte sechseinhalb Jahre damit, einen Formel-1-Mercedes-McLaren in Originalgröße aus 956.000 Streichhölzern nachzubauen. Das Auto kostete ihn € 6.300 – inklusive der 1.686 Tuben Klebstoff, die nötig waren, um die Konstruktion so stabil zu machen, dass man darin sitzen kann.

PLASTIK-PLASTIKEN ■ Der Künstler Brian Jungen aus Vancouver, Kanada, baut lebensgroße Walskelette aus weißen Plastikliegestühlen nach! Sein Spezialgebiet sind Kunstwerke aus Alltagsgegenständen – er hat auch schon Turnschuhe in kunstvolle Kultmasken verwandelt!

TELEFONNUMMERNKLEID ■ 2008 hat Jolis Paons, eine innovative Studentin der Herron School of Art and Design an der Universität von Indiana, ein ultraleichtes Kleid entworfen, das nur aus Telefonbuchseiten besteht.

INSEKTENSCHICK ■ Als im Sommer 2008 ganze Schwärme von Heuschrecken die Stadt Sandwich in Massachusetts überfielen, nutzten zwei geschäftstüchtige Jugendliche die Chance und bastelten Schmuck aus den toten Insekten. Katheryn Moloney und Brady Cullinan verlangten um die sieben Euro für ein Paar Ohrringe oder eine Halskette aus lackierten Heuschrecken.

BUNTE SCHLANGEN ■ Mit ungiftigen Farben hat Slinkachu, ein Künstler aus London, England, im Jahr 2008 im Rahmen eines Straßenkunstprojekts lebende Schlangen mit bunten Mustern versehen.

STREICHHOLZUHR ■ David Harding aus London, England, hat im Jahr 2008 aus 12.000 Streichhölzern eine Standuhr in halber Originalgröße gebaut.

SICHERHEITSFILM ■ Für den Film *Faceless* verwendete die österreichische Filmemacherin Manu Luksch Filmmaterial der britischen Videoüberwachungssysteme, das sie selbst zeigt. Alle Gesichter bis auf ihr eigenes hat sie unkenntlich gemacht.

HÄNGENASHORN ■ Der italienische Künstler Stefano Bombardieri hat ein Nashorn in Originalgröße gebaut und es auf dem Luisenplatz im deutschen Potsdam einige Meter über dem Boden aufgehängt.

CHARAKTERVIELFALT ■ Der chinesische Autor Chen Hong hat fünf Romane geschrieben, die insgesamt unfassbare 190.000 Charaktere beinhalten. Außerdem musste er jedes Wort durch Augenblinzeln diktieren, da er seit 1999 an einer unheilbaren degenerativen Muskelerkrankung leidet. Er kommuniziert mithilfe einer transparenten Tafel, die phonetische Symbole anzeigt.

PAPIERSCHIFF ■ Jared Shipman aus Roseville in Kalifornien hat ein 320.000-teiliges Modell der USS Nimitz in 2,78 m Länge nur aus Papier nachgebaut.

SCHALTTAGSSPRUNG ■ Aktionskünstler Brian Feldman aus Orlando, Florida, sprang am 29.2.2008, dem Schalttag, 24 Stunden lang alle drei Minuten und 56 Sekunden von einer 3,60 m hohen Plattform. Damit sprang er 366-mal – einmal für jeden Tag des Schaltjahres.

ZURÜCK ZU DEN WURZELN ■ Im März 2008 enthüllte eine Bahnstation im englischen Liverpool, der Heimatstadt der Beatles, eine lebensgroße Skulptur der vier Musiker, die aus einer Hecke herausgearbeitet war. 18 Monate lang brauchten erfahrene Gärtner, um die Hecke in die Form von John, Paul, George und Ringo samt Gitarren und Schlagzeug zu bringen.

KLEBRIGE KUNST ■ Jamie Marraccini aus Sterling, Virginia, lässt unfassbare Kunstwerke aus Kaugummi entstehen. Jede seiner Skulpturen enthält Hunderte, manchmal sogar Tausende von Kaugummis. Für eine Sammlung von Miniköpfen, die er *Fiesta de Huevos* taufte, brauchte er allein 804 Stück. Ein Porträt, das ihn und seine Frau zeigt, besteht aus 4.212 Kaugummis. Er arbeitete fünf Jahre lang an dem 60 x 90 cm großen Bild. Da er allein nicht genug Materialnachschub zusammenbekommt, ist er auf die Hilfe von Freunden und Arbeitskollegen angewiesen, die für ihn „vorkauen".

KUNST AUS DER GARAGE ■ Als das American Folk Art Museum in Manhattan im Januar 2007 eine Ausstellung der seltenen Zeichnungen des mexikanischen Künstlers Martín Ramírez veranstalten wollte, meldete sich eine Frau aus Auburn, Kalifornien, per E-Mail und behauptete, einige Zeichnungen des Malers zu besitzen, die seit fast zwei Jahrzehnten in ihrer Garage herumgelegen hätten. Tatsächlich fand man bei ihr 140 Kunstwerke von Ramírez. Bis dato war man davon ausgegangen, dass er insgesamt nur 300 Bilder angefertigt habe. Manche seiner Zeichnungen wurden für über € 70.000 verkauft.

STREICHHOLZBRÜCKE ■ Die weltberühmte Londoner Tower Bridge wurde von Michael Williams aus dem englischen Shoebury in mühevoller Kleinstarbeit in zehn Jahren nachgebaut – das sind zwei Jahre mehr, als der Originalbau dauerte! Er benötigte über 1,60 Millionen sorgfältig von Hand gefertigte Streichhölzer für sein 1,80 m langes Modell, an dem sich auch 156 funktionierende Leuchten befinden.

FISCHKÖPFE ■ In Chengdu, China, wurde 2008 ein neuer Modetrend erfunden: lebendige Fische als Halsschmuck! In den dichten Anhängern können die Fische drei Monate lang überleben, da die Miniaquarien Wasser, Fischfutter und zwei Sauerstoffkugeln beinhalten. Nach den drei Monaten werden die Fische dann freigelassen.

GRASPORTRÄT ■ Tania Ledger aus London, England, hat einen Experten für 3-D-Kunst damit beauftragt, die *Mona Lisa* im Rasen ihres Vorgartens zu reproduzieren. Chris Naylor brauchte nur zwei Tage, einen Rasenmäher und anderes Gartenwerkzeug, um Leonardo da Vincis Meisterwerk fertigzustellen.

SUSHI-MOSAIK ■ 20 Studenten aus Mumbai, Indien, fertigten im März 2008 ein 15,16 m² großes Mosaik aus 5.814 Stücken Sushi.

FILTERFLAGGE ■ In Jonesboro, Arkansas, hat Künstler John Salvest eine ungewöhnliche Version der amerikanischen Flagge aus 90.000 Zigarettenstummeln zusammengefügt. Für seine Arbeiten verwendet er auch andere Alltagsobjekte wie Visitenkarten, benutzte Kaffeefilter, Weinkorken und sogar abgeschnittene Fingernägel.

BALLONBIKINI ■ Zwei amerikanische Modedesigner haben eine ganze Modekollektion von Bikinis bis zu Abendkleidern komplett aus Luftballons entworfen. Jedes der von Katie Laibstain aus Richmond, Virgina, und Steven Jones aus Cincinnati, Ohio, gefertigten Stücke besteht aus um die 300 Luftballons, die in zehn Stunden Arbeit akribisch verknotet werden. Auch wenn die Kleider nur einmal getragen werden können, haben sich manche der Entwürfe bereits für € 1.470 verkauft.

FLIEGENFOTOS ■ Der belgische Fotograf Nicholas Hendrickx hat mit seinen schrulligen Aufnahmen von Fliegen in der Kunstwelt wahre Begeisterungsstürme ausgelöst. In seinem Fotostudio, das sich in seinem Schlafzimmer befand, stellte er winzige Requisiten auf, zwischen denen er die Fliegen beim Klavier- und Gitarrenspiel, beim Skateboardfahren, beim Radfahren, beim Drachenfliegen oder beim Entspannen am Strand fotografiert. Seine Kunst erfordert große Geduld, da er meistens mit lebenden Insekten arbeitet.

Gummiklamotten

Die Künstlerin Susie MacMurray aus Manchester, England, hat 1.400 Gummihandschuhe zu einem langen Kleid zusammengenäht. Zu ihren übrigen Gummihandschuhentwürfen zählen ein schulterfreies Ballkleid und ein Brautkleid, das aus Handschuhen und Luftballons, die in ein Netz eingewoben wurden, besteht.

KAFFEEKUNST ■ Sunshine Plata aus Manila auf den Philippinen malt mit Kaffeesatz detailgetreue Bilder, die aussehen wie mit brauner Wasserfarbe gemalt - aber natürlich verrät der Geruch ihren wahren Ursprung.

VATERKANNE ■ John Lowndes aus Pembrokeshire in Wales vermisste den täglichen Tee mit seinem verstorbenen Vater Ian so sehr, dass er aus dessen Asche eine Teekanne anfertigen ließ. Der Töpfer Neil Richardson vermengte Ians Asche dafür mit Tonerde.

FLASCHENLAMPEN ■ Im Mai 2008 haben Lisa Foo und Su Sim aus Selangor in Malaysia in Kuala Lumpur wunderschöne Lampen in der Form von Meerestieren und Meeresorganismen ausgestellt, die alle aus wiederverwerteten Plastikwasserflaschen bestanden.

KÖNIGSKURTA ■ Handwerker in Pakistan haben eine Kurta, eine Art langes Hemd, hergestellt, deren Träger über 53 m groß sein müsste. Das Kleidungsstück ist 31 m lang und damit 30-mal länger ist als eine gewöhnliche Kurta. Sie wiegt unfassbare 800 kg. 50 Schneider benötigten insgesamt ganze 30 Tage, um das Kleidungsstück zusammenzunähen.

LUFTTIERE ■ 2008 hat der Straßenkünstler Joshua Allen Harris Skulpturen von Tieren, z. B. Bären, Robben und Giraffen, aus weggeworfenen Plastiktüten geformt und sie dann über Entlüftungsschächten der New Yorker U-Bahn so angebracht, dass sie sich jedes Mal, wenn in der Tiefe ein Zug vorbeirauschte, aufbauschten.

LEBENSECHT ■ Der kalifornische Bildhauer Joe Wertheimer gestaltet erstaunliche lebensgroße Modelle von wild lebenden Tieren, die aus der Distanz betrachtet nicht von ihren lebendigen Vorbildern zu unterscheiden sind. Er hat bisher 18 afrikanische Wildtiere für ein Hotel in Südafrika und vier grasende Schafe und ein texanisches Langhorn für einen Kunden in Malibu hergestellt.

KLAMMERKUNST ■ Der amerikanische Künstler Joshua Mantyla fertigt Skulpturen aus Büroklammern an. Er begann mit einfachen Blumenmotiven, doch mittlerweile hat er auch ein Motorrad, dessen Räder sich drehen, und eine 90 cm lange überlebensgroße Maus erschaffen, für deren Fertigstellung er stolze 3.000 Stunden benötigte.

Papiergesichter

Der niederländische Künstler Bert Simons hat sich selbst geklont - aus Papier! Der Bildhauer aus Rotterdam fertigt mithilfe von Computertechnologie realistische, lebensgroße 3-D-Papiermodelle von menschlichen Köpfen an. Erst erstellt er am Computer ein Modell seines Objekts und zerteilt es dann - abgeflacht - in seine einzelnen Komponenten. Wenn eine Schablone fertig ist, druckt er sie auf Papier, schneidet sie aus und fügt sie als Kopf zusammen (siehe unten). Mit dieser Methode hat er neben Modellen seiner Freunde auch eine Schildkröte nachgebildet.

Keksstadt

Dieses je fünf Meter lange und breite und 2,50 m hohe Modell von Shenyang wurde 2007 in Shenyang, China, enthüllt. Das essbare Bauwerk, das viele bekannte Markenzeichen wie den Imperial Palace und den Fernsehturm zeigte, wurde aus 25.000 Keksen, die insgesamt über 1.000 kg wogen, hergestellt.

AUTOBAHNFUNDSTÜCKE ■ Um auf die Gefahren durch Straßenmüll hinzuweisen, hat der Künstler Ken Andexler eine 2,40 m hohe Skulptur aus 350 weggeworfenen Gegenständen gebaut, die er entlang eines 1,60 km langen Straßenabschnittes in Naples, Florida, gefunden hatte. Dazu zählten zwei Backformen, eine Taucherflosse, Tennisbälle, ein Schraubenschlüssel, ein Pinsel, verrostete Spiralfedern und Altmetall. Das Kernstück der Skulptur war ein Schild aus 176 Zigarettenstummeln, auf dem „Gesucht und gefunden" stand.

DECKE DRÜBER ■ Weil sie es satt hatte, die hohen Benzinpreise zu zahlen, und die verlassene Tankstelle in ihrer Gegend als Schandfleck empfand, hat die Künstlerin Jennifer Marsh aus DeWitt, New York, kurzerhand beschlossen, sie mit einer riesigen handgemachten Decke zu kaschieren. Mit Hilfe von Künstlern aus 15 verschiedenen Ländern und mehr als 2.500 Grundschülern aus 29 US-Bundesstaaten deckte Marsh die 465 m² große Fläche der Tankstelle ab. Die Pumpen, Laternen und Schilder wurden hinter mehr als 3.000 bunten Sichtblenden verborgen, die zu einer einzigen riesigen Decke zusammengehäkelt, -gestrickt oder -genäht waren. Die Blenden bestanden aus so unterschiedlichen Materialien wie Leder, Seide und Plastiktüten.

STYROPORPRÄSIDENT ■ 2007 hat Fran Volz aus Arlington Heights, Illinois, eine Styroporskulptur des amerikanischen Präsidenten Abraham Lincoln enthüllt. Es dauerte acht Monate, bis die 113 kg schwere und drei Meter hohe Skulptur fertig war, die mit einer Kettensäge ausgeschnitten worden war.

Bewegliche Kunstwerke

Künstler, die den menschlichen Körper als lebendige Leinwand nutzen, nahmen 2008 am New Zealand Body Art Award in Auckland teil. Die Künstler hatten alle einen unterschiedlichen beruflichen Hintergrund, kamen zum Beispiel von den bildenden Künsten, andere arbeiteten im Bereich Special Effects, als Maskenbildner oder am Theater. Die Punkte wurden nach den Kriterien Originalität, Entwurf und Ausführung gegeben.

Carmel McCormicks Eidechse gewann den ersten Preis des Wettbewerbs, und ihr Modell Levi erhielt den ersten Preis für den besten Bühnenauftritt.

Das Regenwaldreptil von Kim Stevenson gewann den Preis für fantasievolle Spezialeffekte.

Den Preis für die beste Airbrush-Technik erhielt Yolanda Bartram für Cheeta (hier zu sehen) und Songe (links oben).

LANGE LINIE ■ Bei den irischen Rockland County Feis and Field Games im Juli 2008 bildeten 312 Tänzer eine durchgehende Tanzlinie, die über 213 m lang war.

HUP-STOPP ■ Der Aktionskünstler Matthew Keeney lief im Februar 2008 von den Treppen des Kapitols in Washington, D.C., bis zum Lincoln Memorial und wieder zurück. Jedes Mal, wenn er ein Auto hupen hörte, hielt er an und setzte sich erst wieder in Bewegung, wenn er erneutes Hupen hörte. Der sechs Kilometer lange Spaziergang dauerte knapp drei Stunden.

KÜNSTLERTYP ■ Der israelische Künstler und Typograph Oded Ezer kreiert atemberaubende Kunstwerke aus Schrifttypen, vor allem aus hebräischen Zeichen. Sein Kurzfilm *The Finger* zeigt eine Fantasielandschaft, die aus hebräischen Buchstaben besteht.

PRIVATKONZERT ■ Als der Geiger Philippe Quint im April 2008 aus Versehen seine 285 Jahre alte Stradivari-Geige auf dem Rücksitz eines New Yorker Taxis vergaß, spielte er dem Fahrer, der ihm das Instrument zurückbrachte, zum Dank ein Privatkonzert. Der Musiker hatte die € 2,77 Mio. teure Geige bei seiner Rückkehr von einem Auftritt in Dallas in einem Flughafentaxi liegenlassen, doch auf seine Bitte hin brachte ihm der Taxifahrer Mohamed Khalil das teure Stück am nächsten Tag zurück. Zum Dank bekam er nicht nur ein Trinkgeld von € 70, sondern auch Karten für Quints nächstes Konzert in New York sowie ein 30-minütiges Privatkonzert am Taxistand des Newark Liberty International Airport.

SCHLAGZEUG FÜR IMMER ■ Der Musiker Link Logen aus Akron, Ohio, spielte von Juni bis Juli 2008 ganze 86 Stunden und 16 Minuten lang ununterbrochen Schlagzeug – das sind über dreieinhalb Tage! Den Schlafentzug überstand er vor allem durch Kaffeekonsum, aber wegen der starken körperlichen und geistigen Erschöpfung brach er schließlich dennoch in Tränen aus. „Während ich spielte", erklärt er, „befand ich mich in einem katatonischen Zustand."

SCHNELLER SPIELER ■ Obwohl Todd Taylor aus Palm Bay, Florida, an einer seltenen Muskelstörung leidet, spielt er das Banjo mit 210 Anschlägen die Minute. Ein durchschnittliches schnelles Bluegrass-Stück hat 130 Anschläge. Seine Fähigkeit präsentierte er mit dem Stück „Duelling Banjos", das eigentlich für zwei Musiker gedacht ist, und zwar in einer solchen Geschwindigkeit, dass er sich die Picks an die Finger kleben musste, damit sie nicht davonflogen. Er spielt so schnell, dass er die Saiten seines Instruments dreimal am Tag wechseln muss.

MUSIK-METHAN ■ Als Paul Oldfield aus dem englischen Macclesfield mit seiner Schwester Yogaübungen machte, entdeckte er ein Talent, mit dem er seitdem seinem Publikum buchstäblich den Atem raubt: Er ist der einzige Vollzeit-Furzmusiker der Welt. Oldfield, der sich selbst „Mr. Methane" nennt, fand heraus, dass er so kontrolliert pupsen kann, dass die Geräusche so vielfältige Melodien wie Johann Strauß' „Donauwalzer" oder Kylie Minogues Hit „I Should Be So Lucky" ergeben.

BRAD-VERBOT ■ Brad Pitt darf wegen seiner Rolle in dem Film *Sieben Jahre in Tibet* China nicht mehr betreten.

EISKLAVIER ■ Im Rahmen der 20. Internationalen Schneeskulpturen-Kunst-Expo in Harbin, China, im Winter 2007/2008 entwarf und baute ein Unternehmen ein Eisklavier, auf dem die Besucher spielen durften. Das original große Monument konnte außerdem automatisch 30 verschiedene Klavierstücke abspielen.

KLEIDERWECHSEL ■ David Whitthoft aus Ridgefield, Connecticut, trug 1.581 Tage hintereinander, also über vier Jahre lang, ein Football-Trikot, ehe er es an seinem zwölften Geburtstag, dem 23.4.2008, wieder auszog.

SPIELTAGE ■ Die New Yorker Off-Broadway-Show *365 Days/365 Plays* zeigt 365 Theaterstücke, die die amerikanische Dramatikerin Suzan-Lori Parks in nur 365 Tagen geschrieben hat.

NETTER FUND ■ Ein Gemälde, das in dem Tonstudio von U2 in Dublin hing, wurde bei einer Auktion im Jahr 2008 für € 6,94 Mio. verkauft, und zwar 19 Jahre, nachdem der Bassspieler der irischen Rockband, Adam Clayton, es in einer Galerie in New York entdeckt hatte. Bei dem Bild handelte es sich um das Werk Pecho/Oreja des amerikanischen Graffiti-Künstlers Jean-Michel Basquiat.

BÄRENANZUG ■ Ein britischer Künstler drehte einen zweistündigen Film namens *Sleeper*, in dem er in einem Bärenkostüm zehn Nächte in einem Berliner Museum verbringt. Mark Wallinger sagte, dass ihm das Kostüm erlaubt hätte, „durch die Augen eines Geschöpfes zu blicken, das einer anderen Kultur angehört".

KANUBUSCH ■ Glenn Tabor aus dem englischen Leeds hat einen Busch in seinem Vorgarten zur Skulptur eines amerikanischen Ureinwohners, der in einem fünf Meter langen Kanu paddelt, zurechtgestutzt. „Meine normale Hecke fand ich langweilig", erklärt er, „also beschloss ich, dass etwas Ausgefalleneres her muss." Mit Handscheren und einem elektrischen Heckentrimmer hatte er sein Kunstwerk schnell fertiggestellt.

TEURE GEDICHTE ■ Eine signierte Gedichtsammlung von William McGonagall (1825-1902), bekannt als „Der schlechteste Dichter der Welt", wurde bei einer Auktion im Mai 2008 im schottischen Edinburgh für € 7.482 verkauft – das ist mehr als der Verkaufspreis einer handsignierten Erstauflage aller Harry-Potter-Bände!

HAI-PHOBIE ■ Die Hollywoodschauspielerin Christina Ricci leidet an Pool-Selachophobie: Sie hat panische Angst davor, dass plötzlich ein Hai in einem Schwimmbecken auftauchen könnte.

BILLIGE BEERDIGUNG ■ Um Geld zu sparen, wurde der Körper von William Shakespeares Freund und Dichterkollegen Ben Jonson 1637 in der Westminster Abbey aufrecht beerdigt.

WICKELKLEID ■ Vanessa Randall aus Wayne, Maine, stellte ihr Kleid für den Highschool-Abschlussball 2008 aus 3.000 Kaugummi-Einwickelpapierchen selber her. Schon drei Jahre zuvor hatte sie mit Hilfe von Freunden und Familie mit dem Sammeln begonnen.

GEBURTSTAGSGESCHENK ■ Robert Louis Stevenson, Autor der *Schatzinsel*, vermachte seinen Geburtstag, den 13.11., einem Freund, der an Weihnachten Geburtstag hatte und deswegen noch nie gefeiert hatte.

GUTES GEDÄCHTNIS ■ Als man dem polnischen Historiker Jan Alvertrandy (1731-1808) verbot, in den Büchereien von Uppsala und Stockholm in Schweden Kopien von Dokumenten anzufertigen, prägte er sich den Inhalt von 100 Bänden ein! Er las sie Tag für Tag in der Bibliothek und schrieb dann nachts nieder, was er sich gemerkt hatte.

WEIZENMODELLE ■ Im Jahr 2007 wurden mehrere Nachbauten britischer Sehenswürdigkeiten enthüllt, die aus Weizen bestanden. Der Uhrenturm Big Ben (London), der Blackpool Tower und die Burg von Edinburgh wurden neben acht weiteren Modellen für eine Ausstellung mit dem Titel „Land of Wheat and Glory" nachgebaut.

KUNST VS. NATUR ■ Durch vier künstliche Wasserfälle, die 2008 als Kunstprojekt im New Yorker East River installiert wurden, flossen acht Millionen Liter Wasser die Stunde. Der höchste der von dem niederländischen Künstler Olafur Eliasson errichteten Wasserfälle war 37 m hoch, der breiteste neun Meter breit. Mit der Natur in Konkurrenz zu treten, war für Eliasson nichts Neues. Er war erst kürzlich in der Londoner Tate Modern mit der Installation einer künstlichen Sonne erfolgreich gewesen, für die 2.000 gelbe Lampen und zahlreiche Spiegel zum Einsatz kamen.

Ein bunter, menschlicher Kopf kommt auf der einen Seite bei Brians Zerlegung des Buches ans Tageslicht.

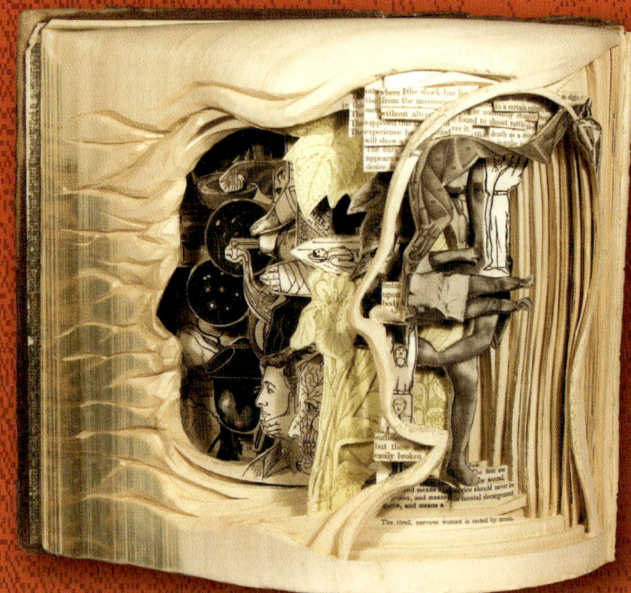

Webs New Inter Diction ist ein sorgfältig ausgehöhltes illustriertes Wörterbuch.

Die andere Seite von Household Physician *zeichnet sich durch eine ebenso aufwändige Arbeit aus.*

MORDSGESCHICHTE ■ Die Veröffentlichung seines Debütromans *Amok* brachte den polnischen Autor Krystian Bala im Jahr 2007 für 25 Jahre ins Gefängnis. Ein Gericht entschied, dass sein geheimnisvoller Krimi zu nah an der Realität sei, nachdem man entdeckt hatte, dass die vorgeblich fiktive Geschichte große Ähnlichkeiten mit einem echten Verbrechen hatte, bei dem sieben Jahre zuvor ein Geschäftsmann gequält und getötet worden war. Wegen des Romans hielt man Bala für den mutmaßlichen Mörder.

AUSSTELLUNG MIT LÄUSEN ■ Sieben junge Künstler aus dem deutschen Berlin lebten im Jahr 2008 für drei Wochen in einem israelischen Museum - mit Läusen in ihren Haaren! Die Künstler, die in den Ausstellungsräumen schliefen, aßen und duschten, trugen Plastikduschhauben, damit sich die Parasiten nicht verbreiteten.

REISEMÜDE ■ Techniker eines Museums in Madrid erkannten 129 Abnutzungen und Veränderungen an Picassos berühmtem Antikriegsbild *Guernica*, die durch die vielen Weltreisen des Gemäldes entstanden waren. 1937 auf Leinwand gemalt, war das 3,40 x 7,60 m große Gemälde innerhalb der letzten 20 Jahre in Dutzenden Städten auf beiden Seiten des Atlantiks ausgestellt worden.

TARNANZUG ■ Der niederländischen Künstlerin Desiree Palmen gelingen ganz erstaunliche Täuschungen, indem sie Anzüge trägt, die genau dem gewählten Hintergrund entsprechen. Nachdem Desiree den Hintergrund fotografiert hat, benutzt sie Acrylfarbe, um die Details auf einen Baumwollanzug zu malen. Die Künstlerin posiert dann in ihrem Anzug vor dem Hintergrund und wird dabei nahezu unsichtbar.

LANGSAM LESEN ■ Ante Matec aus Zagreb in Kroatien hatte sich 1967 ein Buch ausgeliehen und kam nie dazu, es zu lesen. Im Jahr 2007 gab er es dann endlich zurück.

JUNGER SCHRIFTSTELLER ■ Mit acht Jahren hatte der englische Dichter und Schriftsteller Thomas Babington Macaulay (1800–1859) bereits einen Abriss der Weltgeschichte verfasst sowie *The Battle of Cheviot*, ein romantisches Gedicht im Stil von Sir Walter Scott.

TODESKANAL ■ Ein Fernsehsender, der sich ausschließlich mit dem Thema Tod befasste, wurde in Deutschland ins Leben gerufen. Eos TV, betrieben von Wolf Tilmann Schneider, sendet 24 Stunden am Tag über Kabelfernsehen und im Internet. Das Programm beinhaltet Nachrufe sowie zahlreiche Dokumentationen über Friedhöfe.

SEZIERTE BÜCHER

Wie beim Sezieren eines toten Tieres geht Brian Dettmer aus Atlanta in Georgia vor: Er schneidet alte Bücher auf, die keiner mehr liest, bringt Seiten zum Vorschein, die jahrelang verborgen waren, und gestaltet sie in unglaublich detaillierte Kunstwerke um. Der Künstler versiegelt die Ecken der Bücher, bevor er in ihre Oberseite schneidet und mit einem Messer, einer Pinzette und anderen chirurgischen Instrumenten Teile der Bücher entfernt, sodass interessante Abbildungen und Texte zum Vorschein kommen. Da er nichts hinzufügt oder verändert, befinden sich alle Elemente des fertigen Werkes noch genau an den ursprünglichen Stellen des Buches.

HÖCHSTGEBOT ■ Im Jahr 2007 wurde ein Gemälde 1.700-mal teurer als sein geschätzter Höchstwert verkauft, weil der Höchstbietende davon überzeugt war, es handele sich dabei um ein Selbstporträt des niederländischen Künstlers Rembrandt aus dem 17. Jahrhundert. Das Gemälde - *Der junge Rembrandt als Democrates, der lachende Philosoph* - war von Experten nur auf einen Wert von € 2.363 geschätzt worden, da sie annahmen, dass es nicht von Rembrandt selbst stammte. Dennoch brachte es bei der Londoner Auktion aber stolze € 4,03 Millionen ein.

MÜLLMÖBEL ■ Der britische Innendesigner Laurence Llewelyn-Brown hat einen ausgefallen modernen Lehnstuhl komplett aus wiederverwerteten Getränkedosen entworfen. Der „Can Can Chair" wurde aus den Dosen hergestellt, die er und seine Familie rund um ihr Haus fanden.

HOHE STRAFE ■ Keely Givhan aus Beloit, Wisconsin, verbrachte im Jahr 2008 sechs Tage im Gefängnis, weil er Bücher aus der Bibliothek nicht rechtzeitig zurückgegeben hatte.

VERKAUFTE SCHWESTER ■ 2004 hat der britische Sänger James Blunt seine Schwester auf eBay verkauft. Er suchte nach einem „Ritter in schimmernder Rüstung für ein Fräulein in Not", da seine Schwester niemanden gefunden hatte, der sie zu einer Beerdigung in Irland begleiten konnte. Der Höchstbietende bot ihr einen Flug in seinem Hubschrauber an, und tatsächlich war das Paar drei Jahre später verheiratet!

TEURES PAPIER ■ Die einzige Kopie der 711 Jahre alten Magna Carta, einer englischen Rechtscharta, die sich in Privatbesitz befindet, wurde 2007 für € 14,60 Millionen an eine Investmentfirma verkauft.

TROMMELWIRBEL ■ Eric Sader Junior aus Salina, Kansas, spielte im Mai 2008 am McPherson College eine unglaubliche ganze Stunde, 22 Minuten und fünf Sekunden lang einen Trommelwirbel.

AUTOREIFENSKULPTUR ■ Die Künstlerin Chakaia Booker aus New York gestaltet Skulpturen aus alten Reifen. Sie sammelt sie von der Straße, an Tankstellen, in Autoreinigungen und Recyclinghöfen.

SCHWERGEWICHT ■ Kein Wunder, dass die Berühmtheit manchmal schwer auf seinen Schultern lastete, denn die mit Klunkern benähten Anzüge von Elvis Presley brachten mehr als zwölf Kilo auf die Waage!

AUTOTEIL ■ Ein Autoteileladen in Moskau, Russland, dekorierte seinen Vorhof mit Skulpturen aus ausrangierten Autoteilen.

Mini-kunst

Wladimir Aniskin hat die Miniaturkunst bis zur Perfektion verfeinert: Pinsel und Leinwand sind ihm viel zu grob, stattdessen arbeitet der russische Künstler mit menschlichem Haar, Mohnblumensamen und Weintraubenkernen. Er fertigt beispielsweise Schuhe für die Flöhe an, die er aus dem Fell seiner Katze geklaubt hat! Seine Werke sind absolut sehenswert – auch wenn man dafür ein Mikroskop braucht!

Wladimir arbeitet tagsüber als wissenschaftlicher Forscher. Seine Mikrominiaturkunst fertigt er mithilfe eines Mikroskops. Jeden Morgen steht er früh auf, um sich noch vor der Arbeit seinen Kunstwerken zu widmen. Dabei arbeitet er zwischen seinen Herzschlägen, um eine ruhige Hand zu behalten. Er lässt eine Karawane aus sieben Kamelen auf einem Nadelöhr entlanglaufen. Jedes von ihnen ist nur 0,10 mm hoch. Außerdem schrieb er einen russischen Klassiker, der aus 2.027 Buchstaben und 22 Zeilen besteht, auf ein Reiskorn.

Wladimir hat einem Floh, den er im Fell seiner Katze gefunden hat, Schuhe angepasst, die er mit Stahlnägeln zusammenfügte. Jeder „Schuh" ist 0,05 mm breit.

Ein halber Traubenkern ist genau die richtige Fassung für diese winzigen Trauben samt Weingläsern und Karaffe.

Dieses Werk zeigt das gesamte Alphabet auf einer 0,09 mm breiten Haarspitze. Die Dicke eines menschlichen Haares variiert zwischen 0,05 mm und 0,13 mm.

MENSCHLICHES HAAR

TRAUBENKERN

MOHNSAMEN

Für dieses Kunstwerk hat Wladimir einen 0,055 mm hohen Schneemann auf einem halben Mohnsamen unter einem Spruchband platziert, das von Staubfasern getragen wird.

MENSCHLICHES HAAR

Eine aus Staubpartikeln bestehende Rose, die quer nur 0,065 mm misst, wurde in ein Menschenhaar gesteckt wie in eine Glasvase.

Ein winziges aus Platin gefertigtes U-Boot von 0,39 mm Länge sitzt auf einem Pferdehaar.

PFERDEHAAR

STREICHHOLZ

Der Maßstab von Vladimirs Arbeit kann gut gesehen werden, wenn man den Kopf eines Streichholzes neben diesem 3,50 mm großen Schachtisch sieht, der nur einem Achtel der Größe des Kopfes entspricht. Die goldenen und silbernen Schachfiguren sind 0,15 mm klein.

nachgefragt

Warum haben Sie damit begonnen, Miniaturkunst herzustellen?

Im Jahr 1998 bin ich zufällig auf ein Buch über sowjetische Meister der Mikrominiaturkunst gestoßen. Ich war beeindruckt von den dort beschriebenen Arbeiten. In mir wuchs der Wunsch, etwas Ähnliches zu tun. Das Buch beschrieb nicht die Herstellungsweise der Mikrominiaturkunst, aber eines war klar - ich brauchte ein Mikroskop. Bald darauf legte ich mir ein Kindermikroskop zu, durch das man nur mit einem Auge sehen konnte. Es war sehr schwierig, damit zu arbeiten: Ich drehte die Figur von rechts nach links und von oben nach unten. Schließlich konnte ich ein gutes Mikroskop für zwei Augen auftreiben, und seitdem arbeite ich damit.

Auf welche Schwierigkeiten stoßen Sie bei Ihrer Arbeit?

Die Hauptschwierigkeit bei der Mikrominiaturkunst ist der eigene Herzschlag. Wenn man eine Nadel mit den Fingerspitzen führt, muss man sich beruhigen und sanft atmen, denn die Nadelspitze fängt durch den Herzschlag an zu zittern. Es ist unmöglich, dieses Problem loszuwerden - man kann sich ihm nur anpassen. Das bedeutet, diese besonders filigrane Arbeit zwischen den einzelnen Herzschlägen auszuführen. Eine andere Schwierigkeit bei der Herstellung von Mikrominiaturkunst ist die elektrostatische Aufladung. Es passiert manchmal, dass das Material an dem Werkzeug haftet, und es ist unmöglich, beides zu trennen, ohne das Kunstwerk zu beschädigen.

Welche Materialien und Werkzeuge benutzen Sie?

Wahrscheinlich gibt es kein Material, das man nicht für die Mikrominiaturkunst verwenden kann. Alle haben ganz bestimmte Eigenschaften. Langlebigkeit ist ein besonders wichtiges Kriterium. Falls ein Material, wie beispielsweise Kupfer, oxidieren könnte, sollte es nicht benutzt werden. Unglücklicherweise können sogar Experten nicht vorhersehen, welches Verhalten Materialien auf der Mikroebene zeigen werden. Wir müssen also alle durch Erfahrung lernen. Manche Materialien sind sehr feuchtigkeitsempfindlich - zum Beispiel Haar. Die Arbeiten Kamele in einem Haar und Rose in einem Haar wurden schon mehrfach restauriert.

Was glauben Sie, wie klein Ihre Kunst noch werden kann?

Wichtig ist, dass die Details nicht leiden, nur weil man besonders kleine Kunstwerke erschaffen möchte. Eine Mikrogeige beispielsweise muss über alle Standardteile einer normalen Geige verfügen. Je kleiner die Dimensionen werden, desto wichtiger ist es, zwischen Kunst und den modernen Methoden der Nanotechnologie zu unterscheiden. Kunst wird ausschließlich von Menschenhand gefertigt. Das ist harte Arbeit, die nicht von Maschinen geleistet wird!

Welche Ziele haben Sie noch?

Ich plane die Fortsetzung einer Serie mikromilitärischer Aufträge, die die militärische Ehre der russischen Nation widerspiegeln. Außerdem folgt noch eine Serie russischer Zeichentrickfiguren.

Jasons Beach Trumpet *an einem Strand in Portland, Oregon.*

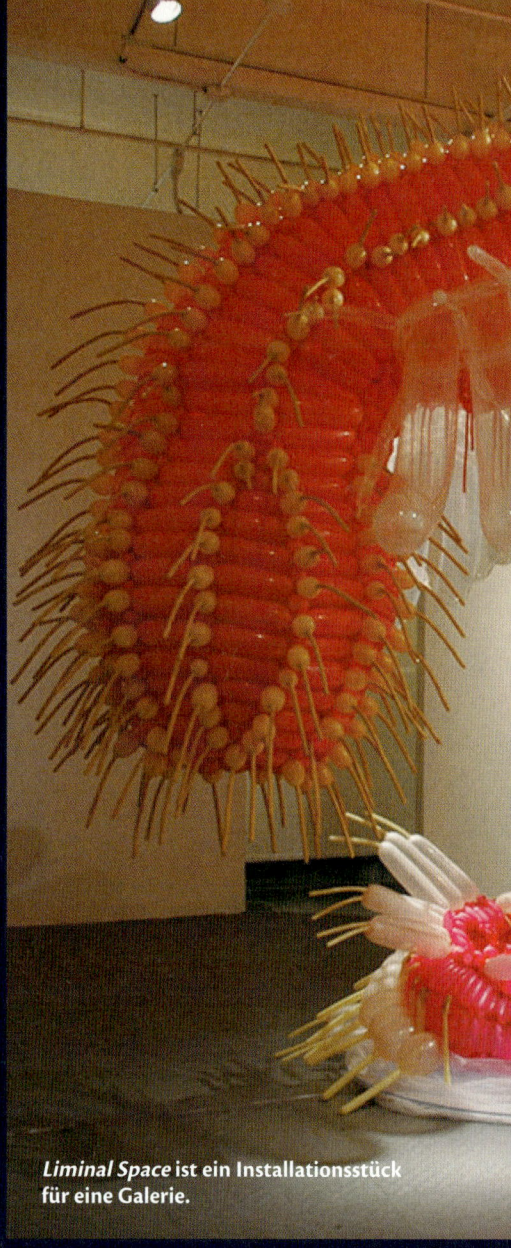

Liminal Space ist ein Installationsstück für eine Galerie.

Betörende Ballons

Der New Yorker Künstler Jason Hackenwerth kreiert surreale, mystische Geschöpfe wie Riesenpflanzen und außerirdische Monster aus Luftballons. Bis zu € 8.340 gibt er im Jahr für Ballons aus – immerhin bestehen seine Kunstwerke auch aus bis zu 3.000 einzelnen Ballons pro Stück! Die Herstellung dauert je an die 25 Stunden. Zum Glück platzen weniger als zehn Prozent der Ballons. Unter den richtigen Bedingungen halten die Skulpturen mehrere Monate.

KUGELSCHREIBERPORTRÄTS ■ Der kenianische Künstler Troy Howe fertigt Kopien berühmter Gemälde mit dem Kugelschreiber an! Bis zu 16 Stunden sitzt er an jedem seiner Bilder, beispielsweise Kugelschreiberversionen von Leonardo da Vincis *Mona Lisa,* Johannes Vermeers *Mädchen mit dem Perlenohring* oder einem Porträt von Königin Elizabeth II.

EIN PARK IM MÜLLCONTAINER ■ Oliver Bishop-Young aus London, England, gestaltet Kunstwerke in Müllcontainern. Er hat die gelben Container schon in einen Skateboardpark, ein Schwimmbecken, ein Wohnzimmer und sogar in einen Miniaturpark, komplett mit Parkbank, verwandelt.

SCHULTISCHSCHNITZEREIEN ■ Chris Reeves aus Hertfordshire, England, hat die komplette Krippenszene von Christi Geburt inklusive 90 cm hoher hölzerner Figuren von Maria, Josef und dem Erzengel Gabriel aus einem Haufen alter Schultische geschnitzt.

TEURER KRUG ■ Ein 1.000 Jahre alter ägyptischer Krug aus geschnitztem Bergkristall wurde im Oktober 2008 in England für € 4,04 Millionen verkauft, neun Monate, nachdem er für gerade einmal € 135 verkauft worden war. Ein Auktionshaus aus Somerset hatte ihn fälschlicherweise als französischen Rotweinkrug aus dem 19. Jahrhundert identifiziert, aber zum Glück des Besitzers wurde der erste Verkauf für ungültig erklärt.

OHRENSTRAFE ■ Der Richter Paul Sacco aus Colorado hat sich eine unorthodoxe Strafe für Lärmbelästiger ausgedacht: Er zwingt sie, für eine Stunde in einem Raum zu sitzen und sich Hits von Künstlern wie Barry Manilow und Barney the dinosaur anzuhören.

ESSBARE ALBEN ■ Die japanische Internetseite Obacchi Jacket Lunch Box bietet Nachgestaltungen Dutzender bekannter CD-Cover an, die aus traditionellen Zutaten für asiatische Snacks bestehen, zum Beispiel Algen, Ei, Kartoffeln und Schinken. Die Grundlage besteht aus einem Reisbett. Bestellen kann man beispielsweise das Cover von *Voodoo Lounge* der Rolling Stones oder In Utero von Nirvana.

SCHWERER SCHINKEN ■ Una Dotta Mano (deutsch: "Die geübte Hand"), ein italienisches in Samt und Marmor gebundenes Buch über das Leben von Michelangelo, wiegt unglaubliche 28 kg und ist geschätzte € 67.295 wert.

Jasons Installation Alien Rainforest kann man sich überstreifen wie ein Kostüm.

BAUMPUDDING ■ Roger und Valerie Holley aus Somerset, England, haben fünf Jahre damit verbracht, einen sechs Meter hohen Plumpudding in ihrem Vorgarten wachsen zu lassen. Der „Pudding" besteht aus zwei Nadelbäumen, die sie in Form geschnitten haben, bevor sie Blätter aus Sperrholz und Beeren aus Toilettenschwimmern hinzufügten.

SCHMALZSTATUEN ■ Ein Gurkha-Koch der britischen Armee gewann 2008 einen Preis, indem er von Hand eine Buddha-Statue aus Schmalz schnitzte. Der Gefreite Amrit Limbu, der ursprünglich aus Nepal stammt, brauchte 100 Stunden, um die detailverliebte Statue anzufertigen. Ihr Inneres bestand aus Draht, die Oberschicht aus elf Blöcken tierischem Fett.

FAULENDER FRÜHLING ■ Die Ausstellung „Spring is on the way" des belgischen Konzeptkünstlers Jan Fabre im Jahr 2008 bestand aus Ketten von Zwiebeln und Kartoffeln, die von der Decke des Antwerpener Museums hingen. Die Gemüse begannen schnell zu verfaulen, und die Besucher beschwerten sich über den Gestank.

ESSBARE KRIPPENSZENE ■ Ein Hofladen in Crawley, England, stellte Weihnachten 2008 eine Krippenszene aus, bei der alle Charaktere aus Obst und Gemüse gefertigt waren. Die heiligen drei Könige bestanden aus Kürbissen, Zwiebeln und Äpfeln. Maria und Josef waren aus Muskatkürbissen mit Zitronenkronen gemacht, und die Schafe zeigten sich als Kreaturen aus Blumenkohlröschen, während das Christuskind aus Karotten bestand.

KAMERAFIMMEL ■ Dimitris Pistiolas, ein griechischer Postbote im Ruhestand, hat über 930 alte Filmkameras zusammengetragen. Er begann vor 64 Jahren, im Alter von 15, sie zu sammeln. Heute bedecken sie jede Handbreit Wand im Keller seines Athener Hauses. Einmal wäre seine Sammlung fast durch ein Erdbeben zerstört worden, doch Dimitris ahnte, dass ein Unheil bevorstand, und eilte nach Hause, um seine Kameras in Sicherheit zu bringen.

STATISTIK-KUNST ■ Der Künstler Chris Jordan aus Seattle, Washington, hat eine Serie von Kunstwerken geschaffen, die auf amerikanischen Statistiken beruht. Neben einem Meer aus 426.000 Handys – der Anzahl, die in den USA täglich weggeworfen wird -, stellte er auch einen Wald aus einer Million Zahnstochern auf, was der Anzahl der Bäume entspricht, die alljährlich für amerikanische Werbesendungen gefällt werden müssen.

KUNSTKLO ■ Eine öffentliche Toilette im deutschen München bewährte sich als beliebte Touristenattraktion, nachdem sie im Oktober 2008 in ein Kunstmuseum verwandelt worden war. Das 1894 errichtete Toilettenhaus musste im Jahr 1992 schließen. Bei seiner Wiedereröffnung hingen über den Pissoirs Gemälde.

SCHOKOLADENTURM ■ Der italienische Künstler Angelo Feduzzi hat ein 10,60 m hohes Maßstabsmodell des Londoner Big Ben aus 8.000 kg Schokolade angefertigt. Der essbare Turm war im Dezember 2008 eine Woche lang im Rahmen eines Festivals in Macerata Feltria, Italien, zu sehen. Dann wurde er in Stücke gebrochen und an die Besucher verteilt.

SCHWARZ-WEISS IST DIE KUNST

Der unkonventionelle Künstler Scott Blake kreiert Porträts von Berühmtheiten aus Hunderten einfacher Strichcodes.

Die Idee, Kunstwerke aus Strichcodes zu erstellen, kam ihm, als um die Jahrtausendwende die Panik vor Softwarefehlern um sich griff. Während er Bilder am Computer bearbeitete, entdeckte er, dass einige der Muster den Strichcodes ähnelten, und beschloss, Porträts berühmter Gesichter aus den schwarz-weißen Linien zu fertigen, die so alltäglich sind, dass wir sie meist ignorieren. Scotts erstes Strichcode-Bild stellte Jesus dar, für den er 940 Codes auf über 48 Blättern Papier verteilte, die er anschließend zusammenklebte, um das Gesicht zu vervollständigen. Ein Porträt von Elvis besteht aus Hunderten von Strichcodes, die er allen Produkten entnommen hat, die mit Elvis zu tun haben.

Scott hat auch interaktive Werke gestaltet, bei denen man die Strichcodes auf den Porträts von Ikonen scannen konnte, woraufhin verschiedene Bilder der Berühmtheiten auf einem Monitor angezeigt wurden. Jeder Strichcode auf dem Bild von Bruce Lee beispielsweise steht für eine Kampfkunstszene aus einem seiner Filme. Scott arbeitet außerdem mit Tätowierungen, Daumenkinos und Computerkunst, für die er ebenfalls Strichcodes verwendet. Dazu zählt ein automatischer Zähler, der über 300 Jahre hinweg jede mögliche Strichcode-Nummernkombination durchläuft - das sind über 100.000.000.000!

Ein Strichcode-Porträt von Kampfkunstexperte und Filmstar Bruce Lee zählt zu Scotts interaktiven Werken.

Je weiter man die Seite von sich weghält, desto deutlicher wird der „King" erkennbar.

SCHRÄGE STRICHCODES

> Das erste Patent für einen Strichcode wurde 1952 ausgestellt. Die allerersten Strichcodes waren orange mit blauen Streifen und wurden verwendet, um Güterzugwaggons im Auge zu behalten, die durch die USA fuhren.

> Internationale Insektenexperten erwägen, Mini-Strichcodes an Bienen zu befestigen, um die über 20.000 verschiedenen Bienenspezies besser beobachten zu können.

> Die ersten beiden Ziffern eines Strichcodes identifizieren das Ursprungsland. Jede Ziffer auf dem Strichcode wird von zwei schwarzen und zwei weißen Balken dargestellt, die sich in ihrer Breite unterscheiden und vom Scangerät gelesen werden.

> Die US-Armee hat Strichcodes bis zu einer Länge von 60 cm benutzt, um große Schiffe in den Docks zu kennzeichnen.

Scott benutzt Strichcodes in verschiedenen Größen, um den gewünschten Effekt zu erreichen.

Scotts Interpretation von Jesus, gestaltet aus Strichcodes.

Scott vor seinem Porträt von Jesus.

KÜHNE KUNST

Mit atemberaubenden Stunts scheint der chinesische Fotograf und Aktionskünstler Li Wei die Gesetze der Schwerkraft aufzuheben.

Schwebt er eben noch horizontal aus einem Fenster im 29. Stock eines Pekinger Hochhauses, so steckt er kurz darauf in einem Winkel von fast 45 Grad mit dem Kopf voran in der Windschutzscheibe eines Autos oder ist kopfüber senkrecht in einen See getaucht.

Li Weis spektakuläre Selbstporträts, die einen Marktwert von bis zu € 5.400 haben, entstehen ganz ohne technische Hilfe. Der 38-jährige Bauernsohn aus Peking riskiert vielmehr oft sein Leben, da er nicht sichtbare Stahldrähte einsetzt, um in schwindelerregender Höhe hängen zu können.

Andere Fotos entstehen mit Hilfe eines 0,30 m² großen Spiegels, in dessen Mitte sich ein Loch befindet, durch das Li Kopf und Hals steckt. Anschließend projiziert der Künstler sein Bild auf historische Stätten oder mitten in die Großstadt.

Li Wei hatte seine haarsträubenden Auftritte schon auf der ganzen Welt - von den USA über Italien, Spanien und Australien bis hin zu Korea war so gut wie jedes Land sein Motiv. Eine seiner beeindruckenden Fotoserien zeigt ihn, wie er in Wände kracht und auf Gehwege prallt.

Es mag zwar so aussehen, als hätte Li bereits alle Grenzen überschritten, doch das ist ihm noch lange nicht genug: In Zukunft möchte er sich noch viel höhere Gebäude vornehmen!

Zu den berühmtesten Werken Li Weis zählen seine Aufnahmen im "freien Fall", bei denen es sich um einen tödlichen Sturz zu handeln scheint.

Li Wei steckt kopfüber im Victoria-Hafenbecken in Hongkong.

nachgefragt

Weshalb sind Sie Aktionskünstler geworden?

Ich habe zuerst Malerei studiert, und 1996 begann meine Karriere als Aktionskünstler. Anfangs habe ich nur Fotos und Videos gemacht, um meine Aktionen aufzuzeichnen. Später entwickelte sich aus meinen Fotografien dann eine eigene Kunstform.

Wie würden Sie Ihre Kunst beschreiben?

Meine Fotos verewigen mich stets an den Grenzen des Absurden. Das erstaunliche an ihnen ist ihre Originalität, die oft an Wahnsinn grenzt. Meine künstlerische Experimentierfreudigkeit ist eine Metapher für einen ruhelosen existentiellen Zustand. Ich betone das Körperliche, indem ich es auf die Probe stelle und die Grenzen der Belastbarkeit überwinde.

Wie halten Sie sich in der Luft?

Ich verwende Stahldrähte an meinem Rücken.

Ist Ihre Arbeit gefährlich?

Ja! Das fasziniert mich ja so daran!

Welche Reaktionen bekommen Sie auf Ihre Fotos? Machen sie den Menschen Angst?

Die Leute lieben meine Bilder, aber sie reagieren sehr unterschiedlich. Manche finden sie komisch, andere einfach nur einzigartig.

Was planen Sie für die Zukunft?

Ich werde es mit 3-D-Animationen und Statuen versuchen. Bisher habe ich einige Statuen aus zerbrochenen Spiegeln hergestellt. Aber die Aktionskunst werde ich niemals aufgeben!

Die Drähte an Li Weis Rücken halten ihn in der Luft.

Doch zusätzlich zu den Drähten braucht Li Wei für seine atemberaubenden Posen auch artistische Fähigkeiten.

Kunstkörper

Papier, Leinwand oder Ton sind der Künstlerin Emma Hack aus Adelaide, Australien, als Unterlage zu langweilig. Ihr Medium sind menschliche Körper. Gerade ihre begrenzte Fläche macht Körper für Emma zu einer wahren Herausforderung. Ihre Modelle stehen meist vor gemalten oder am Computer generierten Hintergründen. Ihr Stil wurde stark von den berühmten Tapeten der australischen Designerin Florence Broadhurst aus den 1960er und 1970er Jahren beeinflusst.

KLEBEKLEID ■ Charis Hill aus Oriental, North Carolina, besuchte den Abschlussball ihrer Schule in einem Kleid, das aus fünf Rollen Isolierband gemacht war. Die Klebebandreste trug sie als Armband. Selbst ihre Schuhe waren aus Isolierband, mit einem 2,50 cm hohen Absatz und zwei gekreuzten Riemen über dem Rist.

KREATIVE ZAHLWEISE ■ Konfrontiert mit einer überfälligen Stromrechnung, versuchte der Designer David Thorne aus Adelaide, Australien, die Rechnung zu bezahlen, indem er die Zeichnung einer Spinne einsandte. Er behauptete, der Wert der Zeichnung betrage etwa € 156,80 - der geschuldete Betrag -, aber sein Angebot wurde zurückgewiesen.

WIEDERVERWERTET ■ Alle Ausstellungsstücke des City Museum in St. Louis, Missouri, sind aus wiederverwerteten Materialien gefertigt, die innerhalb der Stadtgrenzen gefunden wurden. Darunter befinden sich alte Brücken, Dachziegel, Baukräne, Kamine und sogar zwei ausrangierte Flugzeuge.

LKW-MONSTER

Vier Stockwerke hoch ist diese atemberaubende Skulptur, die aus zwei miteinander verschmolzenen 18-Reifen-LKWs besteht und Zuschauer in den ganzen USA auf verschiedenen Festivals begeisterte. Hier zu sehen ist sie im Rahmen des Burning-Man-Festivals in Nevada. „Big Rig Jig" wurde von einer Arbeitsgruppe unter der Leitung des Künstlers Mike Ross, der seit über zehn Jahren gigantische Skulpturen gestaltet, angefertigt. Die Zuschauer können sein gewaltiges Kunstwerk sogar von innen besichtigen.

FLOHMARKTFUND ■ Ein Paar, das eine Ramschvase für ein Pfund auf einem Garagenflohmarkt in Schottland gekauft hatte, verkaufte diese später für über € 35.000, nachdem sich herausgestellt hatte, dass es sich um ein wertvolles Stück des französischen Designers René Lalique handelte.

ECHTER SPION ■ Als Norman Mailer begann, seinen Roman Am Rande der Barbarei zu schreiben, hatte er nicht beabsichtigt, einen russischen Spion darin unterzubringen, doch der Charakter entwickelte sich wie von selbst und spielte schließlich eine große Rolle für die Geschichte. Nachdem der Roman fertiggeschrieben war, nahm die US- Einwanderungsbehörde einen Mann fest, der in der Wohnung über Mailer gewohnt hatte. Es handelte sich um Oberst Rudolf Abel, der angeblich ein russischer Top-Spion war.

TOILETTENTHEATER ■ Im März 2008 wurde das Stück *Ladies and Gents* des irischen Dramatikers Paul Walker, der auch Regie führte, in einer öffentlichen Toilette in New York auf die Bühne gebracht.

Drahtkunst

Der Künstler Ivan Lovett aus Queensland, Australien, hat eine ganz neue Form von Porträts erfunden: Er formt sie komplett aus Maschendraht! Büsten solcher Legenden wie John Lennon und Mick Jagger werden aus gebogenem, gedrehtem und geschichtetem Draht gefertigt. Pro Skulptur braucht Ivan an die drei Wochen.

RÜCKWÄRTSREZITATION ■ Wenn er ein französisches oder lateinisches Gedicht nur ein einziges Mal gehört hatte, konnte der französische Soldat und Naturforscher Baron de Ferussac (1786-1836) es rückwärts wieder aufsagen.

KEYBOARDSCHLANGE ■ Choi Jung Hyun aus Korea hat ein Modell einer Viper aus wiederverwerteten Keyboards gebaut.

GEDÄCHTNISWUNDER ■ Marc-Antoine Oudinet (1643-1712), der später ein berühmter französischer Münzexperte wurde, prägte sich im Alter von zwölf Jahren in nur einer Woche alle zwölf Bücher von Vergils Aeneis - insgesamt 10.000 Zeilen Lyrik - ein.

MEIN NAME IST BOND ■ 2006 ließ David Fearn aus Walsall, England, ein begeisterter James-Bond-Fan, seinen Namen ändern in: James Dr. No From Russia With Love Goldfinger Thunderball You Only Live Twice On Her Majesty's Secret Service Diamonds Are Forever Live And Let Die The Man With The Golden Gun The Spy Who Loved Me Moonraker For Your Eyes Only Octopussy A View To A Kill The Living Daylights License To Kill Golden Eye Tomorrow Never Dies The World Is Not Enough Die Another Day Casino Royale Bond.

BIBLISCHES PECH ■ Fernsehstar Oprah Winfrey sollte nach der biblischen Figur Orpah benannt werden, aber die Hebamme schrieb den Namen auf der Geburtsurkunde falsch.

„Ich habe in einem Kurs über Computergrafikprogramme angefangen, Mosaike zu entwerfen. Ich begriff schnell, dass diese Programme unendliche Möglichkeiten bieten: Alles, was du brauchst, ist eine Idee. Mit diesem Ansatz begann ich zu experimentieren und fand schnell heraus, dass man Post-It®-Notizzettel für Bilder verwenden kann. Ich entschied mich für ein Motiv, begann mit der Planung, sammelte Material und errechnete die Kosten. Ich hatte sehr viel Spaß an der Arbeit, und dass das Projekt so experimentell war, passte perfekt zu meinen Plänen. Ich studierte, um Kunstlehrer zu werden, und wollte etwas Neues und Originelles ins Klassenzimmer bringen. Im Grunde genommen muss man nicht gut im Zeichnen sein, um ein Künstler zu werden."

ASSE DER ROCK-MUSIK

Vor einem 7,60 m hohen Mosaik der Rocklegende Jimi Hendrix zu stehen, ist bereits beeindruckend genug - aber erst, wenn man näher herantritt, erkennt man, dass es aus 8.500 Spielkarten zusammengesetzt ist. Das sind mehr als 150 Kartendecks! Die Kreationen von David Alvarez, einem Kunststudenten aus Leavenworth in Washington, sind wirklich unvergleichlich!

Zu Davids weiteren Kunstwerken zählt ein riesiges Mosaik des Sängers Ray Charles, das aus Post-It®-Notizzetteln besteht und im Ripley's-Museum in Korea zu sehen ist. David plant seine Werke akribisch am Computer und möchte zeigen, dass man kein großer Maler sein muss, um faszinierende Kunst zu erschaffen. Allein für sein Porträt von Jimi Hendrix brauchte David 20 Stunden.

„Ich begann, mit verschiedenen Materialien zu experimentieren, und beschloss schließlich, ein Mosaik von Jimi Hendrix aus Spielkarten zu gestalten. Wir filmten das ganze Projekt und machten ein Video daraus. Mir war es wichtig, etwas Großes zu erschaffen, das mich voranbrachte. Das Projekt mit Jimi war bis dahin mein größter und forderndster Entwurf. Es war 7,60 m hoch, und ich musste es bis ins kleinste Detail planen, weil ich nur fünf Tage Zeit hatte, es in dem eigens dafür gemieteten Gebäude aufzubauen."

UNFASS-BAR!

MÖGEN HEU-SCHRECKEN STAR WARS?	Claire Rind und Peter Simmons von der Universität Newcastle, England, beobachteten die Hirnaktivitäten von einer Heuschrecke, der die Höhepunkte des Films *Star Wars* gezeigt wurden.
WOHER KOMMEN NABELFLUSEN?	Karl Kruszelnicki von der Universität Sydney, Australien, führte eine Tiefenstudie durch, um herauszufinden, wann und wie Fusseln in die Bauchnabelgruben von Menschen gelangen und welche Farbe sie unter welchen Umständen annehmen.
SIND HUNDEFLÖHE SPORTLICHER?	Die französischen Biologen Marie-Christine Cadiergues, Christel Joubert und Michel Franc haben entdeckt, dass Hundeflöhe höher springen können als Katzenflöhe.
WAS HABE ICH VOR 17 JAHREN GEGESSEN?	Dr. Yoshiro Nakamatsu aus dem japanischen Tokio hat jede Mahlzeit, die er in den letzten knapp 40 Jahren gegessen hat, fotografiert und analysiert.
WARUM BEKOMMEN SPECHTE KEINE KOPFSCHMERZEN?	Ivan R. Schwab und Philipp R.A. May von der Universität Kalifornien haben untersucht, weshalb Spechte keine Kopfschmerzen bekommen.
STÖREN GÜRTELTIERE ARCHÄOLOGEN?	Die brasilianischen Archäologen Astolfo Araujo und José Carlos Marcelino haben ein Experiment durchgeführt, um zu zeigen, dass Gürteltiere die Inhalte von Ausgrabungsstätten durcheinanderbringen.
WIE OFT HABEN MENSCHEN AUF FOTOS GESCHLOSSENE AUGEN?	Die Australier Nic Svenson und Piers Barnes haben berechnet, dass beim Fotografieren von 15 Personen fünf Aufnahmen nötig sind, um mit hoher Wahrscheinlichkeit ein Bild zu erhalten, auf dem keiner aus der Gruppe die Augen geschlossen hat.
WIE SCHWER IST ES, DURCH SIRUP ZU SCHWIMMEN?	Edward Cussler und Brian Gettelfinger von der Universität Minnesota haben entdeckt, dass Menschen in Sirup genauso schnell schwimmen können wie in Wasser.
WANN SCHWEBT EIN FROSCH?	Andre Geim von der Universität Nijmegen, Niederlande, und Sir Michael Berry von der englischen Universität Bristol haben im Rahmen eines Experiments mit Magneten einen Frosch schweben lassen.
WIE ZIEHT MAN EIN SCHAF?	Sieben australische Wissenschaftler legten einen Bericht vor mit dem Titel „Analyse der erforderlichen Kräfte zum Schleifen eines Schafs über diverse Oberflächen".

KÜNSTLICHE KREATUREN

LEUCHTFISCHE	Ein taiwanesisches Unternehmen schuf gentechnisch manipulierte Fische, die im Dunkeln leuchten.
MENSCHEN-SCHAFE	Von Wissenschaftlern aus dem schottischen Edinburgh stammt Tracy, ein Schaf, das durch gentechnische Manipulation Milch gibt, die ein menschliches Protein enthält. Dieses könnte bei der Behandlung von Mukoviszidose hilfreich sein.
TRANSPARENTER FROSCH	Japanische Wissenschaftler haben einen durchsichtigen Frosch gezüchtet, dessen Blutgefäße und Organe durch die Haut deutlich erkennbar sind.
GEKLONTER HUND	Im Jahr 2005 klonten südkoreanische Wissenschaftler einen dreijährigen Afghanischen Windhund. Den Welpenklon nannten sie Snuppy.
GENVERÄN-DERTER AFFE	Wissenschaftler aus Oregon haben 2001 einen gentechnisch veränderten Rhesusaffen namens ANDi vorgestellt, mit dessen Hilfe sie Lähmungserkrankungen behandeln wollen.
MAUS MIT MENSCHENOHR	1997 ließ Dr. Jay Vacanti aus Boston, Massachusetts, ein menschliches Ohr auf dem Rücken einer Maus wachsen.
LEUCHTKATZEN	Südkoreanische Wissenschaftler züchteten Katzen, die unter UV-Licht rot glühen.
FURCHTLOSE MAUS	Wissenschaftler von der Universität Tokio, Japan, präsentierten gentechnisch veränderte Mäuse, die keine Angst mehr vor Katzen haben, weil einige Rezeptoren in ihrem Gehirn ausgeschaltet wurden.
ANTI-GAS-ZIEGEN	Ein Unternehmen für Biotechnologie aus den USA züchtet Ziegen, deren Milch ein Gegenmittel für Nervengas enthält.
PROTEINREICHE HENNE	Schottische Wissenschaftler versuchen, Hennen zu klonen, deren Eier besonders reich an bestimmten Proteinen sind, aus denen ein Krebsheilmittel hergestellt werden soll.
GEKLONTE KATZE	2002 klonten texanische Wissenschaftler eine Hauskatze. Das Katzenjunge trägt den Namen CopyCat.

Zwei Teddybären trieben bei einer Expedition im Jahr 2008 ganze 29 km weit ins All! In ihren Spezialanzügen erduldeten die Kuscheltiere Temperaturen von bis zu -35°C, während sie an einem Wetterballon hingen, der im englischen Cambridge in die Luft stieg. Nachdem sie erfolgreich die Wetterbedingungen in der Stratosphäre aufgezeichnet hatten, segelte das niedliche Paar an einem Fallschirm unbeschadet wieder auf die Erde hinab.

VERRÜCKTE WISSENSCHAFT

Ferne Galaxien.

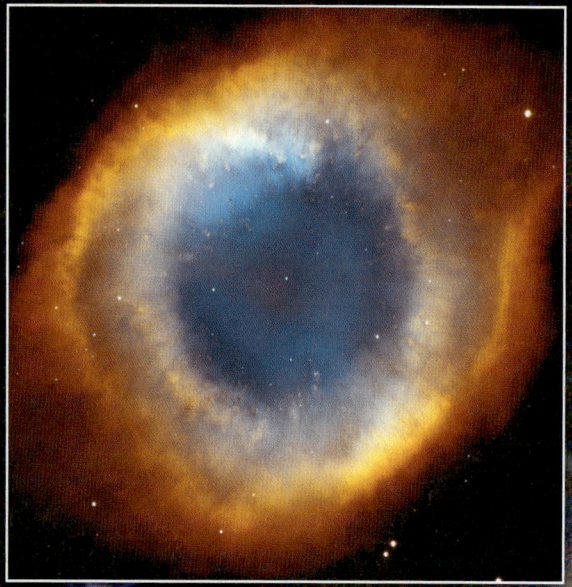

Der Helixnebel

Um diese Fotografie des Helixnebels anzufertigen, verwendete die NASA neun verschiedene Bilder vom Hubble-Weltraumteleskop und einem Teleskop aus Tucson, Arizona - denn der Nebel, eine gigantische Wolke aus Staub und Gas, ist einfach zu groß für eine einzige Kamera. Wie unsere Sonne entstand er durch die Gase eines sterbenden Sterns. Er liegt 690 Lichtjahre weit von uns weg, was bedeutet, dass sein Licht 690 Jahre braucht, um die ungefähr 6.417 Billionen Kilometer entfernte Erde zu erreichen!

Der Sombreronebel

Der Sombreronebel erhielt seinen Namen, weil er wie der berühmte mexikanische Hut geformt ist. Was wie ein massiver Steingürtel aussieht, ist eigentlich ein Ring aus Sternenstaub, der aufgrund seines strahlenden Kerns von der Erde aus auch mit kleinen Teleskopen gesehen werden kann. Er ist 800 Mrd. Mal größer als unsere Sonne und hat einen Durchmesser von 50.000 Lichtjahren - ein Lichtjahr sind etwa 9,3 Billionen Kilometer. In seinem Zentrum befindet sich ein gewaltiges schwarzes Loch. Die Galaxie liegt etwa 28 Mio. Lichtjahre weit von der Erde weg und entfernt sich mit einer Geschwindigkeit von 1,13 km/Sek. von uns, da sich das Universum ständig ausdehnt.

ALLES ÜBER DAS ALL

❯ Die Erde umkreist die Sonne, einen Stern, der das Zentrum unseres Sonnensystems bildet. Unser Sonnensystem ist nur eines von möglicherweise Milliarden in unserer Galaxie, der Milchstraße. Diese umfasst mindestens 200 Milliarden Sterne und ist selbst nur eine unter vermutlich 100 Milliarden Galaxien im ganzen Universum.

❯ Jedes Jahr gehen über 14.000 Tonnen Sternenstaub auf die Erde nieder - das ist ungefähr das Gewicht von 3.000 Afrikanischen Elefanten.

❯ Die Milchstraße, unsere Galaxie, hat einen Durchmesser von 100.000 Lichtjahren, das sind etwa 930 Billiarden Kilometer! Würdest du mit einer Geschwindigkeit von 161 km/h reisen, würdest du mehr als 930 Billiarden Jahre brauchen, um sie zu durchqueren!

❯ Mit dem bloßen Auge können wir von keinem Punkt auf der Erde aus mehr als 0,000002 Prozent der Sterne der Milchstraße sehen - das sind aber immer noch 2.500 Sterne!

Die Whirlpool-Galaxie

Aus der Whirlpool-Galaxie ragen „Arme" aus Sternen, Gas und Sternenstaub. Sie befindet sich 31 Millionen Lichtjahre weit von der Erde entfernt.

Der Katzenaugennebel

Wie ein gigantisches Auge aus einer fernen Galaxie wirkt der Katzenaugennebel, der schon vor über 200 Jahren entdeckt wurde. Er liegt 3.300 Lichtjahre von der Erde entfernt und besteht aus mehreren Staubringen. Vermutlich enthält jeder einzelne dieser Ringe so viel Masse wie alle Planeten unseres Sonnensystems zusammen.

Roter Riese

Dieser 20.000 Lichtjahre von der Erde entfernte Rote Riese leuchtete plötzlich für einige Wochen auf und wurde dabei 600.000-mal heller als unsere Sonne. Das Hubble-Weltraumteleskop fing die Bilder etwa zwei Jahre später auf, als blitzendes Licht durch den Sternenstaub drang, der den Stern umgab.

Kleine Genies

In einem Krankenhaus im slowenischen Kosice werden Kinder gleich nach der Geburt kulturell gebildet, denn auf der Säuglingsstation hören sie klassische Musik über Kopfhörer. Berichte weisen darauf hin, dass das Musikhören in jungen Jahren die geistige Entwicklung unterstützt. Am beliebtesten sind die Komponisten Vivaldi und Mozart.

KLEINE BIBEL ■ Wissenschaftler des Technion Institute im israelischen Haifa haben eine Kopie der hebräischen Bibel auf eine nicht einmal 0,25 cm² großen Silikonfläche geätzt.

TICK, TACK ■ Eine Armbanduhr, die zurückgegeben wurde, nachdem ihr Besitzer sie im Jahr 1941 verloren hatte, funktionierte nach 66 Jahren auf dem Meeresboden noch immer! Teddy Bacon aus dem englischen Cheshire hatte das gute Stück verloren, als er als Offizier der Royal Navy in Gibraltar diente. Als Arbeiter den Hafen 2007 ausbaggerten, fanden sie die Uhr wieder.

PFLANZENWÜRDE ■ Ein Gesetz verpflichtet schweizerische Wissenschaftler, die Würde von Pflanzen, die bei Experimenten verwendet werden, zu wahren.

ROBO-FUSSBALL ■ Hunderte von Teams aus Dutzenden von Ländern nehmen alljährlich an einem Roboter-Fußballturnier teil, das sich Robocup nennt. Der Wettkampf findet immer in einem anderen Land statt. Bis 2050 hoffen die Veranstalter, ein vollautomatisches Roboterteam entwickelt zu haben, das gegen eine menschliche Profimannschaft gewinnen kann.

SELBERSAUBER ■ Eine britische Firma entwickelt selbstreinigende Kleidungsstücke, die ursprünglich von der US Air Force erfunden wurden. Eine Lösung aus schmutzabweisenden Chemikalien wird auf das Gewebe aufgetragen und mithilfe von Nanopartikeln fixiert, die eine weitere Schutzschicht bilden.

LEBENSECHTER DUMMY ■ Damit Mediziner unter realistischen Bedingungen ihre Einsätze üben können, hat die englische Universität von Portsmouth ein Modell entwickelt, das sich nicht nur bewegt und anfühlt wie ein echter Patient, sondern auch bluten, schwitzen, sich übergeben und Herzinfarkte erleiden kann. Der ferngesteuerte Dummy, der sich iStan nennt, hat sogar Innereien, die Geräusche wie bei einem echten Menschen hervorbringen.

GUTES GIFT ■ Kalifornische Wissenschaftler glauben, dass Skorpiongift verwendet werden kann, um Chemikalien durch den Körper zu transportieren, die Gehirntumore zerstören. Erste Versuche zeigen, dass ein in dem Gift des riesigen Gelben Mittelmeerskorpions gefundenes Peptid einsetzbar ist, um bösartige Tumore zu behandeln, indem das Peptid radioaktives Jod freisetzt, das das Tumorgewebe zerstört.

PAWLOWSCHE FISCHE ■ Forscher im Labor für Meeresbiologie in Wood's Hole, Massachusetts, haben Fische darauf trainiert, sich selbst zu fangen, indem sie sie mithilfe von bestimmten Tönen ins Netz locken. Die trainierten Fische sollen im Meer freigelassen werden. Sobald sie eine gewisse Größe erreicht haben, sollen sie durch einen Ton, den sie mit Futter assoziieren, in einen Unterwasserkäfig gelockt werden.

GEFÜHLVOLLER ROBOTER ■ Wissenschafter der University of the West of England haben einen Roboter entwickelt, der emotional darauf reagiert, wie man ihn behandelt. Heart Robot, der „Herzroboter", hat ein pochendes Herz, einen Magen, der die „Atmung" übernimmt, und Sensoren, die auf Bewegungen, Geräusche und Berührungen reagieren. Schmust man mit dem Roboter, entspannt sich die Atmung und der Herzschlag wird langsamer. Schreit man ihn an, weicht er zurück, ballt die Fäuste und bekommt Herzrasen.

Mikromagie

Ist das nun ein Babyvogel oder ein Außerirdischer? Bei diesem Bild eines Hühnerembryos, das bei einem Wettbewerb für wissenschaftliche Mikroaufnahmen eingereicht wurde, kann man sich nicht ganz sicher sein! Es ist ein Beispiel für die Kunst der Fotomikrografie, bei der Wissenschaftler mit Mikroskopen und Computern atemberaubende Aufnahmen von Gegenständen machen, die man mit bloßem Auge niemals erkennen könnte. Wie auch hier werden die Gegenstände häufig gefärbt, damit man sie besser erkennen kann.

SICHERHEITSBÄR ■ Japanische Wissenschaftler haben einen sprechenden Teddy entwickelt, der Autofahrern hilft, sich im Verkehr zurechtzufinden. Der 30 cm große Roboter-Bär wird auf dem Armaturenbrett abgelegt und weist mit seinen beweglichen Armen und dem drehbaren Kopf in die richtige Richtung. Außerdem warnt er mit einer Computerstimme bei plötzlicher Beschleunigung und schnellem Bremsen und kann Alkohol im Atem des Fahrers wahrnehmen, woraufhin er nachfragt, ob man getrunken habe.

KOMPASSKÜHE ■ Wissenschaftler der deutschen Universität Duisburg-Essen haben herausgefunden, dass Kühe immer automatisch nach Norden sehen, da sie einen eingebauten Kompass haben. Diese Fähigkeit stammt aus alten Zeiten, in denen ihre Vorfahren einen guten Orientierungssinn brauchten, um sich in den Prärien Afrikas, Asiens und Europas zurechtfinden zu können.

GLEICHE VORFAHREN ■ Studien mitochondrischer DNA haben enthüllt, dass alle Menschen dieselben Vorfahren haben, wenn man nur weit genug zurückgeht. Jeder heute lebende Mensch stammt letztendlich von einer afrikanischen Frau ab, die vor ca. 140.000 Jahren gelebt hat.

TANZANZUG ■ Der Pacer-Anzug ist die technische Version einer Ein-Mann-Kapelle. Die Sensoren in dem Anzug lesen elektrische Impulse von den Muskelbewegungen des Trägers ab und verwandeln diese in Musik. Der Anzug kann auch als therapeutisches Mittel verwendet werden, um bestimmte Muskelpartien zu stimulieren.

MAGENLAMPEN ■ Julia Lohmann, eine Künstlerin aus Großbritannien, stellt Lampenschirme aus Schafsmägen her! Für sieben Euro kauft sie die Mägen von einem örtlichen Schlachter, führt einen Luftballon ein und bläst ihn auf, damit er eine runde Form bekommt, und verwandelt die Mägen so in Lampenschirme, die sie für € 350 wieder verkauft.

COMPUTERBIBER ■ Die Künstlerin Kasey McMahon aus Los Angeles, Kalifornien, hat den Compubeaver erfunden - einen Computer, der in einem toten Biber untergebracht ist! Nachdem sie einen bereits ausgestopften Biber gekauft hatte, entfernte sie die Schaumfüllung, setzte einen Computer ein und verstärkte das Tier mit Fiberglas.

KNABBERSTIFTE ■ Eine britische Firma hat verschiedene „vorangekaute" Stifte auf den Markt gebracht, die Kindern helfen sollen, sich zu konzentrieren. Angeblich nehmen die Kinder Stifte seltener in den Mund, wenn sie bereits angekaut sind.

INSEKTENINSPEKTOREN

Bienen werden von amerikanischen Wissenschaftlern in Mexiko darauf trainiert, Bomben zu riechen! Die Insekten haben einen hochentwickelten Geruchssinn und werden mit Zuckerwasser belohnt, wenn sie Sprengstoff entdeckt haben. Die Tiere werden in winzigen Spezialbehältern, die nur die Köpfe freilassen, fixiert, damit sie genau beobachtet werden können. Riechen die Bienen Sprengstoff, wedeln sie mit ihren Rüsseln, um ihre Belohnung einzufordern.

MOOSMATTE ■ Nguyen La Chanh aus der Schweiz hat einen lebenden Badevorleger aus Moos erfunden. Ihre Matte besteht aus 70 Stücken verschiedener Moosarten, fühlt sich weich an und entwickelt keinen unangenehmen Geruch, wenn sie feucht wird. Gegossen wird sie, indem nach dem Duschen Wasser vom Körper der Benutzer auf das Moos tropft.

RIESENRECHNER ■ Studien an Elefanten im Zoo von Tokio zeigen, dass die Dickhäuter besser im Kopfrechnen sind als Menschen! Bei dem Test wurden unter anderem verschieden viele Äpfel in zwei Eimer geworfen. Dann zählte man, wie oft sich die Elefanten für den Eimer mit mehr Inhalt entschieden. Während die Tiere 74 % erreichten, waren es bei den menschlichen Teilnehmern nur 67 %. Der Indische Elefant Ashya erreichte sogar erstaunliche 87 %!

DINOSAURIERDUNG ■ Ein 130 Millionen Jahre alter Haufen Dinosaurierkot wurde im April 2008 bei einer Auktion in New York für € 667 verkauft. Der versteinerte Dung aus dem Jura-Zeitalter wurde von Steve Tsengas aus Fairport Harbor, Ohio, erstanden, um die Angestellten seiner Firma zu motivieren, die Hunde- und Katzenfäkalien behandelt.

TROPFTROCKEN ■ Eine australische Firma namens Australian Wool Innovation hat einen Anzug entworfen, der unter der Dusche getragen werden kann. Das Produkt ist auf gestresste Geschäftsleute ausgerichtet und kann einfach unter laufendem Wasser ausgewaschen werden – ohne Seife oder Reinigung.

Peter in einem gewaltigen
Funkenregen.

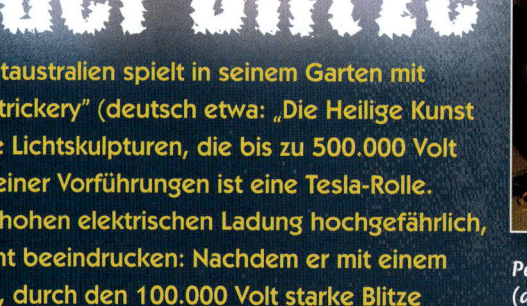

Sich 100.000 Volt in den Kopf zu jagen,
während man in einem Schwimmbecken
sitzt, klingt nicht gerade nach einer guten
Idee, aber Peter weiß ganz genau, was er tut,
und das Ergebnis ist meist spektakulär. Die
Folie reicht bis in den Salzwasserpool, der
als Leiter fungiert und die Elektrizität erdet.
Peter verwendet Drähte, um sein Gesicht
zu schützen, aber trotzdem könnte das
Experiment böse enden, wenn Peters Körper
und nicht die Folie die Ladung aufnimmt.

Der Herr der Blitze

Der Elektro-Freak Peter Terren aus Westaustralien spielt in seinem Garten mit
dem Feuer: Zu seiner „Holy Art of Electrickery" (deutsch etwa: „Die Heilige Kunst
der Elektrickität") gehören fantastische Lichtskulpturen, die bis zu 500.000 Volt
Spannung benötigen. Das Kernstück seiner Vorführungen ist eine Tesla-Rolle.
Peters Experimente sind aufgrund der hohen elektrischen Ladung hochgefährlich,
doch der Künstler lässt sich davon nicht beeindrucken: Nachdem er mit einem
folienbeschichteten Hut auf dem Kopf, durch den 100.000 Volt starke Blitze
rasten, in einem Schwimmbecken saß, behauptete er, keinerlei Schmerzen
empfunden zu haben.

Peter findet Schutz in seinem Dalek-Käfig
(auch als Faraday'scher Käfig bekannt), aus
dem heraus er seine Darbietung gefahrlos
beobachten kann.

Ripley's erklärt

WAS IST EINE TESLA-ROLLE?

Die Tesla-Rolle wurde Ende des 19.
Jahrhunderts von dem serbischen
Wissenschaftler Nikola Tesla erfunden. Der
elektrische Umwandler erzeugt extrem hohe
Spannungen. Die Spule entlädt elektrische
Energie in die Luft und erzeugt dabei
beeindruckende Funkenbögen, auch Plasma
genannt, die an Blitze erinnern. Aufgrund
der gewaltigen Stromspannung von über
1.000.000 Volt, die sie erzeugen, gelten
sie als extrem gefährlich. Das entstehende
elektrische Feld kann Neonröhren, die nicht
damit verbunden sind, in einem Abstand von
bis zu 15 m zum Leuchten bringen.

Zu Peters Erfindungen zählt
auch dieser furchteinflößende
Diebstahlschutz für Autos:
Den Insassen droht durch den
Strom keine Gefahr, da der
Wagen wie ein Schutzkäfig
fungiert.

LICHTJAHRE ■ Mo Richardson von der englischen Isle of Wight besitzt eine Glühbirne, die seit 70 Jahren brennt! Während die meisten Glühbirnen eine Lebensdauer von 750 bis 1.000 Stunden haben, leuchtet Mrs. Richardsons Swann-Edison-Glühbirne, die sie 1938 gekauft hat, schon seit mehr als 600.000 Stunden!

PERFEKTE HALTUNG ■ Ein kleiner Apparat, den man an der Haut befestigt, brummt, um den Träger daran zu erinnern, aufrecht zu sitzen. Mit dem Gerät sollen Rückenschmerzen vermieden werden. Der von Dr. Moacir Schnapp aus Memphis, Tennessee, erfundene iPosture vibriert leise, wenn sich der Benutzer länger als eine Minute um mehr als drei Grad beugt.

MACHT DES PIPIS ■ In Singapur ist es Wissenschaftern gelungen, Strom aus Urin herzustellen. Wird ein Stück Papier, auf dem sich ein Tropfen Urin befindet, in Kupferchlorid getaucht, erzeugen die entstehenden chemischen Reaktionen Elektrizität. Die Erfinder hoffen, dass die Papierbatterie für Einweg-Heimkits zur Überprüfung der körperlichen Gesundheit verwendet werden kann.

ROBOTER-DIRIGENT ■ Im Mai 2008 spielte das Detroit Symphony Orchestra das Lied „The Impossible Dream" - dirigiert von einem Roboter! Der 1,30 m große weiße Metalldirigent wurde von dem Unternehmen Honda entwickelt und trägt den Namen ASIMO, eine Ablürzung für Advanced Step in Innovative Mobility. Ingenieure haben ihn so programmiert, dass er sich wie ein menschlicher Dirigent verhält: Er nickt Teilen des Ensembles zu, gestikuliert mit einer oder beiden Händen und verbeugt sich nach der Darbietung.

SCHLAUE BRILLEN ■ Eine Brille, die mit einer ausgeklügelten Software versehen ist, kann Gegenstände erkennen! Die japanischen Smart Goggles zeichnen alles auf, das der Träger sieht. Verliert man etwas, verrät man ihnen einfach, was man sucht, und die Technologie informiert einen, wann und wo man den Gegenstand zuletzt gesehen hat. Die Brille kann außerdem unbekannte Pflanzen und Gesichter identifizieren.

WIE IM FLUG ■ Der neuseeländische Erfinder Glenn Martin hat über drei Jahrzehnte hinweg einen Düsenantrieb entwickelt, mit dem Pendler zur Arbeit fliegen können! Die Vorrichtung, die fast 23 l Gas enthält, kann vollgetankt angeblich einen Piloten mit durchschnittlichem Körpergewicht innerhalb von 30 Minuten 48 km weit befördern. Bei der Präsentation des Geräts auf einer Flugvorführung in Wisconsin 2008 flog es aber nur 90 cm hoch, schwebte 45 Sekunden lang in der Luft und landete dann wieder auf dem Boden.

RATTENROBOTER ■ Ein Roboter, der von einigen Rattengehirnzellen gesteuert wird, soll Einsichten in Krankheiten wie Alzheimer und Parkinson vermitteln. Die 300.000 Rattenneuronen „lernen", den Roboter um Hindernisse herumzumanövrieren. Indem Wissenschaftler beobachten, wie sich die Neuronen beim Lernen verhalten, hoffen die Forscher von der Universität von Reading im englischen Berkshire mehr darüber zu erfahren, wie das Gedächtnis funktioniert.

ZEITMASCHINE ■ Seit der Vater von Ronald L. Mallett, einem Physikprofessor an der Universität von Connecticut, im Alter von 33 Jahren an einem Herzinfarkt starb, baut der Wissenschaftler an einer Zeitmaschine, um zurückzureisen und seinen Vater zu retten, indem er ihm das Rauchen verbietet.

COOLE KLAMOTTEN ■ Ein japanisches Unternehmen hat eine Kollektion selbstkühlender Kleidungsstücke entworfen, die im Sommer vor Hitze schützen sollen. Zwei kleine Ventilatoren, die durch eine wiederaufladbare Batterie betrieben werden, werden in den Rücken der Kleidungsstücke eingenäht und bringen die Luft auf der Haut des Trägers zum Zirkulieren. Allerdings haben sich einige Käufer beschwert, dass sich die Kleidung aufbläht und sie dicker wirken, als sie eigentlich sind.

ASTRONOMISCHE VORHERSAGEN ■ Der Antikythera-Mechanismus, ein Gerät, das 1901 vom Wrack eines Händlerschiffs aus dem 1. Jahrhundert vor Christus geborgen wurde, konnte nicht nur rechnen, sondern auch die Zukunft vorhersagen, zum Beispiel astronomische Ereignisse wie Winter- und Sommersonnenwenden und die Mondphasen. Es konnte außerdem die Position anderer Planeten in unserem Sonnensystem bestimmen!

INTERNETINSEKT ■ Der britische Wissenschaftler Dr. Richard Harrington hat im Jahr 2008 ein bisher unbekanntes Insekt entdeckt - und zwar auf eBay! Eigentlich hielt er das in Bernstein eingeschlossene Tier, das er für € 28 von einem litauischen Händler ersteigerte, nur für eine lustige Kuriosität, doch dann stellte er fest, dass es sich um eine lange ausgestorbene und daher unbekannte Blattlausspezies handelte, der er den Namen *Mindarus harringtoni* verlieh.

MONSTER-TELEFON ■ Mr. Tan aus dem chinesischen Songyuan hat ein funktionierendes Handy entwickelt, das 90 cm groß ist und 22 kg wiegt. Der Erfinder erklärt, dass es eine exakte Kopie seines eigenen Handys ist - nur eben 620-mal größer! Es verfügt über eine eingebaute Kamera und Internetzugang, muss aber ständig ans Stromnetz angeschlossen sein, da Tan keinen Akku bauen konnte, der groß genug war.

REINIGENDES DREIRAD ■ Um Menschen in der Dritten Welt zu helfen, die lange Reisen auf sich nehmen müssen, um Wasser zu holen, das meist nicht sauber genug zum Trinken ist, hat die Designfirma IDEO aus Kalifornien ein Dreirad entwickelt, das Wasser reinigt, während man darauf fährt. Das Aquaduct verfügt über einen großen Wassertank an der Hinterachse. Beim Treten wird das Wasser von hier durch einen Filter in den zweiten, entfernbaren Tank vor dem Lenker geleitet.

SEEUNGEHEUER ■ Norwegische Wissenschaftler haben die Existenz eines riesigen prähistorischen Meeresreptils bewiesen, das etwa 15 m lang war. Der 150 Millionen Jahre alte Pliosaurier, der 2006 auf der arktischen Insel Spitzbergen entdeckt wurde, war angeblich so stark, dass er einen Kleinwagen hätte zerbeißen können.

HITZEVERLUST ■ Die Schutzplatten am Spaceshuttle der NASA führen Wärme so schnell ab, dass man sie Sekunden, nachdem man sie aus einem 1.260°C heißen Ofen geholt hat, schon wieder in Händen halten kann!

AUS DER NOT ■ John Shepherd-Barron erfand den Bankautomaten, der erstmals 1967 im englischen London in Betrieb genommen wurde, nachdem er aus seiner Bank ausgesperrt worden war. Heute gibt es weltweit 1,50 Millionen Bankomaten - sogar am Südpol!

FLEISSIGE HEFE ■ Lebende Hefekulturen erzeugten den Strom für Lichter, Ton und Bewegung von Jon Karafins 7,60 m hoher, zwei Tonnen schwerer mechanischer Figur, die im Dezember 2007 in Rochester, New York, zu sehen war.

UNSICHTBARE OBJEKTE ■ Wissenschaftler an der Universität von Kalifornien haben ein Material entwickelt, das Licht um 3-D-Objekte herumleiten kann, sodass sie unsichtbar werden! Das Team glaubt, dass das Material, das bei den meisten Lichtwellenlängen transparent ist, auch verwendet werden könnte, um Tarnkappen für Menschen herzustellen.

HILFREICHE MAUS ■ In Baltimore, Maryland, wurde eine Maus mit dauerverstopfter Nase gezüchtet, um Menschen mit chronischer Nebenhöhlenentzündung zu helfen, bei denen der Geruchssinn verlorengeht. Die genveränderte Maus wurde in den Johns Hopkins Medical Institutions entwickelt, um Nebenhöhlenproblemen auf die Schliche zu kommen.

HER KN

Im Rahmen des ehrgeizigsten Experiments in der Menschheitsgeschichte versuchen Wissenschaftler, das Geheimnis der Entstehung unseres Universums zu entschlüsseln. Die Geburt des Universums ist allgemein als Urknall bekannt. Wissenschaftler wollen die Bedingungen direkt nach diesem Ereignis nachstellen.

Das anspruchsvolle Experiment fand 100 m unter der Erdoberfläche in einem extra angefertigten, 27 km langen Rundtunnel statt, der unterhalb der Grenze zwischen der Schweiz und Frankreich liegt. Zwei Strahlen aus winzigen Partikeln, so genannten Protonen, werden in entgegengesetzter Richtung durch den Kreis geleitet und erreichen dabei beinahe Lichtgeschwindigkeit. Sie legen dabei fast 11.000 Runden, also 300.950 km pro Sekunde, zurück. Da die Partikel mit geballter Kraft aufeinanderprallen, hoffen die Wissenschaftler, dass noch kleinere Teilchen entstehen, die Einblicke in die Natur des Kosmos geben sollen.

Protonen existieren im Kern, dem Nukleus, von Atomen, den Grundbausteinen allen Lebens. Sie vereinigen sich zu Molekülen, die wiederum von Stühlen über Menschen bis hin zu Glas oder Pflanzen alles, was um uns herum zu sehen ist, bilden - auch die Luft.

Hunderte von Milliarden an Protonen schießen durch den Tunnel - 80 Millionen pro Sekunde prallen dabei aufeinander. Obwohl 200 Milliarden Protonen aufeinanderprallen könnten, schaffen es aufgrund der geringen Größe, die etwa dem Billionstel einer Mücke entspricht, nur etwa 20. Die Zusammenstöße finden in großen Detektoren im Tunnel statt und verursachen Temperaturen, die etwa 100.000-mal höher sind als die Kerntemperatur der Sonne. Ein einziger dieser Detektoren wiegt 13.800 Tonnen.

Das im September 2008 durchgeführte Experiment ist das Ergebnis der Zusammenarbeit von über 1.000 Wissenschaftlern und Ingenieuren aus über 80 Ländern und von 500 Universitäten.

Der 27 km lange Tunnel ist so groß, dass ein Reisezug hindurchfahren könnte.

JLG LIFTLUX 153-12

ALLT'S!

Ripley's erklärt

In dem Tunnel befindet sich der € 6,87 Milliarden teure Große Hadronen-Speicherring, ein so genannter Teilchenbeschleuniger. Die Maschine verwendet Radiowellen, um Protonenstrahlen durch den Ring zu jagen und die Partikel in Gruppen von etwa 100 Milliarden zu bündeln. Jeder Strahl trägt so viel Energie in sich wie ein Zug, der mit einer Geschwindigkeit von 145 km/h fährt. An bestimmten Punkten im Tunnel kreuzen sich die Wege der Strahlen und sie kollidieren in riesigen Detektoren, die die Ergebnisse des Aufpralls aufzeichnen, sodass man die Bestandteile der Überbleibsel erkennen kann.

Das Experiment bringt über 15 Millionen Gigabyte Daten pro Jahr hervor - das wären 21,4 Millionen CDs. Der Versuch wurde über 13 Jahre hinweg geplant.

Der zentrale Bestandteil des Großen Hadronen-Speicherrings wird positioniert.

Der Große Hadronen-Speicherring ist zwölf Stockwerke hoch und kann Temperaturen von über einer Billion°C erzeugen.

VOLLTREFFER IN LICHTGESCHWINDIGKEIT

In einem Institut im russischen Protwino wurde der Forscher Anatoli Bugorski 1987 von einem Protonenstrahl getroffen, der sich mit Lichtgeschwindigkeit bewegte. Bugorski hatte sich über einen Bereich des Teilchenbeschleunigers gebeugt, der nicht funktionierte, und wurde am Kopf getroffen. Der Blitz, den er dabei sah, war heller als tausend Sonnen und hatte eine Strahlung, die 600-mal höher war als eine normale tödliche Dosis. Man nahm an, dass er innerhalb weniger Tage sterben würde, doch wie durch ein Wunder überlebte er, obwohl seine linke Gesichtshälfte seitdem gelähmt ist. Die rechte aber funktioniert nach wie vor einwandfrei. Wenn Bogorski sich konzentriert, runzelt sich seitdem nur seine rechte Stirnseite.

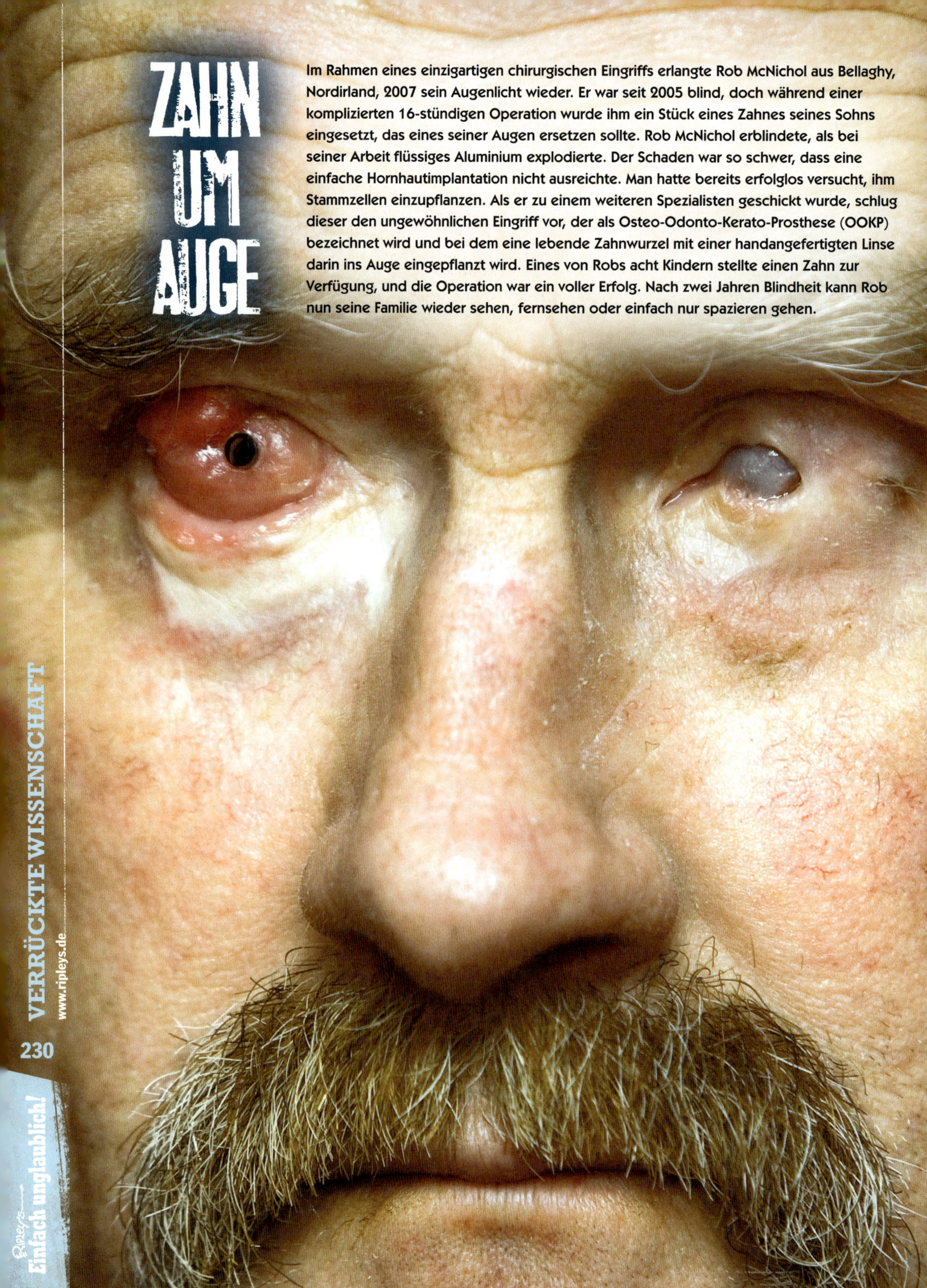

ZAHN UM AUGE

Im Rahmen eines einzigartigen chirurgischen Eingriffs erlangte Rob McNichol aus Bellaghy, Nordirland, 2007 sein Augenlicht wieder. Er war seit 2005 blind, doch während einer komplizierten 16-stündigen Operation wurde ihm ein Stück eines Zahnes seines Sohns eingesetzt, das eines seiner Augen ersetzen sollte. Rob McNichol erblindete, als bei seiner Arbeit flüssiges Aluminium explodierte. Der Schaden war so schwer, dass eine einfache Hornhautimplantation nicht ausreichte. Man hatte bereits erfolglos versucht, ihm Stammzellen einzupflanzen. Als er zu einem weiteren Spezialisten geschickt wurde, schlug dieser den ungewöhnlichen Eingriff vor, der als Osteo-Odonto-Kerato-Prothese (OOKP) bezeichnet wird und bei dem eine lebende Zahnwurzel mit einer handangefertigten Linse darin ins Auge eingepflanzt wird. Eines von Robs acht Kindern stellte einen Zahn zur Verfügung, und die Operation war ein voller Erfolg. Nach zwei Jahren Blindheit kann Rob nun seine Familie wieder sehen, fernsehen oder einfach nur spazieren gehen.

Selbst ist der Mann!

Man braucht nicht unbedingt riesige Teleskope oder Satelliten, um Fotos vom Weltall zu machen - das bewies Tony Rafaat aus Alberta, Kanada. Er bastelte sich seinen eigenen Wetterballon, an dem eine Kamera befestigt war und der unglaubliche 35.843 m weit aufstieg! Vor seiner Landung reiste der Ballon 100 km weit und belohnte Tony, der ihn später wieder einsammelte, mit fantastischen Bildern!

MAGNETISCHES LEUCHTEN ■ Neuesten Ergebnissen der NASA zufolge entstehen Nord- und Südlichter, faszinierende, bunte Lichterscheinungen am Himmel, durch magnetische Explosionen im ersten Drittel der Strecke zwischen Erde und Mond. Das Phänomen tritt in den entsprechenden Gegenden durchschnittlich alle zwei bis drei Tage auf.

EINZELSTÜCK ■ Die einzige bekannte noch existierende Kopie des ersten Telefonbuchs der Welt wurde bei einer Auktion in New York im Jahr 2008 für € 102.376 versteigert! Es ist 20 Seiten lang, enthält Namen und Nummern von 391 Teilnehmern aus der Gegend um New Haven, Connecticut, und wurde 1878 herausgegeben – nur zwei Jahre, nachdem Alexander Graham Bell das Telefon erfunden hatte.

NETTER VERSUCH ■ Ein Mann aus Brisbane, Australien, versuchte Neuseeland auf eBay zu einem Startpreis von 0,01 australischen Dollar zu verkaufen. Bevor eBay die Auktion sperren konnte, lagen die Gebote bereits bei über € 2.000.

BLAUE AUGEN ■ Genetische Studien an der dänischen Universität von Kopenhagen haben ergeben, dass alle Menschen mit blauen Augen auf einen einzigen Vorfahren zurückgehen. Die DNA von Probanden aus so entfernten Ländern wie Jordanien, Dänemark und der Türkei wurde analysiert. Dabei stellte sich heraus, dass bei allen Blauäugigen an genau derselben Stelle in ihrem DNA-Strang ein Switch von braun auf blau einprogrammiert war.

MECHANISCHE EHE ■ David Levy schrieb an der niederländischen Universität von Maastricht eine Doktorarbeit über die Möglichkeit von Ehen zwischen Menschen und Robotern.

KAKERLAKENKÖDER ■ Belgische Wissenschaftler haben kleine Roboter entwickelt, die Kakerlaken aus ihren Verstecken locken, sodass man sie leichter vernichten kann.

GERISSENE FLIEGEN ■ Forscher des California Institute of Technology haben herausgefunden, warum es so schwer ist, Fliegen zu vernichten: Ihre Gehirne sind darauf programmiert, genau das zu verhindern! Bereits beim ersten Anzeichen von Gefahr verändern die Insekten die Stellung ihrer Beine und Flügel so, dass sie in die entgegengesetzte Richtung fliegen, also flüchten können.

ALTE VERWANDTE ■ Manfred Huchthausen und Uwe Lange, zwei Freunde aus Deutschland, die in benachbarten Ortschaften wohnen, fanden heraus, dass sie beide mit einem Höhlenbewohner aus der Bronzezeit verwandt sind, der 3.000 Jahre zuvor in der Gegend gelebt hatte. Die DNA-Analyse des guterhaltenen Skeletts, das im Sösetal gefunden worden war, zeigte, dass die beiden einen gemeinsamen Vorfahren hatten.

ROLLENDER ROBOTER ■ Ballbot, ein menschengroßer Roboter, der von Ralph Hollis an der Carnegie Mellon Universität in Pittsburgh, Pennsylvania, entwickelt wurde, bewegt sich nicht auf Beinen oder Rädern fort, sondern auf einer Kugel.

SCHNEEVERKAUF ■ Jim und Mary Walker aus Loveland, Colorado, verkauften auf eBay Schnee, nachdem ihr Haus im Januar 2007 nach zwei Blizzards im Schnee versunken war. Hunderte von Bietern beteiligten sich, und schließlich verkaufte das Paar drei Schneebälle für € 139.

SCHARFE NADEL ■ Wissenschaftler haben eine Wolframnadel entwickelt, die so scharf ist, dass ihre Spitze nur so dick wie ein Atom ist!

KÜCHENARBEIT ■ Im Jahr 2008 erhielten britische Wissenschaftler einen Forschungszuschuss von € 1,39 Millionen, um herauszufinden, ob man einem Roboter zutrauen kann, Suppe umzurühren.

Wasserkunst

Der Fotograf Martin Waugh aus Portland, Oregon, verwendet eine Hochgeschwindigkeitskamera, um Wassertropfen und -bewegungen aufzuzeichnen. Die atemberaubend schönen Aufnahmen lassen das Wasser wie Skulpturen erscheinen. Um das perfekte Kunstwerk zu erzielen, experimentiert Martin mit verschiedenen Farben und Wasserdichten, die er mit Seifen und Färbemitteln erzeugt.

KRASSE KÖRPER

UM DIE WELT

90 MINUTEN IM RAUMSCHIFF
Dutzende von Astronauten haben die Erde bereits in etwa 90 Minuten umrundet.

67 STUNDEN IM FLUGZEUG
Steve Fossett aus den USA flog 2005 allein mit einem Flugzeug in 67 Stunden ganze 37.216 km weit um die Erde.

11 TAGE IM HUB-SCHRAUBER
Die US-Piloten Scott Kasprowicz und Steve Sheik flogen 2008 ganze 37.015 km weit einmal um die Erde. Ihre Reise von New York nach New York im Hubschrauber dauerte elf Tage und sieben Stunden.

13 TAGE IM BALLON
2002 flog Steve Fossett in dem Ballon *Spirit of Freedom* in 13 Tagen, acht Stunden und 33 Minuten 33.194 km weit um die Erde. Über dem Indischen Ozean erreichte er Geschwindigkeiten von bis zu 300 km/h.

19 TAGE AUF DEM MOTORRAD
Die Briten Kevin und Julia Sanders fuhren im Jahr 2002 auf einem Motorrad in 19 Tagen und acht Stunden 31.319 km weit um die Erde.

21 TAGE MIT DEM AUTO
1997 fuhren der Kanadier Garry Sowerby und zwei britische Mitfahrer in einem Vauxhall-Frontera-Kombi in 21 Tagen, zwei Stunden und 14 Minuten 29.522 km weit um die Erde.

50 TAGE MIT DER JACHT
Begleitet von einer 13-köpfigen Crew, segelte der Franzose Bruno Peyron 2005 in 50 Tagen, 16 Stunden und 20 Minuten 43.452 km weit um die Welt.

60 TAGE IM RENNBOOT
Das Schnellboot *Earthrace*, das von dem Neuseeländer Pete Bethune gesteuert wurde, umrundete 2008 auf einer 38.624 km langen Fahrt die Erde in 60 Tagen, 23 Stunden und 49 Minuten.

80 TAGE IM ULTRALEICHT-FLUGZEUG
2007 umflogen die Inder Anil Kumar und Rahul Monga die Welt auf einer 40.732 km langen Reise in 80 Tagen mit einem Ultraleichtflugzeug.

194 TAGE MIT DEM FAHRRAD
Der Schotte Mark Beaumont fuhr von 2007 - 2008 ganze 29.445 km weit auf einem Fahrrad um die Welt - in nur 194 Tagen und 17 Stunden.

1.568 TAGE ZU FUSS
Dave Kunst aus Caledonia, Minnesota, wanderte zwischen 1970 und 1974 ganze 23.255 km weit um die Welt. In den 1.568 Tagen seiner Reise machte er 20 Millionen Schritte und trug 21 Paar Schuhe auf.

2.062 TAGE JOGGEN
Der Engländer Robert Garside joggte zwischen 1997 und 2003 in 2.062 Tagen 48.280 km weit um die Welt.

KRASSE KÖRPER

49 TAGE OHNE NAHRUNG
Im Jahr 2004 überlebte der Chinese Chen Jianmin aus Ya'an 49 Tage lang, ohne Nahrung zu sich zu nehmen.

21 TAGE AUF EINEM HOCHSEIL
Jay Cochrane aus dem kanadischen Toronto verbrachte 1981 in San Juan, Puerto Rico, 21 Tage auf einem Hochseil.

5 STUNDEN 40 MINUTEN AM HUBSCHRAUBER
Der New Yorker Criss Angel hängte sich 2002 für fünf Stunden und 40 Minuten an Haken, die in seinen Rücken eingelassen waren, aus einem Hubschrauber, der über dem Times Square schwebte.

1 STUNDE 30 MINUTEN IN EINER BADEWANNE VOLLER MADEN
Christine Martin aus dem englischen Sussex saß 2002 für eine Stunde und 30 Minuten in einer Badewanne voller Maden.

45 MINUTEN IN EINER BADEWANNE VOLLER SCHLANGEN
Jackie Bibby saß 2007 im texanischen Dublin 45 Minuten lang gemeinsam mit 87 Klapperschlangen in einer Badewanne.

17 MINUTEN 4 SEKUNDEN LUFT ANHALTEN
David Blaine hielt 2008 in Chicago, Illinois, 17 Minuten und vier Sekunden lang unter Wasser die Luft an.

15 MINUTEN LANG KOPF-STAND AUF DEM DACH EINES FAHRENDEN AUTOS
Im deutschen München machte Jewgenij Kuschnow 2006 für 15 Minuten einen Kopfstand auf einem fahrenden Auto.

45 SEKUNDEN AUF GLÜHENDEN KOHLEN
Scott Bell aus Großbritannien lief 2006 im chinesischen Wuxi in 45 Sekunden 98 m weit über glühende Kohlen.

33 SEKUNDEN MIT AUTO AUF DEM KOPF
1999 balancierte der Engländer John Evans 33 Sekunden lang einen Mini Cooper auf dem Kopf.

12,22 SEKUNDEN 55 KG MIT DEM OHR ANHEBEN
Zafar Gill aus Pakistan hob 2005 in Deutschland ein 55 kg schweres Gewicht 12,22 Sekunden lang mit einem Ohr an.

Schlangen-Manu

C. Manoharan aus dem indischen Chennai, der auch als „Schlangen-Manu" bekannt ist, lässt sich lebende Schlangen durch den Kopf kriechen! Die Tiere kriechen durch seine Nasenlöcher hinein und kommen durch den Mund wieder heraus.

„SCHIER UNMÖGLICH!

WASSERFALL-
Könige

Schon viele Menschen sind im Kajak einen ruhigen kleinen Fluss hinuntergepaddelt - doch manchen Leuten reicht das nicht! Wer auf der Suche nach dem wahren Kick ist, der stürzt sich kurz entschlossen einen Wasserfall hinab!

Der Extrem-Kajakfahrer Pat Keller aus North Carolina ist die schäumenden Fluten des 36,50 m hohen La-Paz-Wasserfalles in Costa Rica hinabgerauscht! Mit einer Geschwindigkeit von etwa 91 m in der Minute stürzte er sich über den Rand des Wasserfalls und tauchte, unten angekommen, tief ins Wasser, ehe er wieder an die Oberfläche kam.

Es gibt verschiedene Kajak-Techniken. Für seinen atemberaubenden Sturz fuhr Pat genau in der Mitte des drei Meter breiten Stroms, damit er möglichst viel Wasser um sich herum hatte. Dazu nutzte er ein etwa 2,50 m langes Wildwasserkajak aus Polyethylen, das sehr leicht ist und dadurch schnell wieder an die Oberfläche kommt.

Zwar überlebte Pat seinen Sturz, doch beim Aufprall auf den Grund des Wasserfalls brach er sich eine Hand und musste sich einer Operation unterziehen.

Nach seiner Fahrt über den La-Paz-Wasserfall wirkt Pat trotz gebrochener Hand glücklich.

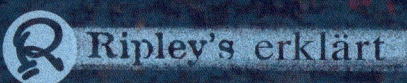
Ripley's erklärt

WIE FUNKTIONIERT DAS?

Die Kajaks, die beim Extrem-Kajakfahren benutzt werden, sind häufig aus gehärtetem, aber dennoch biegsamem Fiberglas, damit sie nicht so schnell zerbrechen. Außerdem sind sie kürzer als durchschnittliche Kajaks, wodurch der Fahrer leichter die Kontrolle über das Boot bewahren kann, nicht so schnell an Felsen hängenbleibt und beim Aufprall aus großen Höhen weniger Fläche bietet.

Vor der Fahrt wird jedes Stück der Strecke genau erkundet und eine optimale Route erstellt. Um aus Gefahrenzonen zu entkommen, gibt es sogar spezielle Paddeltechniken: Beim „Boof" fährt das Kajak sozusagen auf dem „Hinterrad", der Bug ragt also aus dem Wasser und das Boot nimmt einen harten Richtungswechsel vor, um Strömungen oder Steinen zu entgehen. Um das kurze Boot über Wasser zu halten, ist große körperliche Kraft und Fitness nötig.

Kurz vor einem tiefen Fall setzen sich die Kajakfahrer aufrecht hin und drücken das Paddel fest an sich, um ihr Rückgrat zu schützen und sich nicht die Schulter auszukugeln, wenn das Paddel vom Körper weggerissen wird. Die so genannte Aufprallposition, bei der man sich in das Kajak kauert und das Gesicht mit einem Arm bedeckt, schützt den Kopf des Fahrers davor, beim Aufprall mit dem Boot oder dem Paddel zusammenzuprallen. Bei tiefen Fällen taucht das Kajak häufig vertikal mit der Schnauze voran ein, wodurch die Aufprallfläche verringert wird.

Der furchtlose Jesse Combs aus Oregon, ein weiterer Extrem-Kajakfahrer der Spitzenklasse, riskierte sein Leben, als er die Mesa-Fälle in Idaho hinabraste, die für ihre wilde Strömung und die schroffen Felsen in 21 m Tiefe bekannt sind.

KAJAK-KÖNIGE

❯ Shaun Baker raste mit seinem Kajak einen 19,80 m hohen Wasserfall hinab, fuhr mit 63 km/h über Schnee und glitt eine Sanddüne in der Sahara hinab - ebenfalls im Kajak!

❯ Der Solo-Kajakfahrer Satoru Yahata aus Okinawa, Japan, kam am 18.6.2007 in Taiwan an, nachdem er 16 Tage zuvor auf den 700 km weit entfernten Philippinen aufgebrochen war. Mit seinem 5,50 m langen Kajak war er der Erste, der diese Strecke bewältigte!

❯ Der Extrem-Kajaker Tyler Bradt ritt die 33 m hohen kanadischen Alexandra-Fälle hinab, ohne sich ein einziges Mal zu überschlagen.

❯ Zwei Briten mussten bei ihrem Versuch, im Kajak von Schottland bis zu den Färöer Inseln zu gelangen, wegen schlechten Wetters und gesundheitlicher Probleme aus der Nordsee gerettet werden. Sie hatten gehofft, die 355 km lange Reise in 50 bis 70 Stunden nonstop bewältigen zu können.

❯ Im Jahr 2001 paddelte der britische Abenteurer Pete Bray 4.800 km weit mit dem Kajak über den Atlantik - trotz regelmäßiger Stürme, Orkane und Materialschäden!

KOKOS-KAUER

Andres Gardin aus Panama kann mit seinen Zähnen wahre Wunder vollbringen! Im Jahr 2007 schälte er in Panama-Stadt in sechs Stunden die Fasern von unglaublichen 500 Kokosnüssen - mit bloßen Zähnen!

IMMER AUF DEN BEINEN ■ David Marsh, ein Straßenfeger aus dem englischen Wigan, läuft an jedem Arbeitstag 29 km weit. In seiner 40-jährigen Laufbahn hat Marsh, der noch niemals krank war, damit über 272.000 km bewältigt - so viel wie sechs Umrundungen der Erde!

ALTER NEULING ■ Laurence Egerton wurde im Jahr 2007 Jungpolizist - und das im Alter von 56 Jahren! Der ehemalige Geschäftsmann fing eine neue Karriere bei der Wilmington Police in North Carolina an.

FISCHIGE OMA ■ Die Urgroßmutter Connie Brown feierte im Jahr 2007 ihren 100. Geburtstag, indem sie in ihrer Imbissbude Fish & Chips zubereitete. Sie arbeitet noch immer sechs Tage die Woche in ihrer Bude in Pembroke, Wales, die sie 1928 mit ihrem verstorbenen Ehemann Sidney eröffnete.

SUPERGOLFER ■ Im Jahr 2007 schlug ein englischer Golfer sein drittes Hole-in-One - und das im Alter von nur acht Jahren! David Huggins aus Stowmarket, Suffolk, gelang sein erster Super-schlag, als er vier war - zwei Jahre jünger als Tiger Woods bei seinem ersten Hole-in-One!

TANZENDER POLIZIST ■ Seit über 50 Jahren leitet der Polizist Donald Thomas den Ver-kehr auf den Straßen von Provincetown, Massa-chusetts, mit wilden Tanzbewegungen - und 2008 war er mit 81 Jahren noch immer auf den Beinen!

SUPERFIT ■ Der 76-jährige Michio Kuma-moto aus dem japanischen Tokorozawa erklomm 2007 den 6.194 m hohen Mount McKinley in Alaska - das ist der höchste Berg in ganz Nordamerika!

DOPPELLEISTUNG ■ Jeanne Stawiecki aus Charlton, Massachusetts, ist auf allen sieben Kontinenten Marathons gelaufen und hat den jeweils höchsten Berg erklommen - und das, obwohl sie erst mit 52 Jahren mit dem Berg-steigen begann!

Ripley's
Einfach unglaublich!

SIEBEN KONTINENTE ■ Im Alter von nur zehn Jahren war Victoria White aus Elizabeth, Colorado, bereits auf allen sieben Kontinenten Ski gefahren. Gemeinsam mit ihrem Vater Ken reiste sie innerhalb eines Jahres 120.700 km weit mit dem Flugzeug und 5.630 km weit mit dem Schiff, bis sie im März 2008 ihre Reise in Winter Park, Colorado, beendete.

FAMILIENAUSFLUG ■ Drei Generationen einer walisischen Familie fuhren in 60 Tagen von Cape Canaveral, Florida, bis nach San Diego, Kalifornien, quer durch die USA - auf dem Fahrrad! Die neunjährige Ann Lintern begleitete ihre Mutter Julie Smith auf einem Tandem, während ihr Großvater Victor auf der 5.245 km langen Reise hinter ihnen her fuhr.

LANGLEBIG ■ Die Familie Leblanc aus dem kanadischen Moncton zählte im Jahr 2007 ganze 13 lebende Geschwister im Alter von 71 bis 88 Jahren.

LANGE FÜHRUNG ■ Im Juni 2003 nahmen 21 Touristen im deutschen Augsburg an einer über 33-stündigen Stadtführung teil, für die knapp 100 Stadtführer in Schichten arbeiteten.

ALLES FRISCH? ■ Der siebenjährige Jake Lonsway aus Bangor Township, Michigan, hat eine Kugel aus Frischhaltefolie gerollt, die so groß war, dass er kaum über sie hinwegsehen konnte! Die Kugel hatte einen Umfang von 3,50 m und wog an die 127 kg. Acht Monate lang bastelte Jake in der Garage seiner Eltern an dem Monsterball.

MÜNZENSAMMLERIN ■ Nachdem Laxmi Das 44 Jahre lang auf den Straßen von Kalkutta Kleingeld erbettelt hatte, hatte sie umgerechnet € 485 zusammengespart und konnte ein Konto eröffnen. Sie bekam sogar eine eigene Kreditkarte! In ihrer Hütte im Slum hatte sie Tausende von Münzen mit einem Gesamtgewicht von 90 kg gehortet.

RATTENKÖNIG ■ Der verarmte Bauer Binoy Kumar Karmakar aus Bangladesh gewann 2008 einen Farbfernseher, weil er über das Jahr hinweg 39.650 Ratten getötet hatte. Nachdem er Regierungsvertretern die Schwänze der Tiere präsentiert hatte, wurde er zum besten Rattenvernichter des Landes erklärt.

DRILLINGS-SCHLAG ■ Bei einem Baseball-spiel an der Portsmouth High School in Ohio schlugen die Drillinge Howard, John und Matt Harcha im Mai 2008 nacheinander Home Runs - und zwar in Reihenfolge ihrer Geburt vom Ältesten bis zum Jüngsten!

SUPERSURFER ■ Rico de Souza fuhr 2008 vor der Küste von Rio de Janeiro, Brasilien, zehn Sekunden lang auf einem neun Meter langen, 102 kg schweren Surfbrett.

Rüstiger Rentner

1934 konnte W.M. Keefe aus New London, Connecticut, noch seine Zehen berühren und sich weitere 25 cm tief bücken - und das im Alter von 73 Jahren!

VORREITERIN ■ Eine Mannschaft der Kansai Independent Baseball League in Japan holte die 16-jährige Schülerin Eri Yoshida als Werferin ins Team. Damit ist sie in Japan der erste weibliche Pitcher in einer Herrenmannschaft!

TAPFERER SOLDAT ■ Ein britischer Soldat, der 2008 in Südafghanistan diente, warf sich auf eine explodierende Granate, um die Leben der Mitglieder seines Spähtrupps zu retten - und kam mit einer blutigen Nase davon! Der Royal-Marine-Obergefreite Matt Croucher aus Birmingham überlebte nur, weil sein Tornister den Großteil der Explosion abbekam.

Augen auf!

Der Kung-Fu-Meister Dong Changsheng aus Changchun, China, befestigte Haken an seinen Augenlidern und zog einen 1.700 kg schweren Kleinbus, auf dem zwei Männer standen, die Straße entlang. Er übt sich seit 35 Jahren in Kampfkünsten, wodurch er eine Atemtechnik beherrscht, die ihn bei seiner unglaublichen Leistung unterstützte.

GLÜHENDES GUMMI

Bei dem Motorsport Gymkhana müssen die Fahrer in unmöglich wirkenden Winkeln seitlich driften und sich bei halsbrecherischen Geschwindigkeiten auf vorgegebenen Spuren im Kreis drehen. Der Profi-Stuntfahrer Ken Block hat seinen Wagen so sehr unter Kontrolle, dass er ein bewegliches Hindernis wie beispielsweise einen Segway-Roller samt Fahrer auf 360° seitlich umrutschen kann.

RAKETENMANN ■ Der schweizerische Abenteurer Yves Rossy flog 2008 ganze 35 km weit über den Ärmelkanal - mit einem selbstgebauten, turbinenbetriebenen Flügel auf seinem Rücken. Nachdem Rossy über der französischen Küste in 2.440 m Höhe aus einem Flugzeug gesprungen war, brachten ihn die vier kerosinbetriebenen Turbinen, die an dem 2,40 m langen Carbonfaserflügel befestigt waren, bei einer Geschwindigkeit von bis zu 200 km/h in weniger als zehn Minuten über den Kanal. Da sein Leichtflügel über keine Steuerung verfügte, musste er die Bewegungen des Fluggeräts mit seinem Kopf und Rücken vorgeben.

ALTER BOXER ■ Saoul Mamby aus New York City boxt mit 60 Jahren noch professionell gegen jeden Kämpfer aus seiner Gewichtsklasse - ganz gleich, wie alt sein Gegner ist.

WELTREISENDER ■ Kashi Samaddar, ein in Dubai lebender indischer Geschäftsmann, beendete im Mai 2008 seine Reise durch alle 194 unabhängigen Staaten der Welt. Das erste Ziel auf seiner viereinhalbjährigen Reise war Uruguay, das letzte der Kosovo.

SCHMUTZJÄGER ■ Der zwölfjährige Kyle Krichbaum aus Adrian, Michigan, besitzt eine Sammlung von 165 Staubsaugern und saugt fünfmal am Tag das Haus seiner Eltern. Seinen ersten Staubsauger bekam er mit einem Jahr, mit zwei verkleidete er sich an Halloween als Staubsauger, und seit er sechs ist, bleibt er in den Schulpausen lieber drinnen und putzt das Büro des Schuldirektors.

SCHACHMATT MIT ZWÖLF ■ Der zwölfjährige Peter Williams aus dem englischen Hampshire spielt Schach, seit er fünf war - und ist mittlerweile so gut, dass er seine Gegner sogar mit verbundenen Augen besiegt!

MEISTER DER WORTE ■ Nachdem der 18-jährige Rajiv Sharma aus Sarlahi, Nepal, ein einziges Mal eine Liste von 140 unzusammenhängenden Wörtern gehört hat, kann er innerhalb von zehn Minuten 119 davon wiedergeben.

MARATHONFRAU ■ Im Juli 2008 lief Pauline Newsholme aus dem englischen Devon ihren 69. Marathon - im Alter von 69 Jahren!

HOCHSCHLAG ■ Der Golffanatiker Andrew Winfield aus dem englischen Northampton schlug 2008 einen Golfball von der Spitze des Kilimandscharo ab - der höchste Berg Afrikas erreicht unfassbare 5.895 m! Der 50-jährige Andrew kletterte eine Woche lang auf den Gipfel, packte sein zusammenklappbares Sechsereisen aus und erfüllte sich damit einen lange gehegten Traum.

BRAVOURÖSER BLAINE ■ Der Magier David Blaine aus Brooklyn hielt im April 2008 im Rahmen der Fernsehsendung *The Oprah Winfrey Show* über 17 Minuten lang unter Wasser den Atem an. Nachdem er reinen Sauerstoff eingeatmet hatte, um das Kohlendioxid aus seinem Blut zu entfernen, stieg Blaine in einem silbernen Neoprenanzug in ein Becken, das an die 8.200 l Wasser enthielt. Eigentlich hatte er noch länger unter der Oberfläche bleiben wollen, doch als sein Herz unregelmäßig zu schlagen begann, brach er den Versuch ab.

JETSKI ■ Im Januar 2009 fuhr Roy Ogletree aus Columbus, Ohio, auf dem Lake Lloyd, der sich auf dem Gelände des Daytona International Speedway befindet, in nur 24 Stunden 1.738 km weit auf einem Jetski.

Skateboard-Reise

Der Neuseeländer Rob Thomson begab sich auf das Abenteuer seines Lebens, als er eine 12.000 km lange Reise mit dem Skateboard unternahm. 462 Tage lang fuhr er von der Schweiz über Europa und die USA bis nach China, das er ganz durchquerte. Ron reiste allein und zog sein gesamtes Gepäck auf einem speziell angefertigten Anhänger bis zu seinem Endziel Shanghai hinter sich her.

DOMINO TOTAL ■ Im November 2008 versammelten sich 85 Menschen aus 13 Ländern in den Niederlanden, um eine Reihe aus 4.354.027 Dominosteinen aufzubauen und umfallen zu lassen.

KARPFENFANG ■ 41 Zweierteams von Fischern fingen im Rahmen des American Carp Society 2008 Northeast Tournament in Baldwinsville, New York, über 18 Tonnen Karpfen in nur 50 Stunden.

SCHUBKARREN-MARATHON ■ David Baird, ein 65-jähriger Brite, schob innerhalb von 112 Tagen einen Schubkarren 4.139 km weit durch Australien. Im September 2008 machte er sich in Perth auf die Reise, um bei Tagesetappen von zehn bis zwölf Stunden im Januar 2009 in Sydney anzukommen.

Fliegende Füße

Jessica Cox aus Tucson, Arizona, ist die erste Frau ohne Arme, die einen Pilotenschein gemacht hat. Die Motivationsrednerin, die bereits einen KFZ-Führerschein hatte, wurde ohne Arme geboren und bewältigt ihren Alltag ohne Prothesen, indem sie ihre Füße zu Hilfe nimmt.

RADIKAL-RÖNTGEN

Röntgengeräte können mehr als nur gebrochene Knochen und Kofferinhalte zeigen! Nachdem Nick Veasey aus dem englischen Kent im Rahmen eines Preisausschreibens einen Lastwagen voller Coladosen geröntgt hatte, um eine ganz bestimmte Aufreißlasche zu finden, machte er sein neues Hobby kurzerhand zum Beruf: Er bestrahlt Alltagsgegenstände, um ihre innere Schönheit zu zeigen.

Die Aufreißlasche hat Nick zwar nicht gefunden, dafür aber Motive für atemberaubende Bilder - seien es nun Turnschuhe oder ein 70 m großer Jumbojet, der gerade gewartet wird. Anfangs lieh Nick sich Röntgengeräte aus Krankenhäusern und Laboren und sammelte Informationen von Fachleuten, um das Medium für neue Wege auszuloten. Heute arbeitet er in einer verlassenen, mit Blei verkleideten Radarstation, aus der keine gefährliche Strahlung nach außen dringen kann. Seine Röntgengeräte sind etwa 60-mal stärker als die in Krankenhäusern: Je dichter die Masse des geröntgten Gegenstandes, desto höhere Strahlung ist erforderlich.

Nicks Kunstwerke sind meistens Kombinationen aus herkömmlichen Fotografien und Röntgenaufnahmen, die er am Computer zusammensetzt. Vorher aber ist akribische Arbeit vonnöten, bei der er Gegenstände auf Spezialfilme röntgt und dann mit einem Vier-Meter-Scanner in digitale Dateien umwandelt.

Eine von Nicks bisher anspruchsvollsten Aufgaben ist ein Boeing-Jumbojet. Der Künstler machte 500 Bilder von verschiedenen Flugzeugteilen und verbrachte sechs Monate damit, sie so zusammenzusetzen, dass ein komplettes Bild der Boeing 777 entstand - mit einer Spannweite von über 70 m der größte Gegenstand, der jemals geröntgt wurde! Einige dünne Teile des Flugzeugs wurden durch Teile eines maßstabsgetreuen Modellflugzeugs ersetzt, weil sie auf den Röntgenbildern nicht deutlich genug erkennbar waren. Außerdem nutzte Nick Skelette anstelle der echten Crew. Sein 76 x 24 m großes Meisterwerk zierte die Außenwand einer Flugzeughalle am Boston Logan Airport. Die 1.850 m² große Röntgenaufnahme war so überzeugend, dass einige Besucher sie tatsächlich für ein echtes Flugzeug hielten.

Eine Röntgenaufnahme von einem Mann auf einem Fahrrad. Der Künstler Nick Veasey erschafft surreal wirkende Bilder, indem er seine Motive minutiös abfotografiert und dann per Computer zusammensetzt.

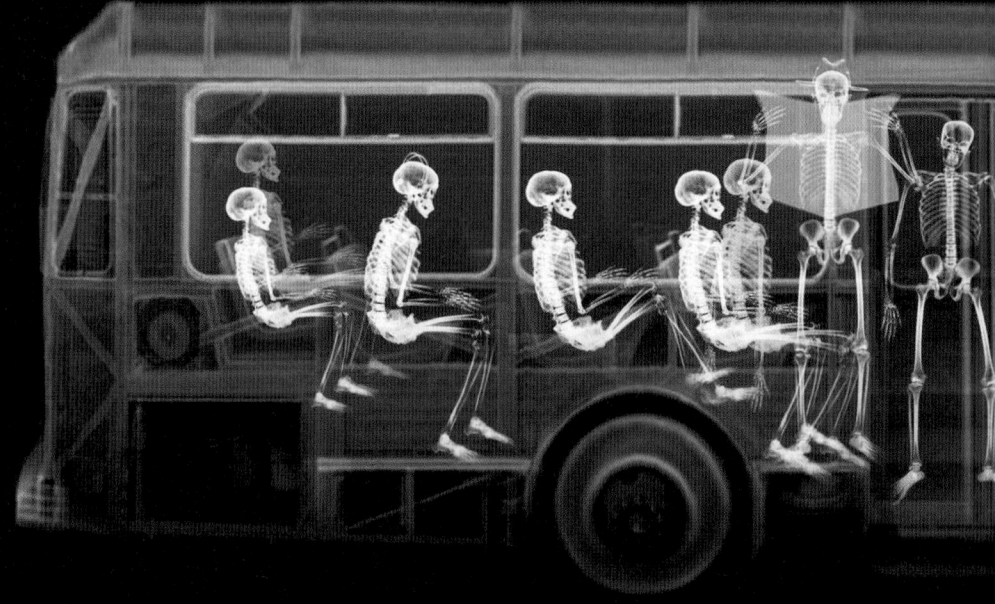

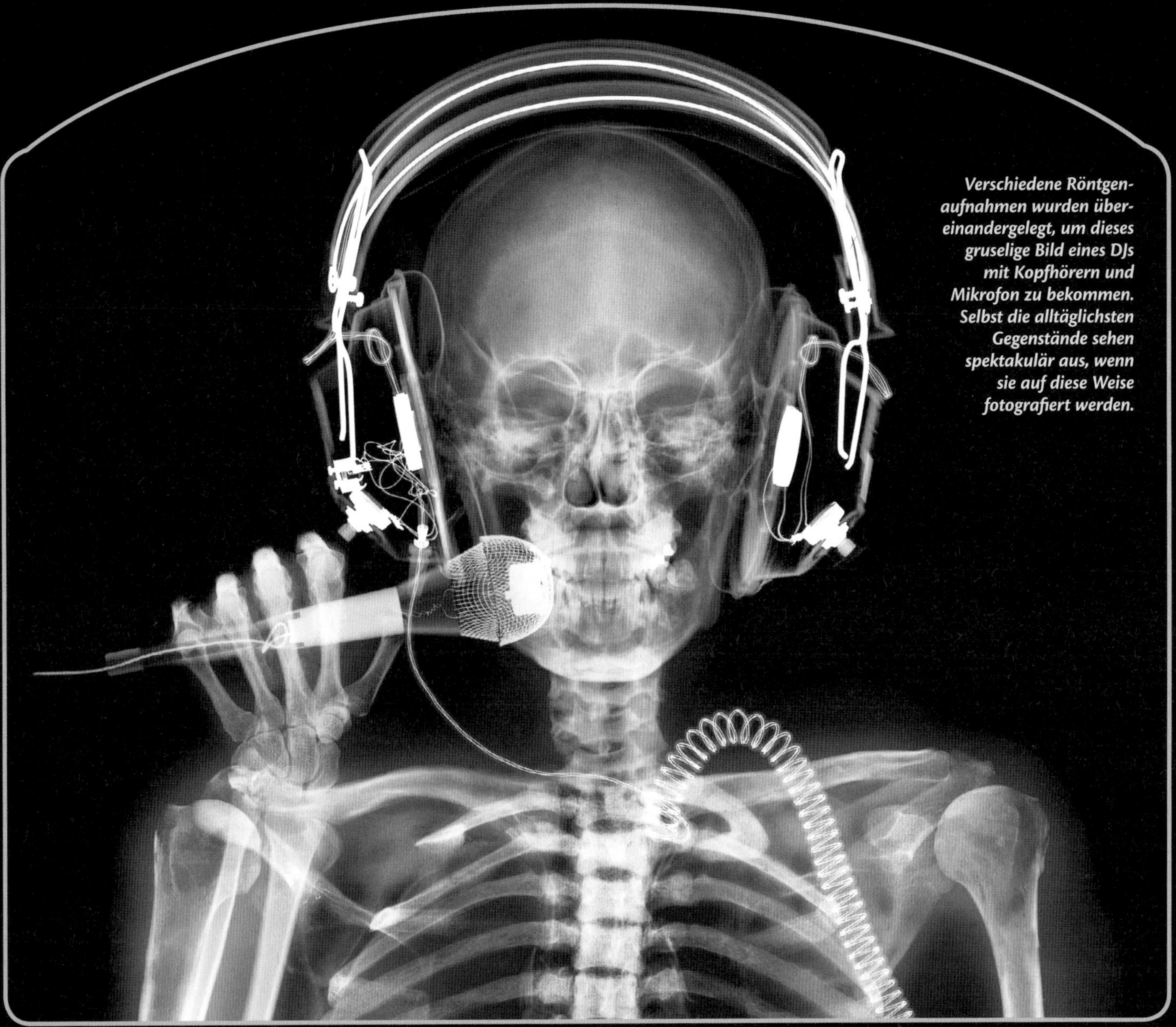

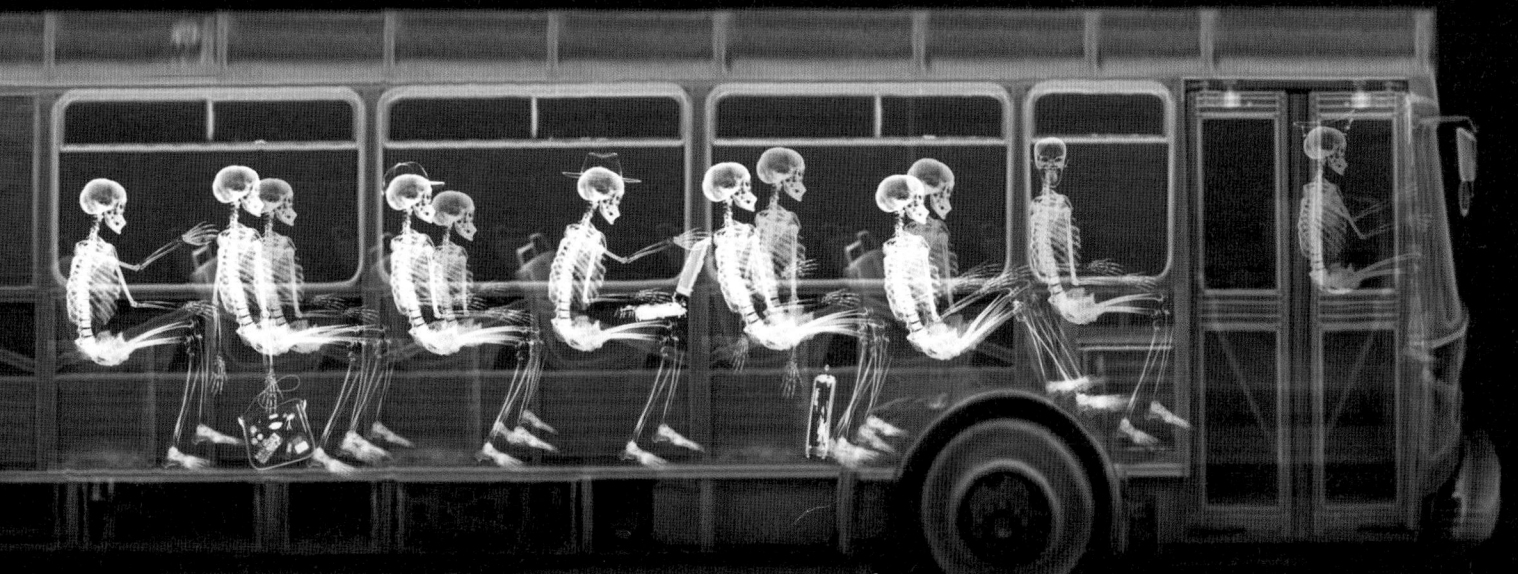

Verschiedene Röntgenaufnahmen wurden übereinandergelegt, um dieses gruselige Bild eines DJs mit Kopfhörern und Mikrofon zu bekommen. Selbst die alltäglichsten Gegenstände sehen spektakulär aus, wenn sie auf diese Weise fotografiert werden.

In den USA nahm Nick dieses lebensgroße Röntgenbild eines Busses voller Passagiere auf. Dafür nutzte er ein € 3,37 Mio. teures Röntgengerät, das von der US-amerikanischen Zollbehörde an der mexikanischen Grenze verwendet wird. Das Ergebnis wurde auf der Außenwand eines New Yorker Linienbusses angebracht, erregte aber so viel Aufmerksamkeit, dass man es wieder entfernen musste!

ROLLSTUHL-SALTO

Aaron Fotheringham aus Las Vegas, Nevada, kann einen Rückwärtssalto in seinem Rollstuhl aufs Parkett legen. Aaron, der mit Spina Bifida (offener Rücken) auf die Welt kam und seit seinem achten Lebensjahr fast ununterbrochen im Rollstuhl saß, verbringt über 30 Stunden die Woche in einem Skatepark. Für seine atemberaubenden Stunts nutzt er einen speziellen Aluminium-Rollstuhl mit Federung und Haltestangen.

FÜNF-JAHRES-LAUF ■ Die britische Großmutter Rosie Swale-Pope aus dem walisischen Tenby vollendete im Jahr 2008 einen fünfjährigen Lauf um die Welt. Sie widerstand eisigen Temperaturen in Alaska, wurde in Sibirien von einem Bus angefahren, begegnete auf Grönland einem Eisbären, litt an Lungenentzündung und Erfrierungen und ertrank fast in einem schäumenden Fluss. Quasi als Entschädigung wurden ihr insgesamt 29 Heiratsanträge gemacht.

SCHNELLE FAHRT ■ Joshua Keeler, Joey Stocking und Adam Gatherum aus North Salt Lake, Utah, legten im Jahr 2008 durch alle 48 US-Bundesstaaten über 11.265 Straßenkilometer zurück, und zwar in nur 106 Stunden und 43 Minuten.

FEGEFRAU ■ Ding Youzhen aus Dongtai, China, fegt jeden Tag die Straßen um ihr Haus - obwohl sie schon 104 Jahre alt ist. Seit über 84 Jahren putzt sie diese Straßen kostenlos.

FREIFAHRT ■ Kris Mole aus Southwick, Sussex, besuchte auf einer sechsmonatigen, 15.712 km langen Reise durch Europa 26 Hauptstädte, ohne einen Cent auszugeben. Stattdessen trampte er, überlebte tagelang ohne Essen und schlief im Freien, wenn ihm niemand eine Schlafstelle zur Verfügung stellte.

IMMER IM KREIS ■ Boyd Otero aus Zanesville, Ohio, ist in weniger als fünf Jahren 20.000-mal um das örtliche Einkaufszentrum gelaufen - das sind 16.000 km!

OLDTIMER ■ Nach 37 Jahren hinter dem Mischpult zog sich DJ Margaret Brelsford aus dem Berufsleben zurück. „D.J. Master Maggie", wie ihre Freunde die 90-Jährige nennen, hatte im Platt Social Club im englischen Accrington Oldies aufgelegt.

KLEINER LINGUIST ■ Im Alter von drei Jahren beherrschte Seth Kinast aus Hutchinson, Kansas, das griechische Alphabet, konnte auf Deutsch und Spanisch zählen und hatte fast 1.200 Bücher gelesen.

WAFFE ZUR HAND ■ Ein Golfer aus Florida zog mit einem Viererreisen bewaffnet in den Kampf gegen einen 3,30 m langen Alligator, der einen Taucher auf der Suche nach versenkten Golfbällen angriff. Matt Johnson schlug dem Reptil mit dem Golfschläger und einer Harke auf den Kopf, als es den arglosen Taucher Dwight Monreal im April 2008 im Tampa Palms Golf and Country Club angriff.

BLINDES GLÜCK ■ Ein 92-jähriger blinder Golfer schlug 2008 in Florida ein Hole-in-One. Leo Fiyalko, der beim Golfen stets einen Helfer braucht, der ihm die Richtung weist, schlug sein erstes Hole-in-One an einem 100-m-Loch in Clearwater.

RASENMÄHER-MARATHON ■ In Begleitung seines Hundes Yoda reiste Paul Woods aus Mystic, Connecticut, 9.660 km weit von Alaska nach Connecticut, und zwar auf einem Rasenmäher! Der fahrbare Untersatz hatte eine Höchstgeschwindigkeit von 24 km/h, und die Reise dauerte über 1½ Jahre.

GEDÄCHTNISMEISTER ■ Obwohl Dave Farrow aus dem kanadischen Toronto in der High School ADHS diagnostiziert wurde, kann er die genaue Reihefolge von 59 Spielkartendecks, die vermischt wurden, behalten - das sind 3.068 Karten!

FAHRRAD-FERIEN ■ Mark Beaumont aus dem schottischen Fife fuhr in 195 Tagen 29.000 km weit mit dem Fahrrad um die Erde. Er durchquerte 20 Länder, kämpfte mit Fluten und Räubern und wurde in Louisiana von einem Autofahrer an einer roten Ampel umgefahren.

FLUSSKÖNIGIN ■ Die 21-jährige Katie Spotz aus Mentor, Ohio, schwamm 2008 in nur einem Monat 525 km weit im Allegheny-Fluss in Pennsylvania. Pro Tag legte sie in bis zu acht Stunden bis zu 35 km zurück.

HOCH HINAUS ■ Neil Sauter reiste 2008 in nur acht Wochen 1.354 km weit durch Michigan - und zwar auf Aluminiumstelzen.

VOLLTREFFER ■ Randy Oitker aus Plainville, Illinois, traf fünf münzgroße Ziele mit fünf Pfeilen, die er zeitgleich mit seinem Bogen abgeschossen hatte.

EPISCHE WANDERUNG ■ Rick Wallenda, Nachkomme der berühmten Zirkustruppe „Flying Wallendas", lief am 4.7.2008 unglaubliche 610 m weit auf einem nur 1,50 cm breiten Stahlseil, das in Kings Island, Ohio, 34 m hoch über dem Grund aufgespannt war. Ohne Fallnetz und andere Sicherungen hatte er nur einen 17 kg schweren Stab, der ihm half, das Gleichgewicht zu halten. Für sein Kunststück brauchte er 35 Minuten.

EINFACH PERFEKT ■ Einem 78-jährigen Blinden gelang in Alta, Iowa, auf der Century-Lanes-Bowlingbahn sein erstes perfektes Spiel mit zwölf Volltreffern in Folge. Dale Davis hatte seinen geliebten Sport an den Nagel gehängt, als er wegen Makula-Degeneration erblindete, doch seine Schwester überredete ihn zum Weiterspielen. Heute spielt er sechs Mal die Woche, obwohl er weder die Bahn noch die Kegel sehen kann.

IMMER DA ■ Andria Baker aus Constantine, Michigan, hat vom Kindergarten bis zur zwölften Klasse keinen einzigen Tag gefehlt.

BIS DASS DER TOD SIE SCHEIDET ■ Das indische Ehepaar Pyara Singh (103) und Hansa Devi (101) feierte im Mai 2007 seinen 83. Hochzeitstag. Ihr Eheglück erklären sie sich mit einer disziplinierten Lebensweise, maßvollem Essen und Ehrlichkeit.

ALTER SCHÜTZT VORM SEILEN NICHT ■ Die sehbehinderte Eve Mobb aus dem englischen West Sussex seilte sich 2008 von einem mehrstöckigen Parkhaus ab - und zwar im Alter von 92 Jahren!

HÖHENFLUG ■ Bob Brown aus Nottinghamshire, England, übte sich noch im Stabhochsprung, als er über 70 Jahre alt war. 2007 trat er im Rahmen der British Athletics League gegen Teilnehmer an, die nicht einmal ein Viertel so alt waren wie er.

BLINDER KLETTERER ■ Obwohl John Wimmer aus Medford, Oregon, seit seinem fünften Lebensjahr blind ist, hat er über ein Dutzend Berge in den ganzen USA erklommen. Im Sommer 2008 stieg er mit seinem Blindenhund Rasha und seinem Freund Diego Joven auf den 3.429 m hohen Mount Hood in Oregon.

Menschliche Spinne

Der Franzose Alain Robert, aufgrund seiner todesverachtenden Stunts, bei denen er mit bloßen Händen an Hauswänden auf der ganzen Welt emporklettert, auch als „Spider-Man" bekannt, erklomm 2008 den 190 m hohen Pariser Tour Total ganze sechs Mal! In den letzten 20 Jahren hat er mehr als 80 Wolkenkratzer und Denkmäler bestiegen, darunter die 452 m hohen Petronas Twin Towers in Kuala Lumpur, Malaysia, und das 381 m hohe Empire State Building in New York.

HIMMELSSTÜRMER

Der schweizerische „Aerialist" Ueli Gegen-schatz war so überzeugt davon, dass er schneller fliegen kann als ein beschleunigendes Flugzeug, dass er zu einem Wettrennen über die Irische See antrat. Er sprang in 4.500 m Höhe ab und flog unglaubliche 17,60 km weit von der Insel Inis Mor bis zum Flughafen Connemara auf dem irischen Festland, und zwar in einem Wingsuit, einem Hightech-Anzug, in dem man, nur vom Wind angetrie-ben, wie ein Vogel fliegen kann.

Nur 200 m vor der Landung öffnete er seinen Fall-schirm und befand sich nach nur fünf Minuten und 45 Sekunden wieder auf festem Boden - über eine Minute schneller als das 193 km/h schnelle Flugzeug, das die Strecke täglich absolviert. Ueli selbst erreichte auf seinem Flug über das Meer bis zu 249 km/h.

Doch trotz Ueli Gegenschatz' zahlreichen erfolgreichen Sprüngen war auch er vor den Gefahren des Extrem-sports nicht sicher: Am 13.11.2009 verstarb er im Alter von 38 Jahren unter tragischen Umständen bei einem Sprung vom Sunrise Tower in Zürich, nachdem er unerwartet von einem Windstoß erfasst worden war.

Ueli segelt 2004 über den Berg Säntis, mit 2.500 m der höchste Berg des schweizerischen Alpsteinmassivs. Um in seinen speziellen Anzügen fliegen zu können, springt er von Bergen, aus Flugzeugen und anderen Luftfahrzeugen.

Ueli springt 2004 aus einem Ultraleichtflugzeug, um in seinem Flügelanzug über das Monument Valley auf der Grenze zwischen Utah und Arizona zu fliegen.

nachgefragt

Ripley's führte eines der letzten Interviews mit dem begeisterten Extremsportler.

Lief Ihr Flug so, wie Sie ihn geplant hatten?

Ja. Ich bin schon seit 1989 Fall-schirmspringer und kann meinen Körper bei jeder Art von Fall kontrollieren. Deswegen war der Wingsuit für mich einfach nur eine neue Variante, die mir neue Möglichkeiten bezüglich Freifalldauer und Flugdistanz bot. Ich habe eine Weile gebraucht, bis ich ihn wirklich beherrschte. Jeder meiner Wingsuits ist eine neue Herausforderung.

Woran denken Sie, während Sie fliegen?

Ich konzentriere mich vollkommen auf den Flug, damit der Flug genau so verläuft wie geplant. Und dann gibt es da natürlich noch diese unbeschreiblichen Momente, in denen ich einfach nur den großen Traum der Menschheit genieße: zu fliegen wie ein Vogel.

Ist Ihr Sport gefährlich?

Das Fliegen im Wingsuit selbst ist nicht gefährlich, wenn man über das nötige Wissen, die Fähigkeiten und genug Körperbeherrschung im freien Fall verfügt. Aber wenn man von festen Objekten wie Bergen oder Gebäuden springt, muss man unglaublich konzentriert sein. Wenn man sich selbst überschätzt, kann das Ganze schnell übel ausgehen.

Wie viel Kontrolle haben Sie in Ihrem Wingsuit?

Ich muss absolut alles unter Kontrolle haben, und das ist schwer zu lernen. Man entwickelt sich Schritt für Schritt weiter - bei mir hat das fünf Jahre gedauert.

Welchen Ihrer Flüge mochten Sie am meisten?

Ich habe ein paar besonders tolle Absprungstellen in den Schweizer Bergen gefunden, die es erlauben, länger als eine Minute ganz nahe an den Klippen zu bleiben. Flüge bei voller Geschwindigkeit in der Nähe einer Wand sind eine unglaublich intensive Erfahrung - jede Minute der dreistündigen Wanderung auf den Berg ist die 90 Sekunden Flug wert!

SERIENSPRINGER ■ Martin Downs aus dem englischen Yorkshire sprang im August 2008 innerhalb von acht Tagen auf sechs Kontinenten Fallschirm. Er begann mit einem 3.050-m-Sprung im südafrikanischen Natal, reiste dann nach Madrid in Spanien, weiter nach Caracas in Venezuela und nach Los Angeles in den USA. Dann kamen das australische Sydney und Nhathang in Vietnam an die Reihe.

SUPERSCHUSS ■ Einer 74-jährigen Großmutter aus dem englischen Devon gelang ein Superschuss, als sie mit ihrem Pfeil eine weiteren spaltete - und das, obwohl sie blind ist! Tilly Trotter ist seit zwei Jahren Bogenschützin und kann nur Bewegungen erkennen. Deswegen muss ihr Mann ihr auch verraten, ob sie das Ziel getroffen hat oder nicht.

KINDERSPIEL ■ Nach einem 25-minütigen Kampf fing David Hayes aus Wilkes County, North Carolina, 2008 einen 9,50 kg schweren Katzenfisch - mit der Barbie-Angel seiner dreijährigen Enkeltochter Alyssa! Der 81 cm lange Fisch war nur fünf Zentimeter länger als die rosafarbene Plastikangel!

MENSCHLICHER TASCHEN-RECHNER ■ Alexis Lemaire, Student an der Universität von Reims, Frankreich, errechnete 2007 im Kopf die Wurzel einer 200-stelligen Zahl in nur 70 Sekunden. Die Lösung, 2.407.899.893.032.210, war die einzig richtige unter 393 Billionen Zahlenkombinationen. Er entdeckte sein Talent im Alter von neun Jahren und nahm sich 200-stellige Zahlen vor, nachdem ihm die 100-stelligen zu langweilig geworden waren.

SIEBEN MARATHONS ■ Ein blinder britischer Läufer legte im April 2008 in sieben Tagen sieben Marathonläufe auf sieben Kontinenten zurück! Dave Heeley, 50, aus West Bromwich, lief insgesamt 295 km weit auf den Falklandinseln, in Rio de Janeiro (Brasilien), Los Angeles (USA), Sydney (Australien), Dubai (Vereinigte Arabische Emirate), Tunis (Tunesien) und London (Großbritannien).

MUTIGER TAUCHER ■ Bei einem Volksfest in Florida County im Jahr 2008 sprang Joe Egan aus San Antonio, Texas, mehrfach von einer 24 m hohen Plattform in einen nur 5,40 m tiefen Pool, wobei er mit einer Geschwindigkeit von 96,50 km/h auf das Wasser prallte. Auch Kunststücke wie Schrauben und Salti ließ er sich nicht nehmen. Bei den Zwei-Sekunden-Sprüngen musste er darauf achten, stets mit den Füßen voran einzutauchen, um sich nicht zu verletzen. Aufgrund des Aufpralls darf Joe aber nur 15-mal am Tag springen.

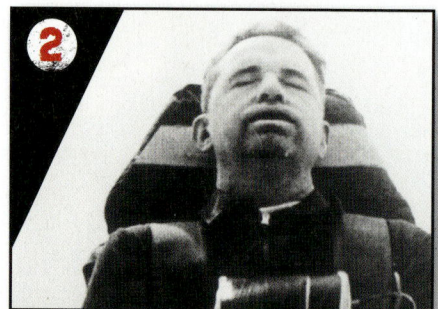
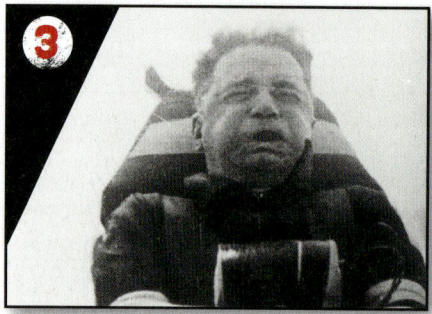
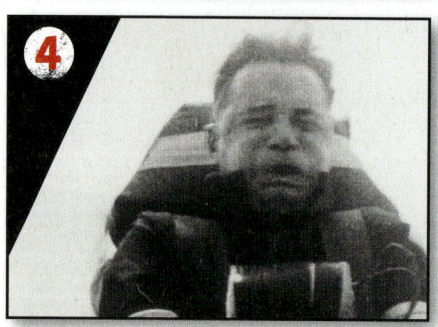

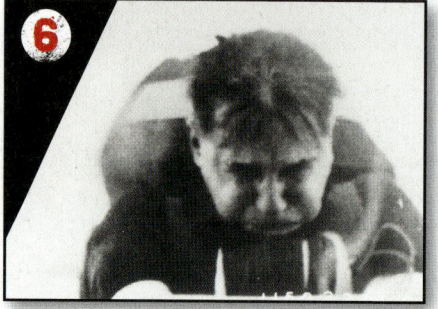

RÜSTIGER RENNER ■ Im Februar 2008 lief Phillip Rabinowitz aus dem südafrikanischen Kapstadt 100 m in 30,86 Sekunden - im Alter von 104!

ALTE ABSOLVENTIN ■ Die 95-jährige Urgroßmutter Nola Ochs machte 2007 ihren College-Abschluss. Nola, die 13 Enkel und 15 Urenkel hat, erhielt ihren Bachelor in General Studies und Geschichte an der Fort Hays State University in Kansas.

BUNGEE-MIKE ■ Der Neuseeländer Mike Heard sprang im August 2008 in nur 24 Stunden 103-mal an einem Bungee-Seil von einer Brücke. Den ersten seiner 40 m tiefen Sprünge von der Auckland Harbour Bridge absolvierte er kopfüber, doch bald begann er, mit den Füßen voran zu springen, um nicht ständig nass zu werden.

JUNGE PROFESSORIN ■ 2008 wurde die New Yorkerin Alia Sabur im zarten Alter von 18 Jahren von der Konkuk-Universität in Südkorea zur Physik-Professorin berufen. Das Wunderkind hatte bereits mit 14 Jahren einen Bachelor-Abschluss.

Was für eine Fahrt!

1954 musste Colonel John Stapp von der U.S. Air Force am eigenen Leib erleben, wie es sich anfühlt, wenn man in wenigen Sekunden von 0 auf über 1.000 km/h beschleunigt und wieder abbremst. Im Rahmen eines Experiments zu den Auswirkungen von Beschleunigungskraft auf den menschlichen Körper wurde er an einen raketenbetriebenen Wagen auf Schienen gezurrt. Nachdem die Raketen gezündet worden waren, beschleunigte der Wagen von null auf 1.017 km/h in fünf Sekunden - das ist schneller als eine Gewehrkugel! Der Wagen schoss dann durch eine Wasserwand und legte 1,40 Sekunden später eine Vollbremsung ein. Die Heftigkeit des Aufpralls ähnelte einer Kollision mit einer Ziegelsteinmauer und war so hart, dass Stapps Augen aus den Höhlen traten, er kurzzeitig erblindete und zwei Veilchen bekam. Der Druck, der 40-mal so stark war wie die Schwerkraft, ließ seinen 76 kg schweren Körper zeitweise gefühlte 3.050 kg wiegen!

David Blaine hatte einen unglaublichen Blick über den Central Park in New York, während er wie eine menschliche Fledermaus 60 Stunden lang kopfüber zwölf Meter hoch in der Luft hing. Ärzte hatten zwar befürchtet, dass sein Stunt gesundheitliche Schäden wie beispielsweise Blindheit nach sich ziehen könnte, doch nachdem Blaine wieder festen Boden unter den Füßen hatte, hechtete er unverletzt von der 13,40 m hohen Plattform, berührte kurz die Erde und wurde dann von riesigen Ballons in die Nacht davongetragen.

DURCHHÄNGER

6(o/m; o/r; m) Gerhard Luger; 6(u/l; u/r) Martina Hinterstoisser; 7(o/r; m) Gerhard Luger; 7(m/r; u/l) Martina Hinterstoisser; 8(o/l; m/l)) Gerhard Luger; 8(o/r) Martina Hinterstoisser; (m/r; u) mit freundlicher Genehmigung von MyPhone Austria; 9(hg; o/l; u/l) Martina Hinterstoisser; 9(o/r) Gerhard Luger; 10(o) Martina Hinterstoisser; 10(u/l) mit freundlicher Genehmigung der Great Wolf Lodge, Canada; 11 Peter Bolz; 13 AP Photo/Kyodo News; 14/15 Barcroft Media Ltd/SCRABBLE, das Brettspiel und die Spielsteine sowie alle dazugehörigen Logos sind in den USA und in Kanada Handelszeichen von Hasbro und werden mit Erlaubnis verwendet. © HASBRO; Alle Rechte vorbehalten. Scrabble ® ist ein eingetragenes Warenzeichen von J. W. Spears & Sons Ltd., eine Tochtergesellschaft von Mattel, Inc. © Mattel, Inc. Alle Rechte vorbehalten; 16(o) www.SWNS.com; 16(u) Yawar Nazir(Scoopt/Getty Images; 17 John Little/Bizarre Archive; 18(o) © EuroPics[CEN]; 18(u) Discovery Channel „Wild Child"/Discovery Communications; 18 Canadian Press/Rex Features; 20 Reuters/Sukree Sukplang; 21(o) © EuroPics [CEN]; 21(u) www.toothpasteworld.com; 22/23(m) © Bettmann/Corbis; 22 ChinaFotoPress/Photocome/PA Photos; 23 © Karen Kasmauski/Corbis; 24 Barcroft Media; 25 Reuters/David Moir; 26(o) Dolores Calgi Foley; 26(u) www.theyrecoming.com; 27(o) Reuters/Ho New; 27(u) Tim Sloan/AFP/Getty Images; 28(o) Bournemouth News/Rex Features; 28(u) © EuroPics [CEN]; 29(u) www.SWNS.com; 31 © Joseph Sohm/Visions of America/Corbis; 32/33 Bill Counsell; 34/35 Eric Gay/AP/PA Photos; 34(o) Alan Blacklock NIWA; 35(o) Lori Mehmen/AP/PA Photos; 36/37(ds) Phil Yeomans/Rex Features; 36(u) Pooktre; 37(u) ChinaFotoPress/Photocome/PA Photos; 38(o/l) Paul A. Zahl/National Geographic/Getty Images; (o/r) © NHPA/Photoshot; 38(u) Chris van Wyk; 39 Steven Haddock/MBARI; 40(o/l) © Ulises Rodriguez/epa/Corbis; 40(o/r) © Cameron French/Reuters/Corbis; 40(u/l) Reuters/Sergei Karpukhin; 40(u/r) Heinrich van den Berg/Getty Images; 41 Kenneth Libbrecht/Barcroft Media; 42(u; u/r) Steve Nichol/Australian Antarctic Division; 42(u/l) Barcroft Media; 43 Steve Nichol/Australian Antarctic Division; 45 ChinaFotoPress/Photocome/PA Photos; 46 Henryk T. Kaiser/Rex Features; 47 Mieke Zuiderweg/Landov/PA Photos; 48 Joe Raedle/Getty Images; 49 LEGO und das LEGO-Logo sind Handelszeichen der LEGO Group und werden hier mit Sondererlaubnis verwendet. © 2009 The LEGO Group. © 2009 Lucasfilm Ltd. & TM. Alle Rechte vorbehalten; 50 Library of Congress; 51(o) Time & Life Pictures/Mansell/Getty Images; 51(u) Library of Congress; 52/53 © Connie Wade/Fotolia.com; 52 (u/l) Barcroft Media; 52(u/r; m) Susan Fessler; 53(o) Kent Horner/NBAE via Getty Images; 54 Charles Sykes/Rex Features; 55(o) Long Hongtao/AP/Pa Photos; 55(u) Reuters/Claro Cortes; 56/57 Newspix/David Sheridan/Rex Features; 56(o) Kirk Lee Aeder/Barcroft Media; 56(u) Peter Willows/Rex Features; 60 Keith MacBeth; 60/61 © Jeffery R. Werner/IncredibleFeatures.com; 62/63 Library of Congress; 65 (u) Francisc Stugren; 65(o) Photoshot/Imagebroker.net; 67 Caters News Agency Ltd/Rex Features; 68/69 Dan Burton www.underwaterimages.co.uk; 71 Camera Press/Images24.co.za; 72(o) Reuters/Albert Gea; 73 Reuters/Yuriko Nakao; 74(o/l) Manpreet Romana/AFP/Getty Images; 74(o/r) Narinder Nanu/AFP/Getty Images; 74(u) Sipa Press/Rex Features; 75 Reuters/Toby Melville; 76 Alfaqui/Barcroft Media; 77(o) Pat Ferron/AP/Pa Photos; 78(m/r; u) Kerrilee Beetham; 78 Martin Mejia/AP/PA Photos; 79 Reuters/China Daily Information Corp-CDIC; 81 Newspix/Rex Features; 82/73 Newspix/Rex Features; 84 Feature China/Barcroft Media; 85(o) *MaxPPP*/Photoshot; (u) Richard Austin/Rex Features; 86/87 ZOOM/Barcroft Media; 87(o) Newspix/Rex Features; 87(u) David Scholnick & Lou Burnett; 89(o) Barcroft Pacific; 89(u) Mark Clifford/Barcroft Media; 90 Feature China/Barcroft Media; 91 (o) California Academy of Sciences; 91(u) Glenn Olsen/GB/Barcroft Media; 92 Otago Museum Dunedin New Zealand; 93(o) www.swns.com; 93(u) Chris van Wyk; 94/95 Kiyoshi Ota/Getty Images; 96 Newspix/Rex Features; 97(o; m) Andy Rouse/Rex Features; 97(u) Andy Rouse/NHPA/Photoshop; 98/99 Stephen Douglass/Rex Features; 99(r) Gary Roberts/Rex Features; 100/101 Reuters/Juan Medina; 102(o) Mike Hutmacher/AP/PA Photos; 102(u) Barry Bland/Barcroft Media; 103 La Petite MaisonSolent News/Rex Features; 104(o) Reiters/Yuriko Nakao; 104(u) Tian Xi/ChinaFotoPress/Photocome/PA Photos; 105 John Downer Productions; 106 Newspix/Rex Features; 107 UPPA/Photoshot; 108 www.firebox.com; 109 Barry Bland/Barcroft Media; 111 © Transtock/Corbis; 112(l) Bill Call, Scripps Institution of Oceanography; 112(r) www.GoldenStateImages.com © Randy Morse; 113 Glenn Roberts, Motorcycle Mojo Magazine www.motorcyclemojo.com; 114/115 © Jeffery R. Werner/IncredibleFeatures.com; 116 © EuroPics[CEN]; 117 Solent News/Rex Features; 118(r) Carl Court/PA Wire/PA Photos; 119 Andy Hazell; 120(o) Rinspeed; 120(u) Volvo Cars of North America; 121 ZORB™ Ltd www.zorb.com; 122/123(u) Reuters/Kai Pfaffenbach; 122(o) © Harrod Blank Grass Bus © Gene Pool; 123(o) Barry Batchelor/PA Archive/PA Photos; 125 Tony McNichol/Rex Features; 126(o) Li Shuangqi/ChinaPhotoPress/Photocome/PA Photos; 126(l) NImaging/Photoshot; 127 Takashi Itoh; 128 Greta Ileva. Pudding von Bompas & Parr; 128(u) UPPA/Photoshot; 129 Foto von Marr Kuphaldt, Kuchen von Mike McCarey (Mike's Amazing Cakes); In Auftrag gegeben von Misty Doty für John Doty; 130/131 Sven Dillen/Getty Images; 132(o) Cameron Spencer/Getty Images; 132(u) Tony McNicol/Rex Features; 133 Reuters/Chor Sokunthea; 134 Reuters/Lucas Jackson; 135(u) Paul Thompson/World Illustrated/Photoshot; 136(o) Jusi Bottoni/AP/PA Photos, © nata_rass/fotolia.com; 136(u) Reuters/Daniel Munoz; 137 Niklas Halle'n/Barcroft Media; 138(l) Jean L. Zaun; 138(o) steve-photo/fotolia.com; 139(o) Jean L. Zaun; 139(m) © steve-photo/fotolia.com; 140(o) Barry Snyder; 140(u) Logan Cramer III mit freundlicher Genehmigung von Denny's Berr Barrel Pub; 141 Sven Dillen/AFP/Getty Images; 142 Esther Dyson via Flickr; 143(o) Reuters/Nicky Loh; 143(u) Reuters/Laszlo Balogh; 146/147 Jeff Chen/Trigger Images; 147(u) AP Photo/Rubin Museum of Art, Diane Bondareff; 148 © Sebastian Kaulitzki/fotolia.com; 149(o, l) Blank Archives/Getty Images; 149(r) Hulton Archive/Getty Images; 150(o) Hulton Archive/Getty Images; 150(u) Reinhold Thiele/Getty Images; 151(o) Hulton Archive/Getty Images;155(u/r) Blank Archives/Getty Images; 156(u/r) Henry Guttmann/Getty Images; 157 Mark Ralston/AFP/Getty Images; KPA/Zuma/Rex Features; 159 Steven Heward toothartist.com; 160(u) Wong Maye-E/AP/PA Photos; 161 Animal Press/Barcroft Media; 162 East News/Rex Features; 163 Simon de Trey-White/Barcroft Media; 164 Neville Elder/Bizarre Archive; 166 Mark Clifford/Barcorft Media; 167(o) Manchester Evening News; 167(u) Simon de Trey-White/Barcroft Media; 169 Fred Duval/FilmMagic; 171 James Kuhn/Rex Features; 172 Reuters/Fabrizio Bensch; 173 Reuters/Sheng Li; 174 Reuters/Andy Clark; 175(u) Reuters/Stringer Shanghai; 176 EFE/UPPA/Photoshot; 177 UWE LEIN/AP/PA Photos; 178(o) ChinaPhotoPress/Photocome/PA Photos; 178(u) Dinodia Photos; 179 Newscom/Photoshot; 181 Matt Cardy/Getty Images; 182/183(u) Reuters/Ho New; 182(o) Bournemouth News & Pic Service/Rex Features; 183(o) Dave Thompson/PA Wire/PA Photos; 184 mauisurfboardfence.com/photographer: John Hugg huggsmaui.com; 185 ZOOM/Barcroft Media; 186/187 Amytha Willard; 187 Marya Figueroa; 188(o) Ray Asgar www.austinhelijet.com; 188(u) Ashley Bradford; 189 Frank Hormann/AP/PA Photos; 191 www.herbwilliamsart.com; 192/193 www.lichtfaktor.eu; 192(o) www.lichtfaktor.eu; 192(u) Lichtfaktor mit Dank an creativereview.co.uk; 193(o/l, o/r, m/r, u/r) www.lichtfaktor.eu; 193(o/m, u/l) Lichtfaktor mit Dank an creativereview.co.uk; 193(m/r) Lichtfaktor mit Dank an skymovies.com; 194 Skip Peterson/AP/PA Photos; 195 Rex Features; 196/197 www.underwatersculpture.com; 198(o) Chris Jackson/Getty Images; 198 (l, r) Elizabeth Thompson www.tulpastudios.com; 199 Sandy Schimmel/Barcroft Media; 200/201(o) Solent News/Rex Features; 200 (m/r) © Nicholas Piccillo/fotolia.com; 200 Solent News/Rex Features; 203(o) Rex Features; (u) Cai Bing/ChinaFotoPress/Photocome/PA Photos; 204 David Rowland/Rex Features; 206/207 Brian Dettmer and Kinztillou Fine Art; 208/209 www.aniskin.ru; 210/211(m) Lyons Wier Ortt New York; 210(l) Jason Hackenwerth Beach Trumpet 2007 Latex Ballons; 211 (r) Jason Hackenwerth Alien Rainforest 2007 Latex Balloons; 212/213 Scott Blake www.barcodeart.com; 214/215 Li Wei; 216 GB/Barcroft Media; 217(o) Jim Hammer; 218/219 David Alvarez; 221 Geoffrey Robinson/Rex Features; 222/223(ds) NASA and the Hubble Heritage Team (AURA/STScl); 222 NASA, NOAO, ESA, The Hubble Helix Nebula Team, M. Meixner (STScl) and T.A. Rector (NRAO); 222(u) NASA and The Hubble Heritage Team (STScl/AURA); 223(o) Hubble Image dankt: NASA, ESA, K. Kuntz (JHU), F. Bresolin (University of Hawaii), J. Trauger (Jet Propulsion Lab), J. Mould (NOAO), Y.-H. Chu (University of Illinois, Urbana), und STScl. CFHT Image dankt: Canada-France-Hawaii-Telescope/J.-C. Cuillandre/Coelum. NOAO Image dankt: G. Jacobym B. Bohannan, M. Hanna/NOAO/AURA/NSF; 223(u) NASA, ESA, HEIC, und das Hubble Heritage Team (STScl/AURA). Dank an R. Corradi (Isaac Newton Group of Telescopes, Spain) und Z. Tsvetanov (NASA); 224(l) Maria Zarnayova/isifa/Getty Images; 224(u) WENN/Newscom; 225(o/r) Rick Scibelli/Getty Images; 225 (Bienen) © Fotolia.com; 226 www.tesladownunder.com; 228/229 © CERN; 230 James Connolly/PicSell8; 231(o) Tony Rafaat/Barcroft Media; (u) Martin Waugh/Barcroft Media; 233 Barcroft India/Barcroft Media; 234/235 Lucas J. Gilman/Barcroft Media; 234(r) Darin Quoid; 236 Elmer Martinez/AFP/Getty Images; 237(u) Feature China/Barcroft Media; 238 William T Knose Jr.; 239(o) Rob Thomson; 239(u) Linda Abrams, Ercoupe „Sky Spirite"; 240/241 Untitled X-Ray/Nick Veasey/Getty Images; 242 Barry Bland/Barcroft Media; 243 Emmanuel Aguirre/Getty Images; 244/245(ds) © andrew downes/red bull photofiles; 245(o) © andrew downes/red bull photofiles; 245(m) © loïc jean-albert/red bull photofiles; 245(u) christian pondella/red bull photofiles; 246(m) Keystone/Getty Images; 247(hg) KPA/Zuma/Rex Features; 247(u) Bryan Bedder/Getty Images

Legende: o = oben; l = links; r = rechts; u = unten; ds = Doppelseite; hg = Hintergrund

Alle weiteren Abbildungen stammen von Ripley's Entertainment Inc.

Ripley's – Einfach unglaublich!

IMPRESSUM

INTERNATIONALE AUSGABE

Developed and produced by Miles Kelly Publishing
in association with Ripley Publishing

RIPLEY PUBLISHING:
EXECUTIVE VICE PRESIDENT	Norm Deska
VICE PRESIDENT; ARCHIVES	Edward Meyer
AND EXHIBITS	Edward Meyer
ARCHIVES ASSISTANT	Anthony Scipio
RESEARCHER	Lucas Stram
PUBLISHER	Anne Marshall
MANAGING EDITOR	Rebecca Miles
PROJECT DESIGNER	James Marks
COVER DESIGNER	Warris Kidway
PICTURE MANAGER	Gemma Simmons
PICTURE RESEARCHER	James Proud
RESEARCHER	Rosie Alexander
TEXT	Geoff Tibballs
EDITORS	Judy Barrat, Sally McFall
INTERVIEWS	James Proud
FACTCHECKER	Kevin King
INDEXER	Hilary Bird
ART DIRECTOR	Sam South
DESIGN	Dynamo Design
REPROGRAPHICS	Stephan Davis

DEUTSCHE AUSGABE

PRINTED IN GERMANY

REDAKTIONS- UND OBJEKTLEITUNG	Arrowsmith Agency, Hamburg
GESTALTUNG	Franziska Rust Design, Hamburg
ÜBERSETZUNG	Sarah Heidelberger
KORREKTORAT	Barbara Krause
HERSTELLUNG	Stephan Born
REPRODUKTIONEN	Repro Technik Fromme, Hamburg
DRUCK UND VERARBEITUNG	GGP Media, Pößneck

VERLAGSANSCHRIFT

Hoffmann und Campe Verlag GmbH
Harvestehuder Weg 42
20149 Hamburg
www.hoca.de
www.ripleys.de

HINWEIS
Trotz sorgfältiger inhaltlicher Kontrolle übernehmen weder Ripley Publishing, noch Miles Kelly Publishing noch der Hoffmann und Campe Verlag Haftung für die Inhalte dieses Buches. Wir freuen uns jedoch über Hinweise von Lesern.

Ripley's
Einfach unglaublich!

www.ripleys.de